藤森数正
SDGsで読む世界史 上

晶文社

デザイン
松田行正＋杉本聖士

SDGsで読む世界史 上

目次

はじめに：「SDGs」とは、一体何だったのか？…009
本書の構成…016
コラム 「輪切り」の方針について…036

第1部 SDGsで読み解く「人間ゾーン」の歴史編

第1章 人間（People）——人間の「しあわせ」の世界史…042
1つ目の問い 「しあわせ」になったのは、誰？

はじめに…042

目標1 **貧困をなくそう**（No Poverty）：あらゆる場所のあらゆる形態の貧困を終わらせる…046

- 1-1 絶対的貧困と相対的貧困：世界はどんどん良くなっている？…048
- 1-2 農業社会から産業社会へ：産業革命は社会をどう変えたのか？…052
- 1-3 文明化の使命：開発される植民地…056
- 1-4 「開発援助」の誕生：豊かさを通した「しあわせ」の実現…060
- 1-5 途上国になった植民地：独立後も続いた不公平な関係…065
- 1-6 先進国の危機と構造調整：ターニング・ポイントとしての1970年代…074
- 1-7 国境を越える貧困：グローバル・サウスという視点…082

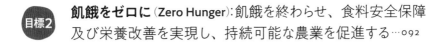

目標2 **飢餓をゼロに**（Zero Hunger）：飢餓を終わらせ、食料安全保障及び栄養改善を実現し、持続可能な農業を促進する…092

- 2-1 第1期（約700万年前～前1万2000年頃）：さまざまな人類が出現し、そのうち人間（ホモ・サピエンス）が世界各地に拡がる時代…097
- 2-2 第2期（前1万2000年頃～後300年頃）：農耕・牧畜や遊牧を営む人々が現れ、都市や国家も生まれる時代…104

2-3	第3期（300年頃～1400年頃）：陸の結びつきが深まっていく時代…120
2-4	第4期（1400年頃～1800年頃）：陸と海の結びつきが深まり、大陸を結ぶ交易・消費がさかんになる時代…126
2-5	第5期（1800年頃～1950年頃）：工業化と植民地化がすすみ、地球規模の開発がはじまる時代…133
2-6	第6期（1950年頃～）：「大加速」と経済のグローバル化がすすむ時代…144

目標3　人々に保健と福祉を（Good Health and Well-Being）：あらゆる年齢のすべての人々の健康的な生活を確保し、福祉を促進する…160

3-1	農業の開始と人口転換：感染症は農耕文明の宿命だった…162
3-2	パンデミックのはじまり：絹の道は感染症の道でもあった…166
3-3	コロンブスの「不平等」な交換：ヨーロッパ化する南北アメリカ…171
3-4	産業革命と交通革命の衝撃：19世紀のコレラ・パンデミック…175
3-5	「不健康なアフリカを健康に」：植民地支配と近代医学の切っても切れない関係…181
3-6	生権力の時代：国が国民の命を管理する…185
3-7	「人間ゾーン」の拡大：動きすぎる人間と再興・新興感染症…198

コラム スペイン風邪のパンデミック…192

目標4　質の高い教育をみんなに（Quality Education）：すべての人々への包摂的かつ公正な質の高い教育を提供し、生涯学習の機会を促進する…212

4-1	識字率の変遷：「文字が読める」とはどういうこと？…213
4-2	近代的な学校教育：産業社会を支える国民を育てるには？…221
4-3	世界に広まる欧米流の教育制度：ランク付けされていく世界の人々…226
4-4	教育は誰のために？：開発、グローバル化、潜在能力…235

ジェンダー平等を実現しよう(Gender Equality)：男女平等を実現し、すべての女性と女の子の能力を伸ばし、可能性を広げよう…248

5-1　ジェンダーって何だろう？：人類史のなかの家族…249
5-2　ジェンダーの多様性：その伝統はいつから？…255
5-3　フランス革命と女性：「人間は平等」とはいうけれど…263
5-4　産業革命と「近代家族」：働く男性、ケアする女性？…269
5-5　植民地とジェンダー：「伝統」を守るか、「近代化」を受け入れるか…275
5-6　フェミニズム運動の展開：「あたりまえ」の再検討…282
5-7　開発とジェンダー：当事者の声を求めて…288

 安全な水とトイレを世界中に(Clean Water and Sanitation)：すべての人々の水と衛生の利用可能性と持続可能な管理を確保する…303

6-1　文明の生態史観：乾燥エリアで生きる技術…305
6-2　都市と水インフラ：大河がなければ文明はおこらない？…311
6-3　公衆衛生の誕生：水洗トイレと化学肥料の、切っても切れない関係…317
6-4　水の大量使用が加速する：もっと深く、もっと多く…325
6-5　新自由主義：「かけがえのないもの」が売り物にされていく時代…328

第1章　まとめ…335

第2章 繁栄（Prosperity）――繁栄の生んだ「しわよせ」の世界史…337

2つ目の問い 「しわよせ」を受けたのは、誰？

はじめに…337

エネルギーをみんなに、そしてクリーンに（Affordable and Clean Energy）：すべての人々の、安価かつ信頼できる持続可能な近代的エネルギーへのアクセスを確保する…340

- 7-1 人間・家畜・バイオマス：主に生物からエネルギーを取り出していた時代…341
- 7-2 化石燃料エネルギーの時代へ：「黒いダイヤ」（石炭）が世界を変えた…348
- 7-3 交通革命の衝撃：世界を縮めた蒸気船と蒸気機関車…353
- 7-4 大国を翻弄した石油とウラン：エネルギーの生み出す不公平な関係…356
- 7-5 エネルギー利用の二極化：木炭を使い続ける途上国…368

働きがいも経済成長も（Decent Work and Economic Growth）：包摂的かつ持続可能な経済成長及びすべての人々の完全かつ生産的な雇用と働きがいのある人間らしい雇用（ディーセント・ワーク）を促進する…373

- 8-1 GDPの変遷：これまで経済はどのように成長してきたのか？…378
- 8-2 「銀の大行進」：進む世界の一体化…383
- 8-3 近代世界システム：「大分岐」は必然か？　偶然か？…388
- 8-4 不自由な働かせ方の世界史：「奴隷」って誰のこと？…394
- 8-5 奴隷制の"延命"：移民の動きは止まらない…406
- 8-6 フォード・システム：経済成長を支える大量生産と総力戦…410
- 8-7 従属理論：「北」と「南」の不公平な関係の正体？…419
- 8-8 「勝ち負け史観」を超えて：工業化のコースはひとつじゃない…424
- **コラム** ウォーラーステインの「近代世界システム」論…390
- **コラム** 従属理論のポイント…422

目標9 **産業と技術革新の基礎をつくろう**(Industry, Innovation and Infrastructure)：強くしなやか(レジリエント)なインフラ構築、包括的かつ持続可能な産業化の促進及びイノベーションの推進を図る…434

- 9-1　イノベーションの世界史：「熱帯エリア」に視点を置くと？…436
- 9-2　交通革命と電信革命：インフラを制するものは世界を制す…445
- 9-3　誰のための植民地開発か？：カリブ海、インド、アフリカ…454
- 9-4　インフラを援助する：経済成長のための科学技術…460
- 9-5　「誰一人取り残さない」技術は可能か：エコロジーの視点…468

上巻のおわりに…485

コラム　「誰一人として取り残さない」とは何か？…486

図版作成：朝日メディアインターナショナル、山口良二

はじめに:「SDGs」とは、一体何だったのか?

　SDGs（国連持続可能な開発目標）の実施が始まり、早10年目が経とうとしている。実施期限は2030年までだ。すでに国連では次の開発目標の交渉も始まろうとしているが、これまでわが国において何かと物議をかもしてきたトピックでもある。

　もちろん各施策の最前線において汗を流されている方は大勢いらっしゃる。ESG投資など制度面の実装もすすんでいる。すでに「熱狂」はピークアウトしたとはいえ、「サステナブル」という言葉もひと昔前に比べればごく自然なものとして定着しているとも思える。

　ところが他方で、後で述べるような疑念や批判も目立つようになっている。

　今後かなりの確度で予想されるのは、日本ではSDGsが、このまま一時のバズワードとして忘れられていくのではないかということだ。猫も杓子もSDGsと唱えられたわりには、なぜ推進され、どのような成果が見られたのかすらしっかりと検証されないまま、たんに忘却されていく。

そのような未来は、すぐそこにある。

本書はそんな**SDGsを世界史のなかに位置付け、同時にSDGsを切り口として世界史の大きな流れをつかもうとする**、ちょっと欲張りな本だ。無理を言って、分量もこんなに厚くなってしまった。が、問題意識は至ってシンプル。日本におけるSDGsの受容に、世界史的な視点がすっぽり抜け落ちているのではないかという思いだ。

日本ではSDGsがこれまでの途上国に対する開発目標の延長線上であるという意識は薄いし、2015年以降に突如降って湧いたようなイメージも先行している。生活を犠牲にする「エコ」や、伝統をおびやかす「欧米的」な価値観を広めるための目標ととらえる向きもある。国際協力や、未来を見据えた新しい取り組みや技術開発に対する視線も、一概に温かなものとはいえない。

もちろん新たな価値観は、新しい世代を中心に着実に社会に根付いている。その点で21世紀の**生活改善運動**[1]ともいうべき一定の効果があったとみることもできる。若い世代は、学校でSDGsを冠した学習に当然のようにふれている[2]。だが、どんなに「SDGs」という文言が教えられても、それが単なる外来語、いわゆる"テンプレ"として使用されれば、子どもたちも鋭敏にそれ（大人たちもまたそれを記号として消費していること）をいずれは見透かすことになるだろう。

ポストSDGsにただよう暗雲

わが国だけではない。

周知のとおり、SDGsの採択された2015年以降の世界は、短い間に大きく様変わりをした。パンデミックがあり、戦争も始まった。

疫病には終息宣言が出されたが、戦火はなおも人々をさいなんでいる。分

---

1 ──【生活改善運動】1920〜60年代頃の日本で推進された、衣食住に関わる生活習慣全般を近代化・合理化させようとする運動。政府が推進する動きと、草の根運動が交わりながら進められることが多く、家庭を切り盛りする女性がその担い手として期待されたことも特徴です。同様の動きは同時代の他国にも見られます。
2 ── 2017・18年に告示された幼稚園教育要領及び小・中・高の学習指導要領前文には「持続可能な社会の創り手」という言葉が盛り込まれています。

断は深まり、2010年代に一縷の光の見えていた「連帯」の夢も、どこか絵空事のようになりつつある。

　もちろん国連の施策に動きがないわけではない。

　2019年には、国連がSDGsに紛争問題などを加えた「我々の共通の課題」（Our Common Agenda）を発表。

　さらに2020年のパンデミックの際には緊急宣言、2022年のロシア・ウクライナ戦争に際しても、SDGsを踏まえた緊急声明を発表している。

　2024年、すでにSDGsは「後半戦」に突入している。にもかかわらず国連が前年に発表した報告書では、ターゲットのうち「順調に推移している」と言えるのは15％のみだったという。SDGs実施の加速のために開催された「未来サミット」（2024年）でも加盟国間の意見の相違が目立った。

　もはや腰を据えて地球規模の問題解決に取り組む機運にはない。世界が2015年とは異なる状況にあることはたしかだ。

熱狂と疑念、SDGs疲れ

　ところで、日本ではだいたい2017年頃からいたるところでSDGsのカラフルなロゴマークが踊り、マスメディアを通してキャンペーンが展開されてきた。世間一般に多くの人は、それがなんらかのキャンペーンであるとは認識しつつ、それらが深く具体的な思想に基づいているというより、政策や事業のPRやスローガン的に扱われるのが多いことにも感づいている。

---

3 —— たとえば2017年に日本経団連は「企業行動憲章」を改定し、SDGsを内容に盛り込んでいます。

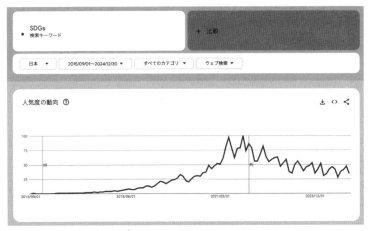

Googleトレンドによれば「SDGs」の人気度は、2021年をピークに減少傾向にあり、「SDGs疲れ」という言葉も聞かれるようになった。

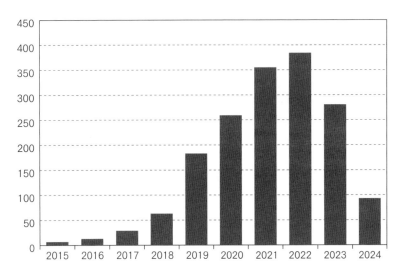

タイトルにSDGsを含む書籍の刊行点数（国立国会図書館サーチから筆者作図）2019年に100点を突破し、2021・22年には200点を超えたが、2023年には初めて減速した。（2024年は12月初旬時点）

　本書執筆にあたってこの10年弱の間に刊行されたSDGsに関する書籍や雑誌、主なウェブサイトには大体目を通している。たとえば、SDGsに批判的な論調の例をいくつか列挙しておこう。

- SDGsは欧米的な価値観の押し付けだ。
- SDGsは、一部のグローバル企業や富裕層の利益のためにつくられたものではないか。
- SDGsは問題を根本的な解決から遠ざけ、ごまかしはぐらかせるような内容になっている。
- SDGsには、普通の人々には隠している、何か裏の目的があるのではないか。

なかでも2020年に刊行された経済思想史研究者・斎藤幸平氏のSDGsは「現代版「大衆のアヘン」である」との表現が、現状を否定するにせよ肯定するにせよ、さまざまな反応をもって迎えられたことは記憶に新しい。[4]推進側の語りよりも疑念を抱く論調のほうが、多くの人の視界に入るところにまでせり出してきている。それが現状だろう。

推進側も批判側も、SDGsを記号化していないだろうか

ただ、こうした言説のなかで語られる「SDGs」とは、その多くが「日本におけるSDGsの受容のあり方」や、理念や施策の是非に関するものであって、SDGsの生まれた経緯や趣旨を踏まえたものとは言いがたいものも少なくない。

「またSDGsか。単なる利権じゃないか」
「SDGsにつながる素晴らしい取り組みだ」

推進する側においても批判する側においても、そこで語られるSDGsは、自分の主張に沿うように、どこか単純化された記号のようなものになっている。

相手になんらかの主張を受け入れてもらうために使われる便利な言葉を「マジック・ワード」と言う。**SDGsはまさに、なんとなくエコで、エシカル**

---

4 ── 斎藤幸平 2020『人新世の「資本論」』集英社、4頁。

で、社会のため、世界のためになる正しい活動を指す、きわめてふんわりとしたイメージをもつ言葉として広まった。もはやSDGsは、推進側・批判側のいかなる主張も包み込む、圧倒的マジック・ワードとなっている。

それでいいのだろうか。わたしはこれを問題だと考えている。

「世界史のなかのSDGs」へ

いま必要なのは、SDGsにからみついた「記号」を削ぎ落とし、対象そのものを注視することではないだろうか。

そのためにまず、「持続可能な開発」(SD) という言説を、SDGsから引き剥がし、その成立と変遷について考えてみたい。

その上で、SDGsがいかにして国際社会での議論の俎上にのぼるに至ったのか、SDGsの前史や成立過程をみることで、SDGsそのものを日本におけるSDGsのイメージや受容のあり方から分離させて考えてみる。

SDGsを世界史の文脈のなかに位置付けてみるわけだ。そうすることによってはじめて、なぜ今「持続可能な開発」(Sustainable Development) なのか、「SDGs」とはわれわれにとって何なのかということを生産的に議論することができるのではないか。

これが本書の提案だ。その際には、歴史学、人類学といった諸研究の成果だけでなく、もっと世界史と合わせて学ばれるべき「開発援助（国際協力）」にまつわる論点も積極的にとりいれた。

以上の作業を通して明らかになるのは、SDGsがいかにつかみどころのなく、多様な顔をもつ存在であるかということだ。一般に考えられているほど、単純な代物とはいえないこともわかってくる。

例えばSDGsは欧米人（「白人」）の押し付けでもなければ、日本国内の問題を解決すればそれでめぐりめぐって「三方良し」となる、といった単純なものでもない。

地球環境のみを考えているのでもなければ、社会問題だけに焦点を当てているのでもない。

また、「持続可能な開発」（SD）という考え方自体、教条的で固定的なものともいえない。むしろ人類社会の「しくじり」や国際情勢の変化を踏まえ、鍛え上げられ、再定義され続けてきた経緯がある。そしてもちろん、そうした中でつくられた**SDGsに対しても、批判的な眼差しが必要だ。**

本書の趣旨は以上のようなものだが、同時に、世界史の見方を新しい視点から学び直すことができるような一冊になったとも感じている。

・・・

申し遅れてしまったが、わたしはふだん公立高校で世界史を教えている。高校生に過去の世界に関心を持ってもらうために、いつも意識しているのは、いつもの当たり前の世界から離れ、いったん過去の世界に"旅"をし、その後もう一度現代にもどってくる。その仕掛けをいかにつくり出すかということだ。そうすることによって、単に過去に起きたことを知るだけでなく、あらためて現代世界や自分自身と、より違ったかたちで出会い直すことができると思うからだ。

この「出会い直し」をSDGsにも適用し、SDGsを世界史的な文脈に置いてみるとどうなるか。それが途方もない蛮勇であることは百も承知だ。多岐にわたるテーマを簡潔に整理するのは、当然ながら手に余る。それでも本書を通してSDGsを世界史とリンクさせることで、この「分断」と「変革」の時代に、読者の方が世界史との新たな出会いを経験し、今と未来を思慮深く見つめる機会をつくることができればと願い、筆をとることにした。[5]

---

5 —— なお本書は、**世界史上の出来事を、SDGsという「普遍」的な基準を過去の時代にさかのぼって当てはめたり、評価したりする本ではありません。**これから見ていくようにSDGsは、**第6期（1950年頃〜）**になって初めて叫ばれた、それ自体歴史的に生み出された概念だからです。むしろ、SDGsというコンセプトが、どのようにして生まれたのか、SDGsが叫ばれるようになった状況が、どのようにして生み出されてきたのか（さらには、日本におけるいくぶん「ガラパゴス化」したSDGsの受け入れられ方の正体も含め）、これらに注目するほうが重要と考えます。たとえば歴史学者の藤原辰史さんも、歴史研究がSDGsをはじめとする「国連用語」を無批判に受け入れ、「誰もが受け入れやすいエコロジー的言説」などの「わかりやすい結論」に陥ることに警鐘を鳴らしています（藤原辰史 2020「国連用語に依存しない環境史叙述を求めて」、『西洋史学』270、59-63頁、63頁）。

はじめに：「SDGs」とは、一体何だったのか？　　　015

本書の構成

　本書は2部構成になっており、そのなかに以下のキーワードを含む4つの大きな問いを設定しています。

【本書のキーワード】
しあわせ…人々が主体的に、それぞれの「こうあってほしいという人生」を生きられている状態
しわよせ…一部の人々の「しあわせ」のために、ほかの人々の「しあわせ」が奪われている状態
つながり…「人間ゾーン」「生物ゾーン」「地球ゾーン」のありとあらゆる主体が、絡み合いながらともに存在している状態

　同時に、人間の政治・経済・社会といった領域（「**人間ゾーン**」）だけでなく、人間以外の多種多様な生き物の相互作用によって織りなされる領域（「**生物ゾーン**」）、水や大気、岩石といった地球という惑星の営みに関係する領域（「**地球ゾーン**」）にも目を配り、3つのゾーンの絡み合いに注目するところも本書のポイントです。

第1部は「SDGsで読み解く『人間ゾーン』の歴史」編です。

【1つ目の問い】　「しあわせ」になったのは、誰？（上巻）

　第1章では、「人間（People）：人間の『しあわせ』の世界史」と題し、SDGsを世界史の文脈に位置づけていきます。具体的には貧困撲滅に関する**目標1**から安全な水とトイレの普及に関する**目標6**までを取り扱いながら、「誰一人取り残さない」（「**2030アジェンダ**」）というスローガンが、どのような経緯で

---

6 ──【2030アジェンダ】正式には「持続可能な開発のための2030アジェンダ」。2015年9月の国連総会で採択された合意文書。この中に、前文、宣言、向こう15年間の開発目標（SDGs）とターゲット、実施手段とグローバルパートナーシップ、フォローアップとレビューに関する文書が含まれており、「我々はこの共同の旅路に乗り出すにあたり、誰一人取り残されないことを誓う」（前文）、「この偉大な共同の旅

世界の課題として注目されることとなったのか、ふりかえっていきましょう。

2つ目の問い　「しわよせ」を受けたのは、誰？（上巻:目標9まで、下巻:目標10・11）

　第2章では、「繁栄（Prosperity）：繁栄の生んだ『しわよせ』の世界史」と題し、今日、開発の対象となっている問題が、どのように生み出されてきたのかということにクローズアップしていきます。

　具体的には「繁栄」に関する、**目標7**の「エネルギー」から**目標11**の「都市」までを取り扱います。これら経済系の目標の設定を強く望んだのは、実は途上国の側でした。それは一体なぜなのでしょうか？　「持続不可能な開発」のルーツはどこにあるのか？　繁栄の陰で、どのような「しわよせ」が生み出されてきたのか？　「人間ゾーン」の繁栄を支える条件が、どのように移り変わっていったのかに着目し、世界史を読み直していきます。

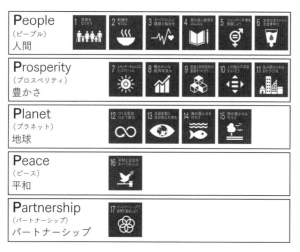

【図】「5つのP」
策定の過程では「平和」がなく、ここに「尊厳（Dignity）」と「正義（Justice）」も含まれていました（2014年12月の国連事務総長「統合報告書」）が、政府間交渉の中で「5つのP」に落ち着きました。「尊厳」は**目標5**のリプロダクティブ・ヘルス・アンド・ライツ、「正義」は「グッド・ガバナンス」（→**目標17**）という論争的な内容に関連する語であることから、避けられたと考えられます。

に乗り出すにあたり、我々は誰も取り残されないことを誓う」（パラグラフ4）とうたわれています。

第2部は「からみ合う『3つのゾーン』の歴史」編です。

3つ目の問い 人間と自然環境との「つながり」は、どう変化してきたのか？(下巻)

　第3章では、「地球(Planet)：人間・生物・地球の『つながり』の世界史」と題して、第1章、第2章の議論に、さらに自然環境との「つながり」をクロスさせていきます。人間の「しあわせ」(→第1章)や「繁栄」(→第2章)は、他の生物との関係性や、あらゆる活動の基盤である地球と切っても切れない関係にあります。人間がこれまでどのように「地球ゾーン」「生物ゾーン」と関わり、どのような危機に直面してきたのか？　危機に対してどのような対応をしてきたのか？　人間のみならず、人間以外のさまざまな生物・非生物(モノ)との「つながり」に注目し、世界史を読み直していきましょう。

4つ目の問い SDGsは「みんな」の目標といえるのか？(下巻)

　おしまいの第4章では、「平和とパートナーシップ：「みんな」の世界史？」と題して、「平和(Peace)」と、「パートナーシップ(Partnership)」を可能にする条件やその意義について考えていきます。

　先ほどの「2030アジェンダ」に登場する「誰一人取り残されない」というフレーズは、さまざまな場面で引用されます。SDGsをやさしく説明するときにも、よく「**みんなのため**」という言葉が登場します。
　しかし、ここでいう「みんな」とは、一体誰のことを指すものなのでしょうか？
　また、「取り残されない」といっても、いったい、誰が、誰を取り残さないというのでしょう？
　また、そもそもSDGsとはどのような経緯をたどって生まれたものなのでしょうか？　SDGsの成立過程で議論されたさまざまな主張を具体的にとりあげながら、SDGsの正体に迫ることで、私たちの生きる「現在地」をあぶり出していきます。

本書では先ほどの４つの大きな問いのほかにも、大小さまざまな問いが登場します。その多くが、簡単には答えることのできない代物です。
　読者のみなさんも、自由に問いを立てながら、一緒に授業に参加してみてください。読後には、SDGsのとらえ方のみならず、世界史のとらえ方も、奥行きを持ったものに変わっていくはずです。

目標の枠を越える「つながり」から世界史を読み解く

　本書では、17の目標の相互の関連に注目しつつ、それぞれのカバーする問題がいかにして生み出されていったのか、おおむね時系列にたどっていく構成をとっています。

　たとえば奴隷貿易に関して、**目標3**で「健康と福祉」の視点、**目標4**では「エネルギー」の視点、さらに**目標8**では「経済成長と労働」という視点から…というように、一つの出来事を、さまざまな角度から読み解き、相互のつながりを確認してみるのです。

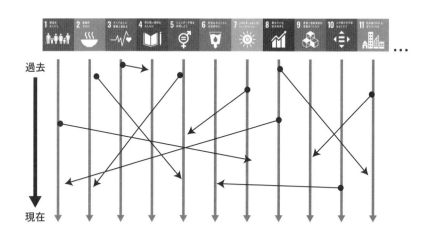

SDGsの各目標に関連する歴史的な事象の絡みあい
17の目標が解決しようとする問題は、たがいに無関係ではなく、それぞれが歴史的なルーツをもち複雑に絡みあっています。

本文中には、ほかの目標との関連性がわかるように、リンクを張り巡らせてあります（→目標全体との関連は「目標○」、本書の各項目との関係は「○-○」と表記（○は数字））。それらをつないでいくことで、現在の世界で「問題」となっていることが3つのゾーンをまたいで歴史的に生み出されていったこと、また、それら無数の問題が互いにつながっている現状を、実感していただけるはずです。

以上のようにして、**SDGsがこの世界をどのように変革しようとしているのか、そして、なぜ叫ばれるようになったのか**、各課題が「問題」と認識される過程に注目しつつ、背景を世界史の中に位置づけ、大きな「見取り図」を描くことを目指しました。[7]

この後『SDGsで読む世界史』は、謎の先生と2人の生徒（サステナさんとブルさん）の対話によって進んでいきます。

対話と言っても結局は著者である私の脳内の「独り言」にすぎないわけですが、彼らのやりとりを通して、できる限り様々な事実や多面的な考え方を紹介できればという考えから設けた次第です。

なるべくアクセスしやすい近年刊行された書籍を中心に、参考文献も付けておきました。気になるトピックについてさらに学ばれたい際には、ブックリストとしてもあわせてご参照ください。

それでは、『SDGsで読む世界史』へ、ようこそ。

---

7 —— 佐藤仁 2002「「問題」を切り取る視点」、石弘之編『環境学の技法』東京大学出版会、42-75頁。

本書の登場人物

授業をする人

地球先生。突如、ブルさんのスマホ画面に現れた、世界史とSDGsにやたらと詳しい謎の先生。なぜか地球の風貌をしている。

授業を受ける人

サステナさん　高校2年生。ボランティア部に所属している。SDGsには興味があるが、そこまで詳しいわけではない。得意科目は英語。将来は海外で働いてみたいと思っている。趣味はSNS。

ブルさん　高校2年生。バスケ部に所属している。SDGsはなんとなく聞いたことがある程度。得意科目は世界史。趣味はスマホで動画を見ること。

・・・

　緑に包まれた山あいの校舎に、帰りのチャイムが静かに響く中、ブルさんは教室で帰り支度をしていました。

　——あ〜、つかれた。そういえば、課題で出ていた「SDなんとか…」のレポート、締切いつだったっけ…。

　ピロロン…♪（通知音）

　——ん…なんだ？

　通知に目をやると、いつの間にか画面が切り替わり、スマホに映

し出されたのは…。

　こんにちは！

　——えっ…!!!　何!?

　地球です。エスディーっていう言葉が聞こえたものですから、ついつい。

　——SD…ああ、あのレポートのこと…？　まさか助けてくれるんですか？　あ、ちょっと待ってください。ねえねえ、これ見て！

　——え!?　何これ！

　はじめまして。

　——こっち見た！

　——地球さん、いや、地球先生だよ。レポートを手伝ってくれるんだって…。

　——レポートって、SDGsの？　いやいや、ぜったいに怪しいでしょ。

SDGsはどこからやって来た？

　そもそも二人は、SDGsってどれくらい知ってるのかな？

　——なにか、その…「エコ」を推進しようみたいなやつですよね。英語とか探究の時間とか、いろんな科目に出てきますね。

——いろんな会社がSDGsを掲げて、女性の活躍とか環境とか、それに働き方みたいな課題を解決しようとしているのを、SNSでけっこう見かけますよ。たしか…国連のつくった目標ですよね。

　ご名答！　でも、SDGsという目標が掲げられることになったのはなぜだろう？　SDGsの目的って何？

　——それはなんていうか…未来をよりよくするためじゃないですか？　…まあわからなくもないですけど、このレポートに限らず、**なににつけてもSDGs、SDGsって、とってつけたというか、胡散臭い感じ**がするんですよね。ちょっとしつこいっていうか。

　——それは言い過ぎな気もするけど…、わかる気もします。意味がないんじゃないかっていう動画を観たこともありますよ。

　なるほど。当たり前のものとして受け流すんじゃなくって、どうしてそんなものが必要なんだろう？って根本的に考えようとしているなんて、じつにすばらしい！

　——いや…そういうつもりじゃ…（面倒なことになったなあ…）

　——（ただ、レポートに困っているだけなんだけど）

　せっかくだから**SDGsがいったいどこからやってきたのか、世界の歴史のなかに答えを見つける旅**に出てみない？

　——えっ……（汗）

　前のめりに画面越しに語り出す地球先生。
　サステナさんとナブルさんは、しぶしぶ話を聞いてみることに…。

はじめに：「SDGs」とは、一体何だったのか？

世界史を学ぶ3つのコツ

> **1つ目のコツ** 　世界史を6つに「輪切り」してみよう

　　　——そもそも世界の歴史とSDGsに、何の関係が？

　　　——自分は世界史は好きですけど、得意というわけじゃないですね。

　　　どんなところがむずかしい？

　　　——扱う範囲が広くて、いまどこのことをやってるのか、わからなくなります。

　　　たしかに。「木を見て森を見ず」となりがちだよね。
　　　そこで、全世界の歴史を、思い切って6つのパーツに「輪切り」にしてみたらどうかな？

　　　——「輪切り」…!?　でも、どうやって？

　　　こんな感じだよ。

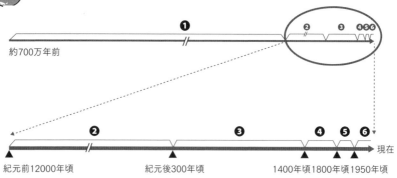

【図】世界史を6つの時期に輪切りにしてみると…

2つ目のコツ　ライフスタイルの変遷に着目しよう

　——うーん…、右に行くにしたがって、だんだんと間隔が短くなっていますけど、どうしてですか？

　この区切りは、多くの人がどんなライフスタイルを送っていたかに注目して分けたもの。区切りが短くなっていくのは、現代に近づくにつれて、その変化のスピードが速くなっていくためだ。
　ライフスタイル別に見ると、次の3つのパートに分けられる。

> ①主に移動生活を営んでいた時代
> ②農耕・牧畜や遊牧を営む人々が現れる時代
> ③化石燃料に依存した生活がグローバル化する時代

　その上で、人間どうし、それに人間と自然環境のつながりに注目して、さらに細かく切っていく。すると先ほどの6つの輪切りができあがるというわけ。
　そういえば、こういうこともできるよ。ほら。

（ディスプレイに中世ヨーロッパの宮廷の映像が映し出される）

　——わっ…何これ…。

「量子情報投影」といってね、過去の出来事に関連する原子レベルの「情報痕跡」にアクセスすることで歴史上の特定の時間と場所の「瞬間情報」を抽出し、映像として再現させることができるんだ。

　——（胡散臭いなあ…）まあ、たしかにリアルな映像ですけど…。

はじめに：「SDGs」とは、一体何だったのか？　　025

	主に移動生活を営んでいた時代	農耕・牧畜や遊牧を営む人々が現れる時代			化石燃料に依存した生活がグローバル化する時代		
約700万年前	前12000年	300年	1400年	1800年	1950年	2015年	
第1期	第2期	第3期	第4期	第5期	第6期		
さまざまな人類が出現し、そのうち人間（ホモ・サピエンス）が世界各地に拡がる時代	農耕・牧畜や遊牧を営む人々が現れ、都市や国家も生まれる時代	陸の結びつきが深まっていく時代	陸と海の結びつきが深まり、大陸を結ぶ交易・消費がさかんになる時代	工業化と植民地化がすすみ、地球規模の開発がすすむ時代	「大加速」と経済のグローバル化がすすむ時代		
○約35〜20万年前　人間（ホモ・サピエンス）が出現	＊地球の気候が温暖になり、定住する人々が出現	＊地球の気候が寒冷化し、ユーラシア大陸では遊牧民が農耕エリアに移動	＊14世紀の危機を経て、交流が一時的に縮小	＊17世紀の危機を経て、各地で生態環境が悪化	＊2度の世界大戦を経て、脱植民地化と開発援助が活発化	○1970年代〜石油危機と途上国の二極化（「東アジアの奇跡」と「サハラ以南アフリカの貧困」）	○2015年　SDGsの採択（実施期間は2016〜2030年）　人間の自然環境に対する影響が強まる「持続可能な開発」が提唱

【図】6つの輪切り年表（時期別の地図は **目標2** を参照）＊印は、時期が移り変わる契機を表しています。

——なんというか…「区切り」が6つだけってのも、少なすぎる気もしますが…。

このくらい長いスパンで世界史をとらえたほうが、SDGsとは何なのか考えやすいんだよ。 ただ、「トンネルを抜けると、そこは雪国だった」…みたいに、「輪切り」にした時期の前後で、何もかもすっかり変わってしまうわけじゃない。そこには注意しよう（→**コラム**「輪切り」の方針について を参照）。

　3つ目のコツ　「つながり」に注目しよう

最後のコツは、地球上のさまざまな「つながり」に注目することだよ。

世界史を国や地域ごとに見ていくのではなく、遠く離れた地域どうしの見えないつながりに注目すると、思わぬ事実が見えてくる。地球規模の問題解決を目標としたSDGsを紐解けば、人々の暮らしと環境がいかに強く結びついているか、実感できると思うよ。

　——でもどうやって？

　主役を人間以外の存在にも広げるんだ。
　世界史をドラマにたとえるなら、演じる役者は人間だけとは限らない。人間以外のいろんな役者、たとえば動物、植物、細菌やウイルス、鉱物、人間がつくったモノ、情報、お金など、さまざまだ。これら多様な主体の視点に立って、世界史を眺めていく。
　時代を経るに従い、役者同士のつながりは密になる。そのつながりこそが、世界史というドラマを大きく動かしていったことに気づくはずだ。

　以上の3つのコツを意識しながら、ぜひ世界史を「自分ごと」としてとらえていってほしい。身の回りにあるものや風景も、実は過去の世界とつながりがあることが、だんだん見えてくるはずだよ。

SDGsの基礎知識

　——どうせならSDGsについてもう少し知っておきたいです。

　OK、かんたんに確認しておこう。
　SDGsとは、「サステイナブル・ディベロップメント（Sustainable Development）」を目指すゴールズ（Goals）のこと。

　——そのまんま…（笑）

　——ゴールズは「目標」の複数形ですね。

そうそう。17個あるからね。

——「サステイナブル・ディベロップメント」の部分は何でしたっけ…持続可能な…。

…開発だね。これまでの「開発」の考え方を刷新するためにつくられた言葉で、国際社会の表舞台に登場したのは、1987年に国連の委員会によって発表された『ブルントラント報告書』[8]が最初といわれることが多いよ。

この中で「サステイナブル・ディベロップメント」は、次のように定義されている。

> 「将来の世代が自らの必要を充足する能力を損なうことなく、今日の世代の必要を満たすこと」[9]

——つまり…将来の地球に住む人たちのことも考えて開発しようってこと？

そう。現在だけでなく、未来のことも考えて、地球の環境を壊さないようにしつつ、貧困を減らしていこうというわけだ（→詳しくは**目標15**へ）。

——でも未来のことなんて、どうやって考えたらいいんですか？

SDGsでは「こんな未来になってほしい」という理想像を先に描き、そこから逆算する形で、今なすべきことを策定していく**バック

---

8 ——【ブルントラント報告書】1983年の国連総会決議により設立された「環境と開発に関する世界委員会」が、1987年に国連総会に提出した報告書『我ら共有の未来』(Our Common Future) の通称。当時のノルウェー首相グロ・ハーレム・ブルントラント（1939～）が委員長を務め、環境問題の専門家を含む15名余りとともに、世界各地で情報収集をおこなったものです（→**目標15**）。
9 —— 環境と開発に関する世界委員会（大来佐武郎・監修）1987『地球の未来を守るために』福武書店。

キャスティングという手法をとっているんだよ。その理想像は『アジェンダ2030』の冒頭で、次のようにうたいあげられている。[10]

> **我々のビジョン**
>
> 7.（**目指すべき世界像**）これらの目標とターゲットにおいて、我々は最高に野心的かつ変革的なビジョンを設定している。我々は、すべての人生が栄える、貧困、飢餓、病気及び欠乏から自由な世界を思い描く。我々は、恐怖と暴力から自由な世界を思い描く。すべての人が読み書きできる世界。すべてのレベルにおいて質の高い教育、保健医療及び社会保護に公平かつ普遍的にアクセスできる世界。身体的、精神的、社会的福祉が保障される世界。安全な飲料水と衛生に関する人権を再確認し、衛生状態が改善している世界。十分で、安全で、購入可能、また、栄養のある食料がある世界。住居が安全、強靱（レジリエント）かつ持続可能である世界。そして安価な、信頼でき、持続可能なエネルギーに誰もがアクセスできる世界。
>
> 8.（**目指すべき世界像**）我々は、人権、人の尊厳、法の支配、正義、平等及び差別のないことに対して普遍的な尊重がなされる世界を思い描く。人種、民族及び文化的多様性に対して尊重がなされる世界。人間の潜在（せんざい）力を完全に実現し、繁栄を共有することに資することができる平等な機会が与えられる世界。子供たちに投資し、すべての子供が暴力及び搾取（さくしゅ）から解放される世界。すべての女性と女児が完全なジェンダー平等を享受し、その能力強化を阻む法的、社会的、経済的な障害が取り除かれる世界。そして、最も脆弱（ぜいじゃく）な人々のニーズが満たされる、公正で、衡平（こうへい）で、寛容で、開かれており、社会的に包摂的な世界。
>
> 9.（**目指すべき世界像**）我々は、すべての国が持続的で、包摂的で、持続可能な経済成長と働きがいのある人間らしい仕事を享受（きょうじゅ）できる世界を

---

10 ── 外務省仮訳 2015「我々の世界を変革する：持続可能な開発のための 2030アジェンダ」https://www.mofa.go.jp/mofaj/files/000101402.pdf。なお「仮訳」とは、国会が批准した条約にあるような公的な訳文の存在しない、その他の国際文書を政府機関が翻訳したもののことです。

思い描く。消費と生産パターン、そして空気、土地、河川、湖、帯水層、海洋といったすべての天然資源の利用が持続可能である世界。民主主義、グッド・ガバナンス、法の支配、そしてまたそれらを可能にする国内・国際環境が、持続的で包摂的な経済成長、社会開発、環境保護及び貧困・飢餓撲滅（ぼくめつ）を含めた、持続可能な開発にとってきわめて重要である世界。技術開発とその応用が気候変動に配慮しており、生物多様性を尊重し、強靭（レジリエント）なものである世界。人類が自然と調和し、野生動植物その他の種が保護される世界。

　SDGsは17の**目標**（Goal）と、169個の**ターゲット**（Target）によって構成されている。目標のことを**大目標**、ターゲットのことを**小目標**ともいうよ。

【図】SDGsの目標一覧

　なお、目標の達成状況を測るために、**グローバル指標**[11]がもうけられ、さらにそれを基に各国政府が**ローカル指標**をつくることに

11　──本文中に引用したターゲットのうち、内容と関連のあるものについてはグローバル指標を併記しています。

なっている。

　──目標が17個もあるなんて、正直多すぎてよくわかんないですね。

　ターゲットを入れると全部で169個もある。こりゃ多すぎだ[12]。そこで、各目標を「自然」「社会」「経済」の3つの領域に分け、SDGsの各目標が、全体としてどのような構造になっているのかを示した**ウェディングケーキ・モデル**という図を見てみよう[13]。

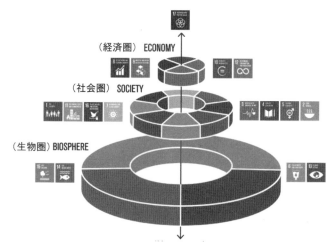

【図】SDGsのウェディングケーキ・モデル（出典：スコットランド・レジリエンス・センター）

主に人間の営みにかかわる目標
①「社会」に関する目標（目標1～5、7、11、16）
②「経済」に関する目標（目標8～10、12）
主に自然の営みにかかわる目標
③「環境」に関する目標（目標6、13～15）

---

12 ── SDGsの前身にあたるMDGsは、8つのゴール、21のターゲット項目のみによって構成されていました。それに比べ、なぜSDGsは、169もの膨大なターゲットを持つに至ったのでしょうか？　本書では、世界史の展開のなかにSDGs成立にいたる事情を位置付けることで、その謎を解き明かしていくことになります（→**目標17**）。
13 ── Azote Images for Stockholm Resilience Centre, Stockholm University.

——環境、社会、経済の順に「ケーキ」の面積が小さくなっていますよ。

　人間の経済活動は、社会的な公正を損なうことなく、さらに自然環境を破壊することのないような範囲内に収めるべきだというメッセージが、ここから読み取れる。
　真ん中にある軸は**目標1**から**目標16**までを達成するための手段に関する**目標17**だ。[14]
　ところで、SDGsの考え方は、次のような図で表されることもある。

　図AではSDGsは、「環境保護」と「経済成長」と「社会的正義」の3つの価値を、同時に満たそうとしていると説明される。
　トリプルボトムライン[15]とも呼ばれる考え方だ。

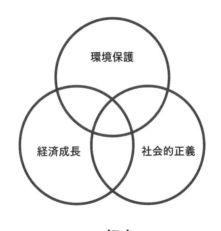

【図A】

---

14 ── **目標17**は、SDGs達成に必要な実施手段に関する目標ですが、実施手段は**目標1〜16**の中にも盛り込まれています（たとえば1-aや2-bのように小文字のアルファベットで示されたものが、それに当たります）。
15 ── 【トリプルボトムライン】企業を評価する際に、財務状況だけでなく社会、環境、経済の3側面か

——なるほど。でもこの**図A**だと、環境も社会も経済も、ぜんぶ同じ大きさになっています。

　そうそう。でも、実際には人間の社会も経済も、安定した自然環境なしには成り立たない（→**第3章**）。そう考えると、経済と社会のほうが大きすぎるような気もする。そこで、次の**図B**のように表現されることがある。[16]

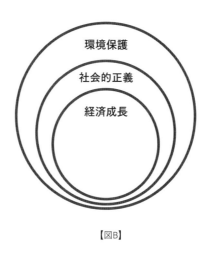

【図B】

　いずれにせよSDGsの根底にあるのは、「どうすれば人間の社会や経済を、これからも成り立たせることができるのか？」という問題意識だ。とりあえず今のところ、この点だけはおさえておいてほしい。

らもとらえようとする考え方。1994年にイギリスの作家ジョン・エルキントンが提唱したもので、CSR（→**目標17**）の国際基準を策定するGRI（グローバル・リポーティング・イニシアティブ）も採用しています。図は、加藤里紗 2020「環境・経済・福祉の統合に向けて——エコロジー的近代化からエネルギー貧困まで」、『経済科学』67(3)、29-39頁、30頁を参照。
16 ── 前頁【図A】の考え方を「弱い持続可能性」、【図B】を「強い持続可能性」と呼ぶことがあります。

本書における各章と目標の関係

この授業では便宜的に、次のように区分けをしてみようと思う。

第1部 上巻
第1章 人間に関する目標→目標 1 ～ 6
●人間はこれまで、どのようにしあわせな社会をつくろうとしてきたのか?
第2章 繁栄に関する目標→目標 7 ～ 11
●経済的な繁栄を実現していく裏側には、どのようにしわよせが生み出されてきたのだろうか?

第2部 下巻
第3章 地球に関する目標→目標 12 ～ 15
●目標 1 ～目標 11 の課題は、地球の自然環境とどのようなつながりを持ってきたのだろうか?
第4章 平和に関する目標→目標 16、協力（実施手段）**に関する目標→目標 17**
●平和と協力を掲げる目標 16・目標 17 は、どのような経緯から生み出されてきたのだろうか?

SDGsの個々の目標・ターゲットは、ひとつひとつがバラバラに独立しているわけではなく、互いに関連し合っている。この目標は「人間」に関するものとか、こちらは「経済」に関するものというように区別できるわけではないことを意識しておこう。

GUIDE

　本書は、上巻・下巻のいずれかからも読むことができます。お好みの目標を選び、関心のある順番で読まれたとしてもまったく問題ありません。

　引用・参考文献については脚注に記載しました。紙幅の都合により、共著者や訳者、書名の副題については一部省略しています。資料の引用に際しては、読みやすさを考慮し、適宜読み仮名を補いました。また、SDGsの日本語訳としては原則として「政府仮訳」を使用しました。なお、本文中には今日の視点から不適切と考えられる語句や表現も見られますが、時代背景や歴史的文脈を踏まえて理解いただけるよう十分に配慮した上で用いることにしました。

【コラム】「輪切り」の方針について

　過去の世界をいくつかの時期に分けたものを「時代区分」といいます。時代区分に絶対的なものはなく、どのような区分にも「過去をどうみるか」という価値基準は必ず含まれるものです[1]。

　たとえばヨーロッパ諸国では、つい 50 年ほど前まで、ヨーロッパ中心的な視点に立った時代区分が主流でした。そこではユダヤ・キリスト教的な世界観の影響のもと、ヨーロッパは文明の最先端に位置し、反対にアジアはもっとも遅れた野蛮な文明として描かれます[2]。人間が子どもから大人に成長していく中でさまざまなことを学んでいくように、世界の歴史も、古代オリエント、古代ギリシア・ローマ、中世ヨーロッパというように、その時代その時代に、いちばん優れた民族が現れる。なかでも唯一高いレベルに発達したのが近代のヨーロッパであり、世界史の「トップランナー」として、これからはヨーロッパ諸国が遅れをとった人々を従え、あるいは手を差し伸べるべきだ！──というような見方です。19 世紀後半に提唱されたマルクス主義の歴史観（人間の社会は、奴隷制→農奴制→封建制→資本主義→共産主義の順に発達していくとする見方）も、生産力と生産関係が段階的にレベルアップしていく見方をとる点では同様です。

　かつてのように露骨ではないにしろ、**「進んでいる／遅れている」という評価軸で歴史をとらえる見方は、程度の差こそあれ私たちの歴史観にいまだに色濃く影響を与え続けています。**

　そこで現在では、このようなヨーロッパ中心的な世界観への反省から、さまざまな観点から時代を区分する方法が提案されるようになっています[3]。こうし[4]

---

1 ── 小川幸司 2021「〈私たち〉の世界史へ」、小川幸司ほか編『世界史とは何か』（岩波講座 世界歴史1）岩波書店、3-79頁。
2 ── 岡崎勝世 2003『世界史とヨーロッパ』講談社、131-132頁。
3 ── たとえばアメリカの歴史学者パトリック・マニングは「世界史とは、人間の地球規模の共同体のなかでの、結びつきの物語である」と述べています（マニング，パトリック 2016『世界史をナビゲートする─地球大の歴史を求めて』彩流社、25頁）。
4 ── 近年、日本で刊行されたものを挙げれば、羽田正 2011『新しい世界史へ─地球市民のための構想』岩波書店。クリスチャン，デヴィッドほか 2016『ビッグヒストリー　われわれはどこから来て、どこへ行くのか』明石書店。妹尾達彦 2018『グローバル・ヒストリー』中央大学出版部。森安孝夫 2020『シルクロード世界史』講談社。荒川正晴ほか編 2021〜2023『岩波講座　世界歴史』（全24巻）岩波書店 など。

た動向を踏まえ、本書では人間の出現以前の時代からの連続性も視野に入れ、人々のライフスタイルや地域間の結びつきの移り変わり（「**大○○**」）に注目し、以下のようにざっくりと独自の区分を試みました。

まず【第1期】のスタート地点（約700万年前）は、現在最古の人類と目されるサヘラントロプス・チャデンシスがアフリカ大陸に出現していた時期にあたります。考古学的な新発見によっては前後する可能性もありますが、約20万年〜35万年前には、われわれ人間（ホモ・サピエンス・サピエンス）が登場し、【第2期】を迎えるころまでには、太平洋の島々や極地を除く世界中に「**大移動**」していったことは確実です。[5]

その後、【第2期】から【第4期】までは、人間の生業のバリエーションが広がった時期（その多くが農業や遊牧）です。時代を経るごとに、定住生活を営む人口が増えていきます。また、ユーラシア大陸と南北アメリカ大陸が分離し、両大陸間の交流は【第4期】に入るまで途絶します。

【第2期】のスタート地点（紀元前12000年頃）は、地質年代の上では完新世の始期にあたり、地球の気候が温暖化に向かう時期と重なります。狩猟採集、漁撈（ぎょろう）、農業や遊牧のみならず、商工業を営む人々も現れ、ライフスタイルが多様化していった時代です。異なる生態系の接点に都市が現れ、ローマや漢のように、その後の世界の諸文明の基盤を形作った「**大帝国**」が登場するのもこの時代です。

【第3期】のスタート地点（紀元後300年頃）は、地球の気候が寒冷化に向かい、ユーラシア大陸で騎馬遊牧民の「**大移動**」が始まる時期にあたります。農耕民の世界は遊牧民の世界と融合し、やがて13世紀にはモンゴル帝国が建設され「**大交流**」の時代が到来しました。このことから本書では、ユーラシア大陸からアフリカ大陸にかけて「陸の結びつきが深まる時代」として区分しています[6]。ただし、騎馬遊牧民が存在せず、ユーラシア大陸との交流のなかった南北アメリカ大陸や、太平洋地域や大部分のアフリカ大陸の動向との関連は乏（とぼ）しく、ユーラシア大陸中心の時代区分である点はいなめません[7]。しかし、【第3期】の結びつきの

---

[5] ── Hublin, J.J. et al. 2017. New fossils from Jebel Irhoud, Morocco and the pan-African origin of Homo sapiens. *Nature*. 546（7657）. pp.289-292. 篠田謙一 2022『人類の起源─古代DNAが語るホモ・サピエンスの「大いなる旅」』中央公論新社。

[6] ── 妹尾達彦は、4〜15世紀を「ユーラシア史の形成期」として区分しています（同2018『グローバル・ヒストリー』中央大学出版部、67頁）。本書で見ていくように、海の結びつきも同時に発達していきました。

[7] ── 安村直己ほか編 2022『南北アメリカ大陸　〜17世紀』（岩波講座 世界歴史14）岩波書店。

深まりは、13世紀後半以降、太陽活動の変調や疫病の流行が複雑に絡み合い、15世紀後半にかけて人間社会のあり方を大きく変えていくことになります。この変化を歴史学者ブルース・キャンベルは「大遷移」と呼んでいます（→ **13-2 気候変動と民族大移動**）。

【第4期】のスタート地点は、ユーラシア大陸のみならず、南北アメリカ大陸やアフリカ大陸も含め、世界が一体化に向かっていく15世紀以降に設定しました。いわゆる「**大交易／大航海**」とよばれる時代です。14世紀末以降インド洋海域の貿易が活性化し、15世紀初めには中国の明朝が、遠くアフリカ大陸にまで遠征隊を派遣しています。ヨーロッパ諸国も15世紀以降ユーラシア大陸・アフリカ大陸との直接交易に乗り出し、このうちスペインが結果的に南北アメリカ大陸に到達することになった点は重要です（→ **目標2 コロンブス交換**）。こうして15世紀、世界の主要な大陸は、海を通してさらに深く結びついていくことになりました。特に15世紀末以降〜16世紀から18世紀末〜1870年頃までの時代は、世界史の中で「近世」というひとまとまりの時代に区分されることが増えています。**本書ではユーラシアにおける【第3期】との連続性を重視して、15世紀のスタート地点に切れ目を入れることにしました。**

　最後の【第5期】以降は、人間が主に近代的な工業技術に依存するようになった時代で、「**大分岐**」（→ **8-8「勝ち負け史観」を超えて**）の起きた時代です。

【第5期】のスタート地点は19世紀頃に設定してありますが、工業中心の社会となるきっかけをつくった蒸気機関は18世紀に開発され、19世紀を通して化石

---

8 ── Campbell, Bruce M.S. 2016. *The Great Transition: Climate, Disease and Society in the Late-Medieval World*. Cambridge University Press.

9 ── ヨーロッパの人々が海外にさかんに遠征隊を送り出した「大航海時代」は、外洋を連続して航海することが普通となる15世紀末以降とする説と、ポルトガルがその後海上拡大をはじめる端緒となった北アフリカのセウタ攻略の年（1415年）以降とする説がありますが、本書では後者を採用します。合田昌史 2021『大航海時代の群像―エンリケ・ガマ・マゼラン』山川出版社、5頁。

10 ── 島田竜登 2019「「長期の18世紀」の世界」、秋田茂編『グローバル化の世界史』ミネルヴァ書房、147-170頁。

11 ── たとえば、イギリスの帝国史家ジョン・ダーウィンは、ティムールの亡くなった1405年を世界史の画期としています（同 2020『ティムール以後』国書刊行会）。なお、アメリカの歴史学者A.G.ホプキンスは、1600〜1800年を「プロト・グローバル化」、1800〜1950年頃までを「近代グローバル化」に区分しています（Hopkins, Anthony G. 2002. *Globalization in World History*. Pimlico. p.5.）。

燃料の使用が欧米諸国や日本に広まっていったものです。また、見方によっては人間やモノの「つながり」の観点から、世界規模の人々の往来、通信ケーブルによる情報のやりとりが急増していった19世紀後半 (1870年頃) 以降を重要な画期とみなすことも可能でしょう[12]。

【第6期】は、第二次世界大戦の終結直後の「冷戦」の開始から現代までの時代を扱います。**目標2**で紹介する「**大加速**[13]」が始まった時代でもありますし、核兵器が実用化されたり、宇宙開発が始められたりする時代でもあります。また「開発援助」という概念が生まれたことも、この時期以降の特質です。情報技術革命を背景にグローバル化が進展していく1970年代も重要な画期といえますが、本書では1950年頃で区分しました。なお、「人新世」(**→目標13**) という地質区分の提唱者の一人である科学者パウル・クルッツェンが、歴史学者ジョン・マクニール、科学者ウィル・ステフェンと共同執筆した論考では、1800 ～ 1950年までを「産業の時代：ステージⅠ」、1950 ～ 2015年頃までを「大加速：ステージⅡ」とし、それに続く2015年、つまりSDGsの採択された年以降を「地球システムの管理者：ステージⅢ」の時代としています[14]。

　長くなりましたが、時代区分は、あくまで目安にすぎません。人間の歴史を長い地球の歴史と結びつけ、いわば地球の外にある高い位置から見下ろし、始まりから終わりに向かう直線コースとして描く試みには、落とし穴もあります。そしてその落とし穴は、SDGsやSDGs批判がともに陥りうる罠とも密接につながっている。この点もまた、本書を通して明らかにされていきます。

---

12 ― 島田竜登 2022「構造化される世界」、『構造化される世界　14～19世紀』(岩波講座 世界歴史11) 岩波書店、3-58頁、25頁。

13 ― 中野聡 2023「「大加速」の時代」、中野聡ほか編『冷戦と脱植民地化Ⅱ――20世紀後半』(岩波講座 世界歴史23) 岩波書店、6-65頁。

14 ― Steffen, Will et al. 2007. "The Anthropocene: Are Humans Now Overwhelming the Great Force of Nature?". *Ambio*,36 (8). pp.614-621.

第 **1** 部

SDGsで読み解く
「人間ゾーン」の歴史編

第❶章 人間（People）──人間の「しあわせ」の世界史

1つ目の問い 「しあわせ」になったのは、誰?

はじめに

2015年、国連で「2030アジェンダ」という文書が採択されました。

冒頭でも述べたように、「2030アジェンダ」は、新たな開発目標の基本方針を掲げたもので、SDGsの17の目標もこのなかに記載されています。

当時の国内の報道を見てみると、数年後のメディアでの取り上げられ方とは裏腹に、小さく扱う記事がほとんどで、「期待はずれ」といったかなり冷静な分析も目立ちます。しかし、そうした反応をよそに、その冒頭にうたわれた「目指すべき世界像」は、いかにも野心的なものでした。

> …我々は、すべての人生が栄える、貧困、飢餓、病気及び欠乏から自由な世界を思い描く。我々は、恐怖と暴力から自由な世界を思い描く。すべての人が読み書きできる世界。すべてのレベルにおいて質の高い教育、保健医療及び社会保護に公平かつ普遍的にアクセスできる世界。身体的、精神的、社会的**福祉**が保障される世界。…[1]

太字で示した「福祉」は、原文の英語では「well-being」という単語です。[2]

これを本書では「**しあわせ**」とよみかえてみましょう。

SDGsの唱える「しあわせ」のあり方は、新たに突然唱えられるようになったものなのでしょうか?

それとも、歴史的に何かルーツをもつものなのでしょうか?

---

1 ── 外務省 2015 外務省仮訳「我々の世界を変革する─持続可能な開発のための2030アジェンダ」、https://www.mofa.go.jp/mofaj/files/000101402.pdf

2 ──【ウェルビーイング】身体のみならず精神、個人のみならず社会や自然との関わりの中で、幸福をとらえた概念。「よき生」とも訳され、WHO（世界保健機関）が憲章に定める「健康」（health）の定義も、これにあたります。

・・・

　アメリカとドイツの政治学者が、20年以上にわたって全世界の85％をカバーする地域の人々に対しておこなった「世界価値観調査」という共同研究があります。

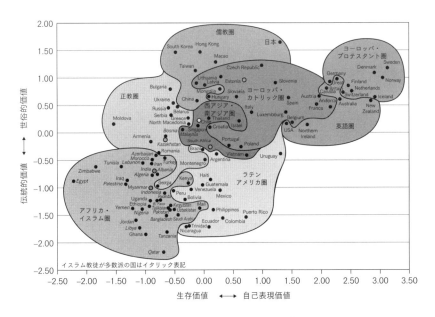

【図】世界価値観調査（2023年版）[3]

このなかでは、以下のようなことが主張されています。

・経済発展が不十分な地域に暮らす人々は、伝統的な価値を重んじ、自己表現をおさえこむ傾向にある。それが、他者に対する不寛容を生み、ひ

---

3 —— 正教、カトリック、プロテスタントはキリスト教の一派を指します。The Inglehart-Welzel World Cultural Map - World Values Survey 7 (2023). Source: http://www.worldvaluessurvey.org/ （World Values Survey Associationの許諾を得て転載）

いては人々が自分の人生を選びとる自由をうばうことにつながる。

・人々を世俗的な物事や自己表現に価値を置く生き方へと導くためには、経済開発が必要だ。

ただ20年分の世界価値観調査の移り変わりをみてみると、グラフにプロットされる国の位置は、かなりバラバラに動いていることがわかります[4]。経済が発展したとしても、価値観がそのまま世俗的・自己表現重視の方向に向かうとは限りません。反対に、反動的で宗教的な価値を重んじる方向に振れることもあります。それぞれの国で、歴史的に成り立ってきた文化の影響も大きいようです。

ところで2人はこの研究を通して、グラフの左下部分はテロの温床となるから、援助を通して、人々を右上方向に導いていくべきだ、とも提言しています[5]。そうやって世俗的で自己表現を重んじる価値観を「しあわせ」ととらえ、世界中の人々をその方向に変えていこうとするのは、果たして妥当なことといえるのでしょうか？

こういったことを考えるために、第1章では「「**しあわせ**」**になったのは、誰？**」という問いを立てて、探究をすすめてみることにします。

そもそも「しあわせ」な社会を、これまで世界各地の人間がどのようにとらえ、どうやってつくろうとしてきたのか？

また、ある社会において形成された「しあわせ」のあり方を、別の社会へ組織的に広めようとする営みは、どのようにして始まり、広まっていったのでしょうか？

そのことが、誰かを自分たちの「しあわせ」のあり方にはめ込み、思い通

---

4 —— イングルハートらは、『近代化・文化変動・民主主義』において、「安定した効果的な民主主義は、一般に、経済発展から始まる人間形成のプロセスを通じて出現し、それが寛容、信頼、人間の自立性を重視する文化につながる」とし、テロリズムの温床を断ち切るにはテロリストを攻撃するのではなく、MDGsに対して開発援助の増額が必要だと提言しました (Inglehart, Ronald and Christian Welzel. 2005. *Modernization, Cultural Change, and Democracy: The Human Development*. Cambridge University Press. pp.297-298.)。

5 —— Live cultural map over time 1981 to 2015. (By Bi Puranen, Secretary General of the World Values Survey), https://www.youtube.com/watch?v=ABWYOcru7js

りにしようとしたことは、これまでなかっただろうか？

　そして、その結果もたらされたものは、何だったのか？

　目標1ではそのあたりを切り口に、まずは比較的現代に近い時期の世界史を読み解き、SDGsを「**開発**」の歴史に位置付ける作業からはじめてみましょう。

目標1　貧困をなくそう（No Poverty）
あらゆる場所のあらゆる形態の貧困を終わらせる

「貧しい人は減っている」って聞いたことあるけど…
貧困をなくすには、どんな方法があるの？

　目標1はずばり、あらゆる場所のあらゆる形態の貧困を終わらせることを掲げています。

　そもそも、生活の糧を十分に手に入れることができないという意味での貧困は、世界史において長らくありふれた現象でした。そして多くの場合、そんな貧しい人たちはごく身近に存在し、家族や地域社会、宗教組織、あるいはその土地で力をもつ人が、さまざまな思いから手を差しのべあってきました。しかしSDGsのように、見ず知らずの国外の人々の貧しさを救うことが国際社会で求められるようになったのは、比較的最近のことです。

　第5期（1800年頃～1950年頃）の末期になっても、植民地⁶の人々の貧困は、必ずしも解決すべき問題ととらえられてはいませんでしたし、先進国が途上国の問題に手を差し伸べる開発援助⁸の仕組みが発達していくのも、第二次世界大戦後、植民地がつぎつぎに独立を勝ち取っていく中でのことでした。

---

6 ──【植民地】第3期（300年頃～1400年頃）までは単に「移住地」を指す言葉でしたが、第4期（1400年頃～1800年頃）以降に欧米諸国などが武力を用いて土地を奪い、経済的・政治的に支配する対象となった地域を指すようになりました。第5期（1800年頃～1950年頃）以後には、帝国主義（→目標16）的な進出により保護国、保護領、租借地、委任統治領（→目標16）、海外県など、さまざまな形態がとられましたが、その多くは第6期（1950年頃～）に独立や自治に向かいました。

7 ── イギリスで植民地開発福祉法という法律が制定されたのは、ようやく第二次世界大戦中の1940年になってからのこと。これは「英国の貿易や産業の促進」（第1条）を目的としていた植民地開発法（1929年）が、植民地の人々の劣悪な環境を放置しているとの批判が高まり制定されたもので、福祉や教育への資金供出が実施されました。

8 ──【開発援助】途上国に対する資金や技術協力を指す多義的な言葉。先進国による組織としては、経済協力開発機構（OECD）の開発援助委員会が有名。欧米では「対外援助」と呼ばれるのに対し、日本では当初「経済協力」と呼ばれ、1960～70年代以降は「開発援助」、そして2000年代以降は途上国との「上下関係」的なニュアンスをきらい、平和や人間の安全保障の実現も含めて「開発協力」ということも増えています。日本では開発協力といえば、政府によるODA（政府開発援助）を指します（佐藤仁 2021『開発協力のつくられ方』東京大学出版会、1頁）。

【図】マーシャル・プランのポスター（1950年） [9]

しかし、大戦終の**第6期**（1950年頃〜）以降になると、世界の人々はこぞって「開発」について考えるようになる。

なぜなのでしょうか？

手始めに今回はこれまでの開発援助の歴史をたどりながら、その謎に迫っていこうと思います。

（……何の準備もなく「開発」という言葉を何度も使ってしまいました。とりいそぎ、ここでは「**しあわせの実現**」という言葉に置き換えてみましょう）

・・・

地球先生の誘いに引き込まれ、半信半疑でレッスンを受けることになったサステナさんとブルさん。

目標1の内容を見ながら、一体どんなことが書かれているのか、話し合っています。

---

[9] ── https://commons.wikimedia.org/wiki/File:Marshall_Plan_poster.JPG、パブリック・ドメイン。加盟国の国旗を羽根にした風車の図の下に「どんな天気（環境）であれ、われわれはただ福祉を実現するのみ」と標語が掲げられています。マーシャル・プランについては、**1-3 文明化の使命**の項を参照。

目標1　貧困をなくそう（No Povery）　　047

1-1 絶対的貧困と相対的貧困：世界はどんどん良くなっている？

貧困は減っているの？　それとも増えているの？

　　――さっそく質問なんですが…。「あらゆる形の貧困」ってどういう意味なんでしょうか？　貧困にも、いろんな種類があるっていうことですか？

　いいところに気がついたね、ブルさん。

> **関連ターゲット 1-1** 2030年までに、現在1日1.90ドル未満で生活する人々と定義されている極度の貧困をあらゆる場所で終わらせる。[10]

　まず1つ目は「絶対的貧困」といって、ある必要最低限の基準を下回り、生きていくのがやっと」という状態のことだよ。

> **関連ターゲット 1-2** 2030年までに、各国定義によるあらゆる次元の貧困状態にある、全ての年齢の男性、女性、子どもの割合を少なくとも半減させる。

　一方こちらは「相対的貧困」を指している。ある国の中で、一定の水準以下の生活水準にある状態を指し、単に貧困率（所得ベースの相対的貧困率）といったりもする。簡単に言えば、その国の中での格差を示す指標のことだ（→**目標10**）。

　　――どちらも基準が設定されているんですね。

10　――**ターゲット1-1** での採択当時の「絶対的貧困」の基準は1.25ドルでしたが、2015年秋に世界銀行が世界各地の物価を考慮して定義を変更したことを受け、1.90ドルに引き上げられました。なお、ここでいう「ドル」は正確には「PPPドル」のことで、購買力平価という各国の1ドルの価値を平均した単位のことです。

そうそう。まさにそこが一番のポイントでね。なんらかの指標をもとに基準線を設定し、「貧困」を定義していくわけだ。

　——じゃあ基準の設定次第では、「貧困はありません」って言えちゃうことになりませんかね。

　それもありえるね…。相対的貧困の場合、一般には所得の中央値の半分に満たない数値を使うんだけれど、 ターゲット 1-2 に「各国定義による」とあるように、貧困ラインをどこに引くかは、それぞれの国が決めてよいことになっている。だから「公式データはありません」としている国も多いんだ。実際に、日本政府は1965年に相対的貧困の公表を一旦打ち切っている[11]。

　——えっ、ってことは貧困がなくなったってこと？　それじゃあ実態がつかめなくないですか？

　データをとらなくなれば、問題は見えなくなるでしょ。見えなくなることで、貧困は社会の片隅に「あってはならないもの」としておしやられることになる。

　——たしかに、「あるべきもの」が何なのかって、時代によっても、人や社会によっても違いそうですけど…[12]。

---

11 ― 厳密には、世帯で消費にまわせる所得を世帯人数の平方根で割った「等価可処分所得」という数値を使います。なお、日本政府は2009年に再び相対的貧困率を発表。OECD諸国の中で高い水準にあります。

12 ― たとえば社会学者の西澤晃彦さんは次のように述べています。「例えば、生活習慣にしたがって朝の紅茶にこだわる貧しい高齢者にとって、紅茶は栄養学的に意味のない贅沢品だといえるのか。あるいは、自らの貧しい身なりを恥じる少年少女の悩みは、華美を求める不道徳なものといえるのか。そうではない。むしろ、朝の紅茶——生活習慣——やそれなりの身なり——社会生活への参加——こそが、その欠如によって貧困が耐え難いものになる象徴財であるのだ。」（西澤晃彦 2019『人間にとって貧困とは何か』放送大学教育振興会、25-26頁）。

——1つ目の絶対的貧困のほうは、わりとはっきりとわかるんじゃないでしょうか。

それならこんなグラフがある。全世界に占める絶対的貧困の比率が、歴史的にどのように移り変わってきたかを示したものだよ。

——えっ？ この数十年でかなり減ってますね！

イメージと違ったかな？ 特に**第5期**（**1800年頃～1950年頃**）以降、世界全体で見ると減少傾向にあることがわかるよね。たとえば1日1.9ドル以下で生活する人々は、1990年には19億人（当時の世界人口は50億人）もいたのに、SDGsが採択された2015年には7.3億人に激減している。それに全世界の人口に占める割合も、36%（1990年）から10%（2015年）に低下しているんだよ。

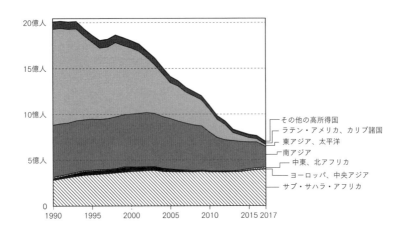

【図】世界の総人口に占める絶対的貧困に苦しむ人々の割合（1820～2015）[13]

---

[13] — https://ourworldindata.org/grapher/share-of-population-living-in-extreme-poverty?facet=entity&uniformYAxis=0、OurWorldInData.org/poverty、CC-BY

——1.9ドル…それって本当に十分な所得といえるんですかね？

　たしかに。「1日1.90ドル以下の世帯あたり収入を下回る」という基準が妥当かどうかという点には気をつけたいところだ[14]。
　それにこのグラフだけを見ていると、統計上は絶対的貧困の少ない中所得国の問題が見えにくい。たとえばインドネシアとパキスタンでは、1日1.90ドル未満で暮らす人々はわずか7％と5％と、絶対的貧困に苦しむ人口比率は小さい。でも、これらの国では人口の26％と33％が1日3.20ドル以下で生活し、人口の3分の2と4分の3が1日5.50ドル以下で生活している。上位中所得国であるメキシコと中国でさえ、人口の25％以上が1日5.50ドル未満で生活している[15]。

　このように絶対的貧困を脱したからといって、相対的貧困にある人々の暮らしが良くなったとは言いきれないし、世の中の動向にも影響を受けやすい。
　たとえば2020年以降の新型コロナウイルス感染症のパンデミックによって、絶対的貧困に苦しむ人口は、この数十年で初めて増加。2022年には、パンデミック前の予測よりもさらに7,500万から9,500万もの多くの人々が絶対的貧困に加わったとも考えられ、SDGsの最終年度である2030年までの目標達成は厳しい情勢となっている[16]。

---

14 ── 絶対的貧困は、政治や経済の情勢によっても増減します。たとえば2020年以降の新型コロナウイルスのパンデミックの影響により、新たに1億1,900万〜2,400万人が絶対的貧困に陥った可能性が明らかにされています（国連広報センター「SDGs報告2021」）。
15 ──「2023アジェンダ」では「特別な課題を持つ国々」の中に、アフリカ諸国をはじめとする「最も脆弱な国々」のみならず、そこから脱した「中所得国」にも特別な課題があると明示されています（同、パラグラフ22）。
16 ── コロナ前の2030年時点の絶対的貧困に苦しむ人口予測は5億8,100万人、2022年時点の予測は6億5,700万〜7,600万人。ウクライナでの戦争と世界的なインフレも影響しています（「SDGs報告2022」による）。

目標1　貧困をなくそう（No Povery）

——これまでの傾向どおり、減り続けてくれる確証があるわけじゃないということか…。

　——でも、どうしてそもそも世界には、こんな億単位の貧しい人たちがいる現状があるんだろう？

1-2　農業社会から産業社会へ：産業革命は社会をどう変えたのか？

産業革命が起きてモノがたくさんつくれるようになったのに、貧困がなくならなかったのは、なぜ？

　世界に先駆けて絶対的貧困の減少がはじまったのは、イギリスだ。それには特に**第4期**（1400年頃〜1800年頃）の終わりごろにあたる1760年代から**第5期**（1800年頃〜1950年頃）の始めにかけて進行していった産業革命が関係している。

　——産業革命…？

　蒸気機関が発明され、農業中心だった社会が、**工業（産業）中心の社会**に劇的に変化した現象のことだ（→**目標7**）。
　産業社会への転換（産業革命）以前の工業は、あくまで道具を使う手仕事が基本で、作業場の規模も小さかった。仕事道具を使うには慣れや熟練（じゅくれん）を要するため、長きにわたる修行を経た職人が生産の担い手として活躍した。
　蒸気機関が発明されたからといって、こうした職人がまったくいなくなってしまったわけじゃないし、小規模な作業場やお店も生き残った。産業革命はそこまで急激な変化じゃなかったとも言われて

---

17 ——【産業社会】産業革命以降に生まれた「工業」中心の社会を産業社会と呼びます。**第6期（1950年頃〜）**以降、欧米諸国で本格化する「情報、知識、サービスなどに関する産業が重要な役割を果たすようになる社会を脱工業化社会、その前段階を工業化社会と呼ぶこともあります。

いる。けれども蒸気機関でうごく機械を大きな工場に設置し、契約を交わした働き手(労働者)を雇い入れて商品をつくらせる仕組みがじわじわと広まっていったのは事実だ。

　市場での売上のうち一部は労働者に、それ以外は投資した人のふところに入り、次の投資に回される。これによって、誰に命令されるでもなく、企業や個人起業家が効率よく大量にモノを生産したり、サービスを提供したりすることで新たな価値を生み出し続ける資本主義的な産業社会が整っていったわけ。

　——今の世の中ではあたりまえの仕組みなんでしょうけど、それが始まったのって、つい最近のことなんですね。

　——みんなが思い思いに経済活動をすることで、これまでよりもたくさんのモノが生産され、売り買いされるようになれば、生活水準は良くなっていきそう！

　長期的にみればね。ただ、じつは産業革命初期の都市では貧困が深刻な問題となってしまったんだよ(→**目標10**、**目標11**)。

　——どうしてそんなことに？

　産業革命を支えていたのは、農村から出て都市で暮らすようになった立場の弱い低賃金労働者たちだったからだ(→**目標8**、**目標11**、**目標12**)。彼ら彼女らを保護する法律も不十分で、都市には貧困に苦しむ労働者やその家族があふれかえってしまった。でも工場経営者にとっては、そういう人たちがいてくれるからこそ、商品を安く生産できたわけで……。

目標1　貧困をなくそう(No Povery)　　053

【図】19世紀イギリスの労働者階級と上流階級の食事の光景(『パンチ』1843年)[18]
イギリスの政治家ディズレーリは、小説『シビル』(1845)の中で登場人物に次のように語らせています。「〔ヴィクトリア〕女王は二つの国民を治めているのです。……これら二つの国民の間には交渉もなければ共感もない…全く別々の地域に住んでいる人、いや別々の惑星の住人といったほうがよい。」(松村昌家編 1994『『パンチ』素描集』岩波書店、16頁)

　　──でも、そんな状態を放置していたら、問題も起きそうですよ。

　　だよね。たとえば労働者など弱い立場に置かれた人たちが、自発的にグループをつくる動きもあった。また、経営者の側からも、糸紡ぎ工場の支配人だった**ロバート・オーウェン**[19]のように、教育や福祉を保障する工場組織をつくろうとした人もいる。
　それにもともとイギリスにはチャリティ(慈善)を重んじる風習があって、キリスト教の教会や**兄弟会**[20]のように貧しい人に対して手

---

18 ── https://picryl.com/media/punch-1843-reichtum-und-armut-03d665、パブリック・ドメイン
19 ── 人物【ロバート・オーウェン】(1771〜1858)イギリスの社会改革運動家。スコットランドのニューラナークで、労働者の福祉を目指す紡績工場を経営し、教育改革や協同組合運動にも携わりました。
20 ──【兄弟会】共通の守護聖人を信じる一般の人々により設立された宗教的社団。冠婚葬祭をはじめと

054　　第1章　人間(People)──人間の「しあわせ」の世界史

を差し伸べる団体もたくさんあった。しかし公的な制度は少なく、たとえば**救貧法**[21]という制度に対しても、そんなことをしたら怠(なま)ける人が増えるだけなのではないかという批判が向けられ、厳しい内容に変更された。「貧しいのは、その人ががんばらなかったせいだ」という自己責任論が、根強かったのだ。[22]

　　　——国は何もしなかったんですか？

「社会問題を国が解決するべきだ」という考え方は、当時は当たり前じゃなかったんだよ。①**自由に経済活動をさせておけば、やがて社会全体に富がしたたり落ち、貧困問題はしぜんに解決されていく**という考え方（トリクルダウン理論）も一般的だった。

　でも、それに対して、たとえばできる限り多くの人がしあわせになるような政策をとるべきだと唱えた**ジェレミー・ベンサム**[23]のように、②**なんらかの形で経済活動に介入し、原因を断ち切らない限り貧困はなくならない**という考え方も唱えられるようになる。この動きは、19世紀後半から20世紀にかけて宗教組織や民間団体が中心となって社会を良くしていく運動（社会改良運動）とも連動し、貧困をなくすためには既存の制度の枠内で介入が必要だとする立場につながる。

　一方、資本主義的な経済そのものに問題点があるとして、モノづくりをみんなで管理したり、つくったモノを平等に分配したりして、資本主義に代わる別の仕組みをつくっていこうとする考え方も

する社会生活の助け合いの機能を果たしました。
21 ──【救貧法】農村から都市に移動してきた浮浪者の取締りのために制定された法。イギリスのエリザベス1世時代のもの（1601年）が有名。
22 ──歴史学者の安丸良夫さん（1934〜2016）は、このような考え方を「通俗道徳」と呼び、日本においても明治時代（特に松方デフレ期）に身分制や村が解体していく中で、人々が「苦難をのりこえる原理」を求める中で形成されていったと指摘しています（安丸良夫 2003「日本の近代化と民衆思想」、『民衆思想史の立場』（安丸良夫集1）岩波書店、2-63頁、17頁）。
23 ──**人物**【ベンサム】（1748〜1832）社会の目的は「最大多数の最大幸福」にあるという功利主義を説いたイギリスの哲学者。

目標1　貧困をなくそう（No Povery）　　055

発達していった。こちらを社会主義[24]という。

このように、18世紀後半のイギリスに端を発する産業革命は、社会が目まぐるしく変わることを前提に、よりよい方向に社会の変化をコントロールしていこうとする新しい考え方を次々に生み出すことになった。それらをよく見ると、やがて**第6期**（1950年頃〜）にあらわれることになる、**①自由に経済活動をさせておけば、やがて社会全体に富がしたたり落ち、貧困問題は解決されていく**という考え方と、**②経済活動の行き過ぎに国が歯止めをかけ、貧困の原因を断ち切るべきだ**という考え方の対立が、すでに芽生えていたこともわかってくる。

1-3　文明化の使命：開発される植民地

宗主国が植民地の貧困をなくそうとするようになったのは、なぜ？

工業化を果たした欧米諸国では、のちのち詳しく見ていくように、19世紀後半から20世紀にかけて、表向きには多くの人が貧困から脱出していくようになった。大きな目で見れば、経済的な豊かさが、人々をギリギリの生活から救い出したわけだ。

とはいえ社会の中にはまだまだ相対的貧困が残されていたことも事実だし（→**目標10**）、まだ工業化を果たしていない国々との関係にも目を向けておく必要がある。たとえば1914年時点の世界の様子をみてほしい。

アジア、アフリカの多くが、欧米の国々や日本によって植民地化

---

24 ──【社会主義】資本主義の持つ問題点を修正したり、それに代わる新たな社会を建設したりしようとする思想や運動のこと。既存の制度の枠内で社会をよくしようとする社会改良主義（社会民主主義とも。イギリスでは例えば「ガスと水道の社会主義」とも呼ばれ、植民地の開発にも積極的に関わったフェビアン協会など）とも重なる部分はありますが、これを資本主義（資本制）に対する妥協と見なし、あくまで資本家階級との闘いを通して階級のない社会をめざす「革命」を目指したのがマルクスやレーニンの社会主義です。

されていたことがわかるだろう。

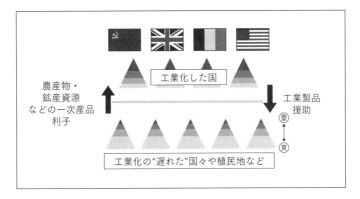

【図】第5期における世界の模式図

【図】1914年当時に海外を支配していた宗主国（濃いグレー）と支配されていた領域（薄いグレー）。広大な領域がわずかな国々によって支配されていたことがわかります。[25]

 ——えっ。世界にはこんなに植民地があったんですか！

---

25 ── この地図は「海外」を支配していた主な宗主国を表したものです。しかし、白色の諸国（たとえば清朝、ロシア帝国やオスマン帝国）においても、支配的な民族が他民族の領域を統治したり植民したりする動きは見られました。何を「植民地主義」とみなすかによって、この種の地図の描き方も変わりうるものといえます。

目標1　貧困をなくそう（No Povery）　　057

植民地だらけだよね。**第5期**(1800年頃～1950年頃)に工業化した欧米諸国や日本は、原料供給地や市場を確保するために、国外に植民地を広げようとしていった(→**目標9**)。まさに「帝国」が主役の時代だった。

——うしろめたい気持ちはなかったのかな？

この世界には、「進歩に向かっている人間」(＝欧米諸国の人々)と、「いまだ進歩できていない遅れた人間」(＝アジアやアフリカなどの現地住民)(**アジア停滞論**)[26]がいて、優れた民族は成功して豊かになるけど、劣った民族は支配を受けて貧しくなるのが当然。それが、当時の欧米諸国の人々の世界観だった。

そうした認識は「植民地の人々は文明を知らない「赤ちゃん」のようなものだから、右も左もわからない」→「放っておいたらいけない。なんとか一人前にしてあげなければ」という発想につながり、「文明国であるわれわれが、野蛮な植民地を支配するのは、そこにいる貧しい人々に「文明」の恵みを与える使命を持っているからなのだ」という植民地支配を正当化する言説も生み出された。これを「**文明化の使命**」というよ。

——すごい理屈！ じゃあ、有言実行で、本当に植民地が経済的に豊かになるように、いろいろ手を差し伸べていったのかな？

工業国にとっての植民地は、しょせん工業化に必要な原料を獲得したり、製品を販売したりする場所にすぎなかったから、植民地の人々の暮らしをよくしていこうとする動きは、なかなか起きなかったんだ。たとえばイギリスでは、「そもそもアジアやアフリカ諸国のような遅れたエリアは、工業化された欧米諸国とは根本的に社会

---

26 ——【アジア停滞論】歴史とは人類が進歩に向かう歩みのことであるとし、アジア諸国がみずから発展することのできない停滞した社会であるとみなす考え方。

の仕組みが異なる。だから、直接支配するのではなく、現地の有力者に支配を任せたほうがいいんじゃないか」という意見も、植民地行政官から出されている[27]。まあ、そのほうが安上がりに支配できる、というのが本音だね（→**目標 16**）[28]。

ところが、1930年代に植民地でも貧困や栄養に関する調査が実施されるようになると、イギリスがかつて経験したような貧困が植民地でも発生していることが明らかになってきた[29]。これを受け「**植民地を開発し、貧困をなくす責任があるのではないか？**」という意見も強まったんだ。

では、どうやって解決すればいいか。そのモデルとなったのは、絶対的貧困を減少させていったイギリス自身の歴史的経験と、よりよい方向に社会を積極的に変えていこうとする改良主義的な考え方だった。こうして**経済活動に積極的に介入して、貧困の原因を断ち切る**施策が、第二次世界大戦中にまずは植民地に導入されていくことになったわけ[30]。たとえば上下水道のインフラを整備したり、道路や港湾、灌漑設備、それに学校や病院を建設したりね。

　　──「貧困をなくしていこう」といっても、植民地支配は肯定したままなわけでしょ？　なんだか複雑…。

　　だよね。実際、植民地の人と一緒に問題を解決していくというよりは、あくまで自分の国の都合を押し付ける側面が大きかったと言わざるをえない。

---

27 ──たとえば、香港やナイジェリアで植民地の総督を歴任したフレデリック・ルガード（1858〜1945）は、1922年に『英領熱帯アフリカの二重統治論』の中で、間接統治を推進する主張を展開しています（オースタハメル，ユルゲン 2005『植民地主義とは何か』論創社、224頁）。
28 ──五十嵐元道 2016『支配する人道主義─植民地統治から平和構築まで』岩波書店、130-132頁。
29 ──たとえば、1930年代のインドでおこなわれた学童を対象とする栄養調査では、飢饉でないときにも、人口のかなりの部分が慢性的な栄養不良であったことが明らかになっています（籠谷直人・脇村孝平 2012「豊穣、瘴癘、そして貧困─熱帯アジアへの眼差し」、杉原薫ほか編『歴史のなかの熱帯生存圏─温帯パラダイムを超えて』京都大学学術出版会、387-414頁、398頁）。
30 ──五十嵐元道、上掲、144-149頁。

そもそもイギリス政府の方針は、第二次世界大戦後も広大な植民地をなるべく維持していこうというものだった。そのためには植民地での独立運動をおさえこむ必要がある。そこで、文明国として途上国の開発を進めてあげることが、不満をやわらげることになるのではという思惑もあったんだ。

1-4　「開発援助」の誕生：豊かさを通した「しあわせ」の実現

先進国は、なんのために途上国に援助をしたの？

　植民地でおこなわれるようになった「開発」が、世界全体を舞台に展開されていくようになるのは、第二次世界大戦後のことだ。そこには戦争の痛手を受けたイギリスが植民地支配をする力を失い、代わってアメリカ合衆国とソ連の存在感が強まった事情が関係している。

　──たしか、第二次世界大戦後には国際連合がつくられたんでしたよね？

　そうそう。戦勝国を中心に1945年に発足したものだ。ところが1947年頃から、アメリカとソ連の関係の雲行きは怪しくなり、1940年代後半からいわゆる**冷戦**[31]という緊張関係に突入していくことになる。アメリカとソ連は、ともに「植民地だらけの世界」に代わる新しい世界秩序をつくろうとしていた。ただ、そのイデオロギーは、互いにまったく相容れないものだった。

---

31 ──【冷戦】核戦力を背景に、ソ連陣営とアメリカ陣営の間に展開された緊張状態。実際に攻撃し合う戦争（熱戦）ではないため冷戦とよばれます。インドシナ戦争（1946〜54）、朝鮮戦争（1950〜53）、ベトナム戦争（1960年代〜75）など、脱植民地化の過程で熱戦にエスカレートした地域もありました。冷戦は1991年のソ連の解体で幕を閉じますが、アメリカとロシアの間の対立関係がなくなったわけではなく、その緊張状態は「新冷戦」や「ポスト冷戦」ともよばれます。

060　　第1章　人間（People）──人間の「しあわせ」の世界史

——イデオロギーって？

　「こんな政治と経済の仕組みをとれば、みんなが豊かで幸せになる」という考え方のことだ。たいてい、「○○主義」というふうにあらわすよ。

> ・アメリカ合衆国…**自由主義**と**資本主義（市場経済）**→個人の自由を重視
> ・ソ連…**社会主義**と**計画経済**→平等な社会を重視

　両者は大戦前後に、世界の国や植民地に対し、せっせと自陣営のイデオロギーを世界に広めていった。
　たとえば、連合国の中心的存在であったアメリカ合衆国のフランクリン・ルーズヴェルト大統領（在任1933〜1945）は、第二次世界大戦への参戦を控えた1941年に「**四つの自由**」という標語を提唱。その中で世界にはびこる社会的・経済的な貧困を解決しようと訴えている。[32]

　——つまりイギリスやフランスの持っていたエリアに進出しようとしたのかなあ？

　そのとおり。将来的に植民地が独立したら、そこでビジネスを展開しようという思惑もあった。でも、あからさまな支配をしてしまったら、従来のイギリスやフランスなどと大差ないでしょ？　そ

---

32 ──「私たちが確実にしたいと願う将来の日々において、われわれは、人間にとって必須の4つの自由に基づいた世界を希求する。その第一は、世界のあらゆる場所における言論と表現の自由である。第二は、世界のあらゆるところにおいて、すべてのひとが自分のやり方で神を信仰する自由である。第三は、世界のあらゆる場所における**欠乏からの自由**である。それを世界的な表現に直せば、あらゆる国がその住民に健康で平和な生活を保障するような経済的了解を意味する。第四は、世界のあらゆる場所における恐怖からの自由である。それを世界的な表現に直せば、いかなる国も隣国に対して物理的攻撃を起こす立場に立ち得ない程度と徹底した形態による世界的な規模での軍縮を意味する。…（後略）」（油井大三郎訳、歴史学研究会編 2006『世界史史料』岩波書店、348頁）。

こから「**開発**」を「**援助**」**する**という発想が出てきたわけ。

　　──どんなことをしたんでしょうか？

　　ここでいうところの開発（英語では「**development**」ディベロップメント、SDGsの「**D**」にあたる言葉）は、**経済的な意味合いが強かった**。それが最も端的にあらわれている例が、ルーズベルトの次代のトルーマン大統領（在任 1945 ～ 1953）が 1949 年におこなった演説だ。

「合衆国は、工業的技術、科学的技術の**開発**（development）において諸国のなかで抜きんでている。われわれが他の〔地域の〕人々を**援助**するために利用できる物的資源は限られている。しかし、われわれの技術知識面での測り知れない資源は、絶えず増大しており、無尽蔵である。平和を愛する人々がよりよい生活を求める願いを実現できるように、われわれのすべての技術的知識の恩恵を、これらの人々が利用できるようにするべきだと、わたしは信ずる。そして、他の国の人々との協力のもと、われわれは開発を必要としている地域への**資本投資**を促進すべきである。」[33]

【図】トルーマン大統領（GettyImages）

　　──自信たっぷり！　そんなこと言われたら、みんなすぐ飛びつきそう。

---

33 ── 加藤剛 2014「「開発」概念の生成をめぐって─初源から植民地主義の時代まで」、『アジア・アフリカ地域研究』13（2）、112-147 頁、114-115 頁。

第1章　人間（People）──人間の「しあわせ」の世界史

ね。当時、世界最高の生活水準を謳歌する**アメリカ的生活様式**[34]は、世界中の人の憧れの的だったからね。史上初めて飢餓や病、そして貧困に苦しむ人を救うことのできる最も優れた科学技術を持つに至ったアメリカについて来なさい。一緒に豊かになろう——こうした呼びかけには、当時大きな魅力と説得力があったんだ。[35]

すでにこの演説の前年にあたる1948年以降、**マーシャル・プラン**[36]が実行に移され、多額の資金がアメリカから関係各国に貸し付けられていた。1947年夏以降、東ヨーロッパの国々に対するソ連の影響力が強まっていったことへの対抗だ。けれどもトルーマンは、それは一時的なものに過ぎないし、ヨーロッパ以外のアジア、アフリカ、ラテンアメリカがソ連の勢力下に置かれる前に、アメリカがこれらの地域にモノではなく実用的な技術を与えて独り立ちできるようにし、アメリカ陣営に引きこむことが大切だと考えていた。そのために1949年に始動したのが**ポイント・フォア計画**[37]だ。ヨー

---

34 —【アメリカ的生活様式】1930年代以降のアメリカで広まった、アメリカ特有のライフスタイルを指す言葉。冷戦期の1950年に名実ともに「豊かな社会」を謳歌したアメリカは、ソ連の社会主義に対抗するためにアメリカ的生活様式の素晴らしさを世界中にアピールしました。その指標となった「生活水準」という概念は、第二次世界大戦から末期にかけてのアメリカで学問的に議論されるようになっていったもの。当時の文脈では「欧米諸国で実現された物質的な条件」を前提としています。先駆者の一人コリン・クラーク(1905〜1989)の『経済的進歩の諸条件』(1940年)が、「低開発」地域の生活水準の低さを、数量的に人々にイメージさせることに貢献しました(佐藤仁 2016『野蛮から生存の開発論』ミネルヴァ書房、23頁)。

35 —先ほど冒頭で「**しあわせの実現**」と読み替えるのをおすすめしたdevelopmentという英語は、日本語では「**開発**」と「**発展**」の2通りに訳される、ちょっとややこしい言葉です。「開発」という言葉は、「開発をする側」が「開発される側」に対して使うことが多い(例:A国がB国を開発する)ですが、「発展」という言葉は、ある国や社会に暮らす人々が、「内側に宿っている力を開花させる」という内発的な意味で使われることが一般的です(→**目標4**)(例:A国の社会が発展する)。Sustainable Development Goalsについても、日本政府は「持続可能な"開発"目標」と訳していますが、「持続可能な"発展"目標」と訳す人もいます。詳細は**目標15**を参照。

36 —【マーシャル・プラン】マーシャル国務長官(在任1947〜49)の立案した欧州復興計画。当時のアメリカ合衆国は、ソ連がヨーロッパ諸国への影響力の拡大を警戒していました。1947年3月にはトルーマン大統領が、世界を「自由主義」グループと「全体主義」グループに2つに分け、自由な社会を守る必要があると呼びかけ、同年6月にはマーシャル・プランが発表されました。これらを、ソ連の拡大をブロックすることを目的とする「封じ込め政策」といいます。戦争の痛手を受けたイギリスに代わり、世界の主導権を握ろうとしたのです。ソ連は当初はマーシャル・プランの協議にも参加していましたが、結局は西ヨーロッパの16か国に限って復興プランが作成されることになりました。

37 —【ポイント・フォア計画】米トルーマン大統領が1949年1月の年頭教書の重要政策第4項で唱えた、

目標1 貧困をなくそう(No Povery) 063

ロッパ以外の植民地や途上国向けに技術を援助し、生活水準を高めようとしたものだ。

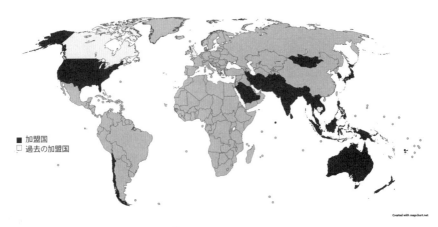

【図】コロンボ計画の加盟国[38]

——アメリカは植民地を支配から解放しようとしたの？

そういうわけでもなくてね、アメリカは急速な脱植民地化を望んだわけではないよ。ヨーロッパにとって植民地は戦後復興の生命線だったし[39]、ヨーロッパの復興が遅れれば情勢が不安定になり、ソ連の手が伸びることもおそれていた。

——なるほど。ということはヨーロッパ諸国も戦後すぐには植民

アジア、アフリカ、ラテンアメリカに対する援助計画（李錫敏 2011「トルーマンのポイント・フォア計画——冷戦におけるイデオロギー競争の始まり」『法學政治學論究——法律・政治・社会』91、1-32頁）。
38 ── https://commons.wikimedia.org/wiki/File:Colombo_Plan_for_Cooperative_Economic_and_Social_Development_in_Asia_and_the_Pacific.png、パブリック・ドメイン。上図のほか、ギリシャ、タンザニア、イタリア、南ベトナムも加盟していた時期があります。
39 ── アメリカはマーシャル・プランの一環として西ヨーロッパの植民地から原料を輸入し、西ヨーロッパのアメリカに対する赤字を埋め合わせていました。援助計画や復興自体、植民地なくしては成功できなかったという見方さえあるのです（水野祥子 2020『エコロジーの世紀と植民地科学者』名古屋大学出版会、112-113頁）。

地を手放さなかったんですね？

そうだよ。しかも、植民地が独立した後も、なんとか関係をキープしようとねばっているね。たとえばイギリスは1948年には**コロンボ計画**[40]という大規模なプロジェクトを立ち上げ、南アジアや東南アジアの旧植民地とのつながりを維持しようとしている（→目標17）[41]。自国の復興のための植民地開発の動きは1950年代半ばまで続いたんだ（→目標15）。

また、1953年にソ連でスターリンが亡くなった後には、ソ連によるアジアの新興独立国への援助も増やされていった。ソ連のみならず、中国や各国の共産党も、社会主義による植民地・途上国の"民族解放"を掲げ、資本主義よりもさらに進んだ段階に導いてあげようと援助を実施していった。

——途上国の側からすると、いい迷惑なんじゃないのかなあ。

たしかにそうなんだけれど、戦後復興や独立のためには莫大なお金がかかる。独立したての国々にとっては工業化を果たした欧米諸国による開発援助に頼らざるをえない面もあったんだ。

1-5　途上国になった植民地：独立後も続いた不公平な関係

途上国の貧困をなくすために、編み出されたアプローチとは？

宗主国が植民地を支配する「不公平な関係」は、帝国の崩壊が進

---

[40] ——【コロンボ計画】イギリスによる南アジア・東南アジアの英連邦（コモンウェルス）諸国向けの開発援助計画。発足後は英連邦以外にも開かれ、1954年には日本も参加。西側に日本をつなぎとめたいアメリカの仲介によるものでしたが、日本政府にとってはアメリカの戦略のみにのみこまれないようにする地域戦略の一環でもありました（下村恭民 2020『日本型開発協力の形成——政策史1・1980年代まで』東京大学出版会、47-51頁）。

[41] ——渡辺昭一 2017「冷戦体制下における国際開発援助体制の確立とアジア——1950～60年代の趨勢」『ヨーロッパ文化史研究』18 1-32頁。渡辺昭一編 2014『コロンボ・プラン』法政大学出版局。

んだ**第6期**（1950年頃〜）には、今度は「進んでいる」先進国が、「遅れている」途上国を近代化させてあげようとする、新たな「不公平な関係」が生み出されていく。[42]

　こうして、**第5期**（1800年頃〜1950年頃）に独立していたラテンアメリカ諸国とともに、**第6期**（1950年頃〜）に新たに独立した国々は、「先進国」（developed＝すでに発展した国）に対して「途上国」（developing＝発展しつつある）と認識されるようになっていったんだ。

　――「途上」っていうのは、そういう意味があったんですね。

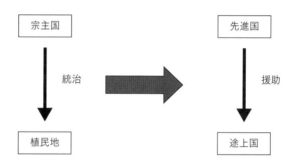

【図】変化する上下関係。宗主国／植民地から、先進国／途上国へ

　かつてはもっとあからさまに、未開発国や低開発国と呼ばれたこともあったんだよ。自力では開発できないというわけだ。

---

42 ── 歴史社会学者の山下範久さんは、1800年から1850年頃の間に「グローバルな空間の内部にあるさまざまな差異を、時間という単一の軸に還元して、先進国（developed country: すでに発展した国）から発展途上国（developing country: これから発展する／まだ発展していない国）へと、諸国民国家が数直線上に並ぶような現代の世界のかたち」が現れたとみています（山下範久 2003『世界システム論で読む日本』講談社、171-173頁）。
19世紀に入り、フランス語で「未開の」（primitif）という形容詞が「野蛮な」（sauvage）という語に代わって用いられるようになりました。これは、ヨーロッパ人の非ヨーロッパに対する見方が、自分たちよりも古くて格下であるという認識に置き換わっていったことのあらわれです（川田順造 1997「いま、なぜ「開発と文化」なのか」、同編『いま、なぜ「開発と文化」なのか』（岩波講座 開発と文化1）岩波書店、1-57頁、21-22頁）。

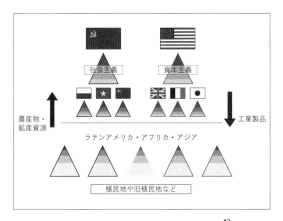

【図】このように先進国（北）と途上国（南）の格差（＝**南北問題**）[43]は、社会主義（東）と資本主義（西）の対立と交差していました（中央の白い図形は非同盟諸国を示します）。

——そもそも実際にはみんなで「よーいドン！」っていうふうにスタートしたわけでもないですよね？　無理やり同じトラックをみんなで走らされている感じがします。

——でも、実際に途上国の住民たちが満足な生活が送れていないのであれば、先に余裕のできた先進国が開発援助をしてあげること自体は、べつに悪くない話っていうか、むしろ先進国の責任なんじゃないでしょうか？

もちろんそうかもしれない。でも、善意のように見える援助が、じつは別の動機に突き動かされていたり、あらぬ「しわよせ」を生

---

43 ——【南北問題】もともとはイギリスの銀行家・政治家オリヴァー・フランクス（1905～1992）によって、1959年に初めて指摘された、北半球に多い先進国と南半球に多い途上国の格差を表した概念。その着想のもとは1969年に世界銀行の委嘱を受けた国際開発委員会（カナダ元首相のピアソン（1897～1972）が委員長）が、戦後の開発援助の問題点を指摘する報告書（1969年）のなかに現れ、またその後イギリスの経済学者バーバラ・ウォード（1914～1981）が、先進国と途上国の間に広がる格差を「南北問題」として学術的に研究し始めた経緯があります。国際的に知られるようになったのは、1980年のブラント委員会報告（旧西ドイツの首相ウィリー・ブラントを委員長とする「国際開発問題に関する独立委員会」が、国連事務総長に向けて「南と北—生存のための戦略」という報告書を提出したことによります（佐々木豊 2020「開発援助における「近代化」と「開発」をめぐる言説の変遷—冷戦期から現代まで」、『研究論叢』95、39-60頁、45頁）。

目標1　貧困をなくそう（No Povery）

み出していたりしたらどうだろう？

——別の動機…？

そう。援助のウラに、どんな動機が隠されていたのか？
そしてその援助が、どのような「しわよせ」を生み出したのか？
…そのへんをよく吟味する必要もありそうだ。本気で旧植民地を独り立ちさせて、貧困をなくそうというのなら、もっと実効性のある取り組みがされていてもよさそうでしょ。でも実際にはなかなかそうはならなかったんだ。

——やり方がまずかったのかな。

相手国を開発させるという考え方に、そもそも問題があったのかもしれない。当時の欧米諸国には、植民地の貧しさを過去の自分たちの姿と重ね合わせてとらえる傾向があってね。

——あぁ〜、先輩として後輩たちに指導するみたいな…。

そうそう。開発の方法も、①**自由に経済活動をさせておけば、やがて社会全体が豊かになり貧困問題は解決される**という考え方、あるいは②**なんらかの形で経済活動に介入して原因を断ち切らなければ貧困はなくならない**という考え方のどちらかになりがちだった。[44]
おりしも、第二次世界大戦後の先進工業国は、②のように積極的に国が経済活動に介入し、社会保障を充実させる形で、どんどん豊かになっていった時期にあたる。

関連ターゲット 1-3 各国において最低限の基準を含む適切な社会保

---

44 —— 以下の開発援助の変遷については、絵所秀紀 1997『開発の政治経済学』日本評論社や北川勝彦・高橋基樹編 2014『現代アフリカ経済論』ミネルヴァ書房などを参照。

> 護制度および対策を実施し、2030年までに貧困層および脆弱層に対し十分な保護を達成する。

　――でも、先進国と同じことをするのって難しいですよね。途上国には十分な元手がないでしょうから。

　そう。そこが悩ましいところ。
　途上国も先進国と同じように工業化させなければいけない。けれど、途上国と先進国の経済は、根本的に何かが違う。それは途上国は先進国に比べてまだまだレベルが低い段階にあるからだ。だから先進国と同じように、いきなり輸出向けの製品を生産するような工業化をやっても、失敗してしまうだろう。だからとるべき策は、まずはこれまで輸入に頼っていた国内向けの製品を自分たちでつくれるようにするところから始めたらどうか。…このような考え方のもと、開発計画が実行されていったんだ。

　――途上国の人たちはそれを受け入れたんですか？

　受け入れた国が多かった。途上国の指導者たちも、国内の貧困をなくすには、先進国を見習って工業化を実現させ、経済を成長させることが必要だと考えたわけ。そこでまず植民地時代と同様に、資金や技術の援助を受けながら工業製品の原材料や農産物を輸出して外貨を稼ぎ、そうやってもうけた資金を元手にして、自分の国で消費するような工業製品をつくっていこうとする**輸入代替工業化**[45]のプロジェクトをやったらどうかということになった。

　――開発援助に関わったのはどんな国ですか？

---

45 ――【輸入代替工業化】外国製品を輸入する代わりに、国産品を奨励することで工業化を図ること。イギリスの産業革命も、インドから輸入していた綿製品を自国で生産する過程で実現した工業化でした（→**目標9**）。

戦後の開発援助の中心となったのはアメリカによる二国間援助だね。国連機関の資金を出していた**世界銀行**[46]の意思決定にも、アメリカの影響力が強く及んでいた。これを嫌ったソ連陣営も、国連機関による開発援助とは別ルートで、途上国に接近していくことになった。多くの途上国では、欧米諸国に批判的なソ連の社会主義の方が、受けがよかったんだ。

　——でもせっかく独立できたのに、これじゃあまた大国の影響下に入ってしまいそう。

　たしかに。ただ、そうやって途上国をとりこまなければ「冷戦」には勝てないと米ソが考えるほど、途上国の発言力が高まったということでもある。多くの植民地が独立を達成した1950〜1960年代には、独立ほやほやの国々が結束し、「**第三世界**」[47]というグループを立ち上げ、米ソの動きを牽制している。中国などの途上国が、**南南協力**（途上国→途上国への開発援助）として援助を開始したのもこの時期のことだ。
　けれども、米ソの猛プッシュにより、1960年までにはどちらかに協力する国が増え、「第三世界」はなかなか一枚岩となることができなかった[48]。
　実際に途上国の貧困はなかなか改善されず、工業化もうまくいか

---

46 —【世界銀行】国際復興開発銀行 (IBRD) の通称で、1944年にはアメリカ合衆国のブレトン・ウッズで連合国44か国が、国際通貨基金 (IMF) とともに創設を決定しました。これは世界恐慌後の1930年代に広まったブロック経済化が、第二次世界大戦を招いたという認識にもとづくものです。各国の通貨の交換比率（すなわち為替相場）は固定されることとなり、金との交換を保障されたアメリカの通貨ドルが国際的な基軸通貨となる国際経済秩序（金ドル本位制、ブレトン＝ウッズ体制）が発足しました。それが可能であったのは、第二次世界大戦終了期のアメリカが、世界の金の70％近くを保有し、鉱工業生産の60％を占めるという圧倒的経済力を備えていたからです。なお、国連機関が技術支援をメインにおこなっていたのに対し、世界銀行は途上国への融資をおこなっていた点に特徴があります。

47 —【第三世界】アメリカ・西欧を中心とした資本主義陣営を「第一世界」、ソ連・東欧の社会主義陣営を「第二世界」とし、両者に含まれないアジア、アフリカ、ラテンアメリカの途上国の一群を「第三世界」と呼んだもの。1955年のアジア・アフリカ会議、1961年の第1回非同盟諸国首脳会議を通して、途上国どうしの連帯を強めようとしました。

48 — ウェスタッド, O. A. 2020『冷戦　ワールドヒストリー（上）』岩波書店、388頁。

なかった。
　そこで登場してきたのが、次の3つの処方箋だ。

> 処方箋①　貧困層向けの政策を重視しよう（改良主義）
> 「貧困に苦しむ一人ひとりを、ほったらかしているのが悪い！」

　あくまで**なんらかの形で経済活動に介入して原因を断ち切らなければ貧困はなくならない**。だから貧困層向けの施策を充実させて、人々に力をつけることが大切だというのが1つ目の処方箋だ。これを主導したのは国際労働機関、ユニセフ、UNDP[49]など国連機関の専門家たちだった。
　たとえばアメリカ合衆国の国務長官を務めた**マクナマラ**[50]は、世界銀行の総裁に就任すると、貧困層の栄養状態、住居、教育、健康、雇用を改善させることで途上国を開発していくべきだという改革の旗をふりはじめた。

　――経済開発からとりのこされる人たちの存在が、ようやく注目されるようになったんですね。

　マクナマラ自身が「**開発は安全保障だ**」と述べていたように、途上国の政府がソ連に近づくのを恐れるアメリカ政府の事情も働いていたんだけどね。
　けれども彼のとった人々の健康、識字率、雇用や住居に注目する視点が、その後の開発援助に大きな影響を与えたことは間違いな

---

49 ――【国連開発計画（UNDP）】開発途上国に対する技術援助を通して、途上国の生活水準や生産性を向上させることを目的に1966年に設立されました。1990年から毎年「人間開発報告書」（→**目標4**）を発行し、開発を社会的公正や地球環境保全（→**目標15**）といった新しい観点からとらえる動きを先導しています。

50 ――　人物　【ロバート・マクナマラ】（1916〜2009）1960年にフォード自動車会社社長に就任。翌1961年にケネディ政権成立とともに国防長官に就任し、ベトナム戦争に積極的に介入しました。しかし、国際秩序を維持するためには武力だけでは不可能と考えるおよび、1968年国防長官を辞任。その後1981年まで世界銀行総裁を務め、途上国に対する貧困削減のための施策を講じました。

い。たとえば、冒頭で紹介した、貧困を絶対的貧困と相対的貧困に分ける発想や、絶対的貧困は収入額だけで測れないという考え方だ。この新たなアプローチは、その後ベーシック・ヒューマン・ニーズ（BHN）・アプローチという言葉で言い表されるようになり、ILO（国際労働機関）など世界銀行以外の組織にも広がっていくことになったよ。[51]

 ――それで実際にうまくいったんでしょうか？

 実は途上国のウケはあんまりよくなくてね…。

 ――どうして？

 BHNアプローチは村々のコミュニティに基盤を置いた援助を重視し、のちに「社会開発」と呼ばれるような分野が中心だった。途上国政府としては、ちまちまとしたやり方よりも、ドーン！ とでっかいインフラをつくってほしいという本音もあったんだ（→**目標9**）。

また、外国が国内の貧困政策に口を出してくるのは、あまり好ましいことではないし、「途上国を救うための専門性を備えた先進国主導の援助機関」と「放っておいたら何もできない途上国」という関係性が固定化されるおそれもある[52]（→**目標7**）。一方、先進国にとっても、貧困削減のために援助額が増えたことは、年を追うごとに重荷となっていった。そこで、次のような処方箋が出てくる。

---

51 ── 五十嵐元道 2016『支配する人道主義―植民地統治から平和構築まで』岩波書店、167頁。佐々木豊 2020「開発援助における「近代化」と「開発」をめぐる言説の変遷―冷戦期から現代まで」、『研究論叢』95、39-60頁、47頁。
52 ── このような「不公平な関係」を、経済学者ウィリアム・イースタリーは著書『傲慢な援助』で痛烈に批判しています（イースタリー, ウィリアム 2009『傲慢な援助』東洋経済新報社。原題は、The White man's burden Why the West's efforts to aid the rest have done so much ill and so little good.（白人の責務―なぜ西洋による途上国援助は、百害あって一利なしなのか）。

> 処方箋②　市場にまかせよう（新古典派アプローチ）
> 「途上国の時代遅れな経済の仕組みが悪い！」

　要するに、そもそも途上国の政府に期待しすぎていたのが間違いだったのではないか？

　欧米諸国を見習って国内の経済構造を変えれば、途上国だって輸出向けの製品をつくることはできる。それをじゃましている政府が悪いんだ、というわけ。主導していったのは世界銀行や国際通貨基金（IMF）で、先進国の多くはこちらを支持した。[53] **自由に経済活動をさせておけば、やがて社会全体が豊かになり貧困問題は解決される**という考え方への転換だ。

　——うわー、なんか強引！

　そんな中、主に途上国で注目されたのが、次の3つ目の処方箋だ。

> 処方箋③　世界の不公平な関係そのものを変えよう（従属理論）
> 「途上国を従属させ続けている西側先進国中心の資本主義システムが悪い！」

　詳しくは**目標8**や**目標10**で見ていくけれど、この世界に先進国と途上国の格差が生まれてしまったのは、先進国がつくった資本主義という仕組みに、途上国の人々が都合よく組み込まれ、富が吸い取られてしまっているからだ、というもの。発展するにはこの構造自体を変えて自立すべし（→**目標8**）ということになる。

---

53 ── このアプローチを、世銀とIMFの本部のあるワシントンDCにちなみ、一般に**ワシントン・コンセンサス**と呼びます。次の10項目に代表される経済運営を、途上国政府に要求していきました。①財政の規律、②公共支出の優先づけ、③税制改革、④金融自由化、⑤市場原理を取り入れた為替制度、⑥貿易の自由化、⑦直接投資の自由化、⑧国営企業の民営化、⑨規制緩和、⑩所有権の確立。

1-6 先進国の危機と構造調整:ターニング・ポイントとしての1970年代

1970年代に先進国の経済成長が停滞し、開発援助はどう変化した？

 　1970年代になると、それまで先進国の主導した世界経済が、大きなターニングポイントを迎えることになった。

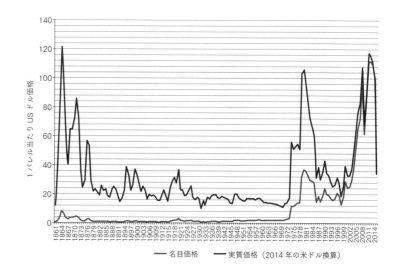

【図】原油価格の変遷（1861〜2014年）[54]

　1973年に勃発した第四次中東戦争の影響で原油価格が高騰し、先進国の経済成長に急ブレーキがかかったんだ。

 　——どうしてそんなに大きな影響が？

 　先進国が高い経済成長率を謳歌できたのは、中東の産油地帯から

---

54 — https://commons.wikimedia.org/wiki/File:Crude_oil_prices_since_1861.png　パブリック・ドメイン

074　　第1章　人間（People）——人間の「しあわせ」の世界史

供給される安い資源のおかげという面が大きかったからだ（→**目標7**）。

　　──先進国はなにか手を打たなかったんですか？

　世界経済の仕組みの転換を迫られた先進国のリーダーたちは、1975年以降、各国で**サミット**[55]という首脳会議を開き、今後について協議を重ねた。その結果、**グローバル化**[56]を進めていくことで難局を乗り切ろうということになった。

　　──「経済のグローバル化」？

　モノ、人間、そしてお金を、国境に関係なく自由に動かせる仕組みの推進だ。これまでのように、限られた国の中だけでビジネスしている余裕がなくなってしまったからだね。そこで賃金が安くあがる途上国に工場を移したり、途上国の輸出産業に投資したりしていこうとする動きが強まったんだ。

　　──グローバル化って華々しいものではなくて、先進国が落ち目になってしまったから進んでいったものだったんですね。

　実はそうなんだよ。こうして、さっきの1つ目の処方箋（改良主

55──【サミット】主要国首脳会議。1975年に米国・英国・フランス・西ドイツ・イタリア・日本の6か国が、石油危機の対応協議のために開催。1976年にカナダが加わってG7となり、1977年から欧州委員会委員長と欧州理事会議長が参加するようになりました。ロシアが加わり1998年からG8となりますが、ロシアのクリミア半島併合（2014年）を機に資格が停止され、以降G7の体制に戻りました。2008年の世界金融危機を受け、G7と欧州連合（EU）代表による財務大臣・中央銀行総裁会合に代わって、中国や南アフリカなど新興12か国を加えたG20に注目が集まるようになっています。

56──【グローバル化】グローバル化とは、国や地域などの境界を越えて、文字通り地球（グローブ（globe））が1つになっていく動きを示す言葉です。この言葉が生まれた背景には、1970年代に地球環境問題や人口問題といった国境を超える問題が深刻になっていったことがありますが、技術的には情報技術革命によるところが大きく、それが1970年代の石油危機後に国境を越えるモノ・ヒト・カネの動きを活発化させていきました。グローバル化という用語は、それ以前の時代から使用されることもありますが、本書ではおおむね1970年代以降の現象として取り扱います。

目標1　貧困をなくそう（No Povery）

義）に基づく開発援助に余裕がなくなり、代わりに2つ目の処方箋（新古典派アプローチ）の発言権が高まることになる。

しかし、特に資源のとれない途上国は、原油高に耐えきれず資金に困って先進国からの貸付に頼るようになった（→**目標7**）。1980年代に入ると、メキシコを皮切りに、借りた資金を返せないという宣言（デフォルト）を出す途上国も相次いだ（→**目標10**）。

この債務危機に対して、世界銀行やIMFはラテンアメリカ諸国やアフリカに対し、条件付きで救済貸付に応じることにした。

——どんな条件だったんですか？

国内の税収を増やし、無駄なお金を使うのをやめること。さらに規制緩和や民営化を進めて、貿易や市場を自由化させること。そうしたら貸してあげよう、という条件だよ。途上国が貧困を抜け出せないのは、無能な政府が民間に口出しをするからだ。そんな経済構造を改造すれば経済は上向き、貧困層も減るはずだというわけだ。この政策を**構造調整プログラム**というよ。けれども、多くの途上国で福祉予算が削られた結果、かえって貧困層を増やすことになってしまった（→**目標11**）。

——またまた極端な…。その間、社会主義国では？

ソ連陣営による開発援助も、途上国の貧困をなくすのに貢献したとはいえなかった。たとえばアフリカでは、植民地支配に関わったヨーロッパ系企業や人材への反感も根強く、ソ連や中国の後押しもあって国営企業を国の経済の中心にする政策を選びがちだった。でも、国営企業の黒字化は実現せず、赤字分を援助とさらなる債務で

---

57 ── 構造調整プログラムを推進した**世界銀行・IMF**の最大の理事国はアメリカ合衆国であり、政策に少なからぬ影響を与えていました。つまり冷戦終結前の1980年代には、すでに多くの途上国が、アメリカ主導のグローバル経済に取り込まれていたと見ることもできます（菅英輝 2019「『パクス・アメリカーナ』の世界」、秋田茂編『グローバル化の世界史』ミネルヴァ書房、241-302頁、278頁）。

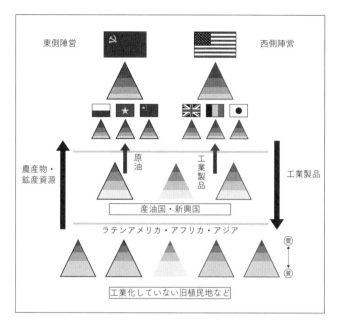

【図】 1970年代以降、3階建てとなった世界の経済構造の模式図

穴埋めする状況があたりまえの状態となった（→**目標16**）。

　——ダメダメですね…。

　ただ、ソ連の掲げる社会主義に、魅力がまったくなかったわけじゃない。植民地支配を受けた国々では、旧宗主国の影響力を排除し、伝統的な地主支配をあらためることが、国内の団結を強め、工業化への第一歩を踏み出す上で、重要な意味を持ったからだ。

　——政府がしっかりしていれば開発に成功できるってこと？

---

58 —— 北川勝彦・高橋基樹編 2014『現代アフリカ経済論』ミネルヴァ書房、356頁。
59 —— ミラノヴィッチ，ブランコ 2021『資本主義だけ残った』みすず書房、103頁。

そうそう。世界銀行は従来のアプローチを転換し、自由な経済活動を推進するだけではだめで、まずは国内の統治を途上国政府にきっちりさせるところから始めるべきだとされるようになった。また、構造調整に対するアンチテーゼとして、貧困層に重点を置いた開発援助が再評価されるようになり、保健や教育分野に力を入れるべきだとする「社会開発」「**人間開発**」の考え方や「参加型開発」の手法が注目されるようになる（→**目標4**）。

　冷戦が終結した1990年代には、ルワンダ内戦やユーゴ内戦のように悲惨な紛争が多発したこともあって、人権に関する国際的な関心も高まった。

　従来の人権概念が実際にカバーしていたのは一部の人々にすぎず、女性、障害者、先住民、子どものように、そこから抜け落ちてしまう人々がいるのではないか、というものだ。

　保健福祉や教育、ジェンダーに関する国際的な取り組みや国際会議の開催が、国連が主導する形で進められ、「人権」概念は次第に拡張されていくようになった。たとえば1993年には冷戦終結後開催された最初の人権に関する国際会議である**世界人権会議**がオーストリアのウィーンで開かれている。人類にとって普遍的な「人権」とは何かをめぐり賛否両論もあったけれど、その中で「極度の貧困や社会的排斥」が人権侵害であることや、途上国の「**発展の権利**」の保障が明記されたことは、人権と開発が接近する重要なきっかけとなった。

---

60 ── この立場は、その後1997年に経済学者スティグリッツ（1943～）らによりとりまとめられた世界銀行の『世界開発報告1997──開発における国家の役割』で、明確に打ち出されました。国連開発計画（UNDP）も世界銀行の方針に歩み寄り、人間開発のためには経済成長や政府の「良い統治」（グッド・ガバナンス）（→**目標16**）という方針を打ち出しています。
61 ── 世界銀行 1990『世界開発報告 1990──貧困』。
62 ──【人間開発】人間が自分の可能性を十分に発展し、生産的・創造的な人生を築けるような環境を整えること。パキスタンの経済学者マブーブル・ハック（1934～1998）により提唱されました。健康で長生きし、必要な知識を学び、適正な生活水準を維持できるだけの所得を確保し、地域社会の活動に参加することが必要であるとされます（→**目標4**）。

たとえば、1995年には**世界社会開発サミット**が開かれ、「人間中心の社会開発」を掲げ、ここではじめて絶対的貧困を**半減させる**という目標が定められている（コペンハーゲン宣言および行動計画）。

さらに1996年にはOECDのDAC（開発援助委員会）が**新開発戦略**を採択し、このなかで**国際開発目標**が掲げられている。「**2015年までに絶対的貧困を半減させる**」という目標で、英語の略称は「**IDGs**」（アイディージーズ）。名称からしてMDGsやSDGsに近づいているよね。

> (1)貧困の撲滅を大きな目的に掲げる。
> (2)達成度を数値目標で示す。
> (3)すべての政府や非政府機関が、それぞれの能力を踏まえつつコミットする。

このように目標を数値化させ、そこへのコミットを約束し、成果を問う試みは、1990年代に注目された新公共政策の影響もある。簡単にいえば民間の手法を公共政策にも取り入れようという動きだ。「貧困撲滅」に焦点をあてた目標の数値化は、世界銀行のウォルフェンソン総裁が提唱した「**包括的な開発フレームワーク**」（CDF）にもみられる。こうして世界銀行やIMFは途上国への援助に際し、途上国政府と**貧困削減政策文書**（PRSP）をとりかわすようになる。

――何ですか？　その文書。

援助にあたって、貧困撲滅の目標を立てることを受け入れ側の政府に求める文書だよ。

途上国の政府にも、目標を実現させるべく「良い統治（**グッド・ガバナンス**）」が求められるという考え方にのっとったものだ。

実際に、政府が強いプッシュで輸出向けの製造業を推進し、高い経済成長をおさめた国や地域が、東アジアで「奇跡」を起こしはじめていた（特にNIESと呼ばれるシンガポール、香港、韓国、台湾など）。

目標1　貧困をなくそう（No Povery）

自力で経済成長にこぎつけた新興国のモデルが、発展するには先進国の援助に頼り切るのではなく、政府がしっかりと自国の統治をおこなうことのほうが大事なのではないかという説に信憑性を持たせることにもつながったのだ。

　——90年代は、「開発」や「人権」に対する見方が大きくアップデートされた時代だったんですね！

　そう。こういうわけで、①**自由な経済活動は尊重されるべきだが、それには政府の役割も重要である**という考え方と、②**人間開発を進めることで貧困をなくすべきだ**という２つの動きが合流。**貧困をなくすには経済と社会の両面を開発する必要が大切だ、そのためには政府がしっかりしている必要がある**という潮流ができあがっていった。それらが一本化される形となったのが、途上国の貧困撲滅を大きく打ち出した**MDGs**（ミレニアム開発目標）という開発目標だったわけ。

　——SDGsの前身みたいなものですか？

　そう紹介されることが多いね。MDGsはミレニアム総会で採択されたミレニアム宣言と1990年代に連続して開催された会議での国際的合意をもとに2001年に策定されたもので、世界の課題を解決するための８つの目標と21のターゲットで構成されていたんだよ。実施期間は2001年から2015年の間だった。

1. 極度の貧困と飢餓の撲滅	
・1日1.25ドル未満で生活する人口の割合を1990年の水準から半減させる ・飢餓に苦しむ人口の割合を半減させる	
2. 初等教育の完全普及の達成	
・すべての子どもが男女の区別なく初等教育の全課程を修了できるようにする	
3. ジェンダー平等推進と女性の地位向上	
・すべての教育レベルにおける男女格差を解消する	
4. 乳幼児死亡率の削減	
・5歳未満児の死亡率を1990年の水準の3分の1に削減する	
5. 妊産婦の健康の改善	
・妊産婦の死亡率を1990年の水準の4分の1に削減する	
6. HIV/エイズ、マラリア、その他の疾病の蔓延の防止	
・HIV/エイズの蔓延を阻止し、その後減少させる ・マラリア及びその他の疾病の発生を阻止し、その後発症率を減少させる	
7. 環境の持続可能性確保	
・持続可能な開発の原則を国家政策及びプログラムに反映させ、環境資源の損失を減少させる ・安全な飲料水と衛生施設を利用できない人口の割合を半減させる ・2020年までに少なくとも1億人のスラム居住者の生活を大幅に改善する	
8. 開発のためのグローバルなパートナーシップの推進	
・民間部門と協力し、情報・通信の新技術による利益が得られるようにする等	

【図】ミレニアム開発目標（MDGs）の8つの目標（外務省『2013年版 政府開発援助（ODA）白書 日本の開発協力』「ミレニアム開発目標とポスト2015年開発アジェンダ」より抜粋）。

——SDGsに比べると、ずいぶんシンプルな構成ですね。目標の数も半分以下ですし。

そうだね。SDGsは途上国だけでなく先進国もターゲットとしているけれども、MDGsのメインターゲットは主に途上国だったこともあるね。目標の重点は、途上国の貧困の削減に置かれたよ。[63]

---

[63] ── MDGsの策定に関わった世界銀行のエコノミスト、**ジェフリー・サックス**（1954〜）は次のように論じます。サハラ以南のアフリカに集中する最貧国は、医療や教育へのアクセスが不十分なため、農業や産業への投資をするための貯蓄が乏しく、にもかかわらず人口が増加し、一人当たり資本ストックが低下し、貧困から脱出することができなくなってしまう。この貧困の罠から脱出するには、大規模な援助（**ビッグ・プッシュ**＝大きなひと押し）が必要だ。このように主張し、MDGsに続きSDGsの策定にも関

目標1　貧困をなくそう（No Poverty）　　081

また、民間企業の参加も巻き込んでいるSDGsと異なり、MDGsの場合は国連やNGOといった公的機関が推進の主体だった。

目標値に届かないものも多かったけれど、どうすれば人間らしい生活を送る環境を整備できるか、国連を中心に数値目標が具体的に決められたのは、当時としては画期的なことだったんだよ。[64]

1-7　国境を越える貧困：グローバル・サウスという視点

グローバル化によって、世界の貧困問題はどのように変わったの？

　　　　構造調整プログラムの実施からMDGsの策定にいたるまでの間、世界の国々の状況が、大きな変化を迎えていたことも、ここで確認しておこう。
　　　きっかけとなったのは、1990年代初めの社会主義陣営の崩壊だ。
　　　自由なビジネスをおこなうことのできるエリアはさらに拡大し、その中から1990年代以降のブラジル、ロシア、インド、中国といった新興国（たとえばBRICS（ブリックス））が台頭する。[65]
　　　つまり、先進国と途上国の2つの分類だけで、世界を説明することができなくなったわけだ。

　　　――つまり、さっきの3つ目の処方箋（「途上国を従属させ続けている西側先進国中心の資本主義システムが悪い！」）みたいには言えなく

与しました。彼のビッグ・プッシュ理論をめぐっては、開発経済学の世界では有名なウィリアム・イースタリーとの論争があります（イースタリー，ウィリアム 2009『傲慢な援助』東洋経済新報社）。
[64] ── 柳原透 2001「途上国の貧困削減へのアプローチと日本の貢献」、『国際協力研究』17（2）。
[65] ──【BRICS】ブラジル、ロシア、インド、中国、南アフリカの5か国の英語の頭文字をつなげた略称で、2000年代以降に急速な経済成長を遂げた新興国を指します。2001年にアメリカの証券会社ゴールドマン・サックスのエコノミストだったジム・オニール（1957～）がレポートで初めて指摘。当初は、南アフリカは含まれておらず、Sは小文字のs（複数形）でした。いずれも人口規模・国土面積が大きく、天然資源（石炭、鉄鉱石、天然ガスなど）を豊富に産出し、2015年には上海に本部を置く新開発銀行（BRICS銀行）が開業され、インフラ整備などの経済協力を推進しています。

なったってこと？

　少なくとも、そうは言いにくくなってしまったんだね。従属していたはずの「南」の国々が資本主義的に経済成長していったわけだから。

　第6期（1950年頃〜）から石油危機までの世界は、北半球に多く分布する先進国（工業化のすすんだ国々）と、南半球に多い途上国（工業化がまだすすんでいない国々）によって構成されていたでしょ？

　けれども石油危機後の世界では、グローバル化の恩恵を受ける人々（＝**グローバル・ノース**）と、グローバル化のあおりを受ける人々（＝**グローバル・サウス**）[66]が、地域に関係なく現れるようになっていく（→**目標10**）。

　――貧しさが地理的な違いで決まるわけではなくなっていくということ？

　そう、必ずしもそうは言えなくなっていったんだ。もちろん従来の南北格差の影響は、いまだに消え去っていない。「南」の世界の国内における格差も深刻だ。

　けれども石油危機以降には、これまで豊かだった「北」の世界でも、貧困が問題化するようになっていった。このあたりの事情については**目標10**で詳しく見ていくこととして、先ほどのMDGsにいったん話を戻そう。

　――MDGsって成果はどの程度あったんですかね？

66　―【**グローバルノース／サウス**】先進国／途上国のように国単位で発展の度合いを示す言葉に代えて、「北」を中心とするグローバル資本主義が、従来的な「南」だけでなく世界各地に弱者を生み出していることを批判し、抵抗するために使われるようになった語。しかし近年では、「途上国」という語をきらい、「北」の覇権を崩そうとするBRICS諸国の各勢力によって使われることが増え、地政学的な見方も強調されるようになっています。本書では特に断りのある場合を除いては、グローバル・ノース／グローバル・サウスではなく、先進国／新興国／途上国といった区分を使います（松下洌 2016「グローバルな世界における〈サウス〉のゆくえ　上」、『立命館国際研究』29（1）、45-73頁も参照）。

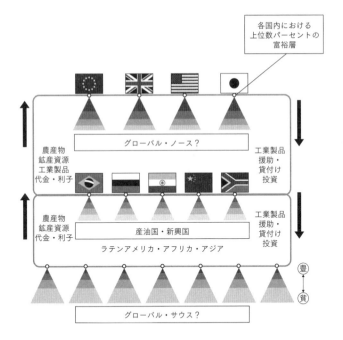

【図】21世紀初頭の世界の模式図

　世界全体でみると、絶対的貧困に苦しむ人の数は、57%（1990年）から41%（2015年）に減っている。
　ただ、よくデータを見てみると貧困や飢餓に苦しむ人が減ったのは、中国をはじめとする東アジアの経済成長（「**東アジアの奇跡**」）によるところが大きいんだ。

---

67 ──【東アジアの奇跡】東アジアを中心に新興国・途上国の人々の一人あたりのGNPが、1965年から1991年にかけて5.5%の成長を遂げたことを、**第5期（1800年頃〜1950年頃）**における「ヨーロッパの奇跡」にならって、世界銀行は「東アジアの奇跡」（the East Asian Miracle）と名付けました。NIEsの経済成長を市場の成果ととらえていた世界銀行が、政府の役割を無視できなくなったことの現れでもありました（絵所秀紀 1997『開発の政治経済学』日本評論社、230頁）。なお、ここでいう「東アジア」には、日本と、アジアNIEsとか「アジア四小龍」と呼ばれたシンガポール、香港、台湾、韓国、さらにASEAN（東南アジア諸国連合）のうちインドネシア、マレーシア、タイが含まれます（平野克己 2019「東アジアと結びつくアフリカ—21世紀」、秋田茂編『グローバル化の世界史』（MINERVA世界史叢書2）ミネルヴァ書房、357-375頁）。

地域 目標・ターゲット		アフリカ		アジア				オセアニア	ラテンアメリカ・カリブ	コーカサスおよび中央アジア
		北	サブ・サハラ	東	東南	南	西			
目標1 極度の貧困と飢餓の撲滅	極度の貧困削減	◎	▨	◎	◎	◎	○	—	◎	◎
	生産的かつ適切な雇用	▨	○	◎	○	○	×	▨	○	×
	極度の飢餓削減	◎	▨	◎	◎	◎	×	×	◎	◎
目標2 初等教育の完全普及の達成	初等教育の完全普及	◎	▨	◎	○	○	○	○	▨	○
目標3 ジェンダーの平等の推進と女性の地位向上	初等教育における女児の就学率	○	○	◎	◎	◎	○	▨	◎	◎
	女性賃金労働者の割合	×	○	◎	▨	▨	▨	▨	◎	◎
	国会における女性議員の割合	○	○	○	▨	○	○	○	◎	○
目標4 乳幼児死亡率の削減	5才以下死亡率2/3減	◎	○	◎	○	○	○	○	○	○
目標5 妊産婦の健康の改善	妊産婦死亡率3/4減	◎	○	◎	○	○	○	▨	○	○
	リプロダクティブ・ヘルスへのアクセス	▨	○	○	○	○	○	▨	○	▨
目標6 HIV/エイズ、マラリア、その他の疾病の蔓延防止	HIV/エイズ蔓延防止	×	◎	×	◎	◎	×	◎	×	×
	結核感染防止	▨	○	◎	○	○	○	○	◎	▨
目標7 環境の持続可能性の確保	安全飲料水のない人口半減	◎	○	◎	◎	◎	×	▨	○	×
	衛生設備のない人口半減	◎	×	◎	○	▨	◎	×	○	○
	スラム居住者の生活改善	◎	▨	○	○	○	×	—	○	—
目標8 開発のためのグローバル・パートナーシップ推進	インターネット利用者	◎	○	◎	○	○	◎	○	◎	◎

◎ 目標達成済み、または達成間近。　▨ 現状のまま。
○ 現状が続けば目標達成が見込まれる。　× 進展なし、または悪化。
　　　　　　　　　　　　　　　　　　— データが不十分。

【図】MDGsの地域別達成状況 [68]

---

68 — 外務省 2015「わかる！国際情勢　Vol.134 "誰一人取り残さない" 世界の実現　「持続可能な開発のための2030アジェンダ」の採択」2015年11月12日、https://www.mofa.go.jp/mofaj/press/pr/wakaru/topics/vol134/index.html （2022年3月24日閲覧）。

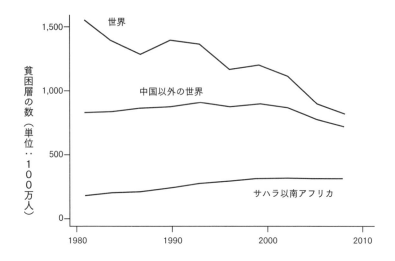

【図】絶対的貧困の減少の推移（1980〜2010年）[69]

——たしかに絶対的貧困が減った分って、ほとんどが中国によるものじゃないですか！

——つまり、経済が成長しさえすれば、貧困はなくなるっていうことなのかな？

それは大きな論点だね（→**目標8**）。
たしかに経済が成長するにしたがって、貧困率が減る傾向にあることは知られている。
とはいえ、たとえ所得の面で1日1.90ドルの水準を脱したからといって、住居や教育、保健といった機会が奪われているという意味での「貧困」がなくなるわけじゃない。

---

[69] ── ディートン，アンガス 2014『大脱出─健康、お金、格差の起原』みすず書房、58-59頁。

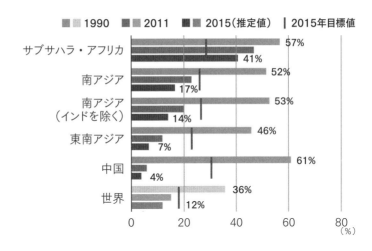

【図】MDGs期間前後の極度の貧困に苦しむ人の割合の地域別推移 [70]

しかも2000年代以降、テロや世界同時不況の影響を受ける欧米諸国に代わり、中国やインドといった新興国による開発援助の比率も高まっている。一方で、経済成長からとりのこされたサハラ以南のアフリカや南アジアの最貧国には、依然として1.90ドルの貧困ラインを下回る人々もたくさんいる状態だ。[71]

——SDGsってそういう大きな変化の中で打ち出されたものだったんですね。

開発のトレンドは、振り子のように揺れ動いてきた

では、最後に「「開発援助」という考え方と取り組みは、どう生ま

---

70 ── 外務省『2015 年版 開発協力白書』、2016年、7頁、https://www.mofa.go.jp/mofaj/gaiko/oda/files/000137905.pdf。
71 ── 貧困率が同じ水準であっても、基準の所得額を下回っている人が多ければ、その国の貧困はより「深い」といえます。その度合いを測る指標を「貧困ギャップ率」といいます（西島章次ほか編 2011『現代ラテンアメリカ経済論』ミネルヴァ書房、177-184頁）。

れ、うつりかわってきたのか?」という問いに対する答えとして、今のところわかっていることをまとめておこう。

　開発援助は第二次世界大戦後、主に資本主義をとる先進国によって本格的に始められた。

　そして、何が開発援助にとってのあるべき姿かは、時代によって移り変わってきた。

　援助には国連機関だけでなく、多くの国の参加するコンソーシアムや、一対一の二国間援助、それにNGOや企業、宗教団体など様々な主体がかかわる。それらによって、いかなる開発が望ましいかというトレンドが形作られる。これを「開発の**国際規範**」と呼ぼう。

　いささか単純化していえば、戦後の開発の国際規範には、前者の進める「**経済成長**」重視の、後者の進める「**貧困撲滅**」重視の間を「振り子」のように行ったり来たりしてきた経緯がある。

　どちらかのアプローチが間違っているという話じゃない。開発政策において、貧困撲滅と経済成長は相互補完的な両輪としてとらえられている。

　どちらかのアプローチに行きすぎがあったり、失敗がみられたりすれば、もう片方のアプローチに焦点がうつるということだ。世界銀行が提唱した潮流が優位になれば、国連諸機関も方向転換し、それをフォローする。逆もまた然りだ。

088　　　第1章　人間（People）──人間の「しあわせ」の世界史

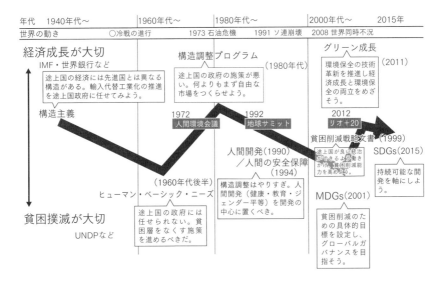

【図】振り子のように揺れうごく国際開発規範のトレンド (小川裕子 2018「国際開発規範」、国際開発学会編『国際開発学事典』丸善出版、480-481頁を参考に、その他の情報を加えて筆者作図)

(1) 成長規範が優位となった時代：構造主義アプローチ

　大戦後の開発援助で主流だったのは**構造主義アプローチ**だ。

　先進国には先進国の経済**構造**があり、途上国には途上国の経済の**構造**がある。両者の構造は根本的に別物だ。

　だから途上国が農業中心の構造を脱却するには、まずは輸入代替工業化からはじめてもらう必要がある。先進国の産業革命も、かつてはインドの綿布を国産化するステップから始まったのだから…というものだ。

　このアプローチのもと、1940年代後半以降、世界銀行は世界各地に資本投下を実施した。

　しかし、途上国の貧困はなかなかなくならない。資本投下が貧困撲滅に直結しないことが明らかになっていったんだ。

(2) 貧困規範が優位となった時代：ベーシック・ヒューマン・ニーズ

　代わって1960年代からは「**ベーシック・ヒューマン・ニーズ**

（BHN）アプローチ」がとられるようになる。1976年には国際労働機関（ILO）が具体的に定義し、アメリカ政府や世界銀行もこの路線に合流した（アメリカが積極的にHBNに関与したのは、生活上の貧しさが共産主義運動を生むと考えたからでもある）。

　ようするに**貧困撲滅重視型**に舵(かじ)がきられたわけだ。

　しかし、これまたうまくいかなかった。そうこうしているうちに先進国は石油危機を契機に援助どころではなくなってしまう。

(3) 成長規範が優位となった時代：構造調整プログラム

　そこで代わって、1980年代には**経済成長重視型**のアプローチが優勢となり、世界銀行・IMFが主導し、構造調整プログラムが途上国に実施されていった。途上国の経済構造にメスを入れ、自由なビジネスを可能にしようとするものだ。

　だが急激な自由化はかえって多くの貧困層を生み、しかも政府は借金漬けになってしまった。

　市場メカニズムによって途上国の仕組みを変えようという政策が、むしろ状況を悪化させてしまったのだ。

(4) 貧困規範が優位となった時代：貧困削減政策文書とMDGs

　その反省から1980年代末から1990年代にかけて、より直接的に「貧困をなくす」ことに焦点があてられるようになる。

　国際開発の潮流が**貧困撲滅重視型**に舵が切られるようなったのはそのためだ。

　さらにここに流れ込んで来たのが「**持続可能な開発**」や「**人間開発**」、「**人間の安全保障**」の潮流だけれど、詳しくは**第3章**以降で見ていくことにしよう。

・・・

　──はあ～…SDGsってなんの脈絡もなく最近いきなりつくられたわけじゃなくて、ちゃんとこういう経緯があったんですね。

――これはもう少し勉強してみてもいいかもな…。

　それはよかった。じゃあ、おなじように毎回目標を1つ1つとりあげていくっていうのはどうかな？

　――どうする…？

　――うーん…しばらく部活もオフだし、やってみてもいいかな…。

　じゃあ、ものは試しで、やってみようか。

　今回は**第5期**（1800年頃～1950年頃）のヨーロッパに的を絞って、開発や開発援助がどのように生まれ、変遷してきたのかにクローズアップしてみたけれど、次の**目標2**では、さらに**第1期**（700万年前～前1万2000年頃）にまでさかのぼって、現代の世界につながる世界各地の関係性がどのように変遷していったのか、見取り図を描いていくことにしよう。

　そうすれば、SDGsがどんなふうにして生まれたのか、そこにはどんな主張が込められているのかということも、だんだんわかるようになっていくはずだよ。

目標2　飢餓をゼロに（Zero Hunger）
飢餓を終わらせ、食料安全保障及び栄養改善を実現し、持続可能な農業を促進する

飢餓は、どうしてなくならないんだろう？
先進国のせい？　それとも途上国のせい？

　かつてすべての人間は移動生活をしながら、採集や狩猟、漁労によって食べ物を確保していた時代。その後、**第2期**（前1万2000年頃～300年頃）にかけて、農業や、遊牧生活を送る人々が現れるようになった時代。両者ともに基本的には食べ物の多くは生活圏内で手にいれるものであり、天候不順による飢餓も、今よりずっと身近な存在でした。

　しかし、**第5期**（1800年頃～1950年頃）以降、大きな画期が訪れます。農業に科学技術が応用され、生産力が飛躍的に上昇。食べ物が売り物として大量に生産されるようになり、牛肉や果物までもが、海を越えてはるか遠くの国々にまで運ばれるようになっていったのです。

　膨大（ぼうだい）な量の食料生産が可能となれば豊かになりそうなものですが、飢餓の恐怖が消え去ったわけではありません。

　たとえば第一次世界大戦（1914～1918年）の時代にアメリカで描かれたポスターを見てみましょう（【右図】）。

【図】1918年のアメリカでつくられたポスター [1]

---

[1] —— https://commons.wikimedia.org/wiki/File:Hunger_-_For_three_years_America_has_fought_starvation_in_Belgium_Will_you_eat_less_wheat,_meat,_fats_and_sugar_that_we_may_still_send_food_in_ship_loads%3F_-_-_Raleigh._LCCN2002719438.jpg、パブリック・ドメイン

ベルギーで飢えに苦しむ女性や子どもたちのイラストとともに、支援物資になるはずの肉や小麦を節約しようという文句が添えられています。食べ物の確保が、一国の戦争の勝敗をも左右するようになり、各国はこぞって農業の大規模化を進めていくようになったのです。

その傾向は**第6期**（1950年頃〜）以降、さらにエスカレート。途上国への開発援助やグローバル企業による取引とも結びつき**世界全体の食料生産量は増加の一途をたどっています。**

にもかかわらず、なぜいまだに「飢餓をゼロに」が開発目標の一つに残されているのでしょうか？ 途上国で営まれている農業に、なにか問題があるのでしょうか？ それとも、先進国の側に問題があるのでしょうか？

> **関連ターゲット 2-1** 2030年までに、飢餓を撲滅し、すべての人々、特に貧困層および幼児を含む脆弱な立場にある人々が一年中安全かつ栄養のある食料を十分得られるようにする。

今回はこうした問いに答えるべく、**第1期**（約700万年前〜）以降の世界史を、気候とライフスタイルの違いに注目して読み直し、われわれの置かれている「現在地」を再確認していくことにしましょう。

ポイント① 気候に注目する：自然環境は世界史の「舞台」設定

どうして気候に注目する必要があるの？

　　──では2回目おねがいします！

　　ひさしぶり。あんまり肩肘はらずにやっていこう。「なにか変だな」とおもったり、アイディアが浮かんだりしたら、すぐおしえてね。

　では今回は、**目標2**に出てくる課題がどのように生まれていったのかを見ていくことにしよう。そのために、最初の「輪切り」、つまり**第1期**（約700万年前〜前1万2000年頃）から順に6枚の地図を使っ

目標2　飢餓をゼロに（Zero Hunger）　　093

て世界史の流れを「一気見」していくよ！

ここでぜひとも意識してほしいのは気候の分布だ。

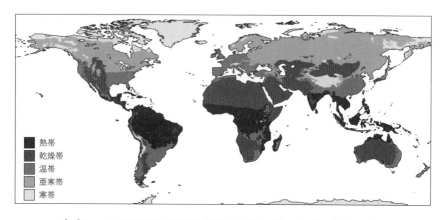

【図】ケッペンの気候区分を5区分に簡略化した図　太陽エネルギーを受ける量にしたがって、地球にはいくつかの気候が生まれます。熱帯の分布する赤道を境に、乾燥した気候、暖かく雨の多い気候→寒い気候の順に、おおむね水平方向に積み重なるように分布していることがわかります。つまり、東西方向に移動するほうが、南北方向に移動するよりも気候の変化はすくないということです。なお、高い山の場合は、たとえ赤道近くにあったとしても熱帯にはならず「高山気候」という特別な分類をすることもあります。

　　──これ苦手だなあ…。

　　──歴史のことなのに、どうして地理の勉強を？

　　地図を眺めていると、地球の表面はのっぺりしているように見えるけれど、現実には土で覆われていたり、植物が生えていたり、生えていなかったりするわけだよね。人間は、さまざまな自然環境に応じて鉱物や食べ物を取り出し、暮らしを成り立たせてきた。おなじ地球であっても、条件はさまざま。ぜひともそこに注目してほしいんだ。舞台設定って大事なんだよ。

094　　　　第1章　人間（People）──人間の「しあわせ」の世界史

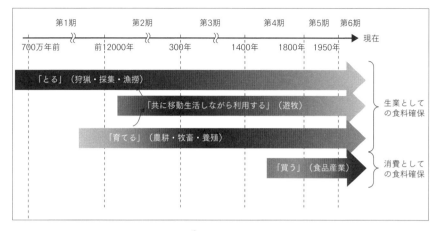

【図】食べ物確保のうつりかわり [2]

ポイント② 気候と植生、生業に注目してみよう

　ちなみに、ある地域にまとまって生えている植物の群れを、「植生」という。現在世界で広く使われている気候の分け方は、ケッペン（1846～1940）というドイツの気候学者の考案した、植生によって区分するものだ（前頁の地図を参照）。たとえば、雨がほとんど降らない乾燥帯には「砂漠気候」と「ステップ気候」があるけれど、どちらも木が生えないのが特徴だ。寒帯も同じく木のない気候だよ。

　　・**木が生えているエリア**…熱帯、温帯、冷帯

---

[2] ── 松原正毅 2021『遊牧の人類史──構造とその起源』岩波書店、3-11頁。動物は本来、自由に移動するものです。その移動に介入し、移動を止め、獲物として仕留めるのが狩猟です。他方、遊牧は、動く動物の移動にいわば便乗し、持続可能な形で資源を利用する営みといえます。松原は遊牧の定義を（1）群をつくる有蹄類の哺乳類との共生、（2）乳や毛、皮、肉などの利用、（3）移動性に富んだ暮らしの3点すべてを満たすものとしています。移動性の低い牧畜の起源が遊牧よりも古いのかをめぐっては、いまだ論争があります。松原は遊牧が牧畜に先行すると論じますが、たとえば本郷一美 2010「遊牧の起源と伝播」、白石典之編『チンギス・カンの戒め』同成社、44-60頁、谷泰 1997『神・人・家畜──牧畜文化と聖書世界』平凡社は、牧畜が先行するとみています。移動生活をする遊牧民の痕跡がわずかであるため、正確なルーツをたどるのは困難ですが、定住農耕集落と遊牧民、そして狩猟民が相互に関わりをもち、学びあっていたことはたしかでしょう。

・木が生えていないエリア…乾燥帯、寒帯[3]

植生の分布は、雨の降る量や太陽の光の当たる日数、海抜高度、それにそこで暮らす生き物の働きによっても変わる。また植物が光合成によって酸素を生み出すように、人間以外の生き物の活動も、大気や水、窒素や炭素などの物質の流れに影響を与えてきた（→**目標 12**）。

こうした気候や植生のちがいは、各地域に暮らす人々の生業（せいぎょう）にも影響を与える。

――セイギョウ？

暮らしのために必要なモノを得ようとする活動のことだよ。
目標 1 では比較的最近の時代を扱ったけれど、**目標 2** では**第 1 期**（約 700 万年前～前 1 万 2000 年頃）から**第 6 期**（1950 年頃～）までの世界史を、人間の生業に注目しながら整理してみたいと思うんだ。

---

3 ── 今後、本書では気候区分の名称（「○帯」）を「○帯エリア」と、くだけた呼び方で表記することがあります。

096　　第1章　人間（People）――人間の「しあわせ」の世界史

2-1 第1期（約700万年前〜前1万2000年頃）
さまざまな人類が出現し、そのうち人間（ホモ・サピエンス）が世界各地に拡がる時代

どうして700万年も、わざわざ狩猟採集生活をしていたの？

> 【第1期】約700万年前〜　さまざまな人類が出現し、そのうち人間（ホモ・サピエンス）が世界各地にひろがった時代

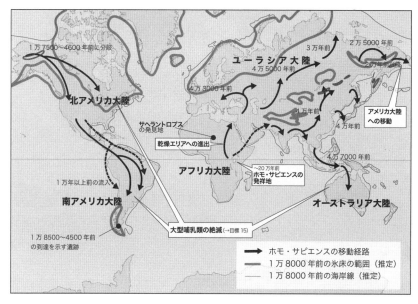

【図】第1期（700万年前〜前1万2000年頃）の世界　人類がどのような環境下で世界に広がっていったのかに注目してみましょう。なお、この地図は時期内の異なる時点での動きを1枚で表現しています。

第1期〜第6期の地図作成にあたっては以下の参考文献等を参照しました。帝国書院編集部編 2024『最新世界史図説タペストリー 二十二訂版』帝国書院／浜島書店編 2024『アカデミア世界史』浜島書店／ヘイウッド，ジョン 2013『世界の民族・国家興亡歴史地図年表』柊風舎／亀井高孝ほか編 2024『世界史年表・地図(2024年版)』吉川弘文館／篠田謙一 2022『人類の起源』中央公論新社／UNDP 2022『人間開発報告書 2021-2022年版』／妹尾達彦 2018『グローバル・ヒストリー』中央大学出版部／家島彦一 2022『海域から見た歴史』名古屋大学出版会／Doroff, A.M, et al. 2011. "Status Review: Sea Otter (Enhydra lutris) Population Status and Trend". *Proceedings of Xth International Otter Colloquium, IUCN Otter Spec. Group Bull.* 28A: 22 - 30／Monakhov, Vladimir. 2011. *Martes zibellina* (Carnivora: Mustelidae). Mammalian Species. 43(876). 75–86.

【図】現生人類が10〜5万年前に出会った別の人類たち [4]

> ポイント　第1期の人間は、みんな狩猟・採集生活を送っていた

——どうして700万年前からのスタートなんですか？

　西アフリカに残されたこの頃の地層から、現時点で最古の人類とされる**サヘラントロプス・チャデンシス**[5]という種の化石が発見されているからだよ。ひと昔前までは、**アウストラロピテクス**[6]というグループが最古とされていたんだけれどね。

---

4 —— ふじのくに地球環境史ミュージアム提供。次頁の【図】人類の進化系統樹も同様。
5 ——【サヘラントロプス・チャデンシス】2001年にチャド共和国北部で発見された、700万〜600万年前と推定される、現時点で世界最古の人類の祖先にあたるとされる猿人。直立二足歩行をしていたと推定されます。
6 ——【アウストラロピテクス】約400万年前に出現した猿人の属名。1924年に南アフリカで発見された「アフリカの南の猿」と命名されたアウストラロピテクス・アフリカヌスが最初の例です。

098　　　第1章　人間（People）——人間の「しあわせ」の世界史

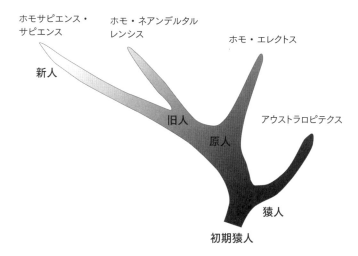

【図】人類の進化系統樹

 ——人類にはいろんな種類がいたってこと？

 そう。進化の過程をさかのぼると、約1000万年前にアフリカの森林で、チンパンジーとの共通祖先から分岐したらしい。

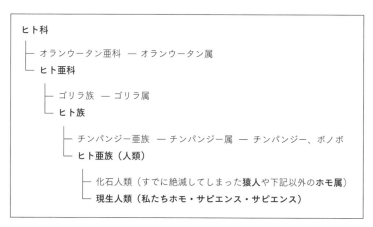

【図】類人猿の系統分類の一例

――じゃあ、人類以外の類人猿はそのまま森に残ったってことになりますか？

そうだよ。現在でもゴリラやオランウータンは熱帯雨林に生息しているよね。類人猿は主に森林でとれる毒性の少ない葉や熟した果実を食べていたようだ。でも、中新世（約2300万年前〜530万年前）後期に進行した寒冷・乾燥化によって熱帯雨林がうしなわれていくと、森林で食べ物を調達するのが難しくなる。そこで人類は周辺のサバンナ（乾季のある熱帯エリアに生える草原）へと降り立ち、昆虫や、ライオンなどの猛獣の食べ残しをあさるようになっていったらしい。

――えー、残り物を…。もっとこう、弓矢を使ったりして勇猛果敢に獲物をとっていたイメージがありますけど。

弓矢はまだまだ先の話だねえ。初期の人類の生業は、狩猟よりも動植物をとって集める採集がメインだった。当時の人類は、他の動物を襲って「食べる」側ではなく、ときにほかの動物によって「食べられる」側でもあったんだよね。

---

7 ── かつて人類学者のイヴ・コパンは、アフリカ東部の大地溝帯が隆起したせいで、ギニア湾から吹き込む湿った風がさえぎられ、東アフリカの熱帯雨林が縮小したため、大地溝帯の西側ではチンパンジーとボノボ、東側では人類に進化したとする「イースト・サイド・ストーリー」説を提唱し、話題を呼びました（コパン, Y. 1994「イーストサイド物語―人類の故郷を求めて」、『日経サイエンス』7月号、92-100頁）。しかし2002年に、大地溝帯よりも東のチャド湖周辺で、最古の人類化石とされるサヘラントロプス・チャデンシスが発見され、人類揺籃の地をめぐる研究は続いています（山越言 2005「アフリカの気候変動と植生変化からみた類人猿とヒトの進化」、水野一晴編『アフリカ自然学』古今書院、86-95頁、87頁。篠田謙一 2022『人類の起源』中央公論新社）。

8 ── 昆虫は、人間にとって重要なタンパク源の一つとして、世界各地で活用されてきました。食料や飼料の供給不足を背景に、2013年には国連食糧農業機関（FAO）も食品及び飼料における昆虫類の役割に注目した報告書を公表。昆虫食に対する注目が高まる中、日本では2023年にコオロギの食利用をめぐり、昆虫食に対する忌避が高揚したのは記憶に新しいところです。他方で、「昆虫の養殖産業化＝栄養問題の救世主」「保健衛生の向上＝先進国の食材の導入」といった見方などからは一線を画し、「飢えない途上国」ラオスの栄養問題を、豊かな自然環境と伝統知識という住民側の内在的な視点に立って解決しようとする試みの紹介として、佐伯真二郎 2020『おいしい昆虫記』ナツメ社があります。

9 ── 石倉敏明 2019「複数種世界で食べること―私たちは一度も単独種ではなかった」、『たぐい』1、亜

——とってもか弱い存在だったんですね。

食物連鎖の一角を占めていたという点で、人間は特別な存在じゃないってことだね。

その後、250万年前に人類の中に「ホモ属」というグループが出現すると、動物の肉を食べた痕跡(こんせき)も増えていく。魚を釣ったりすくい取ったりする漁撈(ぎょろう)もはじまっていたようだ。約20万〜35万年前に出現したわれわれ**人間**（**ホモ・サピエンス・サピエンス**）も、ホモ属の一種だよ。

—— 一種…？　ってことはホモ属にもいろんな種類がいたってことですか？

そう。ネアンデルタール人、デニソワ人、フローレス人とかね。遺伝子の研究からは互いに交配していたこともわかっている[10]けれど、われわれホモ・サピエンス・サピエンスは、その中で唯一生き残った種なんだ。「**ホモ・サピエンス・サピエンス**」だと長いので、これから後は単に「**人間**」と呼ぶことにするね。

ネアンデルタール人など、ほかの人類種が絶滅した原因はよくわかっていないけれど、人間のほうが環境への適応力や、考える力、それに想像する力、さらには言葉を用いて「物語」を生み出し、それによって、家族以外の見知らぬ人々と協力する力にも優れていたと考えられている[11]。

人間は前1万3000年頃に、当時は陸地だった**ベーリング海峡**[12]か

紀書房、46-54頁。
10 —— 小野林太郎 2017「東南アジア・オセアニア海域に進出した漁撈採集民と海洋適応」、池谷和信編『狩猟採集民からみた地球環境史』東京大学出版会、23-41頁。ペーボ，スヴァンテ 2015『ネアンデルタール人は私たちと交配した』文藝春秋。
11 —— ハラリ，ユヴァル・ノア 2016『サピエンス全史—文明の構造と人類の幸福』（上・下）河出書房新社。
12 ——【ベーリング海峡】ユーラシア大陸と北アメリカ大陸とを分ける海峡。かつては陸橋(りっきょう)だったため、人間だけでなく動植物の移動ルートでしたが、氷期の終わった**第2期（前1万2000年頃〜300年頃）**以降

ら南北アメリカ大陸へと足を踏み入れた。そこからいくつかのルートを経て、南アメリカ大陸にも移動している。その間、高い山から波打ち際、熱帯雨林から乾燥した草原地帯に至るまで、移り住んだ場所の環境に適応して異なるライフスタイルを発達させ、その過程で見かけ上の違いも生まれていったよ（→**目標3**）。

——ところで**第1期**（約700万年前〜前1万2000年頃）の気候はどんな感じだったんですか？

6600万年前以降は地質学的には新生代と言ってね、当初は温暖な気候だったけれど、5000万年前から寒冷化に転じ、4000万年前から南極に**氷床**（大陸を覆う大規模な氷河）ができ、1000万年前ごろからは北半球にも氷床が形成されるようになった。約300万年前からはさらに冷え込み、北半球の氷床の面積もどんどん広がっていったよ。

——長期的に見ると、激しく変化していたんですね！

過去80万年間の地球の気候は、氷河の発達する時期（氷期）、氷河の縮小する比較的暖かい時期（間氷期）を、約10万年単位で繰り返していたこともわかっている（→**13-1 気候変動と文明の誕生**）。時期による環境の変動はあるけれど、**第1期**（約700万年前〜前1万2000年頃）の北半球の中緯度地域では、おおむね草原やまばらな森林が広がり、人々はトナカイやウマ、マンモスを狩猟しながら移動生活を営んでいた。数百万年もの間、人類が狩猟採集を営み続けることができたのは、環境の変化に対して集団で学習する能力を備え、安全に生き抜く技術を子孫に受け継ぐことができた証ともいえるだろう。

は海峡となり、南北アメリカ大陸とユーラシア・アフリカ大陸は、「コロンブスの交換」まで別々の歴史を歩むこととなりました。

——定住生活をするようになったのはいつごろからなんだろう？

　　第 2 期（前 1 万 2000 年頃〜 300 年頃）が近づくにつれ、北半球の中緯度地域でも、温帯性の森林が増えていった。これではひらけた場所での狩猟が難しくなってしまう。そこで人々は森でとれる動植物をとりながら、しだいに定住生活を営むようになっていったと考えられている。¹³

　　——ちなみにいまでも狩猟採集生活を送っている人っているのかな？

　　——動画で観たことあるな。どこか熱帯の…

　　そうだね。現在ではすっかり少数派になってしまったけれど、熱帯エリアや冷帯・寒帯エリアを中心に、推定 71 万人が生活しているといわれているよ。¹⁴

---

13 — かつては移動しながら生活する狩猟採集から、定住農耕への変化を「新石器革命」という考古学的な区分で呼んでいたこともありますが、現在では必ずしも農耕によって定住がはじまったわけではないこと、移行のあり方には地域差があったことがわかっています。たとえば日本列島では、比較的早い時期から定住生活がみられ、縄文文化と総称される文化が前 1 万 4000 年頃から前 10 世紀頃まで続きました（西田正規 2007『人類史のなかの定住革命』講談社）。
14 — 尾本恵市 2016『ヒトと文明—狩猟採集民から現代を見る』筑摩書房。

2-2 第2期（前1万2000年頃〜後300年頃）
農耕・牧畜や遊牧を営む人々が現れ、都市や国家も生まれる時代

農業（農耕・牧畜）の導入って、どのくらいインパクトのあることだったの？

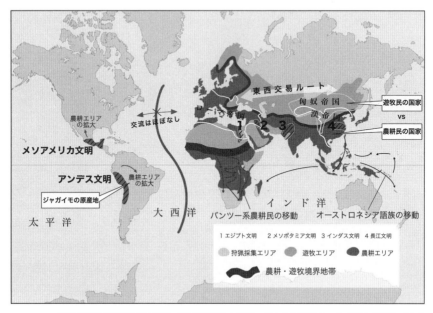

【図】第2期（前1万2000年頃〜後300年頃）の世界　異なる生態系のつながりに注目してみましょう。なお、この地図は時期内の異なる時点での動きを1枚で表現しています。各エリアの分布には時代による変動もあり、エリア内には多様性もあります。「狩猟採集エリア」は極地を除きます。（参考：妹尾達彦 2018『グローバル・ヒストリー』中央大学出版部）

ポイント① 植物の栽培と動物の家畜化が、世界各地でゆっくりと進んでいった

　　第2期（前1万2000年頃〜300年頃）以降、狩猟採集以外の生業もとりいれられていくようになる。その代表例が**農業**だ。

　　――農業って、どこで始まったものなんですか？

104　　第1章　人間（People）――人間の「しあわせ」の世界史

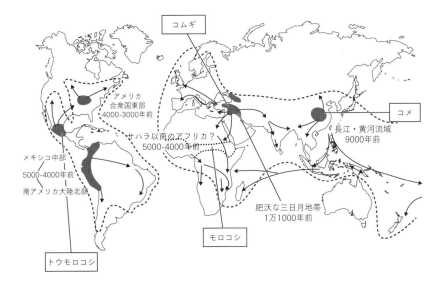

【図】栽培植物の起源と伝播[15]

　発祥の地は世界各地に複数あったと考えられているよ。自然環境に手を加える行為自体は、**第2期**（前1万2000年頃〜300年頃）に入る前からおこなわれていたようだ。たとえば縄文時代の頃、現在の青森県にある山内丸山遺跡では、火を放つことでクリ林の再生をうながした痕跡も残されている。

　──縄文時代にも農業っておこなわれていたんですか！

　まだまだ本格的な農業とまではいかないけれど、資源の管理はおこなわれていたようだね。そうやって植物が人工的な空間に囲い込まれると、いつしか人間がいなくては生きていけないような特徴を示すようになる。たとえば穀物でいえば、種が飛び散って地面に落ちにくくなったり（脱落性の喪失）、種がまかれた後に発芽しやすくなったりする（休眠性の喪失）といったものだ。

---

15 ── ベルウッド，ピーター 2008『農耕起源の人類史』京都大学学術出版会、vi-vii頁をもとに作図。

動物のなかにも同じく、人間に頼らなければ生きていけない種が現れた。たとえばヤギやヒツジは、西アジアで生息していた野生種が、囲い込んで管理されていくうちに、人間になつくようになっていった種だ。[16]

　——人間の「過保護」のせいで、動物や植物の性質が変わっていったってこと？

　それは良いたとえだね。そうやって動植物が人間の「過保護」を受けなければ育たないような形態上の特徴を示すようになることを、**栽培化・家畜化**（＝ドメスティケーション）というよ。[17]この過程は、必ずしも意図的なものとは限らなかっただろう。たとえば狩猟採集民がキャンプ地を確保するため、周辺の木を切り拓（ひら）いたとしよう。彼らがそこで生活しているうちに、森林で採った木の実やイモの断片が排泄物（はいせつぶつ）を通して持ち込まれ、そこに根付くといったこともあっただろう。そうやって人間によって動植物が移動し、さらに有益な特徴をもつ個体が選別されていくうちに、栽培化・家畜化が進んでいったとも考えられているんだ。[18]

　——なるほど。いきなり農業[19]に切りかわっていったわけじゃな

---

16 —— ベルウッド, ピーター 2008『農耕起源の人類史』京都大学学術出版会、18-19頁。
17 —— ドメスティケーションという言葉の語源をたどると行きつくのはラテン語のドムス（家）。まさに、「人間の家」に動植物がなついていったという意味合いです。残された動植物の痕跡（化石から形態を割り出したり、DNAを分析したりします）から、人間に管理されなければ生きていけないような特徴を持っていたかどうかを判断し、人間が栽培化・家畜化（＝ドメスティケーション）を積極的におこなうようになった時期を、ある程度割り出すことができます（丹野研一 2009「農耕のはじまりとその展開」、西秋良宏・木内智康編『農耕と都市の発生―西アジア考古学最前線』同成社、17-30頁、17-19頁）。
18 —— 農学者の中尾佐助さん（1916～93）は、この狩猟採集民の営みを「半栽培」とよび、西アフリカのアブラヤシ、アマゾンのパラゴムノキなどを例に挙げ、農業が発達する一過程として注目しました（中尾佐助 2004『農耕の起源と栽培植物』北海道大学出版会）。中尾さんの説をもとに、宮内泰介さんは「半栽培」を、人間と自然との間にむすばれる関係（野生と栽培との間に位置するさまざまなバリエーション）として、より広くとらえています（宮内泰介編 2009『半栽培の環境社会学』昭和堂）。
19 —— 一般的に、植物を栽培することを**農耕**、動物を家畜化することを**牧畜**といいます。本書では特に断りのない場合を除き、農耕と牧畜をあわせて「**農業**」と呼ぶことにします。

かったんですね。

さすがにみんなが一斉にライフスタイルを変えたわけじゃないからね。場所によって最適なライフスタイルが選ばれ、定住する人と移住する人、農耕する人と狩猟する人が、隣り合わせで生活していたと考えたほうがよいだろう。

実際に、牧畜や栽培の痕跡が現れるのは前1万年以降、つまり気候が温暖になってからのことだ。野生種の栽培化や家畜化は突如はじまったのではなく、数千年という時間をかけて、ゆっくりと進んでいったのだと見るべきだ。

そうやって、もともと定住生活をしていた場所で農業が部分的にとりいれられ、食べ物が安定して手に入るようになれば、人口は増える。人口が増えれば、ますます農業を集約的に営む技術が必要とされる。そのようにして、農業技術は発達していったのだろう。

——なるほど。人口が多くなったために、食べ物確保に迫られたということなんですね。

そう。それで一度農業をはじめた地域では、なかなかやめられなくなった、というわけ。

---

20 ——家畜化されたのはヒツジ、ヤギ、ウシ、ブタの野生種。栽培されたのは、コムギ・オオムギやレンズマメのようなムギ・マメ類の穀物。
21 ——有村誠 2013「初期農耕誕生へのプロセス」、佐藤洋一郎・谷口真人編『イエローベルトの環境史』弘文堂、130-152頁。
22 ——ボズラップ, エスター 1975『農業成長の諸条件―人口圧による農業変化の経済学』ミネルヴァ書房。タッジ, コリン 2002『農業は人類の原罪である』新潮社。そもそも食料獲得に困らないような環境下では、こうした技術革新は起こるべくもありません。最初期の農耕が資源の豊富な温帯エリアではなく、乾燥した西アジアの草原地帯で起きたのも、なんらかの危機に対応する必要性があったからでしょう。

目標2 飢餓をゼロに（Zero Hunger）　　107

ポイント② 農業は「人間ゾーン」をどう変えたのか？[23]

農耕・牧畜が始まったエリアでは人口が急増した。[24]ただし、農耕によって養える人口は、焼畑（やきはた［ばた］）と、水を導く灌漑（かんがい）とでは雲泥の差がある。

> ・**狩猟採集民**…1世帯あたり数平方キロメートルが必要
> ・**都市化していない地域の焼畑農耕民**…1世帯あたり数ヘクタールの畑地が必要
> ・**灌漑農耕民**…1世帯あたり1ヘクタール未満で十分

——焼畑？

森を伐採して火を入れることで、植物の灰を肥料にし、イモや雑穀を栽培する農耕だ。熱帯エリアでは雨が多いため、土壌は植物のきらう酸性になりやすい。そこでアルカリ性の灰を混ぜることで中和しようというわけだ。道具は簡単な掘り棒や、焼け残りの木を切る刀があれば済むし、家畜もいらない。ただし2〜3年も同じ場所で作物を栽培し続けていると大雨によって土壌が侵食され、やがて

---

23 ── 人間の活動する領域を生態学的に初めて「Anthroposphere」（人間圏）と定義し、「惑星的視点」から人間を特権視しない政治を構想したのは、エドアルト・ジュース（1831〜1914）というイギリス生まれの地質学者です（チャクラバルティ，ディペシュ 2023『人新世の人間の条件』晶文社）。その後、欧米においては、フランスの宗教者ティヤール・ド・シャルダン（1881〜1955）やウラジーミル・イワノヴィチ・ヴェルナツキー（1863〜1945）など神秘主義的な言説にとりいれられたり、国際関係を国家や民族どうしの闘争とみなし、その領域（生存圏）を最大化させようとする「地政学」的な文脈で用いられたりした経緯があります。

　日本では一般に「人間圏」や「人類圏」という用語があてられ、地球システムとの関連を論じた松井孝典や、熱帯エリアの可能性に注目した杉原薫らの議論もあります。

　本書においては、松井や杉原の生態学的な議論を踏まえた上で「人間ゾーン」と呼んでいきます。詳しくは、**目標12**も参考にしてください（松井孝典 2007『われわれはどこへ行くのか？』筑摩書房。杉原薫ほか編 2012『歴史のなかの熱帯生存圏』京都大学学術出版会）。

24 ── 考古学・人類学者のピーター・ベルウッド（1943〜）によれば、狩猟採集民の人口密度は1平方キロメートルあたり1人以下であるのが一般的であるのに対し、都市化していない焼畑農耕民の場合は、3〜100人を養うことが可能といいます。また、水を確保すればもっと多数の人口を支えることも可能です（ベルウッド，ピーター 2008『農耕起源の人類史』京都大学学術出版会、20頁）。

収穫量は減ってしまう。そこで別の場所に移動して、土壌に栄養分が回復するのを待ち、5〜10年後にまた戻って来たら森を燃やす。これを繰り返せば、持続的な農業が可能だ。[25]

——へえ、「焼畑」って、やけくそになって燃やしているわけじゃないんだ。

焼畑民は森を壊していると誤解されがちなんだけれど、ただやみくもに燃やしているわけではなく、ちゃんと資源管理をしていたんだね（→ 15-1「6度目の大絶滅」）。

ところで紀元前4000年頃になると、西アジアの「肥沃な三日月地帯」と呼ばれるエリアを流れる大河周辺では麦や豆の灌漑農業が導入され、よりたくさんの収穫を得ることができるようになっていった（→ 6-1 文明の生態史観）。[26]

たとえば古代メソポタミアで最古の都市文明を築いたシュメール人が、農業に関する『農事暦』をのこしている。父親が息子に教える形で、一年の農作業を記したもので、冒頭にあるのは「おまえが耕地をうまく運営したいならば、水路の流れ具合と堤を管理しろ」とのアドバイスだ。[27]

こうして焼畑にしろ灌漑農耕にしろ、農業が導入された地域では、安定的にたくさんの食べ物を手に入れることが可能となり、**第2期**（前1万2000年頃〜300年頃）に入ると世界人口も増加していった。

その一方で、デメリットもあった。植物や動物の世話をするためには、一定期間は同じ場所で暮らす必要が出てくる。移動範囲が狭まって狩猟採集生活に比べると運動量もぐんと落ちてしまうし、栄養バランスも偏りがちになる（→**目標3**）。

---

[25] ——藤井一至 2022『大地の五億年——せめぎあう土と生き物たち』山と渓谷社、181-182頁。
[26] ——【肥沃な三日月地帯】現在のイラクからパレスチナ／イスラエルあるいはエジプトにかけてのエリア。コムギ、オオムギ、ライムギなどの野生種がたまたま周辺に分布し、古代文明が栄えました。
[27] ——前田徹 2020『古代オリエント史講義』山川出版社、156頁。

目標2 飢餓をゼロに（Zero Hunger）

——良いことばかりではなかったのか…。

森林を伐採すれば地表の受ける太陽エネルギー量は変化するし、焼畑農業による煙は大気の成分にも影響する。また、犂で土地をたがやせば、風や雨による侵食を受けやすくなり土壌が流出しやすくなり、土壌に含まれる物質も変わってくる。**第1期**(700万年前頃〜前1万2000年頃)の狩猟採集生活に比べると、農業によって成り立つ「人間ゾーン」のほうが、自然環境の営みに大きな影響を与えることがわかるね。

> **ポイント③ ユーラシア大陸では、農耕エリアと遊牧エリアの棲み分けがすすむ**

灌漑農業が営まれた地域では、食料生産に直接携わらない人々が、人々を支配するようになっていった。都市を拠点とした**文明**の誕生だ。そのもっとも古い例は、ユーラシア大陸各地の北緯25〜30

---

28 ——【犂】田畑に種をまく前に家畜を用いて土壌をかきまぜて柔らかくし、空気を含ませるための道具。土壌への影響力の大きさから、デイビッド・モントゴメリーのように犂を「人類最悪の発明」と呼ぶ農学者もいます(モントゴメリー, デイビッド 2018『土・牛・微生物——文明の衰退を食い止める土の話』築地書館、16頁以下)。

29 ——地球物理学者の松井孝典は、農業の導入には、地球システムの構成要素のひとつ「生物圏」から飛び出し、人間があらたに「人間圏」を生み出したという意義があると指摘しています(松井孝典 2008『新版 地球進化論』岩波書店)。(→目標12)。

30 ——【文明】ここでは文明を「大規模な定住社会」という意味で用いていますが、そもそも「文明」は、もともとヨーロッパで生まれた言葉で、その語源はラテン語のcivitas(キウィタス)(都市国家)にあります。その後、西ヨーロッパ諸国が植民地進出をすすめていく中で、非ヨーロッパ諸国の「野蛮」な社会は、西ヨーロッパ諸国の過去の姿をうつしだしているのだと理解されるようになっていきました。すべての社会は、「野蛮」から「文明」にむかって「進歩」しており、その段階によって格付けすることが可能だという考え方が用語にも込められていたのです。

しかし、現在では、社会が「バンド社会」「部族社会」「首長制社会」「国家社会」のように直線的に進歩していくと考える研究者はほぼいません。代わりに、「文明」という用語から、進化論的な意味合いをそぎ落とし、価値中立的に使うためのさまざまな提案がなされています。たとえば、オセアニアを専門とする考古学者の小野林太郎さんは、「文明」を「**人類による知識と技術に関わる情報の集積**」(小野林太郎 2018『海の人類史』(増補改訂版)雄山閣、198頁)、メソアメリカ考古学者の村上達也さんと嘉幡茂さんは「**複雑社会が広大なネットワークを作り出した文化領域**」(伊藤伸幸監修、嘉幡茂・村上達也編 2021『メソアメリカ文明ゼミナール』勉誠出版、55頁)であると定義しています。

度付近の大河流域にみられる。はじめは都市とその周辺を支配するに過ぎなかった国家という組織も、都市間の結びつきや統治の技術が発達するに従って、より広い範囲を支配するようになっていった。

　――同じ時期に世界各地で同じような動きが起きていたんですね！

　一方、ユーラシア大陸の内陸部に広がる乾燥した草原地帯では、**第1期**以来、もうひとつのライフスタイルも発達していた。家畜を飼育しながら移動生活をする**遊牧**だ。

　――遊牧って、遊びながら気ままに牧畜するってことですか？

　たしかに文字通り読むとそうだけど、「遊」には「移動する」という意味があってね、家畜が草を根こそぎ食べてしまう前に、季節ごとに別の草場に移動を繰り返すわけ。ヒツジ、ヤギ、ウシ、ウマ、ラクダなどの群れを養いながら、衣（革製品・羊毛）、食（家畜の肉・

---

31 ―― メソポタミア南部では、前4000～前3100年までのウルク期に、はじめて都市国家が成立（前田徹 2020『古代オリエント史講義』山川出版社、44頁）。北インドではインダス文明、長江下流には良渚（りょうしょ）文化期（前3300～前2500年頃）に、城郭を持つ宮殿のある都市が出現（中村慎一・劉斌編 2020『河姆渡と良渚』雄山閣）。なお、同時期の南アメリカの中央海岸には、巨大な神殿が立ち並ぶ大集落が出現していたことも明らかになっています。

32 ――【国家】辞書で「国家」を引くと、「一定の領土とそこに居住する人々からなり、統治組織をもつ政治的共同体。または、その組織・制度。主権・領土・人民がその3要素とされる。」（『大辞泉』）とあります。しかし、この定義は現代の主権国家には当てはまりますが、歴史上存在したほとんどの国家には当てはまりません。領土がきちんと画定されていなかったり、都市を統治したりするだけの国家もありますし、陸上ではなく、海域を拠点とする国家もあります。そこで国家をもっとゆるく定義し、たとえば「有形無形の力により、領域内の人々に言うことを聞かせることのできる支配組織」とみなせば、前近代の多様なかたちの国家も説明に含めることができます。国家の支配者は、支配の正統性を、何らかの価値に求めます。その国家の関係性がどのような価値に基づいているか、その違いこそが文明の特色を表す一つの目印でもあります。

33 ――【五畜】これらの家畜を総称した呼び名。トルコ語やモンゴル語では「マル」と呼ばれ、ユーラシア大陸ではこれらを組み合わせて飼育されるのが一般的です。なお、高山地域であるチベットではヤク、北極に近い高緯度地域ではトナカイが、ユーラシア草原の遊牧の影響も受け、おくれて家畜化されていきました（松原正毅 2021『遊牧の人類史―構造とその起源』岩波書店）。

乳)、住(テント用の革・骨製品)を利用し、「人間ゾーン」を成り立たせていく暮らし方だよ(→目標6、目標15)。

——動いてばかりで大変そう…。

【図】イランの遊牧民(カシュガイ人):abbas hosseinimanesh https://commons.wikimedia.org/wiki/File:Qashqai_nomad_lady_Grazing_sheep.jpg、CC BY-SA 4.0

たしかに大変だけれど、身軽な生き方でもあるよね。乳搾りと去勢の技術さえあれば、土器や金属も必要ない。

前1000年頃には、ウマにまたがる技術をもった遊牧民(騎馬遊牧民)も出現し、国を建てる集団も現れた。

遊牧エリアに接する農耕エリアの国々にとっては、騎馬遊牧民のウマを用いた軍事技術は脅威そのもの。でも同時に、騎馬遊牧民の持ち寄るモノや情報、そして騎馬技術はたいへん魅力的だった。反対に騎馬遊牧民にとっても、農耕民が農耕・牧畜によって生み出す豊かな食べ物や、職人が製造したモノは魅力的だ。

——おたがいが持っていないものを求め合ったわけですね。

——っていうか、騎馬遊牧民って、移動ばかりしているのに、ど

112　第1章　人間(People)——人間の「しあわせ」の世界史

うして国なんてつくれるんですかね?

　騎馬遊牧民の国は、はじめから人や家畜を「移動するもの」ととらえている。その上で、土地そのものではなく、むしろ移動する人や家畜に重きを置いて統治するんだ。
　ところが土地というものは「ここは農耕エリア」「ここは遊牧エリア」というようにはっきり分けられない。なかには、農業も遊牧も両方営めるエリアもあり、両者の争いの的となってきた。[34]

> **ポイント④ サハラ以南のアフリカでは、農耕民の大移動がはじまる**

　ちなみにサハラ以南のアフリカ大陸では、この時期に農耕民の大移動が断続的に起きていた。
　地図にあるように、現在はアフリカ大陸の南部にかけて分布する**バンツー語系**の人々が、現在のカメルーンとナイジェリアの国境あたりから、東アフリカ・中央アフリカを経由して、断続的に南アフリカに移動し始めたんだ。
　彼らは熱帯エリアのジャングルに、鉄器と雑穀、ヤマノイモ、アブラヤシを持ち込み、森林を伐採。中央アフリカでは先住のピグミー系狩猟採集民、南アフリカではコイサン系の狩猟採集民と対立・共生をしつつ、「人間ゾーン」を広げているよ。

　――アフリカには騎馬遊牧民はいなかったんですか?

---

34 ― 歴史学者の森安孝夫さんは、「農業のための可耕地と遊牧・放牧のための草原とが入り組み、どちらにも利用できる広大な土地」を「**農牧接壌地帯**」と呼び、騎馬遊牧民と農耕民、都市に住む定住民が混在するこの地帯が、シルクロードのネットワークの舞台であったと見なしています。この農牧接壌地帯は、農耕民や遊牧民の力関係、気候の変動に応じて南北に揺れ動く、幅のあるエリアでした(森安孝夫 2007『シルクロードと唐帝国』(興亡の世界史5)講談社)。草原、砂漠、灌漑農業地帯を含むこの広大なエリアはけっして閉鎖空間ではなく、その北には寒冷な森林地帯がひろがり、狩猟採集民が遊牧民とかかわりながら暮らしを営み、農耕エリアはさらに南方の海域世界で暮らす人々との関係を結んでいたことも重要です。

目標2　飢餓をゼロに(Zero Hunger)

ウシやラクダはいたけれど、ウマは分布していなかったので、遊牧民はいたけど騎馬遊牧民はいない。仮にシマウマを家畜化できていたら、アフリカの人々の歴史は、大きく変わっていたかもしれない[35]。けれども、ユーラシア大陸にあるものがないことをもってアフリカが「遅れている」とみなすのは間違っている。東アフリカなどに分布するウシの牧畜民は、うつろいやすいアフリカの気候に柔軟に適応し、ユーラシア大陸には見られない特徴的な社会を築いていったとみるべきだ。

ポイント⑤ 南北アメリカ大陸には、騎馬遊牧民は現れなかった

騎馬遊牧民が現れなかったという点では、南北アメリカ大陸も同じだ。

メソアメリカ（現在のメキシコから中米にかけての地域）にはもともと大型の哺乳類が分布していたけれど、**第2期**（前1万2000年頃～300年頃）に入ると絶滅してしまう（→目標15）。結果、南北アメリカ大陸には、**第4期**（1400年頃～1800年頃）にヨーロッパ人がやって来るまで、ウシも、ラクダも、ウマも、ヒツジも、ヤギもいなかった。つまり、騎馬遊牧民も不在だ。

ユーラシア大陸では同じような環境が東西方向に水平に広がり、農耕民と遊牧民の境界で交易がおこなわれ、交流が盛んになった。でも南北アメリカ大陸では、そのような状況は生まれなかった。

――まあ、それが特色を生んでいったわけですよね。たとえば農業はどんな感じですか？

まず、トウモロコシやカボチャといった植物の栽培が、前7000から前2000年の間に広まっていったよ[36]。

---

35 ── ダイアモンド, ジャレド 2000『銃・病原菌・鉄（下）―1万3000年にわたる人類史の謎』草思社。
36 ── 伊藤伸幸監修, 嘉幡茂・村上達也編 2021『メソアメリカ文明ゼミナール』勉誠出版、33頁。

【図】現在のトウモロコシと原種の比較（上からテオシント、トウモロコシ・テオシントの雑種、トウモロコシ）[37]

　また、南アメリカのアンデス地方では、3000〜4500mの高地でもジャガイモを育てていたりするんだよ。

　——ジャガイモ!?　そんなに高いところで農業なんてできるんですかね？

　高山とはいえ、太陽の熱をたくさん受ける赤道近くにあるため、常春(とこはる)の気候になるんだよ。アンデス地方では、標高2800m以上の土地のなんと6割以上で定住農耕が可能だ。それに、たとえある場所が農業に向いていなくても、ちょっと移動するだけで気候が大きく変わってくれるので、標高の異なる多様な土地を同時に利用することでバリエーション豊かな食べ物を確保することができたんだ（→目標10）[38]。

　——それは意外と便利かも。昔の農業って、こういうイメージが

---

[37] ── https://commons.wikimedia.org/wiki/File:Maize-teosinte.jpg、パブリック・ドメイン
[38] ── ところが現代では、こうした山岳地帯はしばしば貧困層の多いところとなっており、SDGsの策定過程で開かれたOWG（オープン・ワーキング・グループ）（→目標17）でもブータンが山岳地帯を開発の対象とするよう訴えています（第10回OWG、2014年3〜4月）。

目標2　飢餓をゼロに（Zero Hunger）　　115

ありましたけど（【図】）、いろいろあったんですね。

【図】前1200年頃のエジプトの壁画[39]

　　ああ、これはメソポタミアやエジプトでおこなわれていた農業だね。ウシやヤギなどの家畜によって土を耕し、コムギやオオムギといった穀物を栽培していた。

　　──穀物といえばお米もありますよね。

　　そう！　第2期（前1万2000年頃〜300年頃）には、かなり古い時期からイネの栽培が始まり、長江文明が栄えた。季節風(モンスーン)による豊富な雨水で耕地を満たすことで、驚異的な生産性を実現させることができたんだ。また、稲作は畑作ほど家畜の力を必要としない。だから、南アジアをのぞいては家畜のミルクを飲む習慣の見られない地域も多いんだよ（→目標7）[40]。

39　── https://en.wikipedia.org/wiki/ Ancient_Egyptian_agriculture#/media/File:Maler_der_Grabkammer_des_Sennudem_001.jpg、パブリック・ドメイン
40　── 上山春平・佐々木高明・中尾佐助 1976『続・照葉樹林文化─東アジア文化の源流』中央公論新社。佐藤洋一郎 2003『イネの文明─人類はいつ稲を手にしたか』PHP研究所。

116　　　　　　第1章　人間（People）──人間の「しあわせ」の世界史

──場所によってこんなにも生業って変わるものなんですね。

ポイント⑥ 国がないところには、誰もいなかったわけじゃない

──農業や遊牧が始まると、人間はみんな狩猟や採集生活をやめちゃったんですか？

──歴史地図を見てみると、**色が塗られていないところ**があるけど、これって国が現れなかったってことだよね。

どこでも農業ができたわけじゃないし、こういうところでは狩猟や採集とか、収穫高の多くない焼畑農業が続けられていたんじゃない？

──つまり、**発展が遅れていた地域**ってことか。

ちょっと待って、「国があること」イコール「発展」とすれば、そのとおりかもしれない。でも、ほんとうにそうなのかな？

たとえば、遊牧民や山地で移動しながら暮らす焼畑農耕民たちは、もともと平地の人々を囲い込む国の支配から逃れた人々だったという場合もある（→**目標 10**）[41]。

---

[41] ── 政治学者ジェームズ・スコットは、東南アジアの山地民（西はインド北東部から東はベトナム中央高原まで、さらに中国南部を北端とする範囲に広がる丘陵地帯）を**ゾミア**と呼んでいます。彼はゾミアの人々の栽培するイモに、国家による支配をさまたげる秘密があったとします。穀物に比べて収穫時期が一定せず、地中に隠れていたり、大きさが不揃いであったりするため、税としての徴収に不向きであるというのです（スコット，ジェームズ・C. 2019『反穀物の人類史』みすず書房。同 2013『ゾミア─脱国家の世界史』みすず書房、42-43頁）。なお、人類学者の山本紀夫さんは、世界各地の熱帯高地では先ほどのアンデス文明のジャガイモや、アフリカのエチオピア高原における根菜類の栽培化のように、穀物以外の作物生産に立脚した文明も存在すると指摘しています。国家のあり方もまた多様なのです（山本紀夫 2021『高地文明─「もう一つの四大文明」の発見』中央公論新社）。

目標2　飢餓をゼロに（Zero Hunger）　　117

【図】スコットが「ゾミア」が歴史的に存在したとする地域[42]

　　――国による支配を嫌い、みずから進んで辺境に移動していった人々もいたということ？

　　そう。平地の農耕民の側からは、山地で暮らす焼畑農耕民は「遅れた」「野蛮な」暮らしと見られがちだ。でも実は彼らにとってみれば、国による支配を受ける暮らしのほうが、よっぽど不自由な生き方だった。ひと目で収穫状況のわかる穀物ではなく、イモが栽培されたことも、国からの支配から逃れる上でプラスに働いたようだ。

---

42 ── スコット，ジェームズ・C 2013『ゾミア―脱国家の世界史』みすず書房、17頁。なお、たとえば、現在に至るまでのヤオ族の移動を論じたものに、増野高司 2009「東南アジア大陸部における山地民の移住史と環境利用」、池谷和信編『地球環境史からの問い―ヒトと自然の共生とは何か』岩波書店、174-189頁があります。

——なるほど…。地図に色が塗られていないからといって、「発展していない」と決めつけるのは一面的かも。[43]

　——**第2期**（前1万2000年頃〜300年頃）以降に農業が始まったからといって、みんながみんな農民になったわけじゃなかったんですね！

　そうそう。「定住し、農業を始め、国ができて…」といったシナリオ通りに、すべての人間の歴史が一直線に進んでいったわけではないことには注意しよう。人間はこれまで多種多様な生業[44]を発達させてきたけれど、そのうちのどれか一つが偉いとか、進んでいるなどということはない。

　SDGsがおさめられている「2030アジェンダ」の謳（うた）う「**誰一人取り残さない**」（Leave No One Behind）というスローガンは、そういう観点から捉えることもできそうだ。[45]

　——世界史って、国が建てられたとか滅んだとか、そういう歴史だけじゃ語り尽くせないんですね。

---

43 ── 少し長くなりますが、同様の問題意識をもつ文章を紹介しておきます。「ここに、たぶん高校生用と思われる『世界史地図』がある。開いてみると、「先史時代の世界と遺跡の分布」に始まり、つづいて「前二千年紀の世界」となる。すなわち、歴史は前二千年に始まるのである。このタイトルの地図の上で色がついているのは、黄河の流域、インダスとガンジスの流域、メソポタミアからレバノン、そしてナイルの下流、ギリシア、トルコの一部（ヒッタイト）だけで、あとは真白である。…（中略）…しかし、そのような白い時代に白い場所で多くの人たちがそれぞれの文化を持って生活していたのである。」（戸川安雄 1980『海のシルクロード』徳間書店、1頁）。

44 ── 近年、現代人の抱える課題をとりあげながら、「狩猟採集民には、数万年前の人間の生物学的な特徴が隠されている」「現代人にも、狩猟採集民の特徴がのこされている」などとする説明がしばしば見られます（ハンセン, アンデシュ 2020『スマホ脳』新潮社。ロスリング, ハンスほか 2019『FACTFULNESS』日経BPなど）。人類学者の磯野真穂さんは、この種の言説が、人間という存在を特定のタイプに平板化（へいばんか）させてとらえる傾向があるのではないかと批判しています（磯野真穂 2022『他者と生きる』集英社、135-153頁）。

45 ── SDGsを提案したコロンビアやベネズエラは、いずれも狩猟採集生活を営む先住民を抱える国々でもあります（→**目標17**）。

目標2　飢餓をゼロに（Zero Hunger）　　119

2-3 第3期(300年頃〜1400年頃) 陸の結びつきが深まっていく時代

300年頃の世界に、いったい何があったの?

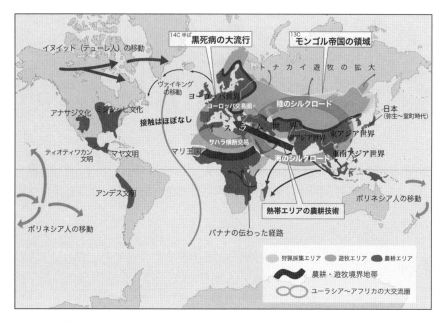

【図】第3期(300年頃〜1400年頃)の世界　陸海の結びつきの発展に注目してみましょう。なお、この地図は時期内の異なる時点での動きを1枚で表現しています(第4期以降の地図も同様)。各エリアの分布には時代による変動もあり、エリア内には多様性もあります。「狩猟採集エリア」は極地を除きます(参考:妹尾達彦 2018『グローバル・ヒストリー』中央大学出版部)

ポイント① ユーラシア大陸を遊牧民がかき混ぜた

　さて、**第2期**(前1万2000年頃〜300年頃)に各地で向かい合う形成となった農耕エリアの大国と遊牧エリアの古代帝国。この2つは、**第3期**(300年頃〜1400年頃)に入るといったん崩壊する。遊牧エリアが「農耕エリアの大国」に進出したことが原因だ(→**目標16**)。

120　第1章　人間(People)——人間の「しあわせ」の世界史

──騎馬遊牧民のせいで滅んでしまったのか…。

　たしかに農耕民にとって騎馬遊牧民はしばしば侵入者となる。
　けれども遊牧民と農耕民の両者が入り混じって暮らすエリアもあったし、境界付近では区別は曖昧だ。そもそもお互いの優れた点を引き出し合いながら協力することができればケンカなんてせずに済むよね。
　たとえば、騎馬遊牧民は軍事力にかけては一流だ。でも農耕民のほうが、はるかに多くのモノや食料を生産できる。両者を行き来する商業民を保護したほうが豊かな生活にもつながる。互いの秀でたところを提供し合って、平和な協力関係が築ければよいのではないか。**第3期**（**300年頃〜1400年頃**）には、農耕エリアと遊牧エリアをまたぐ秩序も生まれるようになっていく。

　──遊牧民移動が、異なる生業同士を結びつけた…。

　そうそう。言うなれば、**騎馬遊牧民が、ユーラシア大陸の遊牧民エリアと農耕民エリアをかき混ぜ、連携を生み出すことに貢献して**いったのだともいえる。

　たとえば、あまり馴染みはないかもしれないけれど、特に9世紀以降にユーラシア大陸を東から西に大移動していった**トルコ系の騎馬遊牧民**たちの活躍が重要だ。彼らは1000年前後の中央ユーラシアにおいて、草原地帯に本拠を構えたまま、農耕地帯も柔軟なやり方で支配する新しいタイプの国を次々に建設していくよ。[46]

---

[46]──具体的には、ブルガール、マジャール、ハザール、セルジューク朝、ガズナ朝、カラハン朝、ウイグル人の諸王国、西夏、遼、中国の五代など。9〜12世紀に出現した騎馬遊牧民や半農半牧・狩猟をおこなう民族が、北方の本拠地（次頁の図中Ⅲ）で騎馬軍事力を維持しつつ、人口の多い農耕地帯やオアシス地帯を征服し、両者をそれぞれ異なる統治体制で支配した国のことを、森安孝夫さんは「**中央ユーラシア型国家**」と呼んでいます（森安孝夫 2011「内陸アジア史研究の新潮流と世界史教育現場への提言」、『内陸アジア史研究』26、3-34頁）。

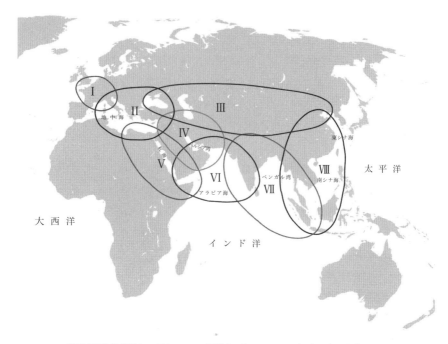

【図】「13世紀世界システムの8つの回路」 ①ヨーロッパ（Ⅰ）と中国を草原やオアシスの道（Ⅲ）を通って結ぶ回路のほか、②地中海（Ⅱ）からペルシア湾（Ⅳ）経由でアラビア海（Ⅵ）に抜ける回路、さらに③エジプト～紅海（Ⅴ）からアラビア海（Ⅵ）～ベンガル湾（Ⅶ）、南シナ海・東シナ海（Ⅷ）に至る海の道による回路があり、これらをマルコ・ポーロ（1254～1324）を初めとする旅行者が往来したのです。（アブー・ルゴド, L. 2001『ヨーロッパ覇権以前 上』岩波書店、43頁）[47]

ポイント② ユーラシアの陸海のネットワークをモンゴル帝国がつなげた

　そして、そういった陸上の結びつきを、ユーラシアの広大な地域にリンクさせていった騎馬遊牧民がいる。13世紀に巨大な帝国を建

---

[47] ── 伝統的なアジアの交易ネットワークが、13世紀のモンゴル帝国のつくりあげた秩序と、陸海の商人（ウイグル人やイスラム教徒）と結びつくことによって、陸のシルクロードと海のシルクロードが連結されていきました。なお、歴史学者のマクニール父子はこれを「旧世界のウェブ」と呼んでいます（McNeill, J. R. and W. H. McNeill. 2003. *The Human Web: A Bird's-Eye View of World History*. W W Norton & Co Inc.）。

設した**モンゴル人**だ。

　13世紀初めにモンゴル高原を統一した**チンギス・カン**率いるモンゴル帝国が、それまでユーラシア大陸の東西を結ぶように発達していた陸のネットワークの大部分を支配下におさめるのに成功したんだ。

【図】チンギス・カンの肖像画

　——めちゃめちゃ広い領域ですね！

　でしょ。
　たしかに、アフリカ大陸の大部分や南北アメリカ大陸は含まれないけれど、多種多様なライフスタイルを営む人々と協力関係を結ぶのが得意な遊牧民の生み出した陸の秩序は海域世界の交流にも波及し、その後のグローバル化への道をひらいたとも評価される。

> **ポイント③ 南北アメリカとユーラシアのつながりはほぼなかった**

　南北アメリカ大陸に目をうつそう。**第3期**（300年頃～1400年頃）、アンデス地方では、海岸から高山に至る広い範囲を支配する国が現れている。メキシコから中央アメリカにかけては、**テオティワカ**

48　──**人物**【チンギス・カン】(1162?～1227) 1206年に即位したモンゴル帝国の初代皇帝。「カン」とは古くからモンゴル高原の遊牧民にとってのリーダーの称号で、族長とか王という意味があり、のちにモンゴル語の発音では「ハン」に変化していきました。唯一無二の君主という意味の「カアン」（ハーン）は、第2代君主のウゲデイ（オゴタイ）が使い始め、第4代のモンケ以降はすべてカアンを使用しています（白石典之 2017『モンゴル帝国誕生』講談社、28頁）。写真はパブリック・ドメイン。

49　──岡田英弘 1999『世界史の誕生』筑摩書房。杉山正明 2003『遊牧民から見た世界史』日経BP。島田竜登「構造化される世界」、小川幸司編 2022『構造化される世界 14～19世紀』（岩波講座 世界歴史11、岩波書店、18頁）

目標2　飢餓をゼロに（Zero Hunger）

ンやマヤといった文明が発達し、北アメリカでも**アナサジやプエブロと呼ばれる、トウモロコシの農耕を基盤とする大規模な共同体**が発展している。

でも、ユーラシア大陸のように、季節風を利用した海上交易は発達しなかったし、ウシやウマのような大型家畜や車輪がなかったことから大規模な陸上交易がさかんになることはなかった。

——ユーラシア大陸と南北アメリカ大陸の間には交流はなかったんですか？

紀元後1000年頃、北西ヨーロッパの海上に繰り出していた**ヴァイキング**（ノルマン人）の一派が、グリーンランドから現在のカナダに船に乗ってやってきて、集落をつくっている。それを除いては、皆無だね。

——そんな寒いところにどうして⁉

当時は比較的温暖な気候が、安定して続いていたからだよ（→**目標13**）。ちなみに**第3期**（**300年頃〜1400年頃**）の13世紀には、ユーラシア大陸東部でも、**アイヌ**が樺太（サハリン）に勢力をひろげているし、ユーラシア大陸北部や北アメリカの北極圏では、トナカイの牧

---

50 ——【テオティワカン】メキシコ市の北東50キロメートルに位置する祭祀センターの一つで、前150年頃に勃興し、650年頃に突然滅ぶまでメキシコ高原からマヤ文明の栄えたユカタン半島にまで影響力をおよぼしました。都市はきわめて計画的に造成され、「死者の大通り」を中心に太陽のピラミッドと月のピラミッドが配置されています。最盛期の6世紀に15万〜20万に達した人口を養うため、湖沼を利用した灌漑農耕が発達しました（山本紀夫 2021『高地文明』中央公論新社、88-91頁）。

51 ——【アナサジ文化】アメリカ合衆国南西部に栄えた、トウモロコシやカボチャ、豆栽培を基盤とする灌漑農耕文化。前半は籠細工を特色とするバスケットメーカー文化、後半はプエブロ文化と呼ばれ、スペイン人の進出する時期まで存続しました。

52 ——青山和夫ほか編 2014『文明の盛衰と環境変動——マヤ・アステカ・ナスカ・琉球の新しい歴史像』岩波書店、105頁。

53 ——【ヴァイキング】8世紀〜11世紀中頃までに、北欧からヨーロッパ各地やグリーンランド、アイスランド、北米にかけて拡大した北方のゲルマン人の一派。彼らをとりあげた作品に幸村誠『ヴィンランド・サガ』があります。

畜民やアザラシの狩猟民の動きも活発化しているよ。[54]

　——人間の活動範囲には気候も影響しているんですね。

　つながりがあるんだね。人の移動が活発になると知識のやりとりも盛んになり、技術革新（→**目標9**）が生まれやすくなる。実際、**第3期**（300年頃～1400年頃）には、世界各地で農業の生産性が上がっていった。地図にあるように東南アジア原産のバナナもこの時期にアフリカの内陸にまで伝わり、熱帯雨林の開拓が進んでいった。

　けれども、14世紀後半以降は気候変動や疫病の流行が絡み合い、ユーラシア大陸からアフリカ大陸にかけての結びつきはいったん崩れてしまう。天災や戦乱が多発し、飢餓や食料不足に見舞われ、1300年に3億6,000万～4億人と推計された世界人口も、1400年には3億5,000万～7,400万人にまで落ち込んでしまった。

---

54 ── たとえば極北シベリアのトナカイの牧畜民は、のちにロシア人に植民地化されるまでは農耕民との関係はほとんど築かず、海獣の狩りを営む沿海部の狩猟民からアザラシの脂などを交易によって得ていました（高倉浩樹・曽我亨 2011『シベリアとアフリカの遊牧民』東北大学出版会、118頁）。

目標2　飢餓をゼロに（Zero Hunger）

2-4 第4期（1400年頃〜1800年頃）
陸と海の結びつきが深まり、大陸を結ぶ交易・消費がさかんになる時代

この時代の世界は、どの程度「一体化」していたといえる？

【図】第4期（1400年頃〜1800年頃）の世界　大陸間の結びつきに注目してみましょう。上巻8-2「銀の大行進」、下巻16-2「火薬が変えた世界」、タカラガイについては下巻目標12の冒頭を参照。

ポイント①「コロンブスの交換」が世界を変えた

　次の**第4期**（1400年頃〜1800年頃）の15世紀前半から17世紀半ばくらいまでは、温帯エリアにある西ヨーロッパ諸国が、熱帯エリアをはじめ、世界各地のさまざまな地域に移住していく「大航海時代」として知られる（→**目標8**）。

——コロンブス⁵⁵の航海ですね！

そうそう。彼の航海がきっかけとなり、ながらく別々の道をたどっていた南北アメリカ大陸と、ユーラシア大陸・アフリカ大陸の間についにつながりが生まれるよ。それだけじゃない。人間以外のさまざまな動植物や細菌・ウイルスも、大陸を越えて移動することになった。この双方向の移動を「**コロンブスの交換**」と呼ぶ。まるで大陸どうしがモノを交換するようにもみえることから、アルフレッド・W・クロスビー Jr.（1931〜2018）という歴史学者が命名したものだ。

アメリカ大陸の持っていたもの	ユーラシア・アフリカ大陸の持っていたもの
カカオ	キナノキ（マラリアの特効薬）
キャッサバ	ゴムノキ
ジャガイモ	タバコ
トウガラシ	トウモロコシ
トマト	梅毒
コーヒー	サトウキビ
バナナ	疫病（インフルエンザ、コレラ、天然痘、麻疹、マラリアなど）
ウマ・ウシなどの大型家畜	鉄
車輪	

【図】「コロンブスの交換」によってアメリカ大陸とヨーロッパの間で交換されたものの一覧

ジャガイモ⁵⁶やトウモロコシ、カボチャはヨーロッパ人によって

---

55 ——【コロンブス】（1451〜1506）イタリアのジェノヴァ生まれの航海者。1492年にスペインのイサベル女王の支援を得て、大西洋を横断し、サンサルバドル島（現在のバハマ諸島）に到達。その後さらに3度の探検を行いますが、奴隷化に抵抗する島民の反乱などにより植民地経営に失敗し、失意のうちに亡くなりました。彼は亡くなるまで発見した地を「インド」であると考えていました。

56 ——【ジャガイモ】世界で最も大量生産されているイモ類。原産地は中央アンデスの高地で、500年頃に栽培化されたと推定されます。ヨーロッパでは17世紀のうちは金持ちの嗜好品で、食用への抵抗感が強かったのですが、18世紀になると"ジャガイモ王"の異名をもつプロイセンの**フリードリヒ2世**（在位1740〜86）が、七年戦争中に栽培を奨励したのを一つのきっかけとして、戦乱や飢饉で荒れた畑で栽培

目標2　飢餓をゼロに（Zero Hunger）　127

外に持ち出され、さらにアジアや太平洋の島々にも持ち込まれていく。

——ということは、肉じゃがも、カボチャの煮物も、「コロンブスの交換」以前にはなかったってこと？

そういうことになるね。同じく、トウガラシを使った韓国の辛いキムチも、イタリアのトマトのパスタも、「コロンブスの交換」なくしては生まれなかったメニューなんだ。
　また、現在のアフリカ大陸で食べられてるキャッサバというイモ（タピオカの原料）（→目標15）も、やはり「コロンブスの交換」以降に南北アメリカ大陸からアフリカのコンゴ川流域にもたらされた。高い土地生産性から、主食向けバナナ（5世紀に東南アジアから伝播）とともに、熱帯エリアの焼畑農業の収穫量を飛躍的に高めているよ[57]。
　こうして、南北アメリカ大陸原産の作物は、現代世界の栽培種のじつに6割を占めるほど広がっていったんだ[58]。

——つながりが拡大したおかげですね。特に温帯エリアと、熱帯エリア・冷帯エリアとの絡みが増えているようですね。

たしかに。たとえば15世紀初め以降のポルトガル王国を皮切りに、ヨーロッパ諸国はアフリカ大陸に海路で進出。住民を黒人奴隷として南北アメリカ大陸に輸送して（→目標8）、**プランテーション**でつくらせた熱帯エリア産の農作物でボロ儲けする者も現れた。

——プランテーションって？[59]

されるようになり、19世紀には貧農や都市労働者に広がります。日本には江戸初期に伝わりましたが、本格的な普及は明治以降のこと。その名はオランダが積み出した港ジャカトラ（現ジャカルタ）にちなみます。

57 ── 宮本正興・松田素二編 2018『新書アフリカ史』（改訂新版）講談社、96-97頁。
58 ── 青山和夫・米延仁志・坂井正人・鈴木紀編 2019『古代アメリカの比較文明論―メソアメリカとアンデスの過去から現代まで』京都大学学術出版会、ix頁。
59 ──【プランテーション】熱帯アジア、アフリカ、ラテンアメリカを中心に、一つから数種の商品作物

【図】サトウキビのプランテーション（キューバ、1908年頃）[60]

　温帯エリアではとれない作物を売り物として栽培するための大農園のことだよ。豊かな生態系に恵まれた熱帯エリアを、限られた種類の作物栽培につくりかえてしまうプランテーションは、植民地の拡大とともにその後世界中に広まり、現在でもカカオやコーヒーの生産拠点になっている。

　そんな中、第4期（1400年頃〜1800年頃）には、アジアでも東南アジアの熱帯産品が、インドや中国の工業製品とさかんに取引されるようになっている。スペインが太平洋を横断する定期航路をひらき、南北アメリカ大陸から東南アジアに向けて船を送ったのは、このアジアの交易ブームに便乗しようとしたためだった（→**目標**8）。

（綿花、タバコ、サトウキビ、果実、コーヒー、カカオ、茶、ゴム、ココヤシ、アブラヤシ、稲など）を大規模農園で栽培する方式。アメリカ南部やカリブ海、ブラジルで、現地の人々やアフリカ系の奴隷が、劣悪な条件の下で働かされた例が典型的です。奴隷制の廃止後は、不自由な契約労働者、低賃金で雇われた現地住民や移民が生産にあたることが一般的になりました。ただし19世紀の東南アジアのように、中国出身者（華人）の経営の下、小農が生産の主体となった地域もあります（→**目標**8）。
60 ― https://commons.wikimedia.org/wiki/File:Cuba_-_Sugar_Cane_Plantation.jpg、パブリック・ドメイン

目標2　飢餓をゼロに（Zero Hunger）

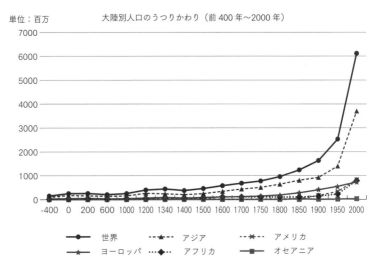

【図】大陸別人口のうつりかわり（前400年〜2000年）[61]
1400年には3億5,000万〜7,400万に落ち込んでいた世界人口は、1500年には4億2,500万〜6,000万、1600年には5億4,500万〜7,900万にまで増加していきました。

ポイント②「17世紀の危機」の乗り越え方には地域差があった

　　　しかしその後、**第4期**（**1400年頃〜1800年頃**）の半ばにあたる17世紀中頃に差しかかると、15〜16世紀のグローバルな交易ブームにはいったんブレーキがかかった。たとえばヨーロッパ諸国では農民反乱や戦乱が多発し、中国でも長江の下流部で深刻な餓死者が出ている。気候変動が背景にあるこの世界規模の危機は「**17世紀の危機**」と呼ばれているよ。

　　　——今から300年ちょっとくらい前ですかね？　世界全体がそんな大変なことに…。人口にも影響があったのではないですか？

---

61 —— リヴィ・バッチ，マッシモ 2014『人口の世界史』東洋経済新報社、31頁の表より著者作成。

サステナさんの言う通り、世界的に人口が減っているよ。
　この危機の後、18世紀後半に人口について論じたイギリスの経済学者に**マルサス**[62]（1766〜1834）という人がいる。彼は、「人口はなんの制約もなければ「掛け算」式に倍々に増えていくものだけれど、土地は「足し算」式にしか増えていかない。だからある程度まで人口が増えると、土地の制約から生存がむずかしくなり、人口の増加に歯止めがかかる」という理論を唱えた。
　今では「**マルサスの罠**」と呼ばれているものだ。

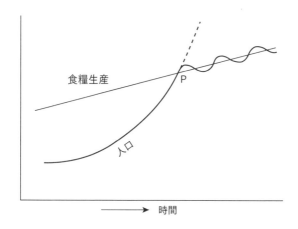

【図】マルサスの罠の模式図[63]

　食べ物が足りなくなるので人口が減ると、ゆくゆくどこかで食べ物に余裕が生まれる。で、また人口が増えると、食べ物が不足する。すると飢餓、飢饉、戦争が勃発して、増えすぎた分の人口が減る…というサイクルが繰り返される、というわけか。

　　　──それって現実的に正しいのかなあ。

---

62 ── 人物 【マルサス】（1766〜1834）イギリスの経済学者。『人口論』（初版1798年）を著し、人口が増えすぎることの弊害を論じ出産を道徳的に抑制する必要性を説きました。のちに彼の考え方を発展させ、産児制限によって人口増加を防ごうとする考え方を「新マルサス主義」といいます。
63 ── 木下太志・浜野潔編 2003『人類史のなかの人口と家族』晃洋書房、169頁。

第5期（1800年頃〜1950年頃）を迎える前の世界では、世界人口は長期的に増えたり減ったりを繰り返していたから、「マルサスの罠」にあてはまることが多かった。

　でも、「コロンブスの交換」をきっかけに、南北アメリカ大陸原産のジャガイモやトウモロコシが世界的に普及すると、そのおかげもあって食料生産が増えるとともに人口が底上げされていったよ。たとえば中国では17世紀に1億人を数えた人口が、18世紀末には3億人に到達し、19世紀に入ると4億人の大台を突破している（→目標15)[64]。

　──そんなに！　そもそものルーツをたどれば、南北アメリカ大陸の人たちが、長い時間をかけて作物を栽培できるように品種改良していったおかげでもありますよね。

　たしかに、その努力なくしては語れないね。
　ほかにも18世紀にかけて、西ヨーロッパ諸国で経営規模を大きくし、家畜をたくさん飼うことで生産性アップを目指そうとする動きが起きた点も重要だ。イギリスでは、大地主による農地の囲い込み運動が進められ、従来の**三圃制**[65]に代わり、広大な土地を4区画に分け、その中に土壌中の窒素を増やす作用をもつマメ科植物の区画、家畜のエサとなるカブなどの根菜の区画をもうけ、小麦・大麦の区画とともにローテーションさせる**ノーフォーク農法**[66]が普及し、1年を通して家畜がフル活用されるようになった。これを農業が導入された1度目の農業革命につづく、2度目の**農業革命**と呼ぶこと

---

[64] ── 田家康 2010『気候文明史』日本経済新聞出版社、230-231頁。ジャガイモのヨーロッパと日本への普及については、山本紀夫 2008『ジャガイモのきた道』岩波書店のそれぞれ3章と5章を参照。
[65] ──【三圃制】北西ヨーロッパで発達した、耕地を冬畑、夏畑、休閑地にほぼ均等に分け、ローテーションさせる農法。
[66] ──【ノーフォーク農法】家畜（主にヒツジ）を飼育しながら、その糞尿を肥料として大麦→クローバー→小麦→カブ→大麦…のようなローテーションで栽培する方式で、ロンドン北東部のノーフォークが発祥の地。そのために必要な耕地整理（「囲い込み」）により土地を失った農民たちは都市に移住し、産業革命を支える労働者となっていきました（→目標1)。

もあるよ(→目標8)。
　ちなみに牛の頭数が増えたことで、マラリアを媒介するハマダラカが人の血液を吸う機会が減り、感染エリアが大幅に縮小したという(→目標3)。

2-5　第5期(1800年頃～1950年頃)
工業化と植民地化がすすみ、地球規模の開発がはじまる時代

食料が飛躍的に増産されるようになったのはなぜ?

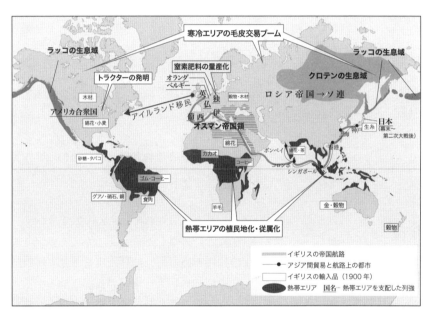

【図】第5期(1800年頃～1950年頃)の世界　植民地主義の「寒冷・熱帯エリア」への影響に注目してみましょう。上巻9-2「交通革命と電信革命」、下巻12-2「奴隷制反対運動」、15-4「商品化される動物たち」も参照。

---

67 ── 田家康 2010『気候文明史』日本経済新聞出版社、229頁。
68 ── 池田光穂 2000「病気の文明史」、川田順造・石毛直道編『生活の地域史』(地域の世界史8)山川出版社、258-289頁。なお1798年には、イギリスの医師**エドワード・ジェンナー**(1749～1823)によって牛痘の技術が確立されています。これまで世界各地で経験的に知られていた種痘の技術をもとにしたもので、その後のさまざまな感染症に対するワクチン開発や免疫学の発展の基礎となりました。

目標2　飢餓をゼロに(Zero Hunger)　　133

> ポイント① 地産地消から他産他消へ：大量の食料が世界中で販売される時代に

　第5期（1800年頃〜1950年頃）は、欧米諸国を筆頭に、農業中心の社会から産業中心の社会に移り変わっていった時代だ。蒸気機関を動力とした鉄道や船が実用化されたことによって、食べ物も国境をこえてスピーディーに移動し、地球規模で売り買いされるようになっていくようになった（→目標7）。

　——自分の住んでいるところでとれないものは、よそから持ってくればいいってことになると、身の回りの自然環境に、あまり縛られなくなりますね。

　ブルくんの言う通り。気候の違いを意識せずに食べ物を確保するライフスタイルが可能になるということでもあるけど、ここにも力関係は働いている。
　工業化に成功した国は、周辺の農業国や立場の弱い植民地で大量に食べ物を栽培させるようになるんだ。

　——たとえば、どんなところで生産されていたんでしょうか？

　ヨーロッパ諸国に大量の食料を提供したのは、東ヨーロッパや南北アメリカ大陸だね。たとえばアメリカ合衆国の西部にひろがる大平原はヨーロッパ諸国とよく似た温帯エリアで、小麦の栽培に適した土壌が分布する好適地だ。また南アメリカのアルゼンチンの広大な草原地帯はウシの放牧にもってこい。19世紀後半にアメリカ合衆国で有刺鉄線(ゆうしてっせん)の製法が改良されると、家畜を囲い込む**鉄条網**(てつじょうもう)69に応

---

69 ——【鉄条網】1865年にフランスで発明され、1874年にアメリカの発明家ジョセフ・グリッデンが改良した有刺鉄線から作られた柵で、当初は主に農牧業に用いられました。しかし南アフリカ戦争（ボーア戦争）（→目標16）でイギリス軍が野戦陣地を構築するために導入したのをきっかけに、戦場でも使用されるようになっていきます。

用され、飼育の効率が上がった。**冷凍船**[70]の発明も、遠いヨーロッパへの牛肉輸出を後押ししたよ。

——世界各地からいろんな食材がやって来れば、食卓も彩り豊かになりますね♪

実は、そうとも限らないんだ。
経済学者の小野塚知二さんによると、「おいしくない」という汚名を浴びせられることの多いイギリス料理は、実は**第4期**（**1400年頃～1800年頃**）までは豊かなレシピを誇る美食だったのだという。しかも料理人の出自の多くは下層の階級だった。[71]

——貧しい人たちも、おいしい料理の作り方を知っていたってこと？

そう。村のお祭りで、年に何度も旬の食材をたのしむ機会があり、舌が肥えていたようだ。でも、先ほど見たような資本主義的な農業経営が導入され、農民が労働者になっていくにつれて、事情は変わってしまう。みんなで利用していた土地は誰かの持ち物になり、村の共同体もお祭りもなくなった。そうやって豊かな食文化が失われていったというわけだ。

——「土地の個性」や「季節感」が失われていったわけですね。

——やっぱり自分で農業をやらない人が多くなったことも大きいのかな。

---

70 ——【冷凍船】1870年代にフランスで発明され、1880年にイギリスで実用化された船舶。冷凍船の登場以前は、南半球の食肉を北半球へ輸出するには塩漬けや乾燥といった処理をほどこす必要がありましたが、冷凍船により冷凍食肉の輸出が激増し、企業的な牧畜の発展につながりました。
71 ——小野塚知二 2004「イギリス食文化衰退の社会経済史的研究」、アサヒビール学術振興財団『食生活科学・文化及び地球環境科学に関する研究助成 研究紀要』17、63-73頁、66頁。

目標2　飢餓をゼロに（Zero Hunger）　　135

たしかに自分で食べ物をとって暮らす人の数は、減り続けていくね。先ほど紹介したように、単一の作物をたくさん栽培するプランテーションが広まったことも影響しているだろう。誰がどうやってつくったのかもわからない大量の食べ物が、世界中の食卓にのぼる時代の幕開けだ。

> ポイント② ハーバー・ボッシュ法の衝撃：化学肥料により農業生産が激増する

農業の大規模化は技術革新（→目標9）の歴史でもある。アメリカ合衆国では、**刈取り機**[72]や、刈り取ったコムギを集めて束ねるため**結束機**（バインダー）[73]のような農業用機械が発達していった。人手をかけずに方法で大量のコムギが生産できるようになると、鉄道の建設が後に続く。生産地と大市場を直結するためだ（→目標9）。穀物倉庫の置かれたシカゴには先物市場がもうけられ、アメリカ西部は国際市場とダイレクトにむすびつけられるようになる。

——なんだか農業が工業みたいになってませんか。

その通り。農業は**第5期**（1800年頃〜1950年頃）になると巨大産業に発展していくんだ。

この時代にはほかにも食料の増産を可能にする技術が次々と編み出されていった。たとえば、南アメリカ大陸のチリから大量に輸出された硝石（硝酸カリウムの鉱物名）（→目標14）や、ペルーの海岸付近で採掘され輸出された 海鳥の糞由来の**グアノ**[74]が、20世紀にかけて

---

72 —【刈取り機】アメリカのサイラス・マコーミック（1809〜1884）が1831年に発明したものが、商業的に成功した初めての製品。彼は割賦販売という支払い方法を導入したことでも知られます。
73 —【結束機】アメリカのジョン・アップルビィ（1840〜1917）が1878年に発明。この農機により、56km四方の農地を1日で収穫することも可能となりました（ポメランツ，ケネスほか 2013『グローバル経済の誕生』筑摩書房，209頁）。
74 —【グアノ】海鳥、コウモリ、アザラシなどの糞が降り積もって塊になったもので、窒素化合物やリン酸塩、カリウムを豊富に含み、質の高い有機肥料として使われます。グアノの確保をねらったアメリ

革命的な肥料としてさかんに農業に利用されるようになるよ。

　　――海鳥の糞!?　そんなものが肥料になるんですか？

　窒素やリンをたくさん含んでいて、アンデス地方では古来肥料として使われていたんだよ。その効果をドイツの地理学者フンボルト（1769〜1859）が紹介するや、一躍有名に。特に南アメリカの**ペルーやチリ**[75]から大量に採掘・輸出され、一時ペルーの国の歳入の6割を占めるところまで成長していったんだよ（→**目標14**）。

　　――とりすぎ注意では？

　もちろんそのとおり。硝石やグアノは、はやくも19世紀末になると採掘量が減ってしまう。
　けれども、その危機をのりこえる大発明が、20世紀初めに実現する。化学者フリッツ・ハーバー（1868〜1934）が、硝酸塩（しょうさんえん）の原料となるアンモニアを、空気中の窒素と水素から合成する方法を発見。これをカール・ボッシュ（1874〜1940）が商業的に大量生産することに成功したのだ（**ハーバー・ボッシュ法**[76]）。
　これにより、硝石やグアノよりも効果の高い**窒素肥料**が大量に生産できるようになり、世界各地で単位面積当たりの収穫量も激増していくこととなった。
　さらに動力機械の農業への応用も急ピッチで進んでいった。内燃

カ合衆国は1856年にグアノ島法を制定し、20世紀末にかけて太平洋の島々を積極的に併合していきました（→**目標14**）。

[75] ――チリは1818年、ペルーは1821年にスペインの植民地支配から独立。19世紀を通じてイギリスへの資源の輸出ブームに沸いた両国は、イギリスに対する経済的な従属を強めていきました。

[76] ――【ハーバー・ボッシュ法】空気中の窒素を原料として、アンモニアや石灰窒素といった窒素化合物を合成する技術。1918年のノーベル化学賞の授賞式においてハーバーは「空気からパンを得た」との称賛を受けました。技術が発明された背景にあったのは、第一次世界大戦中にドイツで発生した飢饉です。イギリスの海上封鎖により食料危機が起こり、スペイン風邪（→**目標3**）の流行とも重なって76万人もの餓死者が発生したのです。肥料となる硝石は火薬の原料にまわされ、飼料の節約のために大量のブタが屠殺（とさつ）されました（→**目標16**）。

機関や電気を使った新しい動力が水くみポンプに使われ、莫大な量の地下水がくみ上げられるようになったし（→**目標6**）、内燃機関（→**目標7**）で動く自動車が、20世紀に入り農業用の**トラクター**に応用され、農業生産の激増にも貢献する。たとえば、それまで100人が4時間かけて耕していた1haの土地も、50馬力のトラクターが1台あれば、たったの4時間あれば済んでしまう計算だ。

　——つまり99人の人手が不要に？　そりゃ、農業にたずさわる人口も減っていくわけですね（→**目標8**）。

　たしかにね。
　これまでみてきたように、食べ物を確保する方法の主流は、「とる」（狩猟採集）から「つくる」（農業）へ、そして最終的には「お金で買う」（消費）へと変化していったわけだ。それとともに、人々の食生活に密接にかかわる食べ物も、食品加工産業や外食産業の原料として大量に生産され、お金で取引されるものへと変化していく。

　——「お金で買う」のって、工業化した地域の人が中心ですよね。

　そうそう。**目標8**で見ていくように、**食料を生産する熱帯エリア**（**つくる人**）と、**それを輸入する温帯エリア**（**食べる人**）の間には、ある種不公平な関係が築かれていくことになるんだよね。
　たとえば、イギリスとフランスの支配下に置かれた東南アジアのデルタ地帯は、19世紀に輸出向け米作地帯に変貌。アメリカなど他地域との競争激化や1929年にはじまる世界恐慌のあおりを受け、

77　——【トラクター】19世紀半ばに牛や馬の代わりとして蒸気機関を動力として導入され、20世紀に入ると内燃機関を動力とし、履帯（キャタピラー）を装備したものが開発されるようになりました。1917年にアメリカのヘンリー・フォードによって製造された四輪トラクターが、現代的なトラクターの代表例です（藤原辰史 2017『トラクターの世界史』中央公論新社）。

78　——平賀緑・久野秀二 2019「資本主義的食料システムに組み込まれるとき——フードレジーム論から農業・食料の金融化論まで」、『国際開発研究』28(1)、19-37頁、23頁。

農産物価格が低迷すると、たいへん苦しい状況になった。1930年にはビルマで農民大反乱がひきおこされているよ。

　——それは大変。

　——農民たちは、奴隷みたいにむりやり働かされていたのかな？

　プランテーションでは、中国やインド出身の移民労働者が働いていることが多かったけれど、家族単位で輸出向け作物を積極的に生産する現地の人たちも多かったんだよ。農業でもうけが出れば、商工業がさかんになり、地域全体の経済の底上げにもつながる。こういった東南アジアの傾向は、アフリカやラテンアメリカではみられない動きだったわけだけれど、どうしても「食べる人」の側の経済状況に左右されてしまう構造があったわけなんだよね。[79]

　もちろん、近代的な灌漑施設や機械の導入などにより、慢性的な食料不足に苦しむ飢餓人口が、世界全体としては減っていったのは事実だ。
　けれど、突発的に食料不足におちいる**飢饉**[80]は、**第5期**（**1800年頃〜1950年頃**）以降もなくなったわけじゃない。

ポイント③ とはいえ、飢饉はなくならなかった

　——食べ物の生産量が増えたのなら、飢餓の問題なんてなくなりそうですけど…。

---

79 ——秋田茂 2008「アジア国際秩序とイギリス帝国、ヘゲモニー」、水島司編『グローバル・ヒストリーの挑戦』山川出版社、102-113頁、139頁。
80 ——【飢饉】慢性的な貧困により長期にわたって見舞われる食料不足・栄養不足を飢餓といい、自然条件や人為的な条件により、一時的に食料不足・栄養不足となる事態を飢饉といいます。「飢饉が餓死と伝染病によって何百万人もの犠牲をもたらすとすれば、慢性的貧困は、衰弱と病気が死亡率を増加させ、人々の寿命を短くすることによって、何億人もの人々に苦境をもたらすのである」（セン，アマルティア（黒崎卓、山崎幸治・訳）2017『貧困と飢饉』岩波書店、272頁）。

目標2　飢餓をゼロに（Zero Hunger）

どうしてなくならなかったのか、**第5期**(1800年頃〜1950年頃)以降のケースをみながら考えてみようか。

たとえば、19世紀半ばのアイルランドを襲った「**ジャガイモ飢饉**」[81](1845〜1850)という悲劇があるのを知っているかな?

【図】 1847年初め、イラストレイティッド・ロンドン・ニューズ紙(1842年創刊の絵入り週刊新聞)が画家ジェイムズ・マホニーに取材を依頼。挿絵入りで惨状が報告された。[82]

　当時のアイルランドは、イギリスの領土の一部だった。盛んに栽培されていたジャガイモは、アイルランド人貧農の主食でもあり、イギリスの労働者の安価な朝食としても重宝されていた。けれども、ジャガイモの凶作が引き金となって、なんと約100万人ものアイルランド人が飢饉や疫病によって亡くなり、さらに100万人強の人々が世界各地に移住する事態となったのだ。[83]

---

81 ── なお、このとき移民としてアメリカ合衆国へと渡った人々の子孫には、大統領を務めたジョン・F・ケネディ(1917〜1963)がいます。先にアメリカに渡っていたヨーロッパ系住民からの差別に苦しみながらも、大陸横断鉄道の建設や港での力仕事などに従事しました(→目標8)。なお、ジャガイモ飢饉の際には、国際的な人道支援のさきがけともいえる運動も起きています(金澤周作 2021『チャリティの帝国──もうひとつのイギリス近現代史』岩波書店、177-180頁)。

82 ── https://en.m.wikipedia.org/wiki/File:Skibbereen_by_James_Mahony,_1847.JPG、パブリック・ドメイン。

83 ── 勝田俊輔・高神信一編 2016『アイルランド大飢饉──ジャガイモ・「ジェノサイド」・ジョンブル』刀

140　　第1章　人間(People)──人間の「しあわせ」の世界史

——どうしてそんなひどいことに…？

　直接的な原因は、アメリカ大陸からヨーロッパ諸国を経由してもちこまれた胴枯れ病がジャガイモに壊滅的な被害を与えたことにある。でも、ほかの穀物を含めれば、飢饉に陥るほどの食料不足が生じていたわけじゃなかった。じゃあ、どうしてここまで被害が拡大してしまったのか？　その原因は政府の対応にもあった。アイルランドは17世紀にイギリスによる植民地化が始まって以来、穀物の輸出でもうけようとするイギリス人の不在地主に支配され、たいへん弱い立場に置かれていた。アイルランド人の主食であるジャガイモが不作となっても、穀物はおかまいなしに島外へ輸出されつづけ、イギリス政府も調整しようとはしなかったんだ。

　——それって、もはや人災なのでは…。

　ブルくんの言う通り、政府の失策が被害を拡大させた面はいなめないね。
　大規模な飢饉は19世紀後半のインドでも多発していた。1876年から78年にかけて起きた大飢饉は**エルニーニョ現象**[84]に起因する干ばつに起因し、おりからの感染症の流行とも重なって（→目標3）、多数の超過死亡者を出している。その数は当時のジャーナリストによれば計1,032万人、インド植民地政府の公式発表でも550万人以上にのぼるんだ！[85]

　——とんでもない数！

水書房。
84 —【エルニーニョ現象】ペルー沖合から太平洋中部にかけて、数年に一度、海水温が平年より高くなり、世界的に異常気象を引き起こす現象。反対に海水温の下がる現象はラニーニャ現象といいます。このように離れた地域の気圧が、まるでシーソーのように変化し、大気や海洋に影響を与えることで気象の変化を引き起こす現象を遠隔相関（テレコネクション）といい、**第6期**（1950年頃〜）の地球温暖化（→**目標13**）に関する研究の進展とともに、メカニズムも明らかになりつつあります。
85 — 田家康 2011『世界史を変えた異常気象』日本経済新聞出版。

目標2　飢餓をゼロに（Zero Hunger）

だよね。19世紀後半のインド(**インド帝国**)では、1896〜97年、1899〜1900年の記録的な大飢饉を含め、少なくとも9回の飢饉に見舞われていた。
　当時の植民地当局はこれを人口の増えすぎや自然災害のせいにしたけれど、古来干ばつが繰り返されたインドで、19世紀に入りいきなりこれだけの犠牲者が出るのは不自然だ。しかも当時は開発の進展によって農業生産自体は増加していた。にもかかわらず人々のもとに食料が届かなかったのは、植民地政府の無為無策に加え、植民地開発による社会や環境の急変も関係しているとみるべきだ。

　——どんなにたくさん食料が生産できるようになったとしても、それが平等に分配されるとは限らないということですね。

　そうそう。飢饉は必ずしも人口と食料のバランスが崩れることによって発生するわけじゃない。もしそこに食料が十分にあったとしても、食料へのアクセスからとりのこされた人々がいるかぎり、飢饉は起きてしまうものなんだ(→**目標3**)。

　戦争もまた深刻な食料危機をもたらす原因だ。第一次世界大戦(1914〜1918年)が起きると、イギリスによる海上封鎖がドイツ各地の食料不足を招いた。パンや肉の配給がとどこおり、家畜向けの飼料作物であるカブラを人間が食べざるをえないほどの危機的状況に陥った。この「カブラの冬」により国民の士気が下がる中、国内

---

86 —【インド帝国】1877〜1947年までイギリスが支配したインド植民地の呼び名。一見、インド人による国のようですが、皇帝はイギリス国王が兼任することからもわかるように、イギリスの植民地そのものでした。
87 — 脇村孝平 2002『飢饉・疫病・植民地統治—開発の中の英領インド』名古屋大学出版会。
88 — センは「食料供給料の全般的な低下が起こらなくても飢饉が進展し得ること」、飢饉はある集団に属する人々の権限(自ら有する手段を用いて生産や交易により所有権を確立できるような、財の組み合わせ)の喪失により、食料を手にする機会が剥奪されることにより起きることを明らかにしました。ようするに、食べ物が「そこにない」ことでなく、一定の集団や階層が食べ物を「手に入れることができない」状況こそが、飢饉を引き起こすとみたのです(セン, アマルティア 2017『貧困と飢饉』岩波書店)。

で革命が起き、軍部の要求に応じて新政府が樹立され、休戦を申し出る結果となった。食料の確保が、戦争の勝敗を決する鍵となったわけだ。[89]

【図】「小麦粉を節約しなさい―台所は勝利へのカギ」という第一次世界大戦中のイギリスのポスター。[90]

——ドイツは「飢え」によって負けたのか！

——食料の生産が、国力に直結するようになったってこと？

そうそう。いかにたくさんの食料を確保し続けるかが、勝敗を分けると意識されるようになったんだ。

ソ連で**コルホーズという集団農場**[91]が建設され、中華人民共和国で人民公社がつくられたように、農業を近代化し、生産量を増やそうという取り組みがおこなわれた点では、社会主義国もおなじだ。家族の枠をこえて、食事を職場や共同体単位でとる「共同食堂」も推進された。[92]

---

89 ― 藤原辰史 2011『カブラの冬―第一次世界大戦期ドイツの飢饉と民衆』人文書院。
90 ― https://commons.wikimedia.org/wiki/File:The_Kitchen_is_the_(key)_to_victory._Eat_less_bread_(12659259124).jpg、パブリック・ドメイン
91 ―【コルホーズ】ソ連が社会主義を実現させるために、農民を強制的に集団化してつくった集団農場。ソ連では、機械を用いて集団で作業する大規模農業こそが社会主義の農業であるとされ、これに従わない小農は「富農」とみなされ迫害をうけました。
92 ― 沼野充義・沼野恭子 2006『世界の食文化19 ロシア』農山漁村文化協会、222-223頁。

目標2　飢餓をゼロに（Zero Hunger）

不公平な関係を強いられた地域の人たちが飢饉に苦しむのは、**スターリン**(1878〜1953)体制下のソ連の事例が悲惨だ。重工業化を推進するのに必要な外貨獲得のために、農民を強制的に集団化して、輸出向け穀物の栽培を強行した。その結果、1930年代初めにはウクライナで大飢饉が起き、少なくとも当時の人口の1割以上、400万〜600万人もの犠牲者が出たとみられている。[93]

2-6　第6期(1950年頃〜)　「大加速」と経済のグローバル化がすすむ時代

食料生産は増えているのに、いつまでたっても飢餓がなくならないのはなぜ？

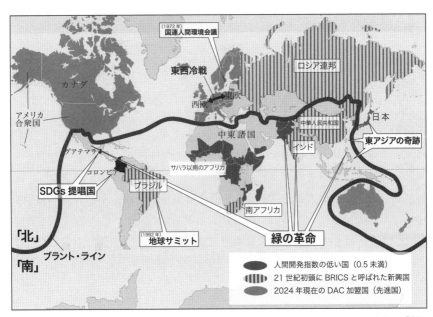

【図】第6期(1950年頃〜)の世界　第5期からの連続性に注目してみましょう。上巻8-7「従属理論」、下巻15-6「『サステイナブル・ディベロップメント』の登場」も参照。

---

[93] ── ウクライナでは、ソ連による政策の結果とみて「ホロドモール」と呼ばれます(伊東孝之・中井和夫・井内敏夫編1998『ポーランド・ウクライナ・バルト史』(新版世界各国史20)山川出版社、318-321頁)。

144　　第1章　人間(People)――人間の「しあわせ」の世界史

ポイント① 「大加速」の時代がやって来た！

　たくさんつくって、たくさん売る。モノがたくさんあるのが、豊かさの証。依然としてなくならない飢えをよそに、そんなライフスタイルは**第6期**（**1950年頃〜**）になると世界各地に一段と広がりをみせていく。

　たとえば季節を問わず多種多様な加工食品が**スーパーマーケット**[94]（**→目標12**）やファストフードで手軽に手に入るようになり、先進国の食卓を飾るようになっていった。

　窒素肥料の投入だけでなく、輸送手段の発達によりコストが下がったのも、食料生産激増の要因だ（**→目標9**）。その生産・流通・消費のために、ますます多くの水（**→目標6**）やエネルギー（**→目標7**）が消費されるようになり、先進国では逆に食べすぎ（飽食）が経済格差とも結びつき健康リスクともなっている（**→目標10**）。

　アメリカの化学者ウィル・ステフェンは、こうしたあらゆる指標が**第6期**（**1950年頃〜**）以降爆発的に増えていく現象を「**大加速**」（グレート・アクセラレーション）[95]と名付けている。

---

94 ―【スーパーマーケット】食料品・雑貨・衣料品などの日用品をセルフサービス方式で販売する大規模な小売店で、最初期のものは1920年代のアメリカ合衆国に登場しました。本格的には世界恐慌後の1930年代に、アメリカで都市郊外の倉庫や空き工場を利用し、食料品を格安大量販売したキング・カレン商店がルーツとされます。女性の社会進出や自動車の普及とともに、**第6期**（**1950年頃〜**）以降、各国に急速に広まりました。

95 ―【「大加速」仮説】地球圏・生物圏国際共同研究プログラム（IGBP）のウィル・ステフェン（1947〜2023）らによる仮説。人間が「地球圏」「生物圏」にかけている圧力が、1950年代頃から急激に大きくなっていることを複数の指標によって明らかにしたもの（Steffen, Will et al. 2015. "The Trajectory of the Anthropocene: The Great Acceleration". *The Anthropocene Review*. 2. pp.81-98.）。「大加速」仮説は「地球の限界」（プラネタリー・バウンダリーズ）仮説（**→目標14**）とともに、時間的経緯としては先に造語されていた「**人新世**」という呼称を支える科学仮説となっています。なお、IGBPは、過去から未来にわたる地球システムの解明と、人間活動の影響について研究するため、1987年に設立された国際共同研究プロジェクト組織。「大加速」仮説は2004年にIGBPによる『グローバル変動と地球システム―逼迫する惑星地球』（Steffen, Will et al. 2004. *Global Change and the Earth System: A Planet Under Pressure*. The IGBP Series, Springer.）に登場したのが初出です（寺田匡宏ほか編著 2021『人新世を問う』京都大学学術出版会、12-13頁）。

目標2　飢餓をゼロに（Zero Hunger）

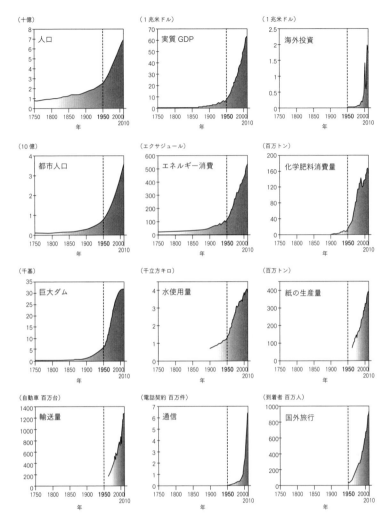

【図】社会・経済面における「大加速」[96]
上段左から人口（10億）、実質GDP（兆USドル）、外国への直接投資額（兆USドル）
2段目左から、都市人口（10億）、一次エネルギー使用（EJ：エクサジュール）、化学肥料の使用（100万トン）
3段目左から、ダムの増加（1000基）、水資源の利用（1000立方キロ）、紙の使用（100万トン）
4段目左から、交通の発達（自動車100万台）、遠隔通信の発達（電話契約数10億）、海外旅行（入国者数100万）

---

96 ― Steffen, Will et al. 2015. op. cit. ,p.4.

──うわ！　本当にどの指標もまさにアクセル全開って感じ。それ以前の変化とは、比べ物にならないレベルですね。

　　まさに「**大加速**」だよね。**第6期**（1950年頃〜）に入ると、これまでは農業が営まれなかったような地域でも、生産性を高めようと、無理やり大規模な農業が営まれるようになる。それとともに家族で営む小農や牧畜民の利用していた土地までもが開発の対象となり、「大加速」を支えた（→**目標15**）。[97]
　　またウシや**ニワトリ**[98]といった家畜を一か所で大量に飼育する**工業的畜産**[99]も南北アメリカ大陸やオーストラリア大陸で飼料用の穀物生産と結びついて一大ビジネスとなった。

　　──でも、影響を及ぼす大きさには、国によって差があるんじゃないですかね？　**目標1**でも見たように、世界にはいろんな「不公平な関係」が隠されていますから。

　　──たしかに。貧しい国と豊かな国を比べたら、豊かな国のほうが大きな影響をおよぼしているんじゃないのかな？

---

97 ──東アフリカの牧畜民の暮らす土地は、すでに植民地期から「感染症の管理」といった住民の福祉向上との名目で、育種の管理をはじめとする資源開発の対象となっていきました。植民地から独立後の政府によっても、畜産を振興するために牧畜民の家畜を市場で売り買いできるようにする政策が進みます。牧畜民がこの動きに対して柔軟に対応していった事例は、楠和樹 2019「開発のための家畜──第二次世界大戦後のケニアにおける家畜の市場化」、太田至・曽我亨編著『遊牧の思想』昭和堂を参照。

98 ──【ニワトリ】セキショクヤケイが家禽化されたキジ科の鳥類。アメリカ合衆国では、もともと南部のアフリカ系住民によって細々と飼われていましたが、19世紀前半にフライドチキンのレシピが好評を博するようになると、北部のユダヤ人移民の需要の高まりや南部で土地を失ったアフリカ系住民の北部への「大移動」（1910〜70年代）、さらにファストフードのチェーンであるケンタッキーフライドチキンの成功により世界的に普及していきました。ニワトリの屋内における大量飼育は、20世紀前半のビタミン剤や抗生物質の発見によって可能となった技術です（ロウラー，アンドリュー 2016『ニワトリ──人類を変えた大いなる鳥』インターシフト）。

99 ──【工業的畜産】大量の家畜を一か所に集め、コストを抑えながら大規模におこなう畜産。アメリカ合衆国では南北戦争後、テキサス州の草原で野生化していたウシを大量にとらえ、カンザスなどの鉄道ターミナルまで送るロングドライブが始まり、以降、畜産は産業化されていきました。具体的には雨量の少ないアメリカ西部で肉用のウシを放牧し、付近で飼料用トウモロコシを大量生産する方式がとられています（→**目標3**）。

二人ともするどいね。たしかにアクセルの踏み具合は、地域や時期によっても違う。

たとえば、第二次世界大戦後に大量の穀物を生産していたのはアメリカだ。開発援助の一環として西ヨーロッパや日本をはじめとする国々に大量の食料を援助していたんだ。たとえば日本の学校給食向けには大量の小麦が贈与された。でも実はこれ、国内でつくりすぎて余った小麦を国外で売り払うための方策でもあったんだ。アメリカで1954年に成立した農産物貿易促進奨励法（PL480）という法律は、これを制度化したものだ。

——援助するためにつくったわけじゃなくて、つくりすぎてしまった分を援助にまわしているってことか。

そのとおり。こうして余るほど小麦を生産しても、国外にまわす道がひらけたというわけだ。[100]

ポイント②「緑の革命」が途上国で推進された

——でも、アメリカ合衆国ばかりがこんなに穀物を輸出している状況は、バランスが悪い気がします。

大戦後、農作物は途上国の稼ぎどころとされたのに、アメリカの過剰な在庫の影響で、食料価格は1970年代まで低水準のまま。けれども、途上国では人口が激増したせいで食料需給が不安定で、輸出にまわす余裕なんてなかった。そんなわけで、アメリカ合衆国が大量の穀物を援助する構造が定着していったんだ。

「貧しい状態が続けば、ソ連側の陣営にくわわってしまうのではな

---

[100] —— 藤原辰史さんによれば、小麦を売り込もうとするアメリカ合衆国の小麦生産者の意向のみならず、日本の官僚の間に、米食を改めようとする動きがあったことも関係しています（藤原辰史 2018『給食の歴史』岩波書店、153-163頁）。

いか…」。当時のアメリカ政府は、そうした懸念を強く抱いていた。ケネディ大統領（在任1961〜63）は、ソ連の開発援助に対抗しようと専門の役所（国際開発局、AID。1961年にケネディ大統領が対外援助法に基づき国務省の中に設置した機関）を組織した。そこには**ロストウ**
101
という経済学者の学説の影響もあった。

　　——食料不足を解消させ、豊かさを実感してもらえば、途上国はアメリカ側の陣営に入ってくれるだろうということですか？

　　そういうこと。そこで推進されたのが、途上国に欧米で成功した農業技術を移転する「**緑の革命**」というプロジェクトだ。その目玉
102
は、たくさん収穫できる穀物品種の育成。そのために途上国に窒素肥料、農薬、農業機械、灌漑設備が導入されていったよ。

　　——そのお金はどこから？

---

101 —　**人物**　ウォルト・W・ロストウ（1916〜2003）アメリカ合衆国の経済学者で、1961〜69年までケネディ大統領、ジョンソン大統領のもとで政策ブレーンとなりました。彼は『経済成長の諸段階——一つの非共産主義宣言』（1960年刊行）の中で、ソ連とアメリカは方式が異なるだけで、工業化を目指す点では同じであるとし、経済成長を①伝統的社会、②離陸の準備、③離陸、④成熟への前進、⑤大量消費社会の5段階で進歩していくとします。そして貧しさを抜け出すための適切な処置を施せば、途上国は社会主義に向かうことなくアメリカ型の消費社会に発展（「離陸」＝**テイクオフ**）していってくれるはずだと主張しました。欧米の近代化に欠けた部分を途上国に見いだす考え方を「**近代化論**」といい、初期の開発援助の典型的な前提となります。なお、社会は5つの段階を経て豊かになっていくというロストウの説は、スターリン時代のソ連で確立された、社会主義に至るまでの発展段階論（原始家父長制→奴隷制→農奴制→資本主義→社会主義）を批判するものでもありました。

102 —【緑の革命】1960年代に行われたイネ、コムギの高収量品種の開発と、開発途上国の農業の近代化（生産性の向上）を目指した取り組みのこと。ロックフェラー、フォード財団の援助により、1962年にフィリピンで国際イネ研究所（IRRI）が設立され、1966年に収量が従来の約2倍にもなる「ミラクル・ライス」（IR-8）が開発されました。1963年には両財団の援助によりメキシコで国際トウモロコシ・コムギ改良センターが開設され、やはりさび病に強く、水や肥料を与えても背丈が伸びすぎない高収量品種のメキシコ短稈コムギが開発されています。じつはこのコムギ品種は、日本の農学者・稲塚権次郎（1897〜1988）が1935年にアメリカから入手した品種（もとをたどれば地中海産）をもとに開発した背の低いコムギ「農林10号」を、農学者**ノーマン・ボーローグ**（1914〜2009）がかけあわせてつくった新品種でした（ダン，ロブ2017『世界からバナナがなくなるまえに』青土社、183-185頁）。ボーローグはその功績により1970年にノーベル平和賞を受賞しています。なお、「緑の革命」という用語の初出は1968年のアメリカ国際開発局長による講演で、ソ連による「赤い革命」（社会主義革命）ではないとの意味も込められていたといいます（平野克己2009『アフリカ問題——開発と援助の世界史』日本評論社、28頁）。

目標2　飢餓をゼロに（Zero Hunger）　　　　149

研究を推進したのは実は**民間の財団**だったんだよ。1943年にメキシコ政府の要請によりすでに食糧増産プロジェクトをすすめていたロックフェラー財団に加え、フォード財団も参加し、1965〜1966年に大凶作となっていたインドやパキスタンで「緑の革命」がすすめられていった。先ほど紹介したPL480の一つ目の条項に、食糧を現地の通貨で売却して現地通貨建ての基金をつくるというものがあってね、道路や灌漑施設などインフラ整備の資金は、そこから捻出されたんだ。

　――「緑の革命」プロジェクトは成功したんですか？

　インドでもパキスタンでも小麦の生産量は増加し、自給に成功しているよ。[103]その後も近代的な農業はアジアやラテンアメリカの途上国に広まり、途上国全体としては生産量を増加させていった。1950年から1992年までの間に、世界全体の耕作地面積は1％しか増加していないのに、穀物収量はなんと約3倍にも増えている。栽培面積当たりの収穫量が増加していった結果だよ。[104]

　――たしかに、地域別に肥料の消費量の「加速」具合を見てみると、**第6期**（1950年頃〜）に入ってしばらくは先進国の比率が大きいですが、途中から途上国のシェアが伸びていきますね。窒素肥料の威力ってすごいなあ。

　窒素肥料のおかげで、従来のやりかたでは耕地を3割増やさなければ養うことのできなかった約20億もの人口を養うことができる

---

103 ― 当時のインドでは人口が激増し、食料増産が急務となっていました。**インディラ・ガンディー**首相（在任1966〜77）は、1971年の総選挙で貧困の追放を掲げ、世界銀行やアメリカ、イギリス、ソ連など援助供与国を多角化させつつ「緑の革命」に着手。その後、産児制限や強制断種による人口抑制政策（→**目標5**）も導入していきます。1972年にスウェーデンのストックホルムで開かれた国連人間環境会議（→**15-6**「**サステナブル・ディベロップメント**」の登場）で、インディラ首相が「貧困こそが最大の環境汚染である」と発言した背景には、こうした深刻な国内問題があったのです。
104 ― 川島博之 2008『世界の食料生産とバイオマスエネルギー』東京大学出版会、116頁。

150　　　第1章　人間（People）――人間の「しあわせ」の世界史

ようになったというのだからすごいよね。[105]

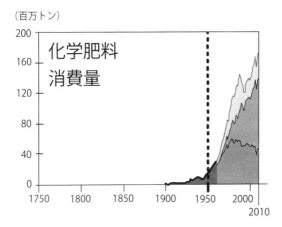

【図】肥料の消費量（単位：百万トン）にみる「大加速」。色分けは上から、その他・BRICS諸国（新興国）・OECD（先進国）[106]

> **ポイント③ 食品産業がグローバル化していった**

　でも、「緑の革命」による生産量の増加には手放しで喜べない面もある。たとえば途上国における「人口爆発」（→目標3）の問題、灌漑用水路による水質汚濁や感染症の流行（→目標3）、連作障害や土壌流出（→目標12）といった問題だ。[107]
　たとえば、大量に投入された窒素肥料は川に流れ込み海に注ぐ。それが海洋酸性化を引き起こせば、海中の生態系を激変させるおそれもある（→目標14）。そもそも化学肥料をつくるには大量の化石燃

105— マクニール, J. R. 2011『20世紀環境史』名古屋大学出版会、18頁。
106— Steffen, Will et al. 上掲より作図。
107— フィリピンで「緑の革命」のモデルとされたラグナ湖周辺では、水質汚染や水深の低下が問題となり、多くの農漁民が生活を営むことができなくなり、首都マニラのスラムへの移住が加速しました（→**目標11**）（嘉田良平 1995「日本の援助に未来はあるか」、嘉田良平ほか『開発援助の光と影──援助する側・される側』農山漁村文化協会、181-213頁、183-185頁）。

目標2　飢餓をゼロに（Zero Hunger）　　151

料が必要だ。トラクターの燃料や輸送用のトラックなども含めて、農業はもはや化石燃料がなければ成り立たなくなってしまったのだ（→目標7）。

それに、途上国のすべてが農業生産を増やしたわけじゃない。東南アジアや南アジアでは成功したものの、サハラ以南のアフリカでは高収量品種の導入はなかなか成功しなかった。

> **関連ターゲット 2-2** 5歳未満の子どもの発育障害や衰弱について国際的に合意されたターゲットを2025年までに達成するなど、2030年までにあらゆる形態の栄養失調を撲滅し、若年女子、妊婦・授乳婦、および高齢者の栄養ニーズへの対処を行う。

人々が普段食べる自給作物の生産よりも、プランテーションで輸出向け換金作物を重視する政策は独立後も引き継がれ、インフラ不足も手伝って、都市への食料供給はしばしば滞る。

たとえばガーナでは、雨量の多く肥沃な南部にカカオ生産地が集中し、乾燥し土地の痩せた北部での自給作物生産は難しく、すでに独立前からコムギの輸入量が激増していた。植民地政府も独立後の**ンクルマ**政権（任1957〜66）（→目標4）も大規模機械化農業にこだわったけれど、北部の乾燥した土地でのトラクターの導入は土壌侵食を招き、「農業の近代化」は大失敗（→目標15）。現在でもコメの国内需要60万トンの3分の2を輸入米が占める状況だ。[108]

　　　――思い切ってカカオ依存を脱却すればよかったのに。

---

[108] ― 溝辺泰雄 2016「脱植民地化のなかの農業政策構想―独立期ガーナの政治指導者クワメ・ンクルマの開発政策から」、石川博樹・小松かおり・藤本武『食と農のアフリカ史―現代の基層に迫る』昭和堂、291-309頁。ガーナで伝統的に自給作物の生産を担ってきたのは女性です。しかしンクルマにより機械化農業の担い手として想定されていたのは男性でした。歴史学者の溝辺泰雄さんは、このことが独立後の生産性停滞の要因であったと指摘しています（同上掲、304頁）。なお、ガーナを含むサハラ以南のアフリカでは「ネリカ米」という新品種の陸稲の作付が1970年代以降アフリカ稲センターを中心に進められ、日本もJICA（国際開発機構）を中心として普及に貢献しています。

カカオ生産地である中部は、植民地以前から存続するアシャンティ王国（植民地時代にはイギリスの保護下に置かれていた）の首長や新興エリートの権威が強く、カカオや金を通じてイギリスとの関係も比較的良好だった。

　都市の労働者や若者を基盤とするンクルマにとって、工業化を推進するためには、ココア輸出により得た富を原資にすることが必要だ。この考え自体は、当時多くの途上国で広く実施されていたものであり、珍しくもなんともない。でも、農村のココア生産地から得た富で都市部を開発するとなると、農村を基盤とする有力者との対立は必至だ。だからこそンクルマは、都市部の若者を味方につけた独裁的手法に頼らざるをえなくなっていき、肝心の大規模機械化農業の導入に失敗。1966年にクーデターで失脚することになった。[109]

　——植民地時代の遺産を断ち切るのってむずかしいんですね…。

　それに「緑の革命」の成果が見られたところであっても、新品種の栽培には大量の肥料や農薬、灌漑設備や大型機械が必要とされ、家族経営の農民にとってみれば大きな負担となったという批判もある。

　——肥料をまくぐらいなら、そんなにかからないんじゃないですか？

　窒素肥料は土壌を酸性化させるので、中和のために石灰肥料もまく必要があるんだよ。それに1970年代には遺伝子組み換え技術が実用化され、特定の殺虫剤への耐性を持つ作物や、害虫を防ぐ特性をもつ種子も取引されるようになっていった。たとえば除草剤と除草剤耐性を持つ遺伝子組み換え品種を使えば、土壌侵食を防ぐ不耕起栽培も可能となる。しかしこれにもやはりお金はかかるよね。

---

109 — 溝辺泰雄、上掲、300-301頁。

こうした近代的な農業製品の需要が増えたことで、逆に存在感を高めていったのは、農業関連の多国籍企業だ。

その存在感が一気に強まったのは、エルニーニョの影響による干ばつを背景とした**1972年の世界食料危機**のときだった。世界中で穀物価格が高騰し、特に途上国が深刻な食料不足に見舞われる中、農業関連の多国籍企業が、ソ連やアメリカなど大国間の穀物取引の主導権をにぎった。それが穀物価格の高騰に拍車をかけ、世界中の人々の家計を直撃したんだ。

　——つまり、多国籍企業の取引によって、世界の穀物価格が釣り上げられてしまったわけですが…。

そう。グローバルな農業ビジネスは、その後も拡大の一途をたどっていく。経済の発展とともに、お肉を食べる人が増え、家畜のエサ用の穀物需要が増加。加工食品の消費量も増えている。

これらの国際価格の決定権を握っているのは、依然として世界規模で活動する多国籍企業だ。途上国の農園での生産、先進国のレストランでの消費にいたるまで、食べ物関連のビジネスに対する強い影響力を握っている。

世界規模で取引される穀物や**コーヒー**[110]、カカオといった商品作

110 —【コーヒー】コーヒーの原産地はエチオピアのカファ地方。イエメンのモカから積み出されたコーヒー豆は、アラビア半島の商人によって長らく独占されていました。ところが17世紀初頭にオスマン帝国を通してヨーロッパにも伝わると、コーヒーハウスやカフェと呼ばれる社交場（→**目標12**）が各地で建てられ、にぎわいました。17世紀末にオランダが種子を持ち出し、東南アジアで「植民地コーヒー」生産がはじまります。需要増に対応し、17世紀初めにアムステルダムの植物園の苗が南アメリカのオランダ植民地（現・スリナム）に送られると、そこからコーヒー栽培はブラジルに拡大していくこととなりました（臼井隆一郎 1992『コーヒーが廻り 世界史が廻る』中央公論新社）。【右図】コーヒーを飲むムスリムたち（16世紀のオスマン帝国の細密画）。出典：https://en.wikipedia.org/wiki/Ottoman_coffeehouse#/media/File:MeddahOttomman.png、パブリックド

物の場合、先進国の先物価格が国際的な貿易価格の基準となる。た
とえばコーヒーの入札価格は、コーヒー生産量の3割を占めるブラ
ジルの天候や、それを読み解く投機家の動向などに左右され、
ニューヨークの市場価格と連動して決定される仕組みだ。

> **関連ターゲット 2-c** 食料価格の極端な変動に歯止めをかけるため、
> 食料市場およびデリバティブ市場の適正な機能を確保するため
> の措置を講じ、食料備蓄などの市場情報への適時のアクセスを
> 容易にする。

　投機家がお金もうけのために資金を出したり引っ込めたりするこ
とで、食料価格が乱高下することもしばしば。たとえば2001年に
はコーヒーの国際価格が大暴落し、途上国で多数の貧困層が生み出
されているよ。

　また、トウモロコシやサトウキビからつくられるバイオマス・エ
タノールが、化石燃料に代わる新しいエネルギー源になるのではな
いかと投資家の注目を集めた2007〜08年には、世界的に農産物の
価格が高騰し、アフリカで食料危機が深刻化したことがあった（→
目標7）[111]。

　こうした食糧価格の変動による打撃を受けやすいのは小規模な農
家だ。たしかに先進国の人々は大規模な農業に依存しているけれ
ど、途上国を中心とする世界の食料の8割以上は家族経営の小農に
よって生産され、その多くは自分自身と家族を養う自給的な農業を
営んでいる（国連食糧農業機関（FAO）によると、世界の農家のほぼ4分
の3（72%）は、1ha未満の農地しか持っていません）。

メイン。
111— 肥沃な土壌に恵まれた世界有数の穀倉地帯である**ウクライナ**が、**2022年以降ロシアによる侵攻**を
受けたことは、これに起因する食料とエネルギー価格の高騰など、世界各地に深刻な影響を及ぼしてい
ます。

目標2　飢餓をゼロに（Zero Hunger）　　　155

> **関連ターゲット 2-3** 2030年までに、土地その他の生産資源、投入財、知識、金融サービス、市場、および付加価値や非農業雇用の機会への平等なアクセスの確保などを通じて、女性、先住民族、**小規模な家族経営の農家**、牧畜家および漁師をはじめとする、**小規模食料生産者**の農業生産性および所得を倍増させる。

——えっ…どうしてですか？

——大規模に作ったほうが生産性が高そうですけど。

実は小さな土地で多くの種類の作物を栽培する農場のほうが、単一栽培の大規模農業よりも、実は面積あたりの生産量は多いんだよ。[112]

——そうなんですか！

アフリカのように気候が不安定な条件では、特定の作物を大量につくろうとすると、逆に全滅するリスクもある。土壌侵食（→目標15）のリスクもあるしね。たくさんの種類をちょっとずつ作ったほうが、かえって「合理的」な環境もあるんだよ。[113]

小規模な農業に従事する人々の多くは、伝統的な牧畜や狩猟採集生活をおこなう先住民である場合も多い。お金を稼いで市場で食べ物を買う先住民も増えているけれど、あえて伝統的な生業を維持することで、したたかに文化や生活の基盤を守ろうとする人々もいる。[114]

---

[112] — モントゴメリー，デイビッド 2018『土・牛・微生物』築地書館、34頁。
[113] — このように「合理的」という言葉をもちだす際、そこには生産面のみを切り離して農業を評価しようとする発想もしばしば隠されていることには注意が必要です（重田眞義 1998「アフリカ農業研究の視点—アフリカ在来農業科学の解釈を目指して」、高村泰雄・重田眞義編『アフリカ農業の諸問題』京都大学学術出版会、261-285頁、278-279頁）。アフリカの在来農業の歴史と開発との関係については、足達太郎 2020「気候変動とアフリカ」、『現代思想』48（5）、99-108頁も参照。
[114] — 湖中真哉 2006『牧畜二重経済の人類学』世界思想社。

——なるほど。

　けれども1980年代以降、これまで自給用作物を育てていた小農の経営にも、グローバル化の波が押し寄せるようになった。多国籍企業の下請けとして、輸出向け商品作物を栽培する小農も増えていったんだ。輸送・保存技術が発達し、野菜や果物、生花などを新鮮なまま輸送できるようになったことが大きいね。

　——お金を稼ぐことができるようになったのはいいことなんじゃないですか？

　小農と多国籍企業が対等な関係なら話は別だけれど、実際にはなかなかそんなことにはならない。実質的にアグリビジネスの末端を担う労働者となるケースも少なくない。[115]
　近年はランド・グラビングと呼ばれる大規模な土地収奪[116]（→**目標17**）により生活の場が奪われ、移住先で過剰な焼畑や放牧のような持続不可能な農業をせざるをえない小農や牧畜民が生み出されていることも問題となっているんだ。[117]

　——それって貧困を生み出す原因にもなりますよね。

115——清水達也 2005「ラテンアメリカ小農のグローバリゼーション—非伝統的輸出農産物の拡大」、児玉由佳編『グローバリゼーションと農村社会・経済構造の変容』IDE-JETRO、19-34頁。
116——太田至・曽我亨「遊牧の思想とは何か」、太田至・曽我亨編 2019『遊牧の思想―人類学がみる激動のアフリカ』昭和堂、4頁。
117——今後、気候変動により食糧生産が大きく影響を受けるリスクも懸念されていますが、先進国を中心としてフードロス（食品ロス）（→**目標12**）の焼却・埋め立てにともなう温室効果ガスの排出（→**目標13**）が、それに拍車をかけるという視点も重要です。

> **ターゲット2-4** 2030年までに、生産性を向上させ、生産量を増やし、生態系を維持し、気候変動や極端な気象現象、干ばつ、洪水及びその他の災害に対する適応能力を向上させ、漸進的に土地と土壌の質を改善させるような、持続可能な食料生産システムを確保し、強靭（レジリエント）な農業を実践する。

目標2　飢餓をゼロに（Zero Hunger）

そう。今後は気候変動に伴う災害リスクもあるしね。

国連は小農の担う役割に注目し、2018年に「小農の権利宣言[118]」を採択している。ここでいう「小農」には、農村で漁業や手工業者を営む人々や、プランテーションの労働者、それに先住民までもが含まれている。

もちろん貧困や飢餓に苦しむ小農も少なくない。悲惨な現場に近代的な農業技術を支援することは大きな意味がある。また農業生産性の向上は、途上国の工業化にとっても欠かせない（→**目標8**）。国際協力のもたらす負の側面にも注意しながら、どうやって途上国の人々の食料へのアクセスを確保することができるかが問われているともいえそうだ。

> **関連ターゲット 2-a** 開発途上国、特に後発開発途上国における農業生産能力向上のために、国際協力の強化などを通じて、農村インフラ、農業研究・普及サービス、技術開発および植物・家畜のジーン・バンクへの投資の拡大を図る。
> **グローバル指標 2-a.1** 政府支出における農業指向指数
> **グローバル指標 2-a.2** 農業部門への公的支援の全体的な流れ（ODA及び他の公的支援の流れ）

・・・

さあ、**目標2**を通して、自然環境や生業の違いに注目しながら世界史をたどってみると、「食べること」の意味が、人間社会の変化とともに移り変わってきたことがわかってもらえたんじゃないかな。

118—【小農の権利宣言】小農民と農場で働く人びとの権利に関する国連宣言。国際NGOが実現に向けて主導し、その対象には農民だけでなく先住民や牧畜民、農村で働くすべての人々が含まれ、種子へのアクセス、食料主権、農村女性の権利保護がうたわれています。米国、英国、オーストラリアなどが反対、日本と欧州諸国の多くが棄権していることからも、この宣言の背後に農業開発や農地投資、貿易などの権利を主張する先進国と途上国の間の対立関係があることがうかがえます。なお、国連は2019〜2028年を「家族農業の10年」としています。

158　　第1章　人間（People）——人間の「しあわせ」の世界史

——はい。食料生産は増えているのに、なぜ飢餓が減らないのか。特に**第5期**（**1800年頃～1950年頃**）以降の変化が大きかったのは間違いなさそうですね。

　——ほかの目標をもとにふりかえってみれば、今回教えてもらった6枚の世界地図も、もっと違った視点から読み解けそう！

　たしかに。視点は多い方がいいね。次の**目標3**では健康と福祉に光を当てていくけれど、今回と同じように、どこに問題があるのか意識しながら、世界史をさらに読み解いていくことにしよう。

目標3　人々に保健と福祉を
（Good Health and Well-Being）
あらゆる年齢のすべての人々の健康的な生活を確保し、福祉を促進する

　　　「健康」って、どんな状態のこと？
人類はこれまで、病気にどのように立ち向かってきたんだろう？　

　長いスパンで世界史をふりかえってみると、人間にとっての健康は、前回の食物獲得の歴史と同様に**第1期**（約700万年前～前1万2000年頃）すなわち狩猟採集時代から、農業を営む人々の現れる**第2期**（前1万2000年頃～300年頃）に移り変わるときと、**第5期**（1800年頃～1950年頃）つまり、工業中心の社会の始期の2度にわたって、大きな転換を迎えたことがわかっています。

【図】14世紀に描かれたハンセン病患者の写本[1]

---

1 ── 1873年にノルウェーの医師アルマウェル・ハンセン（1841～1912）が病原菌を発見し、1897年にベルリンで開催された国際会議で一部患者を施設に収容するノルウェーの方式が推奨されると、各国で施設への隔離政策がとられるようになりました。日本では1907年に「癩予防ニ関スル件」により退所規定をもたない療養所への収容政策が始まり、1996年に廃止されるまで実施され続けました（松岡弘之2020『ハンセン病療養所と自治の歴史』みすず書房）。https://en.wikipedia.org/wiki/History_of_

しかし**第5期**（1800年頃〜1950年頃）以降、都市化と植民地化が世界を席捲していくなかで、公衆衛生や熱帯病の予防と治療の必要性が叫ばれ、生物学の発展とともに医療技術が発達していきます。

西洋医学が世界中に広がっていく以前には、病を「治す人」と「治される人」との境目はしばしば曖昧なもので、その土地で蓄えられた知識にもとづき、宗教施設や共同体の人々がケアにあたるのが一般的でした。

しかし特に**第6期**（1950年頃〜）にはスケールが一気に広がり、国際機関を中心に、感染症撲滅に向けて国をこえた協力関係が築かれるようにまでなりました。

その中心的役割を果たす**世界保健機関（WHO）**は、「健康」を「病気ではないとか、弱っていないということではなく、肉体的にも、精神的にも、そして社会的にも、すべてが満たされた状態（**ウェルビーイング**）にあること」と定義しています。この定義が近年注目されているのは、たとえ身体的な疾患がなく、GDP（→**目標8**）などの経済指標が高かったとしても、その人の主観的な幸福度は必ずしも高くなるとは限らないという問題意識が背景にあります[2]。他方でこの世界には、新型コロナウイルスのパンデミックが露わにしたように、身体的な疾患をめぐりさまざまな格差がいまだ存在しています[3]。おなじ感染症にかかったとしても、そのあらわれかたは千差万別なのです。

> **ターゲット 3-1** 2030年までに、世界の妊産婦の死亡率を出生10万人当たり70人未満に削減する。

健康を実現するには何が必要か？　SDGsに至るまで、人間は健康を阻むものに対して、どのように対処してきたのか？

---

leprosy#/media/File:Leprosy_victims_taught_by_bishop.jpg、パブリック・ドメイン

2 —— これを唱えた経済学者にちなみ「イースタリンのパラドックス」と呼ばれます。

3 —— 国連開発計画（UNDP）2020『人間開発報告書2020概要―新しいフロンティアへ：人間開発と人新世』、https://www.jp.undp.org/content/tokyo/ja/home/library/human_development/hdr2020.html、iii頁。

目標3　人々に保健と福祉を（Good Health and Well-Being）　　161

自然環境との「つながり」にも注目しつつ、3人の会話に耳をすませてみましょう。

3-1　農業の開始と人口転換：感染症は農耕文明の宿命だった

農業が始まって食料の蓄えが増えたのにもかかわらず、死亡率が上がったのはなぜ？

　——第1期（約700万年前〜前1万2000年頃）の人間の健康状態ってどんな感じだったんでしょうか？　もともと熱帯雨林で暮らしていたんですよね？（→目標2）雨も多いし、蒸し暑いし、いろいろ大変そう。

　たしかに熱帯エリアは生物多様性が非常に高く、数え切れないほどたくさんの種類の生物（動植物、菌類、細菌）やウイルスが暮らしている。大型の肉食動物の危険もある。大昔の狩猟採集民の生活を直接見ることはできないから、骨などの遺物を調べるか、現存する狩猟採集民の生活を参考にするしかないんだけれどね。[4]

　——感染症が流行(はや)りやすそうですね…。

　いや、そうでもない。移動生活を営む狩猟・採集民の集団はせいぜい数十人規模だった。生き物や人から直接人にうつるタイプの感染症はあまり流行らなかった。集団全員がかかって死んでしまったら、のりうつる人がいなくなって、そこでおしまいだからね。だから当時は、ほかの生き物を中間宿主(しゅくしゅ)として、そこから人間にうつるタイプのものが感染症の主流だったんだ。[5]

---

[4] —— 木下太志 2020「狩猟採集社会の人口学的分析」、秋田茂・脇村孝平編『人口と健康の世界史』ミネルヴァ書房、21-39頁。
[5] —— 池田光穂 2000「病気の文明史」、川田順造・石毛直道編『生活の地域史』（地域の世界史8）山川出版社、258-289頁、264頁。

162　　第1章　人間（People）——人間の「しあわせ」の世界史

——なるほど。集団の人数が重要なのか。

　感染症や狩猟採集中の不慮の事故、ほかのグループとの争い（→**目標16**）などで、突然亡くなってしまうことも多かったようだ。[6]
　そんなリスクを抱えながらも人間は、何十万年もの間、狩猟採集生活によって生き抜いてきた。自然環境に適応する力に優れていたのは間違いないだろう。
　ちなみに、この時期の人間の全世界の総人口は推計 600 万人ほど。**第 2 期**（前 1 万 2000 年頃〜 300 年頃）以後の人口の変遷と比べてみても、数十万年にわたりほとんど変化しなかったようだ。[7]

　——農業が始まってからも、健康状態は良くならなかったってこと？

　たしかにそれなりに安定的に食べ物を手に入れることはできるようになったし、移動の必要がなくなったため、次の出産の間隔を短くできるようになった。また、赤ちゃんの食事も用意しやすくなり、母乳で育てる期間も短くなる。こうして農業の開始により、出生率は上がったわけだ。
　けれども同時に死亡率も上がってしまい、平均寿命は低下してしまう。子どもがたくさん生まれるようになったけれど、その分、子どものうちに亡くなってしまうことも多くなった。この変化を**第一の人口転換**というよ。

　——えっ？　どうしてですか…？

　定住生活のはじまりは、感染症との共存のはじまりでもあったんだよ。ユーラシア・アフリカ大陸に古くから存在する感染症には、

---

6 —— 鈴木秀雄 2010『骨から見た日本人—古病理学が語る歴史』講談社。
7 —— リヴィ・バッチ，マッシモ 2014『人口の世界史』東洋経済新報社、31 頁。

目標 3　人々に保健と福祉を（Good Health and Well-Being）　　163

家畜など人間の生活空間と関わりの深い哺乳類・鳥類由来のものが多い。たとえば麻疹と牛疫をもたらすウイルスは、もともとは人間と野生ウシが共通して感染する、ある種のウイルスが紀元後1000年頃に変異したものと考えられている。インフルエンザ、結核、天然痘といった感染症も、同じく人獣共通感染症だ。人口がスカスカだった狩猟採集時代に比べ、**第2期**（前1万2000年頃～300年頃）以降の「人間ゾーン」は、感染症の巣窟となってしまったわけなんだ。

　また、現在でも熱帯エリアで猛威をふるうマラリアが流行りだしたのも、**第2期**（前1万2000年頃～300年頃）の農業の導入との関係が深い。

関連ターゲット 3-1 2030年までに、エイズ、結核、マラリア及び顧みられない熱帯病といった伝染病を根絶するとともに肝炎、水系感染症及びその他の感染症に対処する。

---

8 ── 歴史学者W・H・マクニールは「多くの重複が含まれる」としつつ、動物と共通する感染症の数を次のように挙げています。「家禽類26、ネズミ類32、馬35、豚42、羊および山羊46、牛50、犬65」（マクニール、ウィリアム・H 1985『疫病と世界史』新潮社、54-55頁）。

9 ──【牛疫】主に牛がかかるウイルス性の感染症。死亡率が高く、18世紀にはヨーロッパ全体で2億頭を超える牛が死亡しています。FAO（国連食糧農業機関）とOIE（国際獣疫事務局）の活動の結果、2011年のOIE総会で「撲滅」が宣言されました（山内一也 2009『史上最大の伝染病牛疫─根絶までの4000年』岩波書店、14頁）。

10 ── マクヴェティ，アマンダ・ケイ 2020『牛疫─兵器化され、根絶されたウイルス』みすず書房、16頁。

11 ── たとえば麻疹が流行するには、最低でも数十万人の人口が必要だといわれます（山本太郎 2017「狩猟採集民・農耕民・文明人における病気と病」、池谷和信編『狩猟採集民からみた地球環境史』東京大学出版会、285-296頁、286頁）。

12 ──【マラリア】ハマダラカの媒介するマラリア原虫が、血球の中に寄生することによって引き起こされる感染症。古くは人類誕生前の霊長類時代にさかのぼり、**第2期**の農耕の開始以降、南北アメリカ大陸を除くユーラシア、アフリカ大陸の都市文明で流行してきました。南北アメリカ大陸には「コロンブスの交換」後に持ち込まれ、天然痘とともに先住民に被害を与えました。マラリアの撲滅キャンペーンが進められ、WHOによると死者数は2000年の73万6千人から2019年には49万9千人に減少していますが、感染者の多くはサハラ以南のアフリカ（ナイジェリアで27％、コンゴは12％）に集中し、気候変動にともない蚊の生息域が拡大するともみられています。

164　　　第1章　人間（People）──人間の「しあわせ」の世界史

たとえば、メソポタミア文明では、①農耕が導入され、人口が増える→②燃料や建材となる木材の使用量が増える→③川の上流で森林伐採が進んだことで、洪水が起こりやすくなる→④土砂が下流に流れ、降り積もる→⑤溜まった土砂によって低湿地ができる→⑥そこが蚊の繁殖地となる…という連鎖がおこり、マラリアが流行するようになったと考えられている[13]。

　感染症と人間の関わりについて面白い見方を提示した歴史家に、**ウィリアム・H・マクニール**（1917 〜 2016）がいる。彼は『疫病と世界史』という著書の中で、細菌やウイルス、人間やその他の動物といった生き物の種をまたいだ視点をとりいれて、世界史の見方を大きく変えた[14]。ユーラシア大陸各地に、感染症がどのように拡がっていったのかについて、彼の見方をもとにまとめると、次のような説明になる。

・その昔、ユーラシア大陸からアフリカ大陸にかけて、都市文明を建設した人間たちの間では、インフルエンザや麻疹、天然痘などの**局地的流行**が何度も繰り返された。

・都市で感染症が流行すると人口は減ってしまう。そこで都市の支配層は周辺地域から人手や収穫物をとりたてる。都市とその周辺の間で人や家畜がやりとりされることで、やがて特定の感染症に対する集団的な免疫をもつエリアが、都市を中心に形成されていくことになる。

・そうした地域的な流行をひきおこす細菌やウイルスは、**戦争や交易**に関わる軍隊や商人が移動するたびに、一緒に遠くまで運ばれた。こうしてユーラシア大陸からアフリカ大陸でパンデミックが起きるようになるのは、文明同士が感染症を交換したからである。

---

13 ─ スコット，ジェームズ・C. 2019『反穀物の人類史』みすず書房、182頁。見市雅俊ほか編 2001『疾病・開発・帝国医療』東京大学出版会、10頁。
14 ─ マクニール, W. H. 1985『疫病と世界史』新潮社。

目標3　人々に保健と福祉を（Good Health and Well-Being）　　165

——小さな視点と大きな視点が混ざり合っていて、おもしろいですね。農業がはじまれば栄養がつきそうですし、貿易が盛んになれば生活が豊かになりそうですけど、かえって感染症が広がっちゃうなんて。

　ほんとだね。農業の導入をきっかけとして人間をとりまく環境が変わり、産まれる子どもの数が増える一方、乳児死亡率は高くなってしまったんだ。これを**多産多死型社会**への移行と言うよ。

3-2　パンデミックのはじまり：絹の道(シルクロード)は感染症の道でもあった

感染症は、どのようにして世界に広まっていったの？

　——感染症が新型コロナウイルスみたいに実際に大流行を起こすようになったのって、いつからなんですか？

　記録の上では、**第2期**（前1万2000年頃〜300年頃）の終わりごろからのことだね。背景にあるのは、気候の寒冷化による収穫不足が栄養不足を招いたことや、文明どうしの交流の活発化だ。[15]

　——どんなルートをたどって広まっていったんだろう？

　——**第3期**（300年頃〜1400年頃）には騎馬遊牧民がユーラシア大陸を大移動するようになるんでしたよね。だったら草原から伝わったんじゃないかなあ。

---

15 ── ローマ帝国では、紀元後165〜180年に「アントニヌスの疫病」が大流行した記録が残されています。ローマ軍がイラン高原のパルティアという国に遠征したのがきっかけとみられ、天然痘だったと推測されています。なお、中国の王朝（**後漢**）の**黄巾(こうきん)の乱**の要因となった疫病（161〜185年に流行）が、これと同じものであったとする説もあり、乱の影響で絹織物の生産・輸出はとどこおり、シルクロード交易が停滞しました。そのため関税収入が減り、増税や貨幣の改鋳(かいちゅう)が繰り返されたことが、ローマ帝国の衰亡につながったとの見方もあります（井上文則 2021「三世紀の危機とシルクロード交易の盛衰」、大黒俊二ほか編『ローマ帝国と西アジア　前三〜七世紀』(岩波講座 世界歴史3)岩波書店、269-289頁）。

おっ、ブルさん鋭い。ユーラシア大陸では、やはり北方の遊牧民と南方の農耕民との間の交流が盛んになっている時代だったよね。南北方向の交流ルートが東西方向にも連結するようになると、乾燥エリアに点在するオアシス都市が、東西の商人を引き寄せた。こうして「**オアシスの道**」(シルクロード)が成立する。[16] 中国側の記録によれば、4世紀には、ユーラシア西方に起源を持つ天然痘が早くも現れる。東西交易路を行き交う人々や家畜によって東方へ広まっていったのだろう。

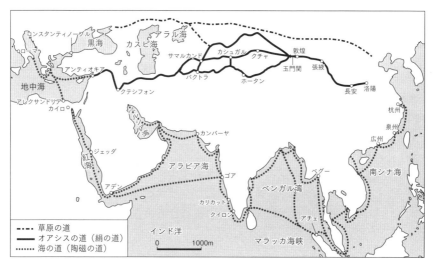

【図】シルクロード。岸本美緒ほか 2018『新世界史 改訂版』山川出版社、172頁を元に筆者作図。

　　　──感染症の運び屋となるのは人間だけではないわけですね。

---

16 ──【シルクロード】19世紀ドイツの地理学者リヒトホーフェン(1833〜1905)により命名された内陸乾燥エリアのオアシスを結ぶ通商ルートの総称。中国の特産品であったシルク(絹)が「オアシスの道」を通じて西に向かったことから名付けられました。ア(ママ)の「草原の道」と「海の道」をあわせてシルクロードと呼ぶこともあります。「ロード」といっても一本の道ではなく、歴史学者の森安孝夫さんのたとえるように、道(＝線)ではなく北方の遊牧エリアと南方の農耕エリアをまたぐように、中央ユーラシア東西にひろがる面としてとらえたほうがよいでしょう(森安孝夫 2007『シルクロードと唐帝国』講談社、64頁)。

目標3　人々に保健と福祉を (Good Health and Well-Being)

そう。たとえば**第3期**（**300年頃〜1400年頃**）の初めには、4世紀後半に騎馬遊牧民の**フン人**が、ローマ帝国の辺境地帯で家畜とともに生活していたゲルマン人を圧迫。これをきっかけとして**ゲルマン人**がローマ帝国領内に大移動を開始し、ローマ帝国が分裂するという事態が起きた。このときフン人によって持ち込まれた牛疫の大流行も、混乱の一因とされるよ。[17]

——ローマ帝国はその後どうなってしまったんですか？

そうそう。皇帝が476年に傭兵に暗殺された西側に比べると、東側のローマ帝国は現在トルコの首都イスタンブルがある都市（当時の名前はコンスタンティノポリス）を中心に、その後も繁栄を謳歌する。これが世にいう**東ローマ帝国**（**ビザンツ帝国**）だ。

けれども、経済的な繁栄には感染症の流行がつきもの。ローマ帝国の再統一を目論んでいた**ユスティニアヌス大帝**（483〜565）[18]の治世には、541年から549年にかけて「ユスティニアヌスの疫病」と呼ばれたペストの大流行にみまわれる。当時の人々が「世界が終わる」と信じたほどの惨状だった。ユーラシア・アフリカ大陸における史上最初のパンデミックだ。流行はその後も8世紀後半まで断続的に続いたよ。[19]

——病気にかかった人を治療する施設ってなかったんですか？

ヨーロッパではキリスト教の修道院が孤児院を運営し、キリスト教の修道士・修道女が、病院のスタッフとして身寄りのない高齢者

---

17 ── 山内一也 2009『史上最大の伝染病牛疫─根絶までの4000年』岩波書店、11頁。
18 ── 人物 【ユスティニアヌス】（在位527〜565）東ローマ帝国の皇帝。旧ローマ帝国の大部分を回復し、絹織物業をおこしたほか、救貧院や聖堂、水道施設などを慈善事業（→**目標10**）として各地に建設しました。
19 ── プロコピオス（和田廣・訳）2015『秘史』京都大学学術出版会、28-29頁。なお、ペストの大流行には、6世紀なかばの火山噴火にともなう天候不順が関わっているという説もあります（田家康 2010『気候文明史』日本経済新聞出版社、157-158頁）（→**目標13**）。

や病人のための支援する役目を果たしていたよ。

　教会付属の施設（神の家〈オテルデュー〉や救護院〈ホスピタル〉）病院の建設・運営費を寄付したり、「キリストの貧者」とみなされた患者の看病に当たったりすることは、キリスト教の信仰にかなうこととされていたんだよ。[20]

　7世紀に成立したイスラム教の信仰された地域でも、ワクフ（→**下巻 10-1 不平等の正体**）という制度によって病院・孤児院の建設や食糧の配布などの慈善事業がおこなわれていた。[21]イスラム教では、貧しい人のために自発的に寄付（喜捨〈きしゃ〉）する行為そのものが、神に奉仕する義務の一つとして奨励されるからね。

　——医療には、宗教の組織の果たした役割って大きかったんですね。

　飢餓や疫病、戦争や災害の被害は、社会的な弱者に集中していたとはいえ、そうした人々を取り残さないためのさまざまな仕組みも、それぞれの社会の中に整えられていたんだね。

　さてその後9世紀から13世紀にかけてユーラシア大陸各地で人口が増え、農業や商工業が発達。人やモノのせわしない移動に一定の秩序を与えたのが、13世紀初めに短期間のうちにユーラシア大陸に拡大していったモンゴル帝国だったことは、すでに見たよね（→**目標 2**）。

　——これだけ広いと、また感染症が流行るのでは？

　そのとおり。この動きに水をさしたのは14世紀中頃に猛威をふるった感染症のパンデミックだった。その正体は「**黒死病**」と呼ば

---

20 ── 堀越宏一・河原温 2021『西洋中世史』放送大学教育振興会、229-231頁。なお、**ハンセン病**（癩〈らい〉病）の患者はヨーロッパのみならず、世界各地で迫害され、しばしば隔離の対象となりました。
21 ── ボードイン，スティーヴン・M　2009『貧困の救いかた──貧しさと救済をめぐる世界史』青土社、71頁。

目標3　人々に保健と福祉を（Good Health and Well-Being）

れた腺ペスト。草原地帯を経由してユーラシア・アフリカ大陸一帯を襲い、食料危機によって多くの人々が犠牲となった[22]。死亡率は特に若年層と貧困層で高く、子どもの命もたくさん奪われたとみられる。

　得体の知れない「敵」に対して社会不安のひろがる中、疫病の原因を特定の集団になすりつける陰謀論（→**目標17**）もひろまった。たとえば**ユダヤ人**が井戸に毒を投げ込んだというデマが流され、迫害の対象となったのは有名だ。実際にはペストに対する恐怖だけではなく、ユダヤ人の金融業者に対する反感も背景にあったといわれるよ[23]。

【図】ユダヤ人に対する迫害を描いた写本[24]

---

[22] — マクニールは、1252年にモンゴルの騎兵隊が雲南からビルマに侵攻した際にそこから持ち出され、短期間のうちにユーラシアの草原地帯に住む齧歯類が感染し、そこからヨーロッパに持ち込まれたという説をとっています（マクニール，ウィリアム・H. 1985『疫病と世界史』新潮社、140-141頁）。しかし近年は、中央アジアを発祥とする説が有力視されるなど、マクニール説に対する見直しも進んでいます。

[23] — カンター，ノーマン・F 2020『黒死病──疫病の社会史』（新装版）青土社、163-183頁。西ヨーロッパのキリスト教世界では、ユダヤ人が農業などの生産労働に従事することが禁じられ、卑しい職業とされた金融業を営むユダヤ人が多くみられました（関哲行 2003『スペインのユダヤ人』山川出版社、53頁）。ほかにもハンセン病の患者には、感染を拡大させたという濡れ衣が着せられています。

[24] — https://en.wikipedia.org/wiki/Persecution_of_Jews_during_the_Black_Death#/media/

3-3 コロンブスの「不平等」な交換：ヨーロッパ化する南北アメリカ

ヨーロッパ人が、南北アメリカの文明を征服することができたのはなぜ？

　目標2でも扱った「コロンブスの交換」（→目標2）は、感染症の歴史においても外せない超重要イベントだ。

　——15世紀末以降、ユーラシア・アフリカ大陸と南北アメリカ大陸との間で、動植物が互いに交換されるように移動したんでしたね。

　そうそう。事の発端は、**コロンブス**（1451？〜1506）が、カリブ海の小島に到達したときにさかのぼる（→目標2）。
　当時のカリブ海の島々には、**タイノ人**[25]の首長が治めるいくつかの共同体があった。けれどもコロンブスは最初に上陸した島をサンサルバドル島と命名。これを占領すると、人々を奴隷として連れ去った（→目標8）。残された住民たちも、半世紀あまりで絶滅に追い込まれてしまった。

　——えぇ〜。コロンブスって、そんなことしてたんですか…！

　歴史上の人物は複数の視点から評価する必要があるよね。そのさらに約30年後には、スペイン人によって1521年にメキシコ高原の**アステカ王国**[26]、1533年にアンデス地方の**インカ帝国**[27]が滅ぼされて

File:1349_burning_of_Jews-European_chronicle_on_Black_Death.jpg、パブリック・ドメイン
25——【タイノ人】カリブ海の島々の先住民。コロンブスの来航以降、もちこまれた疫病や酷使により人口が激減し、統計上は19世紀初めに「絶滅」に至りました。
26——【アステカ王国】（14世紀〜1521年）アステカ人（メシカ人）が現在のメキシコシティを中心に、メキシコ中央部一帯を支配した王国（実態は、王をいただく都市国家の連合）。1521年にスペイン人に征服され、以後植民地となります。
27——【インカ帝国】（15世紀〜1533年）インカ人がペルー南部のクスコを中心に建てた国で、最盛期には現在のエクアドルからチリにおよぶ広大な範囲を支配しました。ただしインカ「帝国」という呼び名

しまう。これにより、例えば中央メキシコの人口は、630万人（1548年）から106.9万人（1608年）にまで激減したと推定されている。

——どうしてそんなにたくさんの人が亡くなってしまったんですか？

南北アメリカ大陸の人々が銃やウマを持たなかったことも大きいけれど、やはりユーラシア大陸側から持ち込まれた感染症、とりわけ天然痘の影響が大きいだろう。南北アメリカ大陸の人々は、長らくユーラシア・アフリカ大陸と交流がなかったため、動物由来の感染症への免疫力が弱かったと考えられている。

一方、ヨーロッパ人は**第4期**（**1400年頃～1800年頃**）の段階では、アジアやアフリカ諸国への進出にはまだまだ苦戦していた。たとえ

や、太陽神の子とされる王を頂点とする支配体制であったという説明は、その多くが1533年に征服したスペイン人の記録によるもので、その実態には未解明な部分も残されています。

28 ── リヴィ・バッチ，マッシモ 2014『人口の世界史』東洋経済新報社、58頁。コルテスの攻撃は1519年のことですから、征服の時点からの死者を含めると、人口減少の規模はもっと激しかったと考えられます。

29 ── 完新世に入ると、海水面の上昇によって南北アメリカ大陸とユーラシア大陸の間にあった陸橋が消滅。それ以降の両大陸はベーリング海峡によって隔てられる形となりました。漂流物などを通じた生物の交流があった可能性はありますが、人間の交流は1000年頃のヴァイキングによる北アメリカ進出を除き、「大航海時代」まではみられませんでした。

なお、14～15世紀のものとみられるポリネシア産の鶏の骨がチリで発見されているのは、オセアニアのポリネシア人のほうがヨーロッパ人よりも先に南米に到達していたためとみられます（南米産のサツマイモが太平洋に持ち出された痕跡もあります（→**目標14**））。

30 ── この時期以降、ヨーロッパから持ち込まれた感染症には、インフルエンザ、天然痘、麻疹（以上ウイルス性）、チフス、ジフテリア、百日咳（以上細菌性）が挙げられます。なお、オーストラリア大陸でも**第4期**（**1400年頃～1800年頃**）末の1788年にイギリス人が来航した翌年、天然痘が猛威をふるい戦乱が激化し、先住民の人口が激減しています（藤川隆男 2016『妖獣バニヤップの歴史―オーストラリア先住民と白人侵略者のあいだで』刀水書房、94-96頁）。なお、民族学者の山本紀夫さんは、南北アメリカの人々が「否応なく激動する世界史のなかに引き込まれるようになった」状況を、「コロンブスの交換」（→**目標2**）ではなく「コロンブスの**不平等**交換」と名付けています（山本紀夫 2017『コロンブスの不平等交換―作物・奴隷・疫病の世界史』KADOKAWA）。なお、新大陸からユーラシア・アフリカ大陸に伝わった感染症もあります。なかでも細菌性の性感染症である梅毒は、コロンブスの帰国時にすでにスペインで猛威をふるい、1506～07年には早くも中国に到達していました（ブローデル，フェルナン 1985『日常性の構造1―物質文明・経済・資本主義 15-18世紀 I-1』みすず書房、93-94頁）。

ばアフリカ大陸では**黄熱病**[31]や**アフリカ睡眠病**[32]のような風土病が存在するため、19世紀に治療法が確立するまで、ヨーロッパの人や家畜が安全に立ち入ることはできなかった。アフリカ内陸部の植民地化が南北アメリカ大陸よりも遅れたのは、そのためでもあったんだ。[33]

　なお、南北アメリカ大陸で先住民人口が激減すると、西アフリカの人々が奴隷として南北アメリカ大陸まで運ばれた（→**目標8**）。彼らが重宝されたのは、彼らとともに新大陸にもたらされたマラリアと黄熱病に対する免疫が備わっていたからでもあったんだ。[34]

---

31 ──【黄熱病】アフリカ、南アメリカの熱帯エリアで流行するウイルス感染症。媒介するネッタイシマカは人間の生活する場の近くにある、澄んだ水で成長します。たとえば船に積まれた樽や、砂糖の精製に用いる素焼きの容器、さらに今日では古タイヤに溜まった水などです（マン, チャールズ・C. 2016『1493──世界を変えた大陸間の「交換」』紀伊國屋書店、209頁）。

32 ──【アフリカ睡眠病】ツェツェバエの1種であるサシバエによって媒介される原虫感染症。最悪の場合、中枢神経系が侵され昏睡状態となり、死に至るため睡眠病（眠り病）ともよばれます。

33 ── クロスビー, アルフレッド・W 2017『ヨーロッパの帝国主義──生態学的視点から歴史を見る』筑摩書房、235頁。

34 ── マン, チャールズ・C 2016『1493』紀伊國屋書店、196-203頁。

目標3　人々に保健と福祉を （Good Health and Well-Being）　　　173

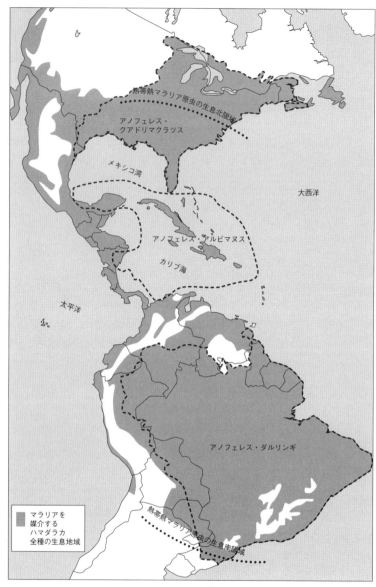

【図】アメリカ大陸におけるハマダラカの分布状況 [35]
マラリアの流行地域は、奴隷制の根強かった地域とぴったり重なります。

---

35 ── マン, チャールズ・C、上掲、201頁。

174　　　第1章　人間（People）──人間の「しあわせ」の世界史

3-4　産業革命と交通革命の衝撃：19世紀のコレラ・パンデミック

どうして19世紀にインドの風土病だったコレラが、突然パンデミックを起こしたの？

　　　——感染症の流行範囲が人間や家畜の移動とともに広がっていったことはわかりました。では、多くの人が長生きできるようになったのって、いつ頃からのことなんでしょうか？

　　　世界各地で平均余命がぐんと伸びるのは**第5期**（1800年頃〜1950年頃）以降のことだよ。変化の決め手は、やはり18世紀後半から19世紀前半にかけてのイギリスで起きた産業革命だった。その後、19世紀以降、ベルギー、フランス、ドイツ、アメリカでも、平均余命は伸びていく。

　　　——やっぱり生活水準が上がったからじゃないですか？

　　　それが大きいね。栄養状態の改善や、**ワクチン**[36]の普及もあって、まず乳児死亡率が下がっていった。生活の質が高まれば、人間が病気（特に急性疾患）にかかる率や亡くなる率も下がる。けれども、出生率はこの段階では高いままなので、まず人口は急激に増加することになる。ところが、ある時期を境に出生率が下がり出し、女性1人当たりの子どもの数はほぼ2人となる。長生きが当たり前になる**少産少死型**の社会への「第二の人口転換」[37]だ。

　最初にこの転換がはじまったのはヨーロッパで（1750〜1950年の

---

36 —【ワクチン】イギリスの医師ジェンナー（1749〜1823）は、牛痘ウイルスに感染したことのある人が天然痘にかからないことに気づき、牛痘ウイルスを用いた接種法を開発。以前から世界各地でこころみられていた、天然痘患者の膿を利用した人痘接種法に代わる方法でした。ジェンナーはこの普及に尽力し、実際に感染者は減っていきました。しかし当時から人々の抵抗感は強く、「打ったら牛になってしまう」と接種を嫌がる**ワクチン忌避**の運動もしばしば起こりました。

37 — 人類学者エマニュエル・トッドは、女性の識字率が一定水準を超えると、その社会の出生率が下がりはじめ、そのタイミングは家族制度（→**目標5**）によっても異なると論じています（トッド，エマニュエル 2008『世界の多様性—家族構造と近代性』藤原書店）。

目標3　人々に保健と福祉を（Good Health and Well-Being）　　　175

人口増加率は 0.5 〜 0.8％）、19 世紀後半からアジアとラテンアメリカ
が、20 世紀後半以降にアフリカがそれを追いかける形となった。

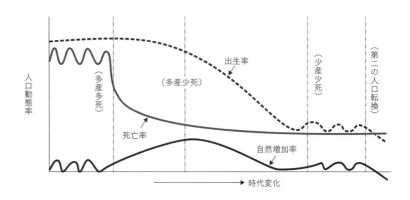

【図】人口転換の古典的なモデル[38]

　　道路や鉄道といったインフラ開発に刺激されて、人々の活動が活発化すれば、物質的な生活水準も向上する[39]。これは開発のプラス面だ。でも、マイナスの効果がないわけじゃない。
　　悲惨な結果がもたらされた例として、1817 年から 1923 年の間、6 波にわたりパンデミックを引き起こした**コレラ**を挙げておくべきだろう。

　　——1 世紀も続いたんですか！

　　すごく長い流行だよね。もともとコレラという感染症は、インド東部ベンガル地方の風土病だった。でも 1817 〜 19 年のインド各地での流行を皮切りに、1824 年にかけて東南アジア方面から東アジア

---

38 ── 内閣府『平成16年版　少子化社会白書』116頁。実際の動向については佐藤龍三郎・松浦司編著 2023『SDGsの人口学』原書房、22頁に詳しい。
39 ── 斎藤修 2001「開発と疾病」、見市雅俊・脇村孝平・飯島渉編『疾病・開発・帝国医療』東京大学出版会、45-74頁、54-55頁。

176　　第1章　人間（People）──人間の「しあわせ」の世界史

へと拡大。「鎖国」の状態にあった日本でコレラ感染が初確認されたのは1822年のこと。以降しばしば流行をくりかえし、高い死亡率から「三日コロリ」と呼ばれ、恐れられた。1829～37年の第2波では、ヨーロッパや西アジアにおいても被害が拡大し、世界的大流行となった。

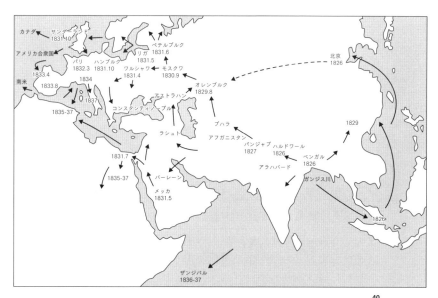

【図】第2次コレラ・パンデミックが、ベンガルから各地に伝わっていった経路[40]
コレラは1817年に植民地インドのカルカッタで発生すると、瞬く間にアジアやアフリカ、ヨーロッパ、アメリカ大陸にまで広まっていきました。ヨーロッパや中東には陸路で、東南アジアや中国へは海路によって広まったと推定されています。

——植民地時代のインドって、食料事情も大変じゃなかったでしたっけ？

そうだったね。栄養不良がたたって人々の免疫が弱まったことが、感染症の死者増加の要因だ。19世紀後半には、1876～78年、1896～97年、1899～1900年に三大飢饉のほかにも11回発生し、

---

[40] ── 見市雅俊 2020『コレラの世界史』(新装版) 晶文社、27頁。

1876〜78年大飢饉の死者は推定350万人に上る（→目標2）。

　——ダブルパンチだったんですね。

　そう…。飢饉の死者の多くは、併発して起こったマラリア、コレラ、天然痘などで亡くなった場合も多かったと考えられている[41]。

　——そうなったのってイギリスがインドに対して、よほどひどい支配をしていたからなんじゃないですか？

　感染症や飢餓の対策を怠った点は間違いない。ただ、19世紀後半以降から20世紀初めまでのインドで、輸出主導型の経済成長が多少なりとも起こっていたことも背景の一つだ。イギリスの敷設した鉄道と蒸気船のおかげで輸送コストが下がり（→目標9）、19世紀後半から第一次世界大戦までの間、綿花やジュートなどの農産物の輸出が増え、農業の商業化が進展していった。また、港町ボンベイではインド人による綿糸の紡績工場が建設され、中国への輸出がブームとなった。この時期には実質所得も上がっている。

　でも、開発が進むのは良いことばかりじゃない。新しい水路が建設されれば、住血吸虫[42]やマラリアの温床になるし、鉄道（→目標15）や道路を通じて商工業者や労働者が農村から港町に流れ込めば、インフラが不十分な都市の環境も悪化せざるをえない（→目標11）[43]。

---

[41] — 脇村孝平 2002『飢饉・疫病・植民地統治』名古屋大学出版会、3、35頁。

[42] —【住血吸虫】淡水に生息する貝を中間宿主とする寄生虫の一種。人間の血管系に寄生し、重症化すると死に至ります。農業をはじめた人間が、河川下流域に進出するとともにひろまり、長江下流域の開発のすすんだ宋代（960〜1276）の患者数は1千万人とも見積もられます。日本では平野部の水田開発のすすんだ中世末から近世にかけて深刻化し、特に山梨県の甲府盆地では戦後に根絶されるまで被害を与え続けました（斎藤修 2001「開発と疾病」、見市雅俊ほか編『疾病・開発・帝国医療』東京大学出版会、45-74頁、59頁）。

[43] — ロイ、ティルタンカル 2019『インド経済史』名古屋大学出版会。脇村孝平 2002『飢饉・疫病・植民地統治—開発の中の英領インド』名古屋大学出版会。

そこへ来て1869年にエジプトに**スエズ運河**が開通し、インドにはヨーロッパやアジアからの人の行き来も増えていた。そりゃあコレラも、あっという間に拡散するわけだ（→ **9-2 交通革命と電信革命**）。

——国を超えて協力して対策しようという話にはならなかったんですかね？

19世紀には初めて国際的な取り組みも始まっている。1851年にパリで国際衛生会議が開かれ、「感染症の国際的流行を止めるためには、国境を超える管理が必要だ」という意見が初めて確認された。それ以降も1938年まで合計14回もの会議が開かれている。けれど、ポイントは「世界中の人々の健康を守ろう」ではなく、あくまで「インドや中東からやってくるコレラをどう封じ込めるか？」という点に置かれていた点にある。

——なるほど。つまり、あくまで目的は「ヨーロッパを守ろう」だったんですね。

そういうこと。当時のヨーロッパでは、インドや中東のヒンドゥー教徒やイスラム教徒による聖地巡礼が、感染症を蔓延させる元凶であるという認識があり、彼らをどのように**検疫**するかとい

---

44 ——【スエズ運河】アフリカ大陸と地中海から紅海・インド洋に抜ける運河。フランスの外交官・実業家レセップス（1805〜1894）がフランスの時の皇帝ナポレオン3世とともにエジプト総督にプレッシャーをかけ、難工事の末、1869年に完成させました。
45 ——インド洋にはもともとインド人、中国人、東南アジア（インドネシアのスラウェシ島）のブギス人（→**下巻11-2 都市を結ぶネットワークの形成**）、西アジアや東アフリカの商人による積極的な交易ネットワークがあったことに加え、イスラム教徒やヒンドゥー教徒などの「聖地巡礼ツアー」の流行、19世紀以降の中国人とインド人の移民の急増（→**目標8**）も人の移動に拍車をかけました。
46 ——永田尚見 2010『流行病の国際的コントロール——国際衛生会議の研究』国際書院。
47 ——1904年の国際衛生条約で決まった検疫制度の国際標準は、ヨーロッパの海域における医学的査察と、紅海における検疫を明確に区別するものでした。
48 ——【検疫】1348年にイタリアの都市国家ヴェネツィアが、公衆衛生保護官を置いて船舶の検査をしたのが始まり。40日間、船を港外に係留し、感染者が出たら退去させるのが通例となったため、「40日（quarantina）」が検疫（quarantine）の語源となりました。この制度は、アジアやアフリカなどの疫病汚

うことに注目が集まりがちだったんだ。

　当初イギリスは検疫に強く反対し、フランスも当初はそれに追随していた。けれど、第4次パンデミックの際に、エジプト経由でヨーロッパにコレラが拡大すると、1866年の国際衛生会議でフランスが、イスラム教の聖地である**メッカ**[49]巡礼の規制強化を主張。イギリスは強く反対したものの、その後、中東での検疫措置が強化されていくこととなった。[50]

　——結局のところ、イギリスは経済活動をストップさせたくなかったんではないでしょうか？[51]

　するどい。それが本音だね。19世紀における国際会議の開催は、たしかに国境をまたぐ感染症対策の先駆けともいえるけれど、あくまでヨーロッパに感染症を持ち込ませないようにするにはどうすればよいかということがポイントだった。「エジプトやオスマン帝国など、ヨーロッパ以外の国々には疫病を封じ込める力などない。だからヨーロッパの強国が衛生制度を導入して撲滅を図ろう」というわけだ。実際にエジプトやオスマン帝国には、ヨーロッパ人が指揮をとる衛生制度が次々に導入されていった。

染地帯からヨーロッパを守るという優越意識とも結びつき、**第5期**（**1800年頃〜1950年頃**）にヨーロッパ諸国を中心とする国際的な保健協力へとつながっていきました。
49 ──【メッカ】アラビア半島西部にあるイスラム教の聖地の一つ。世界中の信徒は毎日この都市にあるカーバ聖殿の方角（キブラ）に向かい礼拝し、一生に一度の巡礼（ハッジ）は信徒の義務の一つとされています。19世紀の交通革命は、メッカ巡礼の人口も増加させました。
50 ──脇村孝平 2008「国際保健の誕生」、遠藤乾『グローバル・ガバナンスの最前線』東信堂、180-200頁、187-193頁。
51 ──脇村孝平 同上、187-193頁。見市雅俊 2020『コレラの世界史』（新装版）晶文社、25-26頁も参照。

第1章　人間（People）──人間の「しあわせ」の世界史

3-5 「不健康なアフリカを健康に」:植民地支配と近代医学の切っても切れない関係

感染症研究は、なぜ熱帯エリアの植民地で発達したの?

そもそも**マラリア薬**[52]開発に代表される感染症の研究や医療技術の発展も、植民地支配と切っても切れない関係がある。感染症のはびこる熱帯エリアを支配するために、予防・治療が求められたのだ。関連する学問は**熱帯医学**[53]と呼ばれ、欧米諸国は競って研究・教育機関を設置していった。

——感染症イコール熱帯の病気とみなされたんですね。

そう。そこには、熱帯エリアを不潔で遅れた地域とみなす差別的な認識があったことも否定できない。[54]

---

52 ——【キニーネ】マラリア薬。キナノキは19世紀半ばにペルーから密輸され、ロンドンキューガーデン(→**目標15**)を経由してインドに海上輸送され、各地のプランテーションで栽培されるようになりました。その重要な用途は、兵士や官僚をはじめとする植民地の人材を守るためでした(アーノルド,デイヴィッド 1999『環境と人間の歴史』新評論、219頁)。

53 ——【熱帯医学】「原住民の福祉」を向上させることを名目に、植民地支配の確立を目的として進められた感染症の研究分野。イギリスのリヴァプール(1898年)の熱帯医学校、フランスはパリのパストゥール研究所(1887年)、ドイツのハンブルクの船舶・熱帯病研究所(1900年)が代表例です。

54 ——歴史学者デイヴィッド・アーノルドによると、18世紀なかば以降、旅行記や文学作品のなかで、熱帯がネガティブに表現されることが一般的になっていきました(アーノルド,デイヴィッド 1999『環境と人間の歴史』新評論、199頁。籠谷直人ほか 2012「豊饒、瘴癘、そして貧困—熱帯アジアへの眼差し」、杉原薫ほか編『歴史のなかの熱帯生存圏』京都大学学術出版会、387-414頁も参照)。

目標3 人々に保健と福祉を(Good Health and Well-Being)

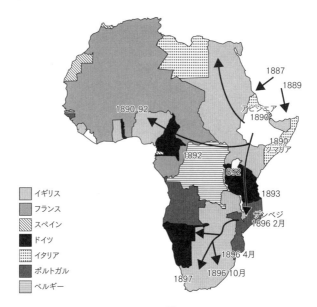

【図】アフリカ分割の状況と牛疫の大流行[55]

　熱帯医学の発展とともに、19世紀後半にかけて、ヨーロッパ諸国は探検家[56]のスポンサーとなったり、アフリカでビジネスを展開する許可を特定の会社に与えたりして、アフリカ奥地の探検を推進していくようになった。探検家が、現地をおさめている首長に旗や金品を渡し、一方的に書類にサインをさせれば、一丁上がり！　そのエリアは、スポンサーとなっているヨーロッパ諸国の勢力圏に組み込まれていく段取りだった。

　でも、大国が揃いも揃ってそんなことやっていたら、取り合いになってしまう。イギリスやフランスによるアフリカ進出が加速する中、調整役を買って出たドイツが1884〜85年にベルリンにヨー

---

55 ── 山内一也 2009『史上最大の伝染病牛疫』岩波書店、36頁。図は同書掲載のものに筆者が加工したもの

56 ──【探検家】　キリスト教の布教のために探検したイギリス人のリヴィングストン（1813〜1873）や、1881〜84年に中央アフリカ各地の首長と条約を結びベルギーをスポンサーに付けたイギリス出身のアメリカ人スタンリー（1841〜1904）が有名です。

182　　　　　第1章　人間（People）──人間の「しあわせ」の世界史

ロッパ諸国を集めて国際会議（ベルリン・コンゴ会議）を主催し、アフリカ大陸におけるヨーロッパ諸国の勢力圏を定めるルールをまとめた。その内容は、アフリカ大陸では、先に土地と住民を実効支配ができた国の領土となるというもの。ようするに「早いもの勝ち」の公認だ。これを契機に、各国はたがいの勢力圏に白黒つけようと、地図上における境界線画定を急ぎ、20世紀初めにかけて**アフリカ分割**が加速していくことになった。[57]

【図】コンゴ自由国における強制労働に対する『パンチ』の風刺画（1906年）[58]
ベルギー国王レオポルド2世が、住民にからみつくゴムのような蛇として描かれています。

 けれどもアフリカ各地の首長と条約を結んでいった特許会社の多

---

[57] ―【ベルリン・コンゴ会議】この会議の発端は、ベルギーの国王であったレオポルド2世（在位1865〜1909）が、コンゴ盆地の住民を「保護」すると主張し、コンゴ盆地全域の権益を自らの手におさめようとしたことにあります。ベルリン会議の結果、ベルギー国王レオポルド2世の私有領（！）という異常な形でコンゴ自由国が建設されましたが、国名に冠せられた「自由」とは裏腹に、ベルギー政府が責任を持たない形で天然ゴムのプランテーションに住民を暴力的に駆り出す搾取が横行。20世紀初めにかけて各国からの批判にさらされ、1908年以降は王の手を離れベルギーの植民地となりましたが、その後もコンゴの前途は多難で…（→4-4「何のための教育？」の項を参照）。

[58] ― https://en.m.wikipedia.org/wiki/File:Punch_congo_rubber_cartoon.jpg、パブリック・ドメイン。

目標3　人々に保健と福祉を（Good Health and Well-Being）　　　183

くは、ゆくゆく財政難に陥った。それをみたヨーロッパ諸国は、資源やマーケットを求めて直接支配に乗り出していくようになる。しかし、植民地支配のための予算は必ずしも十分じゃない。一人一人の検診や感染者の隔離をするためのスタッフも足りず、開発のためにかえって感染地域が拡大したエリアも少なくない。あの**コッホ**（1943〜1910）も、「眠り病」の研究のために現在のタンザニア（ドイツ領タンガニーカ）を訪れたけれど、危険な人体実験にもかかわらず感染拡大をくいとめることはできなかった。でも、その失敗の責任は「現地人のせい」の一言で片づけられてしまった。[59]

【図】ゴムノキ（→**目標12**）から樹液を採取するコンゴの人々（少なくとも1905年以前に撮影）[60]

　　——文明がどうのこうのって言ったって、結局何も考えちゃいないじゃないですか。

　　もちろん彼らは立派なことをやっているんだって信じていたし、感染症の研究はこの後世界の多くの人を救うことになる。でもその陰には、隠れた犠牲もあったわけだ。[61]

---

59 ── 19世紀末〜20世紀初めの「眠り病」のアフリカにおける流行の原因は、天然ゴム園などの大農園の開発にありました（→**目標2**、磯部裕幸 2018『アフリカ眠り病とドイツ植民地主義』みすず書房）。
60 ── https://commons.wikimedia.org/wiki/File:StoryoftheCongoFreeState_280.jpg、パブリック・ドメイン
61 ── 20世紀前半に西アフリカのフランス領植民地で医療活動をおこない「生命への畏敬」という概念

ちなみに植民地化の影響を受けたのは、人間だけじゃない。伝染性が強く、致死率は90％にものぼる牛疫は、19世紀の終わりにアフリカに持ち込まれ、牛の9割が死んだという。牛を生活の糧としていた**マサイ人**の社会では、1891年以降、村同士の争いが10年にわたって続くことになった。でも植民地当局は、白人の牧場に被害がおよばないよう現地の人々の家畜を隔離するだけで、牧畜民のケアには無関心だった。むしろ、入植者にとっては牧畜民がいなくなってくれたほうが都合がよかったのだ[62]。結果的に家畜の感染症は、東アフリカでのイギリス、南アフリカでのドイツの植民地化を加速させる結果を生んだともいえる（→ **16-4 つくられた辺境**）。

3-6　生権力の時代：国が国民の命を管理する

一人ひとりの健康に対して、国が細かく気を配るようになったのはなぜだろう？

　――この後、世界の人たちの健康水準は、全体としては上がっていったわけですよね？

　もちろん地域差はあるけれど、しだいに上がっていったのは間違いない。たとえばこのグラフは**第5期**（**1800年頃〜1950年頃**）以降の地域別身長の推移を示したものだ。平均身長じたいにはもともと地域差もあるけれど、その伸び率には、一人あたりGDPとの関わりがあることが指摘されている（→**女性の身長の推移については 5-7 開発とジェンダー**を参照）。

に到達した**シュヴァイツァー**（1875〜1965）でさえ、そもそも活動の地が植民地支配に置かれていたということに疑問を抱いていたわけではありません。
62 ── 楠和樹 2019「開発のための家畜―第二次世界大戦後のケニアにおける家畜の市場化」、太田至・曽我亨編著『遊牧の思想』昭和堂、354頁。19世紀後半のアジア・アフリカにおける大流行の経過については、マクヴェティ, アマンダ・ケイ 2020『牛疫―兵器化され、根絶されたウイルス』みすず書房、22-26頁を参照。

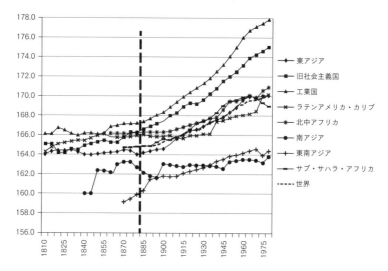

【図】地域別の平均身長のうつりかわり（1810〜1975年）
（出典：水島司・島田竜登『グローバル経済史』放送大学教育振興会、2018年を元に作図）

　　——こんなにも違いがみられるのか…。国の政策の違い？

　　たしかに国が国民の健康に干渉する傾向も、ヨーロッパ諸国ではすでに**第4期（1400年頃〜1800年頃）**にはみられるようになっている。フランスの思想家ミシェル・フーコーによると、この傾向は、17世紀のヨーロッパ諸国におけるペストの大流行の際にとられた都市封鎖や監視といった措置に早くも現れている。[63]

　　——え？　ペストの大流行って、後の時代にもあったんですか。

　　14世紀半ばの「黒死病」ほどの規模ではなかったけれどね。17世紀半ばの流行を最後にヨーロッパでは収束していった。[64]

---

[63] —— フーコー，ミシェル 2020『監獄の誕生』（新装版）新潮社。
[64] —— 17世紀のペストの流行については、見市雅俊 1996『ロンドン＝炎が生んだ世界都市』講談社を参照。中東ではオスマン帝国を中心に19世紀半ばまで流行が続いたのとは対照的に、ヨーロッパでは17世紀半ば以降、西から東に向かったペストの流行は順次収束に向かいました。のちのヨーロッパ人は、こ

第1章　人間（People）——人間の「しあわせ」の世界史

住民一人ひとりを隔離し監視する対処方針にも、18世紀になると変化がみられるようになる。国は、一人ひとりの人間ではなく、いわば「人の群れ」を管理するために各種データによって示される「人口」という数字を気にするようになっていったんだ。

　――人が数字であらわされる？

　そう。ようするに**統計**だね。今ではあたりまえになった統計のルーツはこの時代のヨーロッパにある。強くて豊かな国をつくるために、人口を増やすことが重視されたからだ。[65] 具体的には生まれた赤ちゃんの数、病気にかかった人の数、そして亡くなった人の数だけでなく、国の富を増やす人、減らす人といったような統計データまでもが、細かくとられるようになった（→ ターゲット 17-18 ターゲット 17-19 ）。そこから分岐していったのが、公衆衛生学や予防医学といった学問だった。[66]

　――健康な人を増やすにはどうするか、ということが注目されていったんですね。

　そうそう。もちろんなんでもかんでも国が考えを無理に押し付けたわけではなくて、人々の側が進んでそのような考え方を身につけるようになっていく。そんな時代の転換が**第5期**にかけて見られたんだ。同時に、国の繁栄にとって都合の悪い人間を排除していく動きも強まっていった。たとえば精神的・身体的な障害を持つ人や、

の時期に実施された衛生対策こそがペストを封じ込めたのだとの自信を深め、見市さんはこのことが逆に疫病のはびこる中東を低く見る視線にもつながったとみています（見市雅俊 2021「歴史のなかの疫病と社会」、『神奈川大学評論』98、107-115頁、112頁）。
65　― 17世紀後半のロンドンでは、貧しい人々のなかでアルコール度数の高いジンというお酒が流行し、捨て子や虐待が横行する状況が問題となっていました。その後、18〜19世紀にかけて、捨て子を減らす対策がとられ、母乳育児が奨励されるようになります。それは女性が、男性によって保護され、**他者のケアをする性**として位置づけられていく動きとも並行関係にありました（→**目標5**）。
66　― フーコー，ミシェル 1986『性の歴史I―知への意志』新潮社。

同性愛者といった人々だ（→ **5-4 産業革命**と「**近代家族**」）。

人口を増やそうとする政策は、植民地の人々にもおよぶ。たとえば奴隷の出生率の上昇や、乳児死亡率の低下のための研究だ。

——なんだか人を、国にとって価値のある「コマ」として見ているみたいだな。

名前のある一人ひとりの個人ではなく、集団として人々の生活に介入するわけだからね。この傾向は**第 5 期**（1800 年頃～ 1950 年頃）に入ると、いっそう強まっていくよ。たとえば都市における感染症対策のために、国民の行動にも制限がかけられるようになっていく。

——どうしてそんなことに？

19 世紀は「移民の世紀」とも呼ばれ、国境を超えた経済活動が活発化し、人々の行動範囲が広がっていった時代だ。見慣れない人と接する機会が増えれば増えるほど、「○○人によって仕事が奪われる」とか「○○人によって病気がうつる」といった話も広まりがち。移民を多く受け入れる都市や植民地では、指紋などの身体の一部分によって人々を特定し、出入国や国内の移動を管理する仕組みも導入されるようになった。さらに、特定の人たちに対して、一見科学的にみえる理論を持ち出して「あいつらは**人種**が違う」と差別をする人も目立つようになった。

こうしたことの背景には、「劣った能力をもつ人々が競争に負け

---

67 ——【**人種**】人間（ホモ・サピエンス）を「生物学」的特徴に基づき分類した概念。かつては外見的な特徴をもとに黒人（ネグロイド）、黄色人種（モンゴロイド）、白人（コーカソイド）、オーストラリア人種（オーストロイド）の4つの人種に分けることが生物学的に認められ、人間間に優劣があるのは当たり前と信じられた時期もありました（→**目標10**）。現在ではそのような外見的特徴から人間をいくつかの人種に分けることは、そもそも精度の低い分類として斥（しりぞ）けられる傾向にあります。代わって、ミトコンドリアDNA分析やY染色体分析により、ある地域に暮らす人間集団が、多様なルーツの組み合わせによって成立していることも明らかになっています（崎谷満 2010『DNA・考古・言語の学際研究が示す新・日本列島史』勉誠出版、22頁）が、こうした新しい分類が、恣意的な解釈によって新たな差別を呼び込まないとも限りません。

るのは当然」とする**社会ダーウィニズム**[68]や、「国民はひとつに団結するべきだ」というナショナリズムの盛り上がりがあった。

　——グローバル化が進む中で、国民としての仲間意識が強められていったというわけですか…。

　一見逆向きの動きのようだけれど、一方が強まると、もう片方も強まるというように、同時進行的に進んでいったところがミソだよ（→ **5-2 ジェンダーの多様性**）。
　「役に立つ国民」を国が選別する傾向も、特に第一次世界大戦（1914〜1918年）をきっかけとして強まっていった。

　——どうしてですか？

　これまでの戦争は戦場だけで完結し、戦争の期間も比較的短かった。ところが第一次大戦では戦闘員だけでなく国民すべてが戦争に協力することが必要となった。銃後に残された女性や子どもたち、それに占領地の住民も、軍需工場などの働き手として動員されるようになっていく。このまったく新しいタイプの戦争を「総力戦」と呼ぶよ（→ **5-6 フェミニズム運動の展開**）。

　——でも、そんなに長く続いたら疲れちゃいそうですし、犠牲者が増えれば士気も下がりそう。

---

68 ——【社会ダーウィニズム】1850年代末にイギリスの生物学者ダーウィン（1809〜1882）が『種の起源』のなかで唱えた進化論に「適者生存」の観点を接ぎ木し、人間の社会にあてはめて説明したもの（平野千果子 2022『人種主義の歴史』岩波書店、133-134頁。千葉聡 2023『ダーウィンの呪い』講談社）。1870年代以降広まったこの立場によれば、当時の世界においてヨーロッパの白人が世界中に植民地をひろげ、アジアやアフリカの非白人を支配しているのは、後者が生物学的に劣っているからだ、進んだ白人が世界の頂点に立つのは進化論的に正しいことなのだということになります。主な論者として「エコロジー」の命名者であるドイツの動物学者**ヘッケル**（1834〜1919）（→**目標15**）や、イギリスの哲学者**スペンサー**（1820〜1903）がいます。非欧米圏では、ダーウィンの進化論がこの社会ダーウィニズムの形で受け入れられ、淘汰されないように白人文明を見習うべきだという主張がしばしば唱えられました（→**目標10**）。

目標3　人々に保健と福祉を（Good Health and Well-Being）

だよね。厭戦気分の広まらぬよう国民を納得させ続けることも欠かせない。そのために戦争を肯定的に報じ、国民のやる気を出すような情報（**プロパガンダ**）(69)が盛んに流された。

　――なんだか国が国民の顔色を常にうかがっているみたい。

　国民が機嫌を損ねようものなら、長期戦に勝つことはできないからね。実際に、食料不足に苦しんだロシアやドイツでは革命が起きて、政府が倒されているよ。

　――新しい戦争の形が社会のあり方を根底から変えていったんですね。

　全国民を長期間にわたって戦争に、いかに効率よく動員できるかが勝負となったからだね。そのためには、国民全員に健康でいてもらわなきゃ困るし、食料が足りなくなってしまったら戦争遂行自体が危ぶまれる。
　たとえばドイツでは、第一次世界大戦中にイギリスの海上封鎖によって「**カブラの冬**」（→ 2-5 第 5 期 ポイント③）とよばれる大規模な飢饉が起きた。この悲惨な記憶が生々しく残っていたからこそ、ドイツ人の生存を確保するというヒトラー率いるナチス・ドイツの政策

69──【プロパガンダ】政治的な意図・思想を組織的に人々に宣伝すること。メディアの発達に応じて、新聞や雑誌だけでなく、写真、映画、ラジオ、テレビといった音声・視覚メディアも利用され、近年ではSNSもその舞台となっています。第一次大戦後には、フロイト流の精神分析を生かして人々の無意識に働きかけ、潜在的な欲望をかきたてることで商品の需要を生み出すマーケティング技術にも転用されますが、プロパガンダが常に万能というわけではありません。ところで、多くの人々に組織的に情報を伝える活動といえば、これまでSDGsほど積極的な広報活動の展開された開発目標はなかったといえます。カラフルな17色のデザインはスウェーデン出身のクリエイティブ・ディレクター、ヤーコブ・トロールベック氏により作られたもので、SDGsは「多岐にわたる内容が羅列されていて分かりづらかった」「すべての目標が一つになり、統合されている印象を与えられる、太陽のような形状のものにしたかった」とし、シンプルな言葉づくりと視覚化を工夫したインタビューに答えています（サステナブル・ブランドジャパン「SDGsのロゴをどうデザインしたか」（2019年6月17日）、https://www.sustainablebrands.jp/news/jp/detail/1192914_1501.html）。

190　　第1章　人間（People）――人間の「しあわせ」の世界史

も、魅力を放ったわけだ。

——飢えを防ぐっていう政策自体は、問題ないように思いますが。

問題なのは、その方法だよ。ドイツ民族の食料を確保するために、東方のスラヴ人の土地が奪われていったんだ。まさに食うか食われるかという発想だね。[70]

ヒトラーはまた、同時に国民の健康増進にもこだわった。たとえば禁煙や禁酒を奨励するなど、国民の健康に強く介入したことで知られるよ。

「ナチス時代のドイツと言えば、よく知らない人でも「悪いことをした国だ」と思うだろう。だが、ナチス・ドイツは健康をとても大切にした国でもある。その背景には、当時のドイツの医学が世界をリードしていたという面がある。…（中略）…禁煙や禁酒にも熱心だった。空軍の基地内は禁煙になったし、列車の禁煙車両は違反者から罰金を取ったし、**タバコ**の広告は規制されたし[71]、タバコの耕地面積を増やすことはヒトラーによって禁止された。」[72]

---

70 ── 第二次世界大戦中には、生物兵器によって相手国の家畜を攻撃し、食料危機を起こす研究も進められていました（マクヴェティ，アマンダ・ケイ（山内一也・訳）『牛疫──兵器化され、根絶されたウイルス』みすず書房、2020年）。

71 ──【たばこ】タバコの葉を燃やし、煙を吸う行為（喫煙）は、中央アメリカのマヤ地方の宗教儀式で用いられたのが始まりで、これをスペイン人がヨーロッパに持ち込んだのが16世紀初め（→**目標2**）。以来、医療目的のみならず嗜好品として楽しまれるようになり、パイプたばこや嗅ぎたばこ、葉巻、水たばこなど、さまざまな方式が世界中に普及しました。紙巻たばこ（シガレット）は1842年にフランスで商品化されたのが始まりで、第一次世界大戦の頃から生産が急増します。21世紀にかけて先進国では喫煙者が減少しているのに対し、WHOによれば、現在世界の13億人の喫煙者の約8割以上が低・中所得層の人々となっています（たばこが原因で毎年800万人以上の人々が亡くなっており、うち約120万人が受動喫煙によるもの）。なお、**ターゲット3-a**にある「世界保健機関枠組条約」とは、WHO加盟国により2003年に採択された「たばこの規制に関するWHO枠組条約」を指します。

72 ── プロクター，ロバート・N（宮崎尊・訳）2003『健康帝国ナチス』草思社、291-296頁。

目標3　人々に保健と福祉を（Good Health and Well-Being）

【コラム】スペイン風邪のパンデミック

　第5期（1800年頃〜1950年頃）に入り、科学技術の発達により戦争が大規模化すると、多くの兵士が国を超えて移動するようになります。**日清戦争**[1]（1894〜1895年）の戦死者1,417人に対し、戦病死者が11,894人（『日清戦史』）と報告されているように、赤痢やコレラ、発疹チフスなどの感染症は、しばしば戦死者を上回る犠牲者をもたらしました。イギリス・フランスなどがロシアと戦ったクリミア戦争では、「クリミアの天使」と呼ばれたイギリスの**ナイチンゲール**[2]（1820〜1910）が統計学を応用して死亡率をおさえたように、戦病死者を減らす取り組みも公衆衛生の発達を促したのです。のちに第二次世界大戦でイギリスとアメリカ側が勝利したのは、**ペニシリン**[3]を大量生産できたことも重要な要素でした。

　第一次世界大戦中にはスペイン風邪と呼ばれる新型インフルエンザのパンデミックが猛威をふるい、兵士の密集する不衛生な塹壕を直撃し、戦況を大きく左右しました。「スペイン」の国名がついているのは、関係国が戦争への悪影響を恐れて流行の事実をひた隠し、中立国スペインでの流行（国王や政府高官までもが感染！）が世界最初の報道となったためです。インドでは、栄養状態の悪化との相乗効果により特に高い死亡率を記録しましたが、犠牲者が貧困者や特定のカースト（→**目標9**）に偏っていたこともわかっています。[4]

1――【日清戦争】1894〜95年にかけて、朝鮮の支配をめぐり起きた日本と清（中国）の間の戦争。勝利した日本が遼東半島（1896年に三国干渉により放棄）や台湾などを植民地化することとなりました。
2――**人物**【ナイチンゲール】（1820〜1910）イギリスの看護師。クリミア戦争（1853〜1856）の激戦地で統計学の知見を活かし、患者の側に立って野戦病院を改革し、数ヶ月で死亡率を半減させました。この活動は、アンリ・デュナン（1828〜1910）の国際赤十字創設（1863年）の呼び水ともなりました。
3――【ペニシリン】世界最初の抗生物質。イギリスの細菌学者フレミング（1881〜1955）が、培養していたブドウ球菌の培地に混入していたカビから偶然発見され、1929年に発表されました。臨床に応用されるようになったのは1940年代のことで、第二次世界大戦時のアメリカによるペニシリンの増産は、連合国側の勝利にも貢献します。
4――脇村孝平 2002『飢饉・疫病・植民地統治』名古屋大学出版会、145頁。

> **関連ターゲット 3-a** 全ての国々において、たばこの規制に関する世界保健機関枠組条約の実施を適宜強化する。

　　　──えっ、それは意外ですね。ナチスはみんなの健康に気を遣っていたんですか。

　　　いやいや、べつに個人個人の命を尊重してのことではなくてね、強いドイツをつくっていくのに必要な、健康な男性が強壮な兵士や、健康な男性を産む健康な母親が求められたという目的を見逃しちゃいけない。[73]この論理の裏を返せば、「健康ではない」人々、つまり国にとって有益ではないとみなされた人々の排除の論理につながる。実際にドイツでは特定の民族や同性愛者（→**目標5**）や**ロマ**[74]、精神病や遺伝的な病気を持つ人々は、「生存に値しない人びと」とされ、断種、安楽死や虐殺の対象となっていったんだよ。

　　　──なんてことを…。

　　　政策の一面を切り取って現在の見方でよみとくと、負の側面が見えなくなってしまうから気をつけよう。ただ、そんなふうに国にとって「役に立つ」とされた人の健康ばかり重視され、「役に立たない」と決めつけられた**障害者**[75]の人々がないがしろにされたのは、ド

---

73 ── 実際には、タバコ・アルコールは戦場での需要があることから男性に対して実質的に許容・奨励されていましたし、女性の喫煙が問題視されたのも、「生殖能力」の損傷をおそれてのことでした。いずれにせよ個人の問題ではなく、あくまでドイツ民族全体の問題としてとらえられていたのです（小野寺拓也・田野大輔 2023『検証 ナチスは「良いこと」もしたのか？』岩波書店、第8章）。

74 ──【ロマ】1000年頃にインド北西部から移動し、ヨーロッパ各地に分布する少数民族。ジプシーという通称は、過去に蔑称とされたため避けられ「ロマ」という自称が用いられることが多い。ユダヤ人の影に隠れがちですが、ナチス・ドイツにより約50万人が殺害されています。ドイツでは、古くに移住したグループを特にシンティといいます。

75 ──【障害者】第5期（**1800年頃〜1950年頃**）に近代化を進めた国々では、規律正しく学び、働き、国のために役立つ人々が求められ、そうでない人々が明確に区別されていきます。「障害者」も、国によって保護される存在として扱うだけでなく、いかに国に貢献させるかが問題となりました。たとえばドイツでは、戦争に従軍する中で負傷し、後天的に障害者となった男性（「戦争障害者」）の処遇をめぐり、ドイツでは1920年に制定された国家援護法により、医療支援とともに再就職支援を受けることが認められ

目標3　人々に保健と福祉を（Good Health and Well-Being）　　193

イツに限らない。優生学(ゆうせいがく)[76]は、革新主義[77]が支持されたアメリカでも盛んだったし（最初の強制断種法は1907年にインディアナ州で制定されたものでした）、国民の健康を管理しようという政策は、同じ時期の先進諸国では一般的にみられるものでもあったんだ。

国が国民の健康を守っていこうというのは、一見悪くないことのように思えるかもしれない。けれども、健康が「一人ひとりのしあわせ」ではなく、「国家の存亡や国民全体のしあわせ」と結びつけられ、大きな統計データが重視されていく。**それが行き過ぎると、多くの人の「生存」（生き延びること）に価値が置かれるあまり、かえって一人ひとりの自由な「生活」の価値が奪われてしまう。**こうした落とし穴にも敏感(びんかん)になっておくべきだろう[78]。

　　――植民地の人々に対しては、どんな政策がとられていたんで

ます。つまり、障害者に対しても、「戦う兵士」としてではなく、「労働する男性納税者」として再び国への貢献を求められたわけです（北村陽子 2021『戦争障害者の社会史』名古屋大学出版会）。先天性の障害者のほか、**第5期（1800年頃～1950年頃）**以降に増加していったのは交通事故や戦争に起因する障害者、さらに**第5期**以降に研究の進んだ精神及び行動の障害です。現在では、障害を個人の能力の欠如としてとらえ、医療の対象とする「医学モデル」ではなく、社会環境によってつくりだされたものであり、社会全体が個々の障害に寄り添って環境を変えていくべきだとする「社会モデル」が浸透しつつあります。

76 ――【優生学】優生学（eugenics）という言葉を1883年に初めて用いたのは、進化論で有名なチャールズ・ダーウィンのいとこ**フランシス・ゴルトン**（1822～1911）でした。要するに、社会にとって「生存に適さない」とみなされた人間は、生まれてこないほうが幸せではないかという考え方に基づく学問を指します。19世紀後半の欧米では、ダーウィンの進化論から「人間社会においても自然淘汰が必要である」という解釈を引き出した社会ダーウィニズムが流行していましたが、第一次世界大戦後になると、その影響を強く受けた優生学がイギリスやアメリカ合衆国で発達し、優秀な遺伝子を持つ国民・民族・人種を増やすための試みが実施されていくことになりました。たとえばアメリカのいくつかの州では「精神遅滞(ちたい)」とされた人間に対する断種が実施されています。のちにドイツのナチス政権による断種法にも、アメリカの優生学運動の影響がみとめられます（米本昌平ほか 2000『優生学と人間社会』講談社。ブラック, エドウィン 2022『弱者に仕掛けた戦争』人文書院）。

77 ――【革新主義】19世紀末から20世紀初めにかけてのアメリカは、革新主義の時代と呼ばれ、それまでの資本主義の発展（1870年代頃、金権政治や金儲け至上主義がはびこった時期を「金ぴか時代」といいます）がもたらした"影"の部分を科学的に解決し、新しい社会を建設していこうという気風にあふれた時代でした。労働問題、環境問題などにとりくむ社会運動が草の根からおこり、**国立公園**の設置（→下巻11-6、15-5の項目を参照）、学校教育の改革、公衆衛生の改善などが進められていきました。他方で革新主義の成果だけに注目するのではなく、「資本主義の悪い点を是正しよう」「みんなで社会をよくしよう」という思いが、結局は一部の人々を追いやる形になってしまった経緯に注目することも重要です。

78 ――藤原辰史 2011『カブラの冬』人文書院。

しょうか？

　たとえばイギリスの支配したインドでは、宗主国の人々の居住区が現地住民のエリアから離れたところに置かれることが普通で、感染症による犠牲者のほとんどは現地住民だった。一方、日本の支配した台湾では、感染症の死者が日本人・台湾人ともに低くおさえられていたことが知られているよ。

　——つまり、日本のほうが現地住民のことを考えていたってことですか？

　たしかに感染症による死者は減っていったけれど、感染症対策の名の下に、住民に対する私権の強い制限があったことも見逃せない。近代的な医療や衛生には、人々の身体をコントロールする側面もあるということには注意が必要だ。[79]

　——ちなみに、国際的な協力は進まなかったんですか？

　第一次世界大戦後には、**LNHO**（国際連盟保健機関）[80]が設置され、感染症の発生状況の共有や、予防法・治療法の共同研究がおこなわれるようになったほか、マラリアの被害をおさえるためのプロジェクトも実施されるようになっているよ。

---

79 — 脇村孝平 1997「植民地統治と公衆衛生―インドと台湾」、『思想』878、34-54頁。
80 — 【国際連盟保健期間（LNHO）】1923年に国際連盟の常設諮問機関として設置され、1907年設立のパリ公衆衛生国際事務局とともに、保健分野の国際協力を推進していきました。結核予防のためのBCGワクチンの普及、ガンの放射線治療の研究、血液型のABO型への統一など、治療法の確立や基準の統一において成果をあげました。当時、国際連盟常任理事国であった日本も積極的にかかわり、1925年には東京で衛生技術官交換会議が開催されています。第二次世界大戦後には、世界保健機関（WHO）に吸収されました。

目標3　人々に保健と福祉を（Good Health and Well-Being）

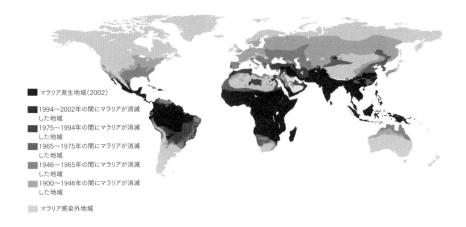

■ マラリア発生地域（2002）
■ 1994〜2002年の間にマラリアが消滅した地域
■ 1975〜1994年の間にマラリアが消滅した地域
■ 1965〜1975年の間にマラリアが消滅した地域
■ 1946〜1965年の間にマラリアが消滅した地域
■ 1900〜1946年の間にマラリアが消滅した地域
▓ マラリア感染外地域

【図】マラリア感染地域の歴史的変遷[81]

　歴史的にみると、かつては温帯エリアにも1900年以前にはマラリア流行地域が分布していたことがわかります。**第5期**（**1800年頃〜1950年頃**）以降、従来マラリアの流行地域ではなかった地域でも、鉄道（→ **9-3 だれのための植民地開発か?**）や灌漑施設などの開発により流行地域が拡大していったんだ。たとえば19世紀に開発のすすんだインドでは農業生産力が上がり、一次産品の輸出や商工業が盛んとなり人口が増えたものの、かえってマラリアと飢饉の被害が拡大してしまう。開発によって人々をとりまく環境が変わり、かえって感染症リスクが高まってしまったのだ（これを開発原病といいます）。

　　　——LNHOはどんな対策をおこなったんですか？

　　　感染症治療にターゲットをしぼるだけでなく、病気予防のための栄養価の高い食事の推奨や（→**目標2**）、教育の推進（→**目標4**）、公衆衛生インフラの整備（→**目標9**）を推進するなど、広い意味での「健

---

[81] ── Max Roser(Our World in Data), https://ourworldindata.org/malaria、CC-BY（2024年11月3日閲覧）

196　　　第1章　人間（People）――人間の「しあわせ」の世界史

康」政策をすでに実施していた点が特徴だ。感染症そのものをやっつけるのではなくて、感染症を生み出している経済と社会の問題点そのものを変えていこうというアプローチだよ。

　　──なるほど〜。遠回りのようですけど、根本的ですね。SDGsにも通じる考え方みたいです。

　　ただし、活動の場所はヨーロッパとアジアに限られていた。
　そこで、LNHOには加盟できなかったアメリカでは、ロックフェラー財団という民間組織がマラリア対策を積極的にすすめているよ。ロックフェラー財団は、古くからアメリカ南部やラテンアメリカで活動し、中米の**パナマ運河**の建設現場で防疫に成功した経験もあって、その後ヨーロッパにも活動の場を広げている。
　住民の生活水準や所得水準を上げることを通したマラリア対策をすすめるLNHOに対し、ロックフェラー財団は、マラリア原虫を媒介する蚊そのものを駆除するアプローチをとった。ただ、成虫を駆除することは難しいので、蚊の幼虫の生育する水たまりを埋めたり、殺虫剤をまいたりする方法がとられた。
　このように、第二次世界大戦前の世界には、世界の人々の保健や福祉をよりよくしていこうという政府ではない組織が複数あって、それらがLHNOとも重なり合って国際協力も進んでいった（→**目標17**）。けれども、そのいずれの対象にもアフリカの人々は直接含まれてはいなかったんだよね。

82　── 詫摩佳代 2020『人類と病─国際政治から見る感染症と健康格差』中央公論新社、40頁。
83　── 脇村孝平 2020「「帝国医療」から「グローバル・ヘルス」へ」、秋田茂ほか編『人口と健康の世界史』ミネルヴァ書房、333-357頁、337-338頁。
84　──【パナマ運河】中央アメリカのパナマ地峡を横断し、カリブ海と太平洋を結ぶ運河。アメリカ合衆国が1904年に着工し、1914年に完成。
85　── 脇村孝平、上掲、338-339頁。

目標3　人々に保健と福祉を（Good Health and Well-Being）　　　197

3-7 「人間ゾーン」の拡大：動きすぎる人間と再興・新興感染症

パンデミックのリスクや「命の格差」が、なおも世界に残されているのはなぜだろう？

> **関連ターゲット 3-2** 全ての国が新生児死亡率を少なくとも出生1,000件中12件以下まで減らし、5歳以下死亡率を少なくとも出生1,000件中25件以下まで減らすことを目指し、2030年までに、新生児及び5歳未満児の予防可能な死亡を根絶する。

　　——アフリカも含め、世界中の人々の保健や福祉をよりよくしていこうという取り組みって、いつごろからはじまったものなんでしょうか？

　　国際保健（グローバル・ヘルス）協力がさらに拡大していったのは第二次世界大戦後のことだ。
　健康も基本的な人権のひとつという認識から、これまでの国際保健に関わる組織を解散し、代わりに1948年に**世界保健機関（WHO）**[86]が設立された。WHOの憲章において健康（health）が「**病気でないとか、弱っていないということではなく、肉体的にも、精神的にも、そして社会的にも、すべてが満たされた状態**（a state of complete physical, mental and social well-being）**にあること**」と定義されることになったのは、LNHOでの取り組みを引き継いでいるといえる。
　とはいえ差し迫った問題は、以前から続く感染症の対策だ。世界保健機関は、アメリカとソ連の対立する冷戦の影響を受けながらも1950年代以降、**DDT**を使ったマラリア根絶計画（MEP、1955～1969）[87]

---

[86] ——【世界保健機関】World Health Organization。憲章の前文には「健康とは、完全な肉体的、精神的及び社会的福祉の状態であり、単に疾病又は病弱の存在しないことではない」「到達しうる最高基準の健康を享有することは、人種、宗教、政治的信念又は経済的若しくは社会的条件の差別なしに万人の有する基本的権利の一つである」とうたわれています。

[87] ——【DDT】1937年に開発され、かつて世界でひろく使用されていた最初の有機合成殺虫剤。アメリカの生物学者**レイチェル・カーソン**の『沈黙の春』（1962年）が取り上げて以降、生態系や人体への影響が懸念され、国際的に禁止されるようになりました。同書はその後世界中で読まれ、環境問題に対する

を世界各地で実施することになった。

　　——DDT？

　　マラリアを媒介する蚊の成虫を駆除するための殺虫剤だ。実際にインドでは1950年代初頭に推定7,500万人いたマラリア患者が、1960年代初頭にはなんと約10万人程度にまで激減したんだ。

　　——すごい成果ですね！

　　たしかに、このプログラムによって欧米（イタリア、オランダ、アメリカ、スペイン、ポルトガル）や、熱帯エリアのうち感染源を断つのが容易だったカリブ海の島国、さらに東ヨーロッパの社会主義国（ブルガリア、ポーランド、ルーマニア）では、マラリアは文字通り「根絶」されていった。また、インドやスリランカなど、比較的早い時期に独立を達成した国でも、患者数を激減させることに成功している。

　　——あれ、まだアフリカがない。

　　そう。依然としてサハラ砂漠以南のアフリカはおきざりのままだったんだ。
　　ちなみに「DDTがあればマラリアは根絶できる」というアプローチの裏には、アメリカ政府の「途上国を技術援助によって経済改善

意識向上に大きく貢献することとなります。
88 ── この背景には、サハラ以南のアフリカ特有の問題もありました。サハラ以南のアフリカのマラリア流行地域では、住民たちの多くが幼児期に感染し、「獲得免疫」の状態にあります。要するに、マラリアというのはありふれた病気なのだという現地住民の認識もありました。こうしたことをめぐり、専門家たちの間では、DDTを使用したマラリア対策を不徹底に実施すれば、かえって感染による死者が増えてしまうのではないかという議論が、1950年代にさかんに交わされていたのです（脇村孝平 2020「「帝国医療」から「グローバル・ヘルス」へ」、秋田茂・脇村孝平編『人口と健康の世界史』ミネルヴァ書房、333-357頁、349-351頁）。

し、ソ連側に立たせないようにする」思惑も関係していた。その結果LNHOで活躍していたソ連陣営側の専門家の手法（住民の生活水準や所得水準を上げようとするアプローチ）は、WHOにおいては影をひそめることにもなった。[89]

——どうして…。

そこには、マラリア対策が、最終的に人口増加を招いてしまうのでは、というFAO側の懸念もあったんだ（→**目標5**、**目標15**）。

とはいえ感染症対策は進展もしていった。1958年以降、世界天然痘根絶計画をすすめていたWHOが、1977年のソマリアの症例を最後として、1980年に**天然痘**[90]の根絶を宣言している。国際協力により根絶が成功した、数少ない例だ（もう一つは2011年に撲滅が宣言された牛疫）。このままいけば、人類は感染症を制圧することができるのではないかという楽観的な声もあがるようになった。

一方、1970年代末以降、特定の疾患に絞った対策ではなく、より基礎的な医療・保健のインフラを充実させようというアプローチ（**プライマリー・ヘルス・ケア**）[91]が重視されるようになっていくと、マラ

---

89 ── 大戦直後には、国連食糧農業機関（FAO）とWHOがコラボし、食料援助をしながらマラリア対策をする構想もありましたが、立ち消えになってしまいました。脇村孝平 2020「「帝国医療」から「グローバル・ヘルス」へ」、秋田茂ほか編『人口と健康の世界史』ミネルヴァ書房、333-357頁、340-341頁。

90 ── 1980年に根絶宣言の出された天然痘も、軍事的な研究と関わりは無縁ではありません。冷戦時代、米ソが生物兵器対策のために天然痘ワクチンを保有し続け、1990年代のソ連崩壊時には国外に流出したといわれます（マクヴェティ，アマンダ・ケイ 2020『牛疫』みすず書房、第2章、第5章）。

中国の武漢にある軍事研究施設とCOVID-19の関連を問う議論は、それ自体感染症対策としてのワクチン研究と軍事研究の密接な関係を示唆するものともいえます。なお、戦時中の日本でペスト菌の兵器化を目指した731部隊（関東軍防疫給水部）については、上田信 2001「細菌兵器と村落社会——中国浙江省義烏市崇山村の事例」、見市雅俊ほか編『疾病・開発・帝国医療』東京大学出版会、269-305頁を参照。

91 ──【**プライマリー・ヘルス・ケア**】1978年、ソ連のアルマ・アタで世界保健機構（WHO）と国連児童基金（ユニセフ主催）の共催により第1回プライマリー・ヘルス・ケアに関する国際会議が開かれました。ここで採択された**アルマ・アタ宣言**において、初めて掲げられた概念です。2000年までにすべての国や地域のすべての人々が、科学的に正しく、社会的に受け入れられる方法によって基本的な保健医療サービスを受けられるようにすることを目指したもので、植民地時代から引き継がれた医療・保健政策を見直し、農村・貧困層を重視し、民衆中心、包括的（専門横断的）医療、予防重視、地域参加型のケア・アプローチを打ち出したものです。1980年代には停滞しますが、1990年代以降に再び注目され、1996年

リアだけに重点を置いた施策も下火となった。

　けれど、それで幕引きとはいかなかった。すでに 1960 年代には早くも DDT への耐性を持つ蚊が現れ、1970 年代にはマラリアの「再興」が深刻化していったんだ。

　——感染症をコントロールするのって、本当に難しいんですね。

　そうなんだよね。それに、健康にまつわる新たな問題も先進国から出てきた。

　従来は目立たなかった、癌や糖尿病に代表される生活習慣病だ。今後はアルツハイマー病などの認知症が死亡原因に占める割合も高くなっていくだろう。

　これには生活水準が向上し、平均寿命が上がったことも関係している。**第 5 期**（1800 年頃〜 1950 年頃）の 19 世紀後半以降、産業革命を達成した西ヨーロッパの工業国を皮切りに、世界全体の平均寿命は伸び続けていった。一般に、健康転換の遅かった国ほど、寿命が伸びるペースは速くなる。[92] 国連開発計画のデータによると、1800 年頃の世界全体の平均寿命は 30 年にも満たなかったのに、2015 年には 71.6 年にまで伸びているんだ。

　——すごい！　そんなに変化してるんですか！

　開発がグローバルに広がった証でもあるけれど、途上国における「人口爆発」に対する先進国側の懸念（→**目標 5**）や、世界各地で進む少子高齢化の波に対する危機感も高まっているよ。

　関連ターゲット　3-7 2030 年までに、家族計画、情報・教育及び性と

に DAC 新開発戦略で具体化されて、MDGs や SDGs へと継承されました。なお、MDGs においては特にマラリアに重点を置いたプロジェクトが実施されています。
92 ── ライリー，ジェイムス 2008『健康転換と寿命延長の世界誌』明和出版、30-35 頁。

目標 3　人々に保健と福祉を（Good Health and Well-Being）

> 生殖に関する健康の国家戦略・計画への組み入れを含む、性と生殖に関する保健サービス（→目標5）を全ての人々が利用できるようにする。

——少子高齢化って、先進国だけの問題じゃないんですか？

　第5期（1800年頃〜1950年頃）以降の社会の仕組みは、経済を担うのは「元気で若い男性」だということを前提として組み立てられてきた（→目標5）。

　でも、はじめに欧米諸国で始まった少子高齢化の波は、中国で「未富先老」（ウェイフーシエンラオ）（所得が増える前に高齢期を迎えること）が問題視されているように、特に東アジアにおいてはかつて想定されていたペースを超えて急速に進んでいる。[93] 今後の途上国では、高齢化はむしろ農村部で急速に進行するという予測もあり、既存の社会保障制度では対応しきれないおそれも出てきているよ。[94]

　人口ボーナスの期間が長ければ、その後の少子高齢化に備える原資を蓄えることができる。けれど、少子高齢化のペースがあまりに速すぎると、対応は難しくなってしまう。現在起きているのは、かつて考えられていた「多産少死から少産少死」どころではなく、「**少産少死から超少産少死**」という、かつて人間の経験したことのない状況だ。[95]

> **関連ターゲット 10-7** 計画に基づき良く管理された人の移動政策の実施などを通じて、秩序の取れた、安全で一定的かつ責任ある移動やモビリティーを促進する。

---

93 ── これを韓国の社会学者・張 慶燮（チャンギョンソプ）は「圧縮された近代」と呼び、ヨーロッパが近代化の長いスパンで経験してきた社会変容が、アジアでは短期間に生起していると指摘しています（落合恵美子 2013『親密圏と公共圏の再編成』京都大学学術出版会）。
94 ── 大泉啓一郎 2007『老いてゆくアジア』中央公論新社。
95 ── この状況は、人口のグローバルな移動にも影響を与えるものです（佐藤龍三郎・別府志海 2023「世界人口の動向と「人口・開発」問題」、佐藤龍三郎ほか編『SDGsの人口学』原書房、1-42頁）。

若者が多数派であることを前提としたこれまでの社会の設定も、おのずと見直しを迫られることになるだろう。[96]

　——人口が増え続ける地域はないんですか？

　後発発展途上国を中心にサハラ以南のアフリカ諸国やラテンアメリカ諸国、一部のアジア諸国では、生産年齢人口（25歳〜64歳）がほかの年齢層よりも速いスピードで増加していて、**人口ボーナス**[97]と呼ばれる経済成長のチャンスが訪れていると見ることもできる。
　出生率は全世界で減少傾向にあるし、かつては増加の一途をたどるとされていた世界人口の予測も、最近では下方修正されるようになっている（次頁の【図】を参照）。とはいえ世界は、21世紀中も人口増加が続く地域と、人口減少に直面する地域の2つが同時に存在する状況を迎えている。

　——心配されていたほどの「人口爆発」は起きないとはいえ、地域によって課題は異なるんですね。

　そう。先進国で深刻なのは、少子高齢化の急速な進行だ。

---

96 — 欧米諸国では、減少した労働人口は、移民の流入によって補われてきました（→**目標11**）。近い将来予測されるのは、高齢化の進む先進国・新興国に向けた途上国からの「ケア労働」（医療・看護・福祉）にかかわる労働者の増加です（→**目標5**）。
97 — 【人口ボーナス】生産年齢人口（15〜64歳）に占める年少人口（0〜14歳）と高齢人口（65歳以上）の割合（従属人口の割合）が減少する段階のこと。この時期を迎えると、子どもや高齢者のケアよりも、経済開発への投資比率が高まるため、経済成長が促されると考えられています（小川直宏 2018「人口ボーナスと人口オーナス」、日本人口学会編『人口学事典』丸善出版、70-71頁）。

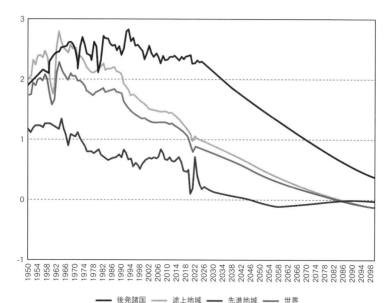

【図】世界および先進・途上地域別の人口増加率：1950〜2100年（2024年以降は国連の中位推計）[98]

　また、穀物や食肉の生産量の増加によって、先進国を中心に**肥満**が大きな健康問題となっている。先進国で**フード・ロス**[99]が大量に発生するのに、途上国では飢餓が問題となる。そんな国家間の「不公平な関係」や、国内の経済格差（→目標10）のあらわれでもある。国家財政の多くを援助に頼っているカリブ海や太平洋の小さな島国でも、高カロリーな食品の消費が増え、肥満問題が深刻化している。[100]

> 関連ターゲット 12-3　2030年までに小売・消費レベルにおける世界

---

[98] ── 国際連合経済社会局『World Population Prospects 2024（世界人口推計 2024年版）』により作成。
[99] ──【フード・ロス（食品ロス）】食べられる状態であるにもかかわらず、廃棄される食品のこと。日本では、国連世界食糧計画（WFP）の援助食料のほぼ2年分にのぼる643万トンの食品ロスが発生しています（農林水産省2016年調査）。世界では、食料生産の3割超にあたる13億トンが毎年失われているといいます（国連食糧農業機関（FAO）2011年発表）。
[100] ── たとえばパラオは、肥満を含む栄養過多にかかわる問題をとりあげるべきだと主張しています（第11回OWG）。

> 全体の一人当たりの食料の廃棄を半減させ、収穫後損失などの生産・サプライチェーンにおける食品ロスを減少させる。

　精神医療にかかる患者数の増加も問題となっている。ソ連崩壊後の旧社会主義圏での自殺率の上昇や移民・難民の高い精神疾患リスク[101]にみられるように、人間の心の健康や幸福度は、働き方や社会の変化によっても大きく影響を受けるものだ。

> **関連ターゲット 3-4** 2030年までに、非感染性疾患による若年死亡率を、予防や治療を通じて3分の1減少させ、精神保健及び福祉を促進する。

　――ところで、感染性の疾患もまだなくなっていませんよね。

　むしろ、1980年代以降、世界的な流行のリスクは高まっていったんだ。

　特に1950年代にジェット機が民間航空会社によって定期就航されるようになったことや、1960年代以降のコンテナの普及（→**目標11**）による物流の増大が大きな変化だね。人間の移動が活発化するにつれて、収束したと見られていた感染症が復活したり（**再興感染症**）、新しい種類の感染症（**新興感染症**）が拡大したりと、パンデミックの発生リスクも高まっている。衛生状態の悪い新興国・途上国の大都市では、抗生物質への耐性をもつ結核菌も登場。先進国でも1990年代には患者数が再び目立つようになった。[102]

　――移動や開発が活発化すると感染症のパンデミックが起きるというのは、これまで何度も繰り返しているパターンですけれど、ど

---
[101] ヘルマン, セシル・G 2018『ヘルマン医療人類学』金剛出版、328-339頁。
[102] 近年の新興ウイルス感染症と再興ウイルス感染症（詫摩佳代 2020『人類と病』中央公論新社、111頁）

うして新しい種類の感染症が広まるようになったんでしょう？。

　　人間と野生動物が遭遇する機会が増えたことが、新しい感染症の背景にあるよ。

　たとえば1980年代以降に猛威を振るった「**免疫不全ウイルス**」（**HIV**）[103]のルーツは、さらに**第5期**（1800年頃〜1950年頃）の植民地支配下の中央アフリカにまでさかのぼることができる。医師ジャック・ペパンの研究によれば、1920年代、密林に棲息するチンパンジーのサル免疫不全ウイルスが変異をおこしてハンターに感染したことから始まった。ウイルスは、人口の急増した植民都市（→目標11）で増殖し、さらにフランスの植民地当局の実施した感染症治療のための注射針を介して爆発的に広まった。それがさらに**第6期**（1950年頃〜）になると、独立後の国づくりのためにカリブ海のハイチ（→目標10）という国から援助チームが派遣され、その後帰国したハイチ人経由でアメリカに広まったというシナリオだ。[104]

　第6期（1950年頃〜）には、環境意識の高まった先進国に代わり、とりわけ途上国で熱帯林の伐採が進んだ（→目標15）。そのため人間がこれまで足を踏み入れることが少なかった熱帯エリアで、病原体の自然宿主（たとえばコウモリやチンパンジー）に人間が遭遇する可能性が高まったんだ。エボラ出血熱や西ナイル熱もいずれも野生動物を自然宿主とし、人間以外の動物にも感染する特徴を持っている。[105]

---

103 ― 【HIV/AIDS】HIV（ヒト免疫不全ウイルス）に感染した結果、感染症への抵抗力が低下し、AIDS（後天性免疫不全症候群）を発症するもので、1981年にアメリカで初めて報告されました。抗ウイルス薬の薬価切り下げは、欧米の製薬企業の反対で実現せず、全世界の患者の約7割はサハラ以南のアフリカ諸国が占め、アフリカ以外では男性と性行為をおこなう男性、薬物使用者、セックスワーカーの間で流行しています。UNAIDSが指摘しているように、HIV/AIDSは、ジェンダー間の不平等や人種差別と深く関わっているのです（→目標5、目標10）。

104 ― ペパン，ジャック 2013『エイズの起源』みすず書房。

105 ― 山内一也 2020『ウイルスの世紀』みすず書房。**第6期**（1950年頃〜）に入ると、1977〜78年にエジプトのアスワン地方で蚊の媒介するリフトバレー熱という感染症の大流行が起きました。1970年に完成した大規模ダム（アスワン・ハイ・ダム）により、人造湖や灌漑水路などで蚊の繁殖地が増えたのが原因と考えられています。綿花や穀物増産により外貨を稼ぐために自然を改造し、通年灌漑を可能にしようとしたエジプトの政策が、健康被害や塩害をまねく結果となりました（加藤博 2008『ナイル―地域をつむぐ川』刀水書房、42-49頁）。

——でも、どうしてわざわざ森の中に？

　ひとつは人口増加への対応やビジネス目的のために耕地が拡大されていることが挙げられる。サルやワニといった密林の動物には食材（ブッシュミート[106]）としての商品価値があるんだよ。2020年3月にWHOによりパンデミックと認定された**COVID-19**（新型コロナウイルス感染症）も、中国の武漢の海鮮市場で取引されていた哺乳類の一種センザンコウが感染源ではないかという説もあるよ。[107][108]

——つまり人間は活動の範囲を広げすぎている。…というか動きすぎているのかもしれませんね。

　そうかもしれないね。先進国で流行している病気の特効成分を求め、先進国の製薬企業が向かう先は、しばしば生物多様性の高い熱帯雨林だ。新薬開発につながるかもしれない未知の化学物質の多くは生物由来で、すでに**先住民**[109]が古くから使用してきたものも少な

---

106 ─【ブッシュミート】未開墾の森林地帯（ブッシュ）で狩猟された野生動物の肉のこと。この取引の隆盛の背景には、開発にともなう地域人口の増加や貧困があると指摘されています（エバンス, ケイト 2012「ブッシュミートの賛否両論」、国連大学ウェブマガジン「Our World」、https://ourworld.unu.edu/jp/bushmeat-stories-voices-from-the-congo-basin（2024年11月3日最終閲覧））（→目標15）。
107 ─ コウモリのコロナウイルスは人間に感染しませんが、突然変異により人間に感染するようになったものがSARSとCOVID-19です。SARSはコウモリと人間の間に、食用にされたハクビシンを経由していたことがわかっています（美馬達哉 2020『感染症社会─アフターコロナの生政治』人文書院、20頁）。
108 ─ 学術誌『Nature』（2020年3月26日付）に発表された論文では、センザンコウが新型コロナウイルスと類似のコロナウイルスを保有していることが判明したとされましたが、その発生源には定説がありません。医療社会学者の美馬達哉さんは、中国発のウイルスの世界的伝播の背景として、1980年代以降、中国が「改革開放」によってグローバル経済に組み込まれたことを指摘しています（美馬達哉 2020『感染症社会─アフターコロナの生政治』人文書院、20頁）。
109 ─【先住民】第5期（1800年頃～1950年頃）以降、欧米諸国が世界各地を植民地化していく過程で、明確な領域を持った国を持たず、その土地に住んでいた人々の近代国家側からの呼称。さまざまな迫害を与えた歴史（→目標15）を反省し、2007年には国連総会で**先住民族の権利に関する国際連合宣言**が採択されました。「民」（people）ではなく「民族」（peoples）とされたのは、民族自決権を主張する先住民側の要望によるものですが、誰が先住民族かという定義付けについては各国政府の国内問題であるとの認識から、記載が見送られました。本書ではSDGsの政府仮訳の表現にあわせ、原則として「先住民」と表記します。「先住民」の持つ「**伝統的生態学的知識**」は**第4期**（1400年頃～1800年頃）の終わり頃以降、ヨーロッパ諸国の科学技術やビジネスのために利用されるようになり（→目標15）、**第6期**（1950年頃～）に

くない。国境線のあいまいな地域で生活していた彼らの生活が脅かされる事態も実際に起きている。[110]

> **関連ターゲット 15-6** 国際合意に基づき、遺伝資源の利用から生ずる利益の公正かつ衡平な配分を推進するとともに、遺伝資源への適切なアクセスを推進する。

――先進国の人の健康のために、途上国の人々の生活が脅かされてしまうなんて……。

　　　SDGsの **ターゲット 15-6** は、そうした動向を変えていこうとするために掲げられたものだ。けれど、新型コロナウイルスのワクチンの開発と配分をめぐる先進国と途上国との対立のように、21世紀になっても、かつての植民地時代の「不公平な関係」は、いまだに引き継がれている。[111] たとえば、先進国を中心とする製薬会社は、感

入ると、先進国やグローバル企業によって医薬品の抽出方法が特許化されるようにもなります。その背景には、先進国におけるオーガニック志向の高まりも関係していますが、その生物資源を長きに渡り保全・利用してきた人々には、商品の生み出す莫大な利益が還元されたり技術移転されたりすることはほとんどありません。SDGsには途上国側の主張や生物多様性に関する愛知目標などを踏まえ、こうした先進国による途上国（生物資源の原産国）の生物多様性の囲い込みをなくそうとする内容も含まれています（→ **ターゲット2-5**）。

　COVID-19のパンデミックにおいても、先進国と途上国の間に、深刻な「ワクチン格差」が発生。国連のグテーレス事務総長は、途上国での感染の広がりを放置すれば、ウイルスの変異を止めることができないとして、ワクチンの途上国への供給を呼びかけました。2020年以降、世界保健機関（WHO）などが主導し、先進国・新興国や民間財団を資金源として、途上国に公平にワクチンを供給する国際的な枠組み（**COVAX**）が実施されましたが、実際にサハラ以南にワクチンが公平に分配されたとはいえませんでした。

> **関連ターゲット3-b** 主に開発途上国に影響を及ぼす感染性及び非感染性疾患のワクチン及び医薬品の研究開発を支援する。また、知的所有権の貿易関連の側面に関する協定（TRIPS協定）及び公衆の健康に関するドーハ宣言に従い、安価な必須医薬品及びワクチンへのアクセスを提供する。同宣言は公衆衛生保護及び、特に全ての人々への医薬品のアクセス提供にかかわる「知的所有権の貿易関連の側面に関する協定（TRIPS協定）」の柔軟性に関する規定を最大限に行使する開発途上国の権利を確約したものである。

110 ── スコット、ジェームズ 2013『ゾミア―脱国家の世界史』みすず書房、11頁。
111 ── HIV/AIDSも、最新の抗ウイルス剤治療が可能な先進国にとっては慢性疾患となっていますが、い

染地域がアフリカに限定されるトリパソーマのような感染症に対する薬品開発には及び腰だ（→目標 17）。サハラ以南のアフリカは、現在、世界で最も死亡率が高い。5歳児未満死亡率は 1000 人中 92 人で、これは先進国の約 15 倍にあたる。その死因の 4 割は、肺炎、下痢、マラリアなど、どれも先進国であれば治療可能な病気であるにもかかわらずだ。[112]

SDGsの掲げる**ユニバーサル・ヘルス・カバレッジ**（UHC）[113]は、そういった途上国の人々はもちろん、先進国で経済的な困難に苦しむ人々にも目を向けようとするものだ。

> **関連ターゲット 3-8** すべての人々に対する財政リスクからの保護、質の高い基礎的な保健サービスへのアクセス及び安全で効果的かつ質が高く安価な必須医薬品とワクチンへのアクセスを含む、ユニバーサル・ヘルス・カバレッジ（UHC）を達成する。

第 5 期（1800 年頃～1950 年頃）以降、たしかに医療の水準が上がり、国際的な保健協力によっても多くの命が救われ、人々の「しあわせ」につながった。これは開発の「光」の側面だ。その一方で、「健康の名」の下に、数多くのしわよせが生み出されてきた「影」の

まだに世界のスラムやサハラ以南のアフリカでは検査すら受けられない「致死の病」であり続けている現状があります（美馬達哉 2003「グローバリゼーションの新局面 統治のランドスケイプ——エイズ危機における」、『現代思想』31（6）、青土社、142-151頁）。知的所有権を保護するための**TRIPS（トリップス）協定**がWTO（世界貿易機関）を設立する際に結ばれ、医薬品もその保護の対象となったことから、途上国がアクセスしにくいという状況が、その背景にあります。2001年にドーハで開かれたWTO閣僚会議において、「TRIPS協定と公衆衛生に関する宣言」が採択され、医薬品の知的財産権保護が途上国の人々の命のために緩和される道筋がつけられ、SDGsの **関連ターゲット3-b** にも途上国に影響を及ぼしている病気のワクチン・医薬品の研究開発と普及のために、TRIPSを柔軟に適用すべきことが記載されています。また、COVID-19のパンデミックに際しては、同会議が途上国にワクチンを普及させるためにワクチンの特許を一時放棄させる合意を宣言に盛り込んでいますが、開発の担い手はあくまで民間の製薬会社であり、グローバルな危機に際していかにワクチンを供給・普及させるべきかは議論が続いています。

112——戸田真紀子 2015『貧困、紛争、ジェンダー——アフリカにとっての比較政治学』晃洋書房、83頁。
113——【ユニバーサル・ヘルス・カバレッジ（UHC）】世界保健機関（WHO）によれば「すべての人々が基礎的な保健医療サービスを、必要なときに、負担可能な費用で享受できる状態」のこと。WHO『世界保健報告』（2010年）以降、国際的な認知度が高まり、1961年に国民皆保険を実現した日本も、その推進のため国際社会で積極的な役割を果たしています。

目標3　人々に保健と福祉を（Good Health and Well-Being）　　209

側面もまた忘れてはいけない。「誰が何のために、誰の健康を守ろうとしているのか（または無視しているのか）」という観点が大切だ。

問題そのものでなく、問題が生み出されてくる構造に注目すること。

さらに、**問題を「解決」しようとする方法が、かえって別の問題を生み出してしまうかもしれないということ**。また、無関係に思える物事が、グローバルな規模で互いにつながり合っているということ（→**目標13** プラネタリー・ヘルス）。

そういった点に注目して、ほかの目標も吟味していくことにしよう。

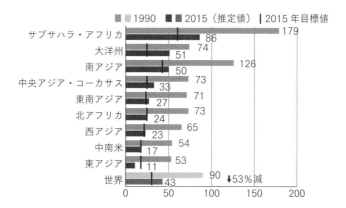

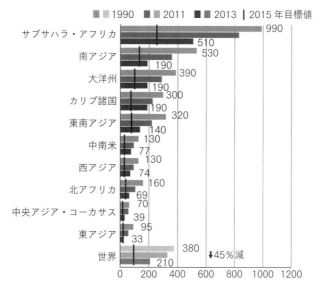

【図】MDGsの実施期間前後の5歳未満児死亡率、妊産婦死亡率の推移[114]

114— 外務省 2016『2015年版開発協力白書―日本の国際協力』、8頁、https://www.mofa.go.jp/mofaj/gaiko/oda/files/000137905.pdf

目標3　人々に保健と福祉を（Good Health and Well-Being）

目標 4　質の高い教育をみんなに（Quality Education）
すべての人々への包摂的かつ公正な質の高い教育を提供し、生涯学習の機会を促進する

 字の読み書きができる人は、歴史的にどのくらいいたんだろう？
教育に格差が残されているのは、なぜなのだろう？

　古来、子どもに対する教育は、身近な大人や宗教家が家庭や宗教施設などでおこなうのが一般的でした。現在の学校のような場所に通って統一的におこなわれていたわけではありませんし、文字の習得も一部のエリート層に限られるのが普通でした。

　現在、世界の多くの地域で当たり前になった学校教育につながる仕組みが整えられたのは、**第 4 期**（1400 年頃～ 1800 年頃）のヨーロッパでのこと。**第 5 期**（1800 年頃～ 1950 年頃）にかけて、国民統合や経済成長の担い手を育てる目的が重視されるようになったからです。こうして 20 世紀にかけて、欧米諸国や日本では、識字率が急速に上昇していきます。

【図】ラテン語の読み書きを教える「トルコ建国の父」ケマル・アタテュルク（1928年）[1]

---

1 ── https://en.m.wikipedia.org/wiki/File:Ataturk-September_20,_1928.jpg、パブリック・ドメイン

非欧米諸国のなかには、欧米の学校教育を国力を高めるカギとみなし、積極的にとりいれようと留学生を欧米諸国の学校に派遣したり、専門用語の翻訳や専門家の招へいに力を入れたりする国も現れました。特に重んじられたのは、国づくりに不可欠な法学と工学の専門家育成です。**第6期**（**1950年頃～**）に植民地から独立した国々の指導者にも、植民地期に欧米で学んだ経験を持つ者が多数含まれています。一方、先進国においても、教育の質向上は一国の経済成長と直結するとの認識から、大学などの研究機関に国が莫大な資金を投入する体制が整備されていきました（→**目標9**）。

　ところが、1970年代以降のグローバル化を背景にして産業構造が急速に転換すると、学校で教えられた内容が、「一生もの」ではなくなってしまう事態がすすみ、先進国では教育改革が重要な政治課題として議論されるようになっていきます。その一方で、そもそも初等教育すらままならない国々は、サハラ以南のアフリカを中心に多数のこされています。**目標1～3**と同様、教育分野にも「しあわせ」を阻む問題が隠されていそうです。

　どうして、このような差が開いていったのでしょうか？
　また、**目標4**は、SDGsのめざす「しあわせ」の実現と、どう関わり合っていて、なぜ推進されているのでしょうか？
　今回は、教育分野の開発にスポットライトを当てながら、世界史を読み直していくことにしましょう。

4-1　識字率の変遷:「文字が読める」とはどういうこと？

文字を読み書きのできる人口は、これまでどのように変遷してきたのだろう？

　さて、今回の**目標4**は、2030年までにすべての男女が無償で初等・中等教育を修了できるようにすることを目指し、職業訓練や高等教育の機会を平等に提供することで、ジェンダーや貧富の格差を解消するのを目標としている。

　関連ターゲット　4-1 2030年までに、全ての子供が男女の区別なく、

目標4　質の高い教育をみんなに（Quality Education）　　213

> 適切かつ効果的な学習成果をもたらす、無償かつ公正で質の高い初等教育及び中等教育を修了できるようにする。
>
> **関連ターゲット 4-2** 2030年までに、全ての子供が男女の区別なく、質の高い乳幼児の発達・ケア及び就学前教育にアクセスすることにより、初等教育を受ける準備が整うようにする。

　——つまり、まだ学校に通えていない子どもは、世界にたくさんいるってことか…。

　そうなんだよね。特に「読み・書き・計算」をはじめとする**基礎教育**に課題がある。しかし、世界のすべての人に推進しようという目標が国際社会で掲げられるようになってから、実はまだそんなに時間は経っていないんだよ。古くは、1960年にパキスタンのカラチでユネスコによる国際会議が開かれ、1980年までに初等教育の普及を目指すカラチ・プランが採択されたのが始まりだ。
　しかし1980年代には、IMFと世界銀行によって構造調整プログラムが途上国に導入され、保健や教育分野の財政支出が削減されたために、教育の普及は後退。この反省から、1990年にユネスコ、ユニセフ、国連開発計画、世界銀行が共同で「万人のための教育世界会議」が開催され、主に途上国向けに「**万人のための教育**(EFA、Education For All)」が採択された。ここでは2000年までの初等教育の完全な普及、女性の識字教育の拡充など6つの目標の達成が目指されていた。
　けれども目標年限の2000年になっても、学校に通えない子どもは最貧困層や女子に多く残され、課題は山積。そこで同年4月、西アフリカのセネガルで開催された「世界教育フォーラム」で、2015年までに「**EFAダカール目標**」[2]の達成が新たに掲げられた。同年9

---

2 ——【EFAダカール目標】項目は次の通り。SDGsにも受け継がれていることがわかります。(1)就学前教育の拡大と改善 (2)無償で良質な初等教育を全ての子どもに保障 (3)青年・成人の学習ニーズの充足

月に採択されたミレニアム宣言をもとにまとめられた「ミレニアム開発目標」(MDGs)には、EFAダカール目標のなかから、初等教育をすべての子どもに保障したり、教育の男女格差を解消したりすることが目標として盛り込まれることとなった。

2. 普遍的初等教育の達成

★すべての子どもたちが、男女の区別なく初等教育の全課程を修了できるようにする

2015年最終報告書における成果	残る格差・課題
・途上国の初等教育純就学率は80%(1990年)から91%(2015年)に増加 ・学校に通っていない初等教育学齢期の子どもの数は、1億人(2000年)から5,700万人(2015年)に減少。 ・若者(15〜24歳)の識字率は、83%(1990年)から91%(2015年)に向上。	・小学校に通っていない5,700万人のうち、3,300万人がサハラ以南のアフリカで暮らしている。また、全体の半数以上を占める55%が女の子。 ・途上国では、最貧層世帯（下位20%）の子どもは、最富裕層世帯（上位20%）の子どもに比べて、初等教育課程を修了していない割合が5倍以上。

出典：公益財団法人　日本ユニセフ法人「ミレニアム開発目標（MDGs）」、https://www.unicef.or.jp/mdgs/#a2（2024年11月3日最終閲覧）

　　——学校に通うことができていない子どもたちは、いまだにサハラ以南のアフリカに多いんですね。

　　世界全体の識字率は着実に上昇しているけれど、サハラ以南のアフリカや南アジア、中東・北アフリカは、欧米諸国に比べるとかなり遅れをとっていることがわかるよね。

　　——そもそも文字の読み書きができる人って、昔はどれくらいの割合だったんですか？

　　1800年以降の世界の識字率の推計（OECDとUNESCOによる）によれば、文字を読める人が全人口の2割を上回ったのは、**第5期**

---

(4) 成人識字率（特に女性）を50%改善 (5) 教育における男女平等の達成 (6) 教育のあらゆる側面での質の改善。

目標4　質の高い教育をみんなに（Quality Education）

（1800年頃〜1950年頃）に入ってからのことだ。

　　　——そんな最近のことだったんだ！

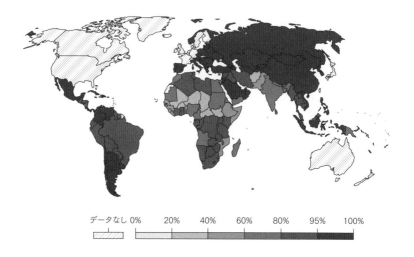

【図】15歳以上の成人のうち読み書きができる人の割合（2022年）
ただし具体的な定義や測定方法は国により異なります。

> **関連ターゲット 4-6** 2030年までに、全ての若者及び大多数（男女ともに）の成人が、読み書き能力及び基本的計算能力を身に付けられるようにする。

216　　　第1章　人間（People）——人間の「しあわせ」の世界史

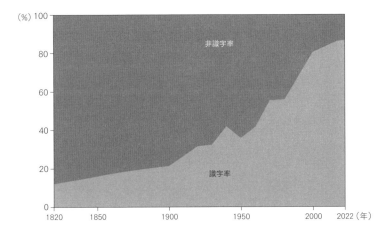

【図】1800年以降の世界全体の識字率の推移

　――ヨーロッパの識字率がずば抜けていますね。

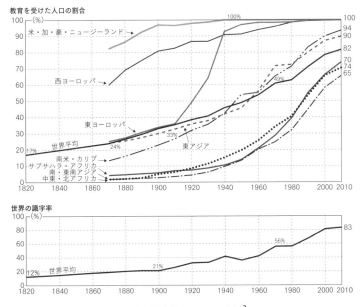

【図】世界各地の教育を受けている人口比率（1820～2010年）[3]

---

3 ―― 前頁とこの頁の図はすべてMax Roser (Our World in Data)、https://ourworldindata.org/

目標4　質の高い教育をみんなに（Quality Education）　　　217

絶対的貧困のデータ（→**目標1**）と同様、読み解く際には注意も必要だよ。そもそも、前近代の識字率を正確に把握することは、かなり難しい。研究の遅れている地域や、判断の材料となる記録の少ない地域では、識字率の値はどうしても低く出てしまう傾向があるし、そもそも何をもって識字能力があるとするかによっても、値は左右されるからね。一般にヨーロッパの識字率の基準は甘く、「自分の名前をサインできるかどうか」を判断材料にすることも多い。公的な文書や私的な契約書などに、記録がのこされることが多いからだ。でも、本当に自署したものなのか、名前以外の文字は書けたのか、曖昧なことも少なくないから、識字率のデータも割り引いて見たほうがいいだろう。

それに、単に「文字が書ける」といっても、たとえば文字を写し書きできる人、話し合いの記録をとることができる人、帳簿に数字の記録とかんたんな計算ができる人、思っていることを自在に書くことができる人…など、程度にはいろいろあるよね。

——たしかに。しかも「読めたかどうか？」ってことなんて、正確にはわからなそう…。

そこは重要だね。それに昔の人たちは、いまのようにみんなが学校に行くことができなかったから、高い教育を受けることのできた人と、それ以外の大多数の人々との間には、だいぶ差があった。その社会で誰が教育の対象になったのか、教育に向かわせるような環境がどの程度整えられていたのかによっても変わってくるはずだ。

——そうか。みんなが学校に通っていたわけじゃないのか。

そう。
国民みんなが文字を読めるようにするべきだと考えられるように

---

literacy、CC-BY-SA による。

なったのは、**第5期**(1800年頃〜1950年頃)に入ってからのこと。それ以前の時代においては、現代のわれわれが「読み書きできる」とみなせるレベルの識字能力を持っていたのは、ほんの一握りのエリート層に限られたし、男性と女性のあいだの差もあった(→**目標5**)。

　ただし、だからといってそれ以外の大多数の人々が、文字の文化にまったく接していなかったわけじゃない。文字が読めないけれども、物語の読み聞かせを楽しむことができる人。宗教の聖典を暗記している人。文法やスペルは間違いだらけでも、心のこもった手紙をしたためることができた人。文字との接し方にも幅があったはずだ。

　――識字の内容に差があるとはいえ、昔の人々はどんなところで読み書きを習っていたんだろう？

　まず第一に、教育の役割を果たしていたのは宗教だ。宗教施設やその付属学校では、教義に関する教育が施されたほか、読み書きを教える初等教育をおこなう場が設けられることが多かった。日本で言うところの寺子屋だね。

　たとえば、**第4期**(1400年頃〜1800年頃)のイスラム世界の都市では、モスクに子どもの学ぶ場があり、聖典『クルアーン』(コーラン)の暗誦などが教えられていた。一部の男子はさらに**マドラサ**という寄宿制の学校に進み、師匠について学び、ウラマー(学識者)を目指したんだ。

　第4期(1400年頃〜1800年頃)のヨーロッパでも、15世紀後半から

---

4 ―― 1〜3世紀のエジプトのファイユーム地方に残された史料では、男性の自署の割合は女性の5倍以上にのぼります。ただし高い地位にある女性は、識字能力を獲得するのは比較的容易で、男性に劣らぬ活動をしていた者もいました(高橋亮介 2021「ローマ帝国社会における女性と性差」、大黒俊二・林佳世子ほか編『ローマ帝国と西アジア―前3〜7世紀』(岩波講座世界歴史3)岩波書店、185-204頁、197-199頁)。
5 ―― 【マドラサ】アラビア語で教育施設をあらわす言葉で、イスラム教の学者・宗教者であるウラマーを育成するための高等教育施設のこと。

目標4　質の高い教育をみんなに(Quality Education)　　219

グーテンベルクの活版印刷術が普及し、キリスト教の『聖書』の普及を通して各地で日常語で書かれた刊行物が広まるようになった。

また、交易の発展も、識字率の上昇と関係があるようだ。たとえば、**イタリアの都市**や、西アフリカの都市**トンブクトゥ**は、その代表例だね。また、行政文書の重要性が高い場合、識字率が高くなる傾向もみられる。たとえば江戸時代の日本では、農村が年貢を村単位で納める仕組みが整えられ、村の自治もある程度認められていた。そこで運営に参加するために、読み・書き・計算の力が求められたため、村の指導者層について見れば、識字率は高い水準にあった。身分に関係なく、科挙という採用試験に合格すれば誰でも役人になる仕組みを整えた中国においても、エリート層の識字率は高かった。

——識字率って、社会の仕組みによっても左右されるのかな。

そのようだね。宗教や国の政策、それに家族制度が関わることもある。

たとえばスウェーデンでは国が教会とともに総力を挙げて宗教改革を推進し、1686年には全面的な識字化の原則が掲げられた。すなわち、みんなが聖書を読むことのできる体制をつくろうとしたのだ。一方、子どもの教育にあたって責任を負うとされたのは、各家庭の親だった。スウェーデンでは家長である父の権威が強く、後継ぎの長子に対する教育には、もともと熱心だった。スウェーデンに

---

6 —— **人物**【グーテンベルク】(1397〜1468) ドイツの印刷技術者。15世紀中頃に活版印刷術を発明し、それまで手書きで一冊ずつ書き写していたラテン語聖書の安価かつ迅速な大量印刷を実現。その技術は、世の中に流通する情報量を飛躍的に増大させ、文字を通じたコミュニケーションを共有する新しい空間を生み出すこととなりました。

7 —— たとえば現代の会計で用いられている「複式簿記」の技術は、遠隔地交易がさかんになった13世紀末〜14世紀初頭のイタリアの都市国家で、商人による共同出資の財務記録のために編み出されたものでした。

8 —— 【トンブクトゥ】現在のマリ中部、ニジェール川北部にある都市。サハラ砂漠を縦断する隊商路の要衝として岩塩や金、象牙(→**目標15**)、奴隷(→**目標8**)の交易で栄えました。

おいて読む能力が驚異的なスピードで上がったのは、国、教会、家庭…この３つの力が合わさった結果だと、歴史学者の喜安朗さんはみている。[9]

4-2　近代的な学校教育：産業社会を支える国民を育てるには？

学校教育は、何のために導入されていったものなのだろうか？

　現在世界に広まっている学校教育の制度は、欧米諸国で発達していったもの。国力を高めるために、専門的な技術を研究する高等教育機関（**大学**[10]）が建設されていったんだ。

　——でも、大学で学ぶ人を増やすには、基礎的な教育を受ける人も増やさないといけませんよね。

　たしかに土台となる初等教育・中等教育を充実させなければ、分母は増やせないよね。そこでしだいに欧米諸国は、初等教育を重視する教育制度を整備していくようになる。基本的な読み書きや計算はもちろん、国民としての意識を養うことで国民としての意識を育てること。それに、国の定めたカリキュラム通りの授業を受け、「正しい国語」を身に着けさせることは、軍隊や工場でスムーズに

---

9 ── 喜安朗 1996『近代の深層を旅する』平凡社、156-160頁。トッド，エマニュエル 2008『世界像革命─家族人類学の挑戦』藤原書店、42頁。
10 ── 【大学】高等教育機関は古くから世界各地に設けられましたが、近代的な大学の起源は、中世ヨーロッパの教師・学生の組合にさかのぼることができます。これは一種の私塾のようなもので、カリキュラムや学位認定制度を備えた学校組織をつくることで、外部の権力者からの独立を保とうとしたものです。自由人にふさわしい「自由学芸」（リベラル・アーツ）が理想とされたギリシア・ローマの学問を基礎とする、文法・修辞学などの「自由七科」が講じられました。知の最先端を走る大学は、教会や皇帝・国王の保護や統制の対象となり、**第4期**（**1400年頃～1800年頃**）の宗教改革の時代以降、しだいに国家機関として取り込まれていくようになりました。**第5期**（**1800年頃～1950年頃**）には自然科学や工学分野をとりいれ、研究と教育を一体化させた近代的な大学がドイツで整備され、その制度は欧米諸国以外にも拡大。**第6期**（**1950年頃～**）には大衆化がすすみ、グローバル化に直面した大学が社会に果たす役割が問い直されています。

目標4　質の高い教育をみんなに（Quality Education）

働いてもらうためにも必要不可欠だ。

　——じゃあ、世界で最初に産業革命が起きたイギリスでは、義務教育が整備されたのも早かったんでしょうね。

　いやいや、イギリスで公立学校での義務教育がはじまったのは、1870年のことなんだよ（**教育法**）。

　——えっ、意外と遅い！

　ヨーロッパではキリスト教の教会が読み書きを教えることが多くて、国が統一したカリキュラムをつくって教育を担うようになるには時間がかかったんだ。
　フランスでも義務教育は1882年の改革でようやく実現している。義務化される前のイギリスは階級による差が大きく、裕福な親たちは私費でパブリック・スクールや教会学校などに通わせたり、家庭教師を雇ったりもできたけれど、貧しい労働者階級の人々に当然そんな余裕はない。
　けれども産業社会が発展するにつれて、産業界も、規則正しく真面目に働く労働者をきちんと学校で育てるべきだと考えるようになった。この時代に「遅刻」が悪いととらえる発想が生まれたのも、そんな事情からだ。

　——えっ！　逆にそれ以前は、そんなにゆるかったんですか？
（うらやましい…）

　産業革命前には、二日酔いの労働者が「今日は「**聖月曜日**」11だか

---

11 ——【聖月曜日】中世の職人たちには、週給を片手に日曜日に深酒して翌日に欠勤や遅刻をしたり、日曜日のみならず月曜日も飲みふけって休みにしてしまったりすることが、慣例として認められていました。このゆるい習慣を「聖月曜日」といいます。しかし機械を時計に合わせて効率的に稼働させたい工場経営者たちにとって、労働者の飲酒習慣は害悪でしかありません。そこで砂糖入り紅茶をベースとする

222　　第1章　人間（People）——人間の「しあわせ」の世界史

ら」といって時間を守らないのは日常茶飯事だったんだよ。時間給ではなかったから、「ワーク」（労働）の時間と「ライフ」（生活）の区別も曖昧だ。つらい仕事の気晴らしを求めて、スラムに暮らす移民や下層労働者はパブに集って一杯飲んだり、熊いじめや闘鶏といったブラッド・スポーツを楽しんだりするのが常だった。これを見て、上流階級の人たちは、教育が足りないからこそ野蛮になってしまうのだと考え、1822 年には動物虐待を禁じるマーティン法が制定されたほどだ。[12]

——じゃあ、労働者は代わりに何で気晴らしすればいいとされたの？

観光旅行（→ 9-2 交通革命と電信革命）、読書、スポーツ、音楽のようなものが「健全」で「正しい」娯楽とされたんだよ。学校教育を補完するYMCAやボーイ・スカウトのような組織の設立が建てられたのも、この頃のことだ。

——お行儀のいいストレス発散方法ってわけか…。

初等教育が義務化されると、国民のなかに新しい境界線も引かれるようになった（→目標3）。たとえば、都市にあらわれたスラム（→目標1）に暮らす肉体的にも精神的にも衰弱した極貧層の人々には、「精神障害（精神薄弱）」が多いとされ、しばしば教育よりも治療の対象とみなされた。[13] また、「正しい標準語」を話せない人々も、道徳

「イギリス式朝食」が推奨されていったのです。砂糖を安価とするために、マンチェスター派と呼ばれた工場経営者たちが熱烈に支持したのが「奴隷廃止運動」だったのです（→目標8）（川北稔 1996『砂糖の世界史』岩波書店、第7章）。
12 ── 信岡朝子 2020『快楽としての動物保護──『シートン動物記』から『ザ・コーヴ』へ』講談社、287-292頁。
13 ── 米本昌平さんは次のように説明します。「19世紀のロンドンは、おびただしい数の極貧層をかかえており、別の人種とみえるほど肉体的にも精神的にも衰弱しているようにみえた。世紀末になると、これらの極貧層の人びとは、精神障害（当時の表現では精神薄弱）という医学的な課題として把握しなお

目標4　質の高い教育をみんなに（Quality Education）　　223

的にも「劣った人々」だとして排除の対象となった。

——この時期の教育って、「普通」な人とそうでない人を線引きする役割も果たしていたのかな。

たしかに。それに国民なら誰でも等しく教育を受けられるようになっていったとはいえ、どの段階のどんな種類の学校教育を修了したか（＝学歴）による区別も大きな意味をもつようになった。
　初等教育→中等教育→高等教育までのルートは一本道とは限らず、各国の伝統的な職業教育やエリート層の養成の実情に合わせる形で進められていったんだ。

——ともあれ欧米諸国では学校制度が着々と整備されていったんですね。

もちろん実態には国によって差もあるけどね。多民族国家オーストリア（ハプスブルク君主国）はマリア・テレジア（在位1740～80）が義務教育制度を始めたのは1774年というかなり早い時期だけれど、これは国をなんとか統合しなければという焦りの裏返しでもある。複数言語の混在地域も多かったから、そもそも授業の言語を何にするかということ自体、その後も問題となり続けた。
　また、イギリスやフランスで義務教育が整備されたのと同じ時期のイタリアに目をやると、むしろ19世紀末にかけて児童労働が増加しているんだよね。

されることになった」。優生学的主張の強まる中、イギリスでは強制収容や性的な隔離を含む精神病法が1913年に成立しています（米本昌平ほか 2000『優生学と人間社会』講談社、26-27頁）。
14 ── 岩下誠ほか 2020『問いからはじめる教育史』有斐閣、104-105頁。
15 ── 望田幸男 1995「義務教育体制」、歴史学研究会編『資本主義は人をどう変えてきたか』（講座世界史4）東京大学出版会、321-346頁。

224　　第1章　人間（People）──人間の「しあわせ」の世界史

> **関連ターゲット 16-2** 子供に対する虐待、搾取、取引及びあらゆる形態の暴力及び拷問を撲滅する。

【図】シチリア島の児童労働の様子（1899年）[16]

　　——逆行してますね。どうしてまた？

　　たとえばイタリア南部のシチリア島は硫黄（いおう）の産地として知られ、地中海の戦略拠点としてイギリスの影響下にあったんだけれど、鉱山から硫黄を運び出す労働力として、19世紀には島の全労働力の20％以上にあたる8万人の子どもたちが労働に駆り出されるようになった。同時期に学校教育が普及し、児童労働が減っていった国々とは裏腹に、イタリアでは、子どもたちが学校教育を受ける権利が奪われる事態がまだまだ続いていたわけ。[17]

16 ── Eugenio Interguglielmi、https://it.wikipedia.org/wiki/File:Interguglielmi,_Eugenio_（1850-1911）_-_Sicilia_-_Carusi_all%E2%80%99imbocco_di_un_pozzo_della_zolfara,_1899.jpg、パブリック・ドメイン
17 ── 岩下誠ほか 2020『問いからはじめる教育史』有斐閣、36-37頁。

目標4　質の高い教育をみんなに（Quality Education）　　225

――「ヨーロッパでは学校に通う子どもが増えた」といっても、地域差は大きかったんですね。

そう。ちなみに児童労働は、21世紀に入ってからも途上国を中心になくなっていない。国際労働機関(ILO)によれば、2017年には世界の子どもの10人に1人、つまり日本の人口にも匹敵する1億5200万人もの子どもが、児童労働に従事していると言われているほどだ。

> **関連ターゲット 4-a** 子供、障害及びジェンダーに配慮した教育施設を構築・改良し、全ての人々に安全で非暴力的、包摂的、効果的な学習環境を提供できるようにする。

4-3　世界に広まる欧米流の教育制度：ランク付けされていく世界の人々

欧米諸国以外の地域では、学校教育はどのように普及していったのだろうか？

第5期(1800年頃～1950年頃)には、欧米諸国の進出を受けた国々で、その制度を取り入れて強い国や資本主義経済をつくっていこうという動きも強まった。

たとえば、日本でも1871年に学制が発布され、近代的な学校制度づくりが始まった。その中で重視された科目の一つに「体操」がある。規律正しく身体を動かすことのできる健康な国民は、近代的な軍隊でたたかう兵士を集めたり、工場で働く健康な労働力を確保したりするためにも不可欠なものとされたからだ。[18]

---

[18] ―― 近代国家の求めるような規律正しい「身体」を鍛えるため、森有礼初代文部大臣によって男子に対し兵式体操が導入されていった経緯については次を参照。権学俊 2021『スポーツとナショナリズムの歴史社会学―戦前=戦後日本における天皇制・身体・国民統合』ナカニシヤ出版、2-26頁。学校制度の普及に男女差、階層差、都市と農村の差がみられた点については次も参照。大門正克 2019『増補版　民衆の教育経験―戦前・戦中の子どもたち』岩波書店。

226　　第1章　人間(People)――人間の「しあわせ」の世界史

【図】日本では、1873（明治6）年に西洋式の体操が教科に設置されました。[19]

　　――ほかの非欧米諸国と比べると、どうなんだろう？

　　たとえば第4期（1400年頃～1800年頃）のユーラシア大陸では、次のような国々が繁栄を謳歌していたんだけれど、欧米諸国の中で工業化を進めていった国々のような同質性の高い国家体制ではなく、いずれも多様性の高い帝国ばかりだった。

- **ロシア帝国**：モンゴル帝国の支配から自立したモスクワのロシア人によって建てられた国。
- **オスマン帝国**：モンゴル帝国の西アジア進出の後、アナトリア半島（現・トルコ）でトルコ系遊牧民によって建てられた国。
- **サファヴィー朝**：モンゴル帝国の一部を引き継いだティムール帝国が滅んだ後、トルコ系遊牧民に支えられてイラン高原一帯を支配した国。
- **ムガル帝国**：モンゴル帝国の一部を引き継いだティムール帝国

19　―「生徒勉強東京小学校双六」（安藤徳兵衛筆、1878年）、国立教育政策研究所教育図書館貴重資料デジタルコレクション。https://www.nier.go.jp/library/rarebooks/sugoroku/370.98-312/

の末裔が、インドに政権を移動して建てた国。
- **大清帝国**：中国の東北を拠点として農耕・狩猟・商業を営んだ女真人が、モンゴル人の支配層を取り込みながら中国一帯を支配した国。

　どの国も遊牧エリアと農耕エリアを股にかけたモンゴル帝国の仕組みを受け継ぎ、遊牧、農業、商業など、各地のさまざまな気候に合わせた生業を送るどの民族にも通用するような理念を掲げ、広大な領土を治めた。[20]

　——ライフスタイルも価値観も違う人が、隣り合って暮らしているのが当たり前だったわけですね。

　そう。たとえば西アジアの君主はイスラム教を信仰する人が多かったけれど、住民のなかにはキリスト教やユダヤ教など、さまざまな宗教の人々も多くいた。ライフスタイルや価値観のバラバラな人が共存するためには、工夫も必要だ。たとえばイスラム教では、税をおさめればキリスト教やユダヤ教を信仰することが認められた。子どもたちの学ぶ学校も宗教ごとに分かれていたし、国も必要以上に首を突っ込むことはしなかった。このルールはオスマン帝国（1299頃〜1922）にも引き継がれた。

　——いろんな立場の人たちがいたからこそ、共存する道が選ばれたのか。

　時期によっては弾圧される場合もあったし、完全な平等ではないけれど、おおむね不当な差別を受けることなく、それぞれの信仰の多様

---

20 ── いずれもモンゴル帝国の権威や制度を、なんらかの形で引き継いでいた点が特徴です（杉山清彦 2015『大清帝国の形成と八旗制』名古屋大学出版会）。地図は【図】**第4期(1400年頃〜1800年頃)の世界**を参照。

性が保障されていたことが重要だ。

　ところが**第5期**（1800年頃～1950年頃）になると事情は変わる。ヨーロッパ諸国が、クリミア戦争（1853～1856年）のどさくさに紛れ、キリスト教徒のイスラム教徒との平等を要求したのが発端だ。キリスト教徒が不当に差別されていると映ったのだろう。

　この外圧をきっかけとしてオスマン帝国では、フランスを見ならい国の統一を推進。住民一人ひとりを把握して徴兵し、さらに国が近代的な学校をつくるようになっていく。イスラム教徒とイスラム教徒以外の生徒が一緒に学ぶ学校も作られ、両者の平等がうたわれた。[21]

　——おー。「平等」っていいことじゃないですか？

　ただ、ここでいう「平等」には落とし穴もあるよ。従来は国の介入を受けることなく自由に運営されていたキリスト教徒やユダヤ教徒の学校が、「平等」の名の下に、国のコントロール下に置かれるようになっていった。**国民として平等な権利を得た代わりに、宗教ごとに謳歌されていた自由は失われることになったんだ**。[22]

　——平等っていうのは、これまでの宗教や生業の違いをなくし、人々を「同じにしていく」という意味でもあったんですね（→**目標10**）。

　そうそう。近代の学校教育は、程度の差こそあれ「同じ国民をつくる」方向性を持っていたわけだけれど、オスマン帝国や清のように、国内にさまざまな生業の人々の暮らす広大な帝国で、統一的な

---

21 ── 新井政美 2002「自由で平等な国民」、池端雪浦ほか編『岩波講座東南アジア史7』月報7、岩波書店、1-3頁。
22 ── 長谷部圭彦 2012「オスマン帝国における「公教育」と非ムスリム─共学・審議会・視学官」、鈴木董編『オスマン帝国史の諸相』山川出版社、352-376頁。

目標4　質の高い教育をみんなに（Quality Education）　　　229

政策を実施するのは、日本に比べるとハードルが高かったはずだ。[23]

　ところで、ヨーロッパ諸国は世界各地を植民地化していく過程で、キリスト教の宣教師らによって各地に学校が建設されていった。そのおおもとにあったのは、毎度のことながら、文明によって野蛮な住民に手を差し伸べようという意識だ。[24]

　——でも、それだけのために植民地に学校を建てますかね？

　純粋に人道的な思いから植民地で活動したヨーロッパ人は少なくない。ただ、その思いが利用されることもある。植民地の住民に学校教育をほどこした現実的な理由は、宗主国にとって最大限の経済的な利益を引き出すことにあった。[25]

　たとえば、農園や工場で働かせたり輸出向けのインフラを建設させたりするには、真面目にちゃんと働いてもらう必要があるし、少しくらいは読み書き計算ができなければ困るだろう。そもそも「賃金をもらって、一定の時間を決めて働く」という発想自体、ヨーロッパでさえ**第5期**（1800年頃〜1950年頃）以降に広まった考え方だ。ある程度幼いときから慣れさせておかないと、いきなり規律正しく働くのはしんどいものだ。そこでたとえばドイツが植民地支配していた東アフリカでは、1905年に現地住民の男性に強制労働をさせるための条令が発布されている。強制労働は、現地住民に労働と

---

23 ── ヨーロッパにおいても、たとえば多民族の暮らす帝国だったオーストリアのハプスブルク君主国も、どの民族の言葉を授業で使うべきかという問題を抱えていました。複数の民族が混じり合っている地域が少なくないため、民族の平等を掲げることが、かえって民族対立を生んでしまうジレンマを抱えていたのです（佐々木洋子 2017「なに語で授業を受けるのか？」、平田雅博・原聖編『帝国・国民・言語』三元社、49-75頁）。

24 ── 金澤周作 2021『チャリティの帝国——もうひとつのイギリス近現代史』岩波書店、148-150頁。たとえば、太平洋海域は、キリスト教の宣教師による教育の影響の大きかった地域です（中野聡・安村直己編 2023『太平洋地域世界　〜20世紀』（岩波講座 世界歴史19）岩波書店、43頁）。

25 ── たとえばイギリス植民地時代の現バングラデシュにおける教育の目的が、安価な労働力の供給にあった点については、日下部達哉 2007『バングラデシュ農村の初等教育制度受容』東信堂、55-58頁を参照。

いうものを「なじませる」教育的な手段とされていたんだ。[26]

——あまりに宗主国本位な考え方ですね。

だよね。
　植民地での教育をどのように推進するかは、宗主国によっても地域によっても違いがあった。
　たとえば原則として間接統治（現地の支配者に干渉しないようにして統治をする方法）を基本としていたイギリスは、主に西アフリカの**ナイジェリア**北部のハウサ人に対し、伝統的なイスラム教に基づく教育を認めていたことで知られる。ところが南部においては、特に南西部のイボ人や南東部のヨルバ人に対しては、キリスト教の伝道団による西欧的な学校教育が導入されていたことが知られている。

——植民地内部でも、教育の内容に違いがあったのか。

うん。1914年に南北ナイジェリアが統一した植民地になった後も、南北はまるで別々の国のように支配され、そのことが後々、南北が合わさって「ナイジェリア連邦」として独立した後に引き起こされた内戦の遠因となってしまったわけだ。[27] ところで「ボコ・ハラム」って聞いたことないかな？

——えーっと、たしかテロを起こすグループ…だったような。

よくニュースを見ているね。もともとは2002年にナイジェリア北部で始まった運動で、ナイジェリア政府の推進する西欧式の教育を打倒し、当初はイスラム教に基づく国づくりを打ち立てることを

---

26 ── 浅田進史 2010「労働からみた帝国と植民地」、安孫子誠男・水島治郎編『労働─公共性と労働－福祉ネクサス』勁草書房、111-128頁。
27 ── 宮本正興・松田素二編 2018『新書アフリカ史』（改訂新版）講談社、352-353頁。

目的とする組織だった。けれども組織が大きくなる中で暴力的な集団となり、2004年には西欧式の学校に通う女子生徒が集団拉致される事件が引き起こされ、国際的にも大きく報道された。これは一見、宗教的な問題のように見える。けれども、問題の核心は組織に加わった人々の暮らす地域の貧困だ。その背景にあるのは、先ほど説明した植民地時代から続く南北の民族対立に加え、植民地後に内戦（ビアフラ戦争[29]）に発展した南北の経済格差にあったんだ。

——植民地時代についた教育の差が、現代にも尾を引いているわけですね[30]。

そう。一方、宗主国が自国と同じような権利を与えた例としては、フランスの支配した西アフリカが挙げられる。たとえばセネガルをはじめとする4つの地域では植民地エリートを養成するために、学校教育では実質的にフランス語のみが用いられ、徹底した「同化」教育がおこなわれた。しかも、一定の条件をクリアすれば、フランス市民権を獲得することも可能だったんだ[31]。

——なんだか上から目線な感じもします。

---

28 ── ボコはハウサ語で「偽りの」、ハラムはアラビア語で「禁止」のことで、「西洋式の学校教育は偽り／禁止」という意味を表します。

29 ──【ビアフラ戦争】1967〜70年にかけておきたナイジェリアの内戦。ナイジェリア連邦が北部主体で運営されていることに対し、イボ人の将校がクーデターを起こし、1967年にビアフラ共和国の独立を宣言。南部の石油利権を得ようとするイギリスや米ソは、ナイジェリア連邦側を支援し、1968年に国境が遮断。ビアフラ共和国は著しい飢餓に襲われ、1970年にビアフラ共和国は降伏しました。

30 ── さらにさかのぼると、沿岸部のイボ人とヨルバ人は、ヨーロッパ諸国と結びつくことにより奴隷貿易で発展した過去をもっています。彼らは、内陸で奴隷狩りをおこない、サハラ砂漠の横断貿易によって繁栄していたハウサ人の諸王国と対立。奴隷貿易に対する反発も背景として、18世紀末以降「フルベの聖戦」が引き起こされました（→目標16）。

31 ── その発想の原点はフランス革命中の1795年に制定された共和暦3年の憲法中の、植民地を「共和国の不可分の一部」とする規定であり、1848年に成立した第二共和政（1848〜1852）下では、セネガルのサンルイとゴレ島から、「完璧なフランス語」を話す議員がフランス国民議会に送られています（宮本正興・松田素二編 2018『新書アフリカ史』（改訂新版）講談社、355-358頁）。

232　第1章　人間（People）——人間の「しあわせ」の世界史

文明国フランスとして、フランス式の教育を現地の人々に与えることは、光栄なことと考えられていたんだよ。ただ、ここで注意すべきは、教育の対象があくまでエリート層に限られていたということだ。市民権を得た住民は、2,000万人のうち2,500人に限られていたし、初等教育の学校に通えた児童もほんの一握りだった。また、セネガルの4地域以外のサハラ以南の植民地では、アフリカ人は人種的にフランスに同化できる水準に達していないとして、原住民局を通した厳しい直接統治がおこなわれていたんだ。

　——へえ〜。これのどこが「同じ」なんですかね。

　本当だよね。しかも、アフリカの人々の話すフランス語は「カタコト」のフランス語として、長きにわたり嘲りの対象になった。
　19世紀後半以降の世界では、先ほど紹介したように、科学的な生物学の研究を装って、人種の優劣を論じようとする考え方が一世を風靡していた。その多くが、欧米諸国の人種が、いかに植民地の人種よりも優れているかを正当化する代物だった。

【図】「おいしいバナニアあるよ！」という文法的に間違ったフランス語とともに描かれたセネガル兵のイラスト[32]

　19世紀後半には、アメリカ合衆国のように移民が国を構成していった国においても、ある特定の人種の移動を制限しようとする風潮は年々強まっていく。「白人」（白色人種）が、アジア系の「黄色人

---

32 ——https://en.wikipedia.org/wiki/Banania#/media/File:Giacomo_de_Andreis,_affiche_publicitaire_de_la_marque_Banania,_1915.jpg、パブリック・ドメイン

種」やアフリカ系の「黒人」などの有色人種をシャットアウトする制度が、世界中に張り巡らされていったんだ（これを**デュボイス（1868〜1963）**[33]は「カラー・ライン」と名付けています）。欧米の言語を使えないアジア系の人々の入国をブロックするためにとりいれられた「読み書きテスト」[34]も、多くの国で導入されていった。**教育は、誰が優秀な人種や国民で、誰がそうでないかを区別する選別ツールとしても使われていったわけなんだ**[35]。

　　──宗主国の言葉を身に付けた植民地の人もいたんじゃないですか？

　　その通り。20世紀前半にかけて、ヨーロッパ式の教育を受けたエリート層の中から、植民地主義に対する批判の声を挙げる人々も育っていく。彼らが経験したのは、たとえ高等教育を受け、がんばって植民地の役人になったとしても、宗主国の人のようには出世できないという高い壁だったんだ。
　ヨーロッパの教育制度を受け入れた**日本の植民地だった台湾や朝鮮、委任統治した南洋群島**[36]でも事情は同じだ。

---

33 ── 　**人物**　【デュボイス】（1868〜1963）　アメリカの人種差別に反対するグループである全国有色人種地位向上協会の創立メンバー。パン・アフリカ会議を主催し、アフリカと南北アメリカ大陸のアフリカ系住民の連携を説きました。

34 ── 最初の例は、南アフリカにおけるイギリスの植民地ナタールで、1897年に制定された移民制限法で、ヨーロッパ言語の文字で自分の氏名を書けるかどうかがテストされました。この方式は、20世紀初めの世界各地に急速に広まり、たとえばオーストラリアでは19世紀末〜20世紀初めにかけて、移民の志願者に「ヨーロッパ言語での50語の書き取り」試験を課し、実質的に中国人や日本人が排除されました（1901年に移民制限法を制定）。

35 ── 永原陽子 2020「「1900年」の国際関係と民衆」、南塚信吾編『国際関係史から世界史へ』ミネルヴァ書房、75-108頁、95頁。

36 ── 【日本の植民地支配】日本は公式には「植民地」という用語を用いていません。しかし1920年代末より、植民地は「外地」と呼ばれ、律令とよばれる法律と同等の効力をもつ命令が出されていました。内地と植民地の間では、法的な体系が異なっていたのです。たとえば台湾における教育格差については、駒込武 2015『世界史のなかの台湾植民地支配──台南長老教中学校からの視座』岩波書店、379-382頁を参照。

——どんなにがんばっても差があるっていうのは、悔しかったでしょうね…。

だろうね。実際に、日本が委任統治したパラオ人女性の体験談にも耳を傾けてみよう。

1928年生の女性（パラオのコロール公学校補習科卒[37]）**による証言**
「最初、日本語を学ぶ時は厳しかったです。私たちが学ぶためにそうしてくれたと思う。2年生からはパラオ語は使えません。休み時間につい、パラオ語を使うでしょ？
サイパン玉やメンコに夢中になって。すると、看語当番と言って、赤いたすきをした5年生が、パラオ語を話した人の名前を書いて、先生に渡すの。授業の前、先生が「パラオ語を話した人はこっちに来なさい」と言って、その授業は立ち通しだった。[38]」

4-4　教育は誰のために？：開発、グローバル化、潜在能力

学校教育がなかなか普及していない地域が、いまだに残されているのはなぜ？

とはいえ、中には植民地や宗主国の中・高等教育で学ぶことのできた一握りの植民地のエリート層たちもいた。その中からは、のちのち**第6期**（**1950年頃～**）にかけて自治・独立運動の中心を担う人材が輩出されていくことになる。

——学校に通って知識を得れば、植民地支配が問題だっていう視点も得られそうですが…。

---

37 ——【パラオ】西太平洋のミクロネシア最西端の島国。かつて日本が南洋群島として支配し（1922～1945）、戦後はアメリカの信託統治を受けました。1994年に独立後も、歳入の多くは援助や海外からの送金によって占められています。
38 ——三田牧 2011「まなざしの呪縛―日本統治時代パラオにおける「島民」と「沖縄人」をめぐって」、田中雅一ほか編『コンタクト・ゾーンの人文学』4、晃洋書房、138-162頁、147頁。

目標4　質の高い教育をみんなに（Quality Education）

そうそう。植民地当局にとっては、行政組織を支える中・下級官僚として、植民地のエリートを利用していたつもりだったんだけれど、彼らは外来の学問を学ぶ中で、植民地支配のあり方を批判的にとらえる視点を手に入れていったんだ。[39]

目標1で見たように、第二次世界大戦後に独立を達成した植民地は、欧米諸国を模した近代国家をつくることを目標に開発を進めていくことになった。

【図】（左）スカルノ、（右）ネルー（1961年にデリーで開かれた産業博覧会を視察）[40]

たとえば、東アジアでは一国の経済開発を最優先する政策をおこ

---

39 ── 社会学者ベネディクト・アンダーソン（1936〜2015）は、インドネシアの近現代のナショナリズムの形成を分析した『想像の共同体』において、出版資本主義のもたらした想像力に加え、植民地のエリート層が学生や官僚として植民地各地を転々としたこと（アンダーソンはこれを「巡礼」と呼びます）が、植民地支配に対抗する民族意識を生み出していったと論じています（アンダーソン，ベネディクト（白石隆、白石さや・訳）2007『定本 想像の共同体──ナショナリズムの起源と流行』書籍工房早山）。
40 ── https://ja.wikipedia.org/wiki/スカルノ#/media/ファイル:Presiden_Sukarno.jpg、パブリック・ドメイン。U.S. Embassy New Delhi, https://www.flickr.com/photos/usembassynewdelhi/5736676290、CC BY-ND 2.0

なう政府が現れ、「経済成長は良いことだ」という考えの下、教育、福祉、農村インフラの整備とともに、産業成長のための政策が強力に進められていった。初等教育が多くの国で重視され、識字率も速いペースで上昇していった[41]。

　その一方で、サハラ以南のアフリカの独立国では、教育の普及はなかなか進まなかった。今なお初等教育すら十分に受けることのできない人が大勢いる地域も残されている状況だ。

　——どうして差が生まれてしまったんだろう？

　先ほどのナイジェリアの例のように、独立国の国境線の多くは、植民地の境界線をそのまま引き継ぐことが普通だった。しかもその境界線は、植民地時代に宗主国の思惑により人為的に引かれたものだったから、国民としての「まとまり意識」は曖昧で、国内には異なる言語やアイデンティティを持つグループが分布し、隣国とまたがって分布していることも多かった。

　——それはややこしいですね。

　アフリカでは旧宗主国の言語が公用語として残される例も多いけれど、使いこなせた人は多くない。家で話す言葉と公的に使う言葉が異なるというねじれた状況の中で、教育からとりのこされる人々が生み出されたのは無理もなかった。

　1957年にイギリスから独立したガーナでも、初代大統領**クワメ・**

---

41 ── 杉原薫 2020『世界史のなかの東アジアの奇跡』名古屋大学出版会、462-464頁。バングラデシュも、EFAが宣言される前から初等教育が熱心に整備された国の一つです。公教育のみならず、イスラム教の宗教学校の果たす役割が大きかったことについては、日下部達哉 2007『バングラデシュ農村の初等教育制度受容』東信堂、64-65頁を参照。「学校教育外で、ある集団に対して組織・実施される、目的や意図を有する教育活動」を、近代学校教育（＝フォーマル教育）に対して「**ノンフォーマル教育**」といいます。特に、社会において弱者とされるマイノリティや女性に対するNGOなどによる識字教育を指すのが一般的です（丸山英樹 2019「リテラシーとノンフォーマル教育」、北村友人ほか編『SDGs時代の教育──すべての人に質の高い学びの機会を』学文社、176-188頁）。

目標4　質の高い教育をみんなに（Quality Education）

ンクルマ[42]（在任 1960〜1966）の下で、小学校がたくさん設置されていったけれど、民族間の対立を解消するまでには至らなかった。

　　——援助をうまく活用できなかったんでしょうか。

　　政権を担当した一部の支配層は、獲得した援助物資や利権を国内の有力者にバランスよく配分し独裁体制を築き上げるケースが多かった。そのため住民の政治参加は長い間封じ込められたままとなり、援助を受けた先進国の政策にも縛られがちだった。
　　しかも、せっかく技術を指南されても、初等教育すら普及が遅れている状況では、国を運営する人材は不足する。コンゴで過酷な支配をしてきたベルギーも、住民の高等教育には無関心。**大学が初めて設立されたのはなんと 1954 年になってからのことだったんだよ**[43]。

　　——**第6期**（1950年頃〜）になってからじゃないですか！　どんだけ置き去りにされてるんですか。

　　日本で初めての近代的な大学が 1877 年のことだから、ものすごい差だよね。学校で使う言葉は使い慣れた母語ではなく、支配を受けていた国の言葉だし、国や産業を担うべき自国出身のエリートも不在のまま。それがコンゴの国づくりのスタート地点だったのだからそりゃ大変なはずだ（→**目標 3**）。

　　——初等教育も放置。高等教育も放置。さすがに厳しそうです…。

　　こうした動きに対し、西アフリカでは独立前後に、イスラム教の

---

42 — **人物**【クワメ・ンクルマ】（1909〜1972）鍛冶屋の子として生まれ、師範学校卒業後にアメリカ、イギリスに学び、アフリカ人の独立と統一を目指す運動の指導者として1947年帰国。1957年にガーナ独立を勝ち取るも、1966年にクーデターにより失脚しました。
43 — 独立時の学位取得者は全国でたったの16人でした（宮本正興・松田素二編 2018『新書アフリカ史』（改訂新版）、371頁）。

教育機関を建設し、アラビア語による教育を普及させようという運動も起きている。これは欧米諸国にしてみれば、近代化に逆行する動きのようにも映るかもしれない。けれども住民たちにとってみると、そもそもフランス語を正しく習得しなければならない社会のほうが、たいへんなわけだ。もちろん西洋式の教育にもいいところはある。フランス式の学校制度をとりいれつつ、アラビア語を学ぶ場をつくろうとした運動の背景には、旧植民地特有の複雑な事情があった[44]。

　　——言葉の問題って、難しいですね。フランスの影響をなくすにはアラビア語の教育がいいんでしょうけれど、高い教育を受けるためには、結局フランス語を学ぶ必要があるんでしょうから…。

　そうなんだよね…。頭脳流出（ブレイン・ドレイン）といって、高い教育を受けるために先進国に移住した人たちが、そのまま戻ってこない場合も多いんだよ。初等教育を充実させようとしても、そこで教えたり、中等教育を担ったりする人材が足りなくては、教育水準はなかなか上がらないよね。

　1990年代になって冷戦が終結すると、冒頭で紹介したように、開発援助において「社会」や「人間」を大切にすべきとの考え方がようやく注目され、教育基盤の整備が叫ばれるようになる。そこで、経済的な指標だけでなく、社会や政治的な指標をもとに、人間の豊かさを測ろうという動きも持ち上がった。

　それに大きな影響を与えたのは、「貧困」を単に所得が低いということではなく、「潜在能力」が欠けている状態であると定義しなおした**アマルティア・セン**（1933～）というインドの経済学者だった。

　　——……潜在能力？？？

---

[44] — 中尾世治 2020『西アフリカ内陸の近代—国家をもたない社会と国家の歴史人類学』風響社。

センは、人間の生活水準を測るのに、所得や自由があるかないかを調べても、あまり意味がないと考えた。
　たとえばただ単に自転車を持っているだけでは、自転車の持つ「人を運ぶ」機能は発揮されない。自転車という財を、機能に転換できる能力（健康であることとか、自転車の乗り方を知っていることなど）こそが大切だ。でもこれを可能にする条件は、その人の置かれた環境によっても大きく異なる。自分で選び取り、実際に達成することのできる機能の組み合わせを、センは「**潜在能力**」（ケイパビリティ）と呼ぶ。彼はこの潜在能力を高めていく条件をつくることこそが、開発の目的と考えたんだよ。

　——何を持っているかじゃなくて、何ができるのかに注目するってことか。

　そうそう。単にお金やモノの量に注目するんじゃなくて、手持ちの財を使って、どんな行為や状態を実現する可能性があるか。その自由の幅がどれだけあるかによって、貧困を定義しようとしたわけ。つまり、「これくらい財があれば、このくらいの満足感が得られるだろう」とみるんじゃなくて、「その財が実際にその人に対して、何を可能にしてくれるのか（その人をどのように自由にしてくれるのか）」という点に注目し、人間にとって「しあわせ」とは何かを考えようとしたんだ。[45]
　センの理論は、1990年代以降、国連開発計画（UNDP）によって積極的にとりいれられ、1990年から発行している『**人間開発報告書**』では、**人間開発指数**（HDI）という豊かさを図る新しい指標が発表されるようになった。こうして「開発」は、個人個人の選択の幅を広げ、可能性を高めていくことを指すようになったわけだ。

　——人間開発指数って具体的にどんなものなんですか？

---

[45] — セン，アマルティア 1999『不平等の再検討―潜在能力と自由』岩波書店、54頁。

開発の水準を①所得(一人あたりGDP)だけではなく、②出生時の平均余命と③教育の達成度(成人の識字率と就学率の組み合わせ)を合わせて測ろうとするものだよ(→**目標16**)。

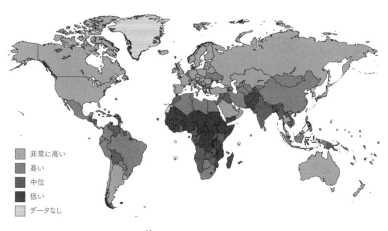

- 非常に高い
- 高い
- 中位
- 低い
- データなし

【地図】人間開発指数(2021年版)[46]

　こうした新しい「開発」への見方の影響も受けて、SDGsにはESD(Education for Sustainable Development、持続可能な開発のための教育)の普及もターゲットにとりいれられているよ。

> **関連ターゲット 4-7** 2030年までに持続可能な開発と持続可能なライフスタイル、人権、ジェンダー平等、平和と非暴力の文化、グローバル市民、および文化的多様性と文化が持続可能な開発にもたらす貢献の理解などの教育を通じて、すべての学習者が持続可能な開発を推進するための知識とスキルを獲得するようにする。

 　――ESD？　なんですか？　それ。

---

46 ― https://ja.wikipedia.org/wiki/人間開発指数#/media/ファイル:Countries_by_Human_Development_Index_(2021).svg、パブリック・ドメイン

目標4　質の高い教育をみんなに(Quality Education)

SDGsに掲げられているようなグローバルな課題と、身近なライフスタイルとのつながりを意識し、問題を自ら見つけ、新しい価値観や行動を生み出せる人を育てよう、という新しいタイプの教育だよ。

　——そんなことまでSDGsに書かれていたんですね。

　もちろんそれぞれの実態に合わせて行う必要はあるだろうね。SDGsの策定段階では「価値観の押し付け」という批判もあった（第13回OWG）。大量生産・消費型のライフスタイルの刷新は、どちらかといえば途上国側が先進国に求めてきた要求だ（→**目標12**）。でも、**第6期**（1950年頃〜）に始まる「大加速」（→**目標2**）は、今や先進国だけの問題ではなくなっていることもまた事実だ。それに ターゲット 4-7 にある「人権」に関する教育は特に、途上国の「人間開発」にとって必要不可欠なものとみなされている。SDGsは、グローバルな危機は、地球のさまざまな人々がみんなで生み出しているものという認識のもと、持続不可能な開発（→**第2章**）をもたらしてきた**第5期**以降の開発のありかたを批判できる人を育てようとしているんだ。

　——それって、伝統的な生活を続けている世界各地の先住民のライフスタイルに学ぶところも大きいんじゃないでしょうか？

　まさにその点はSDGsの策定過程で先住民族グループが何度も表明し、共有された考え方だ。
　先住民が伝統的に受け継いできた生物に関する豊かな知識（例えば薬用植物（→**目標3**）や森林管理（→**目標15**）にはグローバルな問題を解決するヒントが詰まっている。先進国の側が教えてもらうべきことがたくさんあるはずだ。

　——でも、「文化的多様性」といっても、熱帯エリアで暮らす狩

猟採集民の人々には、文字を読めるようになる必要が本当にないのかな。働いてお金を得たいと思ったら勉強も必要ですよね。

　たしかに産業社会の中で生きていくには、文字が読めたほうが都合がよい場面も多くなるだろう。でも、文字は、マイノリティにとってはなじみのない公用語であることが多い。かりに最低限「読むこと」「書くこと」ができたとしても、それを実際に「使える」かどうかは、別問題だ。

　それにもし使えたとしても、別の問題もある。近代的な学校教育は、その国の主流の文化にのっとって組み立てられることが多い。だから、どうしてもその国における多数派中心のカリキュラムになりやすい。つまり、**学校で読み書きを習うことは、みずからを少数派と位置づける多数派中心の社会への参加を、受け入れるということでもあるわけだ。**

　——でも、そこで多様性（ダイバーシティ）を認めてもらえるなら良い感じもするけどなあ。

　——でも、それが辛いという人もいるかも。

---

47 — 中央アフリカの狩猟採集民バカのフィールドワークをおこなった亀井伸孝さんは、次のようにいう。「一般に「文化の自由」とは、固有の文化を維持する自由を含むとともに、文化からの離脱の自由をも含んでいる（国連開発計画 2004『人間開発報告書2004—この多様な世界で文化の自由を』国際協力出版会）。たまたまその地域・集団に生まれたというだけの理由で、個人の人生をそこにしばりつけてしまう権限も、私たちにはないのである。」（亀井伸孝 2010『森の小さな〈ハンター〉たち—狩猟採集民の子どもの民族誌』京都大学学術出版会、262-263頁）。湖中真哉 2020「人新世時代のSDGsと貧困の文化」、大村敬一・湖中真哉編『「人新世」時代の文化人類学』放送大学教育振興会、87-100頁も参照。

48 — ユネスコやユニセフは、日常生活で簡単な読み書きや計算ができる①「（**基礎的**）**識字**」と、社会に参加するために読み書きや計算を役立てていくことのできる②「**機能的識字**」を使い分けています。つまり、識字とは、単に「読み・書き・計算」ができる力ではなく、それを通じて自分や社会の可能性をひろげていく力であるというわけです（ユネスコ「ペルセポリス宣言」(1975年) を参照）。

49 — ここでブルさんがおそらく「多様性」という言葉を、多数派に認めてもらうもの、教育を受け入れることを条件に授けられるものとして使っていることに注意しておきましょう。もちろん悪気はないはずですが、「多様性」の推進が「配慮」の問題にすり替えられ、かえって問題の構造を見えにくくするおそれがあることについても、ここで指摘しておきます（岩渕功一編 2021『多様性との対話—ダイバーシティ推進が見えなくするもの』青弓社）。

目標4　質の高い教育をみんなに（Quality Education）

重要な論点だね。これに限らず教育には、もともとその社会で歴史的に形作られてきた力関係を温存させる面がある。もう少し考えてみよう。

たとえば高等教育（大学）への進学が、子どもの暮らす世帯の経済力にある程度左右されるのは、先進国も途上国も同じだ（先進国でも国内に地域格差は存在する）。

それに加えて特に途上国にとって課題となっているのは、年齢の小さい子どもに対する教育の不足だ。

——たしかに保育園とか小学校とか…？

そう。そもそも教育に時間やお金を投資することには、自分の潜在能力をひろげるだけでなく、その国の社会や経済開発全体に対してプラスの影響をもたらす効果がある。就学前のケアや教育、初等・中等教育がきちんとおこなわれないと、途上国を内側から発展させる担い手も育たない。

——きちんと…って？

教室の環境や教える先生の養成もそうだし、子どもたちがちゃんと学校に通い続けられるかというのも問題だ。短期間通うことはできても、家事や仕事が忙しく、文字が書けないまま途中で離脱するということも少なくないんだよ。

——これまでの**目標1**〜**目標3**関係の事情も関わっていそうです

---

50 —— たとえばマレーシアにはオラン・アスリという少数民族がおり、政府の手厚い保護措置とは裏腹に、低い就学率と高い退学率が問題となっています。その責任は往々にしてオラン・アスリの子どもたちの怠惰や無関心に帰せられがちですが、実際の要因は複雑です。イスラム教徒ではないことに対する差別、子どもが森での狩猟最終生活をやめて都会で社会的上昇を目指しイスラム教に改宗してしまうのではないかという親の恐れ。そこにはイスラム教を国教とするマレーシアで、マイノリティとしてのアイデンティティを保ちながら教育を受けることの難しさがあります（信田敏宏 2010「開発のメタファーとしての学校教育」、長津一史ほか編『開発の社会史』風響社、353-388頁）。

ね。

　その通り。幼い時期に教育の支援を十分に受けられたかどうかは、将来のジェンダー格差や健康状態にまで影響する。開発における教育の役割に関する現場での取り組みや議論を踏まえ、SDGsが冒頭にあげた ターゲット 4-1 と ターゲット 4-2 を設けているのには、そういう問題意識があるんだ。

　——最近では技術の進歩が早くて、学校で学んだことがすぐに支えなくなってしまうんじゃないかって話も聞いたことがあります。デジタル技術の使い方とか、もっと勉強したいです。

　目標8や**目標9**で見ていくように、21世紀入り産業構造や技術が急激に変化しているからだね。それに対応できなければ、生涯にわたって仕事をしていく人材を育てられないという危機感が、各国政府や企業の側には強くある。たとえばバックグラウンドのまったく違う人たちと自分から進んでコミュニケーションをとって協力する力のような、もっと複雑な力(**PISA型リテラシー**[51])が、新しい時代を生き抜く力として必要だと叫ばれ、それらに対応したカリキュラムへの改革も先進国や新興国を中心に進められている。

---

51 ——【PISA】経済協力開発機構(OECD)によって、加盟国の15歳児を対象に2000年から定期的におこなわれている国際的な学習到達度調査。知識の修得度と同時に、その知識を活用するスキル(読解力、数学的リテラシー、科学的リテラシーなど)についても測ろうとするものです。PISA実施の背景には、先行きが不透明で、将来の予測が困難なポスト産業社会(ものづくりではなくサービスや情報産業の比重の高まった社会。知識基盤社会とも)では、1 社会・文化的、技術的ツールを相互作用的に活用する能力、2 多様な社会グループにおける人間関係の形成能力、3 自律的に行動する能力(これらを**キー・コンピテンシー**と呼びます)をそなえた人的資源を育てる必要があるとの、各国政府・企業による認識があります。このように求められる能力に人間性などが加えられ、多元化する状況を教育の**ハイパー・メリトクラシー**化(ポスト業績主義)と言い、従来型の評価に比べて間接的に出自や育ちと結びつきやすいことも指摘されています(本田由紀 2005『多元化する「能力」と日本社会——ハイパー・メリトクラシー化のなかで』NTT出版)。デジタル技術や教育産業との関連は佐藤学 2021『第四次産業革命と教育の未来——ポストコロナ時代のICT教育』岩波書店も参照。

――なんだか勉強することがどんどん増えて疲れちゃいます…。

気持ちはわかるよ…。教育には社会的な投資という面があるのは確かだけど、過剰な競争をあおるような仕組みや、自分の将来を決める選択肢に対する不公平感が強まる状況（→**目標10**）は良くないと思う。

とはいえ仕事の選択は、お金を得る手段というだけでなく、その人の「しあわせ」にとって大きな比重を占めるもの。教育政策、特に技術教育、職業教育の効果は、失業率とも深く関わっている。

> **関連ターゲット 4-3** 2030年までに、すべての人々が男女の区別なく、安価で質の高い技術教育、職業教育、および大学を含む高等教育への平等なアクセスを得られるようにする。
>
> **関連ターゲット 4-4** 2030年までに、技術的・職業的スキルなど、雇用、ディーセント・ワークおよび起業に必要な技能を備えた若者と成人の割合を大幅に増加させる。
>
> **関連ターゲット 4-5** 2030年までに、教育におけるジェンダー格差を無くし、障害者、先住民および脆弱な立場にある子どもなど、脆弱層があらゆるレベルの教育や職業訓練に平等にアクセスできるようにする。
>
> **関連ターゲット 8-6** 2020年までに、就労、就学及び職業訓練のいずれも行っていない若者の割合を大幅に減らす。

人口が急増する途上国では、人口に占める若年層の増加にともない高い教育を受けても仕事に就くことができない状況も生まれている。これが社会の分断や不安定化のもとにもなることも知られてい

246　第1章　人間（People）――人間の「しあわせ」の世界史

る。[52]

　これからアフリカや南アジアでは、まだまだ人口増加が見込まれる（→ 11-6　**熱帯エリアに広がる都市**）。途上国の中に十分に仕事がなければ、国外に移民として出稼ぎに出るほかない。となると、おそらく19〜20世紀とは比較にならないほどの人口移動が起こる可能性もある。

　——これまでの世界史で起きたような「しくじり」を繰り返すことになったら情けないですね。

　そうだよね。その意味で、**教育の問題は、その人の「しあわせ」のみならず、まさにすべての人に関わるグローバルな問題だとも言える**だろう。

　教育が何のため、そして誰のためにあるのかという見方は、これまで歴史的にも変遷してきた。

　その上で、SDGsがどんなところに力点を置いて取り組もうとしているのか、その課題も含めて考えてみることが必要だろう。

---

52 ── この状態は「ユース・バルジ」とよばれています（ハインゾーン，グナル 2008『自爆する若者たち──人口学が警告する驚愕の未来』新潮社。

目標4　質の高い教育をみんなに（Quality Education）　　247

目標5　ジェンダー平等を実現しよう（Gender Equality）
男女平等を実現し、すべての女性と女の子の能力を伸ばし、可能性を広げよう

　ジェンダーの視点から世界史を読み直すと？
「ジェンダー平等」が叫ばれるようになったのは、なぜ？　

　今回は、性別に関する「普通」が、どのように移り変わってきたのか、世界史を「ジェンダー」の視点で読み直しながら考えていきます。

　こんにち「**ジェンダー平等**」といえば、欧米諸国が積極的に推進していて、その他の地域が遅れているイメージが強いですよね。

　ところが歴史をさかのぼってみると、**第5期**（1800年頃～1950年頃）にかけての欧米諸国では、ジェンダー間の不平等が一気に強まっていた事実があります。家庭は一組の男女と子どもで構成される親密な空間となり、仕事や政治をする外の空間は男性中心の空間に組みなおされていったのです。こうした「**近代家族**」とよばれる家族のあり方は、欧米諸国の支配した植民地にも広まっていきました。

　転機は19世紀後半から**第6期**（1950年頃～）にかけての時期に訪れます。

　先進国では2度の大戦をきっかけに女性の社会進出が進み、性別に割り当てられてきた「普通」を問い直す**フェミニズム**の動きが盛り上がるようになったのです。

【図】バングラデシュの女性の抱える重い家内労働を風刺したポスター[1]

---

[1] ── Bangladeshi NGO Banchte Shekha, https://blogs.worldbank.org/voices/what-i-learned-

この動きは「途上国の人口をおさえるべきだ」「女性の潜在能力を発揮させるべきだ」といった開発の思想とも絡み合い、世界各地の女性の地位を高めようとする運動に発展していきます。SDGsの目標も、こうした経緯の延長線上にあります。
　しかし、女性の権利やジェンダーのとらえかたをめぐり、世界の人々の足並みがそろっているわけではありません。むしろ、SDGsの中でもっともセンシティブな内容の一つであるといえますし、世界各地でジェンダーをめぐるさまざまな対立も生じています。
　これらの背景にあるものは一体なにか。
　ジェンダーという視点から、世界史をたどっていくことにしましょう。

5-1　ジェンダーって何だろう？：人類史のなかの家族

SDGsの掲げる「ジェンダー平等」っていったい何？

> **関連ターゲット 5-1** あらゆる場所における全ての女性及び女児に対するあらゆる形態の差別を撤廃する。

　　――ジェンダーってそもそもどういう意味の言葉でしたっけ？

　辞書的に言えば、ジェンダーとは、社会的・文化的にうみだされる性の違いのことだよ。

　　――社会的？　文化的？

　どんな社会にも、「女性は普通こうあるべき」とか「男性ならば普通こうすべき」といった、性にまつわるさまざまな「普通」があるものだ。でも、その「普通」が、特に女性の可能性を狭め、傷つけ

---

bees-about-women-s-empowerment-and-nutrition（https://commons.wikimedia.org/wiki/File:Nandeesha_a.jpg、パブリック・ドメイン）

目標5　ジェンダー平等を実現しよう（Gender Equality）　　249

ているのではないか。SDGsはそうとらえている。

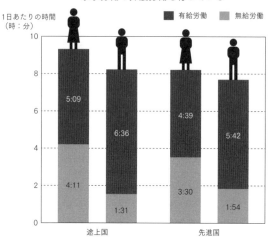

【図】賃金を得ることのない家事・ケア労働は女性差別と結びついている。女性の担う様々な負担（→**目標6**　水汲み、**目標7**　薪拾い）を取り除き、教育や就労、さらには起業（→**ターゲット4-4**）を含めた地位向上の方策がSDGsには散りばめられています。[2]

　　──昔からずっとそんな感じだったのかな？

　　ある社会のなかで「普通」とされる男女の違いは、歴史的にみると大きく移り変わってきたものなんだよ。

　　──男らしさや女らしさといった考え方は、社会が変われば変化することがあるってこと？

　　そう。そしてその違いは、社会の中の人々の関係性によっても変わってくる。

---

2 ── UNWOMENウェブサイト、https://www.unwomen.org/en/news/in-focus/csw61/redistribute-unpaid-work（2024年11月4日閲覧）

――**第1期**（約700万年前〜前1万2000年頃）の男女の役割分担って、どんな感じだったんだろう？

　狩猟は男性、採集は女性がおこなうものという一般的な傾向はみられる。けれど、農業のはじまる**第2期**（前1万2000年頃〜300年頃）ほど、男女の役割分担は固定的ではないのが普通だったようだ。

---

1. 少数者の集団（子供の出生間隔が比較的長い）。
2. 広い地域に展開して居住する（低い人口密度）。
3. 土地所有の概念がない（共同利用）。縄張り意識はある。
4. 主食がない（多様な食物）。
5. 食物の保存は一般的でない。＊
6. 食物の公平な分配と「共食」。平等主義＊
7. 男女の役割分担（原則として男は狩猟、女は育児や採集）。＊
8. リーダーはいるが、原則として身分・階級制、貧富の差はない。＊
9. 正確な自然の知識と畏怖の念にもとづく「アニミズム」（自然信仰）。＊
10. 散発的暴力行為・殺人（とくに男）はあるが、「戦争」はない。＊

【図】狩猟採集民の特徴（＊印は例外もある）[3]　狩猟採集生活では、数家族がまとまってバンド（部族）という10〜30人から多くて100人程度の小集団で移動生活を送ることが普通でした。みんなで集めた食べ物は、基本的に仲間うちで平等にシェアされていました（→**目標10**）。

　たとえばアフリカ南部のカラハリ砂漠で狩猟採集生活を送るサンの社会では、男女ともに採集をおこない、犬を連れて積極的に狩猟をおこなう女性もいる。[4] ジェンダーにかかわらず、どの人なら狩猟ができるか、誰が採集に向いているか必要があるかということのほうが大切だったのだろう。[5]

---

3 ── 尾本恵市 2016『ヒトと文明―狩猟採集民から現代を見る』筑摩書房、145頁。
4 ── 今村薫 2010『砂漠に生きる女たち―カラハリ狩猟採集民の日常と儀礼』どうぶつ社、238頁。松村圭一郎編 2021『働くことの人類学』黒鳥社、81-83頁。
5 ── クリスチャン，デヴィッドほか 2016『ビッグヒストリー　われわれはどこから来て、どこへ行くのか』明石書店、113頁。

目標5　ジェンダー平等を実現しよう（Gender Equality）　　251

――性別に基づいて仕事をおこなうというより、できる人が担当するという感じですね！

あとで見るように、人間の家族の形は多様だ。一緒に暮らしている人たちに血縁関係があるとも限らない。夫婦と子どもを基本形とする家族の枠を越えて協力関係がむすばれる場合もある。人間は家族（＝身内）や、それを超える共同体、さらにその外側の世界の人々（＝よそ者）との線引きを柔軟に工夫してきた。それが人間の強みでもあるんだ。

　最初期の人間がどのような家族関係を結んでいたか、霊長類学者の山極壽一さんは、進化の過程や類人猿の観察を踏まえ、次のような仮説を立てている。

- 寒冷化の影響により、熱帯雨林から草原地帯に移動せざるをえなくなった人類は、肉食動物の多い危険な環境にさらされることとなった[6]。
- そこで、人類は確保した食料を仲間の暮らす拠点に持ち帰り、みんなで分け合って一緒に食べるようになった。また、授乳期を短くして、子供をたくさん産む戦略もとられた。
- しかし、脳が大きく進化したこともあって、体の成長が類人猿よりも遅くなった。そのため子どもの保育に手間がかかるようになった。
- 移動生活をしながら生みの親だけで未熟な赤ちゃんを連れて生活するのは大変だ。そこで複数の家族が協力して、男性も含めみんなで子どもを育てるようになった[7]。

---

[6] ―― 考古学者のロバート・ダンバーは、獲物や採集した食べ物を持ち帰り、火の使用によって料理ができるようになったことが、人類の夫婦間の絆を深める一員になったとしています（ダンバー，ロビン 2016『人類進化の謎を解き明かす』インターシフト）。

[7] ―― 山極壽一 2019「ジェンダーと家族の未来」、『学術の動向』24 (12)、公益財団法人日本学術協力財団。

——なるほど。そもそも環境の変化が、家族という結びつきを生むきっかけになったというわけですか。

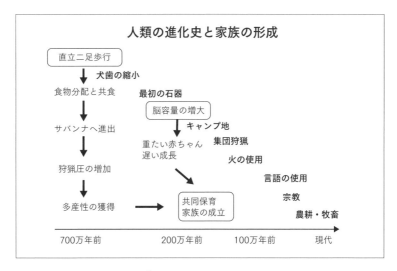

【図】人類の進化史と家族の形成 [8]

　そう。現在の狩猟採集民の中にも、子どもを複数の家族で共同で保育する例がよくみられる。つまり、実の親ではない人が、子育てを担当するわけだ。夫婦と子どもを最小単位とする「家族」のつながりは、現代考えられているほど強いものじゃなかったんだ。

　——家族以外の人も子どもの面倒をみていたんですね。にぎやかそう！　赤ちゃんの成長が遅いからこそ、みんなで保育する必要があったのかな。今とは大違いですね。

　ほんとだね。脳のサイズが大きくなったことで、人間は数ある哺乳類のなかでも特に難産に苦しむ動物となった。直立二足歩行をす

---

8 —— 山極壽一 2017「自然と文化の間にあるジェンダー」、『学術の動向』22(11)、18-23頁のうち23頁より作図。URL=https://www.jstage.jst.go.jp/article/tits/22/11/22_11_18/_pdf

るために体の構造が変化し、S字状に曲がった産道を通り抜けるのが大変になった。他の哺乳類に比べて発育が未熟なうちに出産するようになったのはそのためだ（人間の脳は約400万年前のアウストラロピテクスに比べて3～4倍のサイズになっていた）。次の【図】のように出産時の妊婦の死亡率は、いまだに途上国では高い状況だ。

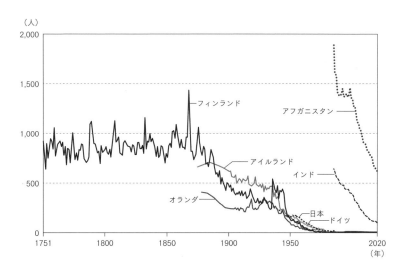

【図】10万人あたりの妊産婦死亡率の変遷（1800年～2015年）[9]

　　——ヨーロッパ諸国はかなり早い時期から死亡率が下がっていったんですね。

　　ヨーロッパ諸国では黒死病の流行した14世紀中頃をひとつの画期として、国が国民の命に高い関心を持つ傾向が強まっていったんだったよね（→目標3）。統計データが残されていること自体、関心の高さがうかがえる。分娩台の発明に代表される産科医学の発達や衛生状態の改善の影響も大きいね。[10]

---

9 —— Our World in Data、https://ourworldindata.org/maternal-mortality、パブリック・ドメイン
10 —— 長谷川まゆ帆 2004『お産椅子への旅——ものと身体の歴史人類学』岩波書店。

5-2　ジェンダーの多様性：その「伝統」はいつから？

ジェンダーギャップの大きい地域は、昔からそうだったの？

　　――第2期（前1万2000年～300年頃）以降、世界のさまざまな地域で男性の力が強まっていったようにみえます。君主は、どの地域でも男性に世襲されるほうが多いですよね。

　　たしかに農耕・牧畜が始まると、女性の社会的なポジションは男性に比べて低くなっていったようだね[11]。社会が複雑になり、国という組織がつくられると、さらにその傾向は強まっていく。
　男性により強い権力が配分されている社会の仕組みのことを、家父長制ということがある。多くの場合、次のような項目について、女性のほうが男性よりも劣った立場に置かれることが一般的だった。

・権力や資源にどれだけアクセスができるか。
・所属する組織の意思決定にどれだけ参加できるか。
・財産をどのように継承できるか。
・家族の中でどれだけ発言権があるか。

　教科書では家族や男女に関することはあまり載っていないので、あまりピンと来ないとは思うけれど、古代ギリシアや、ローマでは、女性は家長である父親に従属し、政治や社会的な活動は制限されていたんだ。女性の立場は、もちろん地域によっても時代によっ

---

11 ― シリアのアブ・フレイラ遺跡で出土した骨格のうち、女性の骨格には、足の指や上腕の骨が変形している特徴がみられます。同様の変形は男性の骨格にはみられず、女性にとって農業が肉体的に厳しいものであったと推測されます（クリスチャン，デヴィッドほか2016『ビッグヒストリー　われわれはどこから来て、どこへ行くのか』明石書店、136頁）。近年定住化のすすんだ南アフリカのクンという狩猟採集民のあいだでは、平等主義的な関係が崩れ、男女の格差がひらいたという報告もあります（バーガー，アイリス，E・フランシス・ホワイト（富永智津子・訳）2004『アフリカ史再考―女性・ジェンダーの視点から』未来社、34-35頁）。

ても差があるし、年齢や階級のように性別だけが社会的な格差の理由でもない。また、家族制度の違いも大きな要因だ。チベットなどの高地や、東南アジアのように、相続や財産の面で男女の権利が比較的平等な地域もある。

　——それにしても教科書に出てくる人って、ほとんど男性ですよね。女性の君主や政治家も、たまに出てきますけど。

　則天武后やジャンヌ・ダルク、メアリ1世、エカチェリーナ2世、マリ・アントワネットなどなど、個性的な面や女性としては"例外"的な性格を現在の価値観に基づいて評価強調する場合が多いよね。歴史は「彼の歴史」といわれるように、男性によって書かれてきた事情も関係しているだろう。

　——現在でも政治家って男性が多いんじゃないかな。

　それを含めて最近では平等度を比較する国際ランキングが、メディアで注目を集めることも増えている。たとえばこれは「**ジェンダーギャップ指数**」といって、経済、社会、教育、健康のデータを総合し、世界経済フォーラムが毎年指数化しているものだ。

---

12 ──たとえば、古代ギリシアよりももっと古い前3000年紀のメソポタミアでは、女性が土地を含めた財産を持ち、その維持のために裁判にも出廷していた記録がのこされています。とはいえ「○○の権利をもっていた女性がいた」という記録だけで、過去の社会における女性の地位が「高かった」とか「低かった」とは一概にいいがたいところがあります。歴史学者の前田徹さんは「メソポタミアの女性がある程度の社会的活動を許されていたのは、女性の権利が保護されたというよりも、ギリシアと異なって、厳格な身分規制がゆきわたっていない「市民権なき自由民」が中心となっている社会での、個別的な現象であるとみるのが妥当だろう」とも述べています（前田徹 2020『古代オリエント史講義──シュメールの王権のあり方と社会の形成』山川出版社、214-215頁）。

13 ──教育分野（識字率、初等教育就学率、中等教育就学率、高等教育就学率の男女比）、経済分野（労働参加率、同一労働における賃金、推定勤労所得、管理的職業従事者、専門技術の男女比）、政治分野（国会議員、閣僚、最近50年における行政府の長の在任年数の男女）、保健分野（出生時性比、平均寿命の男女比）の4つの観点から男女平等の度合いをスコア化したもの。

256　　　第1章　人間（People）──人間の「しあわせ」の世界史

順位	国名	スコア
1	アイスランド	0.877
2	ノルウェー	0.842
3	フィンランド	0.832
4	スウェーデン	0.820
5	ニカラグア	0.804
6	ニュージーランド	0.799
7	アイルランド	0.798
8	スペイン	0.795
9	**ルワンダ**	0.791
10	ドイツ	0.787
15	フランス	0.781
19	カナダ	0.772
21	英国	0.767
53	米国	0.724
76	イタリア	0.707
81	ロシア	0.706
106	中国	0.676
108	韓国	0.672
121	**日本**	0.652

【図】ジェンダーギャップ指数の上位国および主な国の順位（2020年）[14]

——欧米諸国の数値が高いですね。

——アフリカからアジアにかけての地域では、値が低いのが気になります。

教育・保健の分野は高くても、経済・政治分野で足を引っ張っている国が多いんだ。たとえば東アジアやイスラム教徒の多い国々では低くなる傾向がある。また途上国の場合は、特に保健と教育の分野の水準が低いため、指数が低くなりやすい。

——でもよく見るとルワンダって、アフリカの途上国ですよね？

---

[14] ― 男女共同参画局、https://www.gender.go.jp/public/kyodosankaku/2019/202003/202003_07.html（2024年11月4日閲覧）

かなり高いですよ。

　ルワンダは1990年代に**悲惨な紛争とジェノサイド**（民族浄化）[15]を経験した国だ。犠牲者の多くが男性であったため、穴を埋めるべく女性の社会進出が奨励され、女性議員を政治家に一定数割り当てる制度（クオータ制）も憲法に規定された経緯がある（→目標16）。この手法は、北欧のノルウェーで初めにとりいれられたもので、女性を政治の意思決定機関に参加させることで、平和の文化をつくることができるのではとも期待された。[16]とはいえ紛争後のルワンダではカガメ大統領（在任2000年〜）が強権的な専制体制を続けていて、クオータ制もその中で導入されたものだ。

　——指数だけで評価するのではなくて、個別に状況を見ることも必要そうですね…。

　——地域ごとの家族関係のしきたりも関係しているんじゃないかな？

　たとえばたしかに家族のあり方には地域性があるよ。人類学者の**エマニュエル・トッド**（1951〜）は、世界中の家族制度を親子関係（結婚後に同居するか別居するか）と、子どもたち兄弟の関係（遺産相続において平等か不平等か）などのパラメーターを組み合わせて分類し、そのあり方が政治の制度にも関わっているとみている。[17]

---

15 ──【ルワンダ虐殺】1994年にアフリカのルワンダで引き起こされた集団殺戮。フツ人の大統領が暗殺されたことが引き金となり、フツ人の過激派・民兵集団が、約3ヶ月のうちに80万〜100万人のツチ人や穏健派のフツ人が殺害されました。ただし両者の違いは厳密な民族的区別によらず、本来は生業の違いによるゆるやかな区分にすぎず、両者の区別を強めたのは第一次世界大戦後から1960年代まで続いたベルギーの植民地政策によるものだったことも、明らかになっています（→**目標16**）。
16 ──三成美保・小浜正子・姫岡とし子編 2014『歴史を読み替える──ジェンダーから見た世界史』大月書店、288頁。
17 ──トッドはそのほかの要素を加えると、ユーラシア大陸の外も含めて合計15に家族類型を分類していますが、基本形はこの4つです（トッド，エマニュエル 2016『家族システムの起源 Ⅰユーラシア』藤原書店）。トッドの議論は「家族類型により、政治や経済体制を単純に説明しようとする」ものと批判的

たとえば、父方の家族との同居をともなわず、夫婦とその子ども
で構成される**核家族**[18]という形態がある。つまり親から独立して、
新たな世帯を構えるものだ。親による子の制限が弱く、最近になっ
て増えていったイメージがあるかもしれない。

　けれど、実はその歴史は古い。たとえば**第4期**（1400年頃～1800年
頃）のイギリスは核家族が広くみられる社会だったし、フランスの
パリ周辺にも分布する。ただし、フランスの場合はイギリスとち
がって兄弟間の平等を重視する性格が強い。トッドはこのちがい
が、イギリスでは平等よりも個人の自由に価値を置く自由主義や資
本主義を生み、メンバーの平等を重んじるフランスの共和主義に影
響を与えたとみている。

　一方、**直系家族**は子どものうちひとりが結婚後も跡取りとして父
方と同居し、三世代同居型をとるパターンだ。兄弟関係は不平等で
あり、日本では明治時代に制定された旧民法で直系家族が制度化さ
れている。ドイツや韓国もこれにあたる。

　残る**共同体家族**は、女性は結婚後に夫の世帯にうつるものの、男
性は結婚後も同じ世帯に残るパターンで、もっとも新しい時代に生
まれた家族形態だという。一組の夫婦のもと、同じ世代に複数の兄
弟の家族がひとつ屋根の下に暮らす大家族となる。兄弟間の関係は
平等的だが、核家族と直系家族に比べて女性の地位は低くなりがち
だ。

　その分布をみてみると、ロシア帝国、オスマン帝国、サファ
ヴィー朝、ムガル帝国、清の主要地域と大体一致する（→**目標2**の
【図】第4期（1400年頃～1800年頃）の世界を参照）。

に受け取られ、論争を呼びました（トッド，エマニュエル 2008『世界像革命―家族人類学の挑戦』藤原
書店）。
18 ―【核家族】1組の夫婦と未婚の子どもからなる家族。かつて文化人類学者G. P. マードック（1897～
1985）が、人間の社会ならどこにでも存在する家族形態として論じましたが、その議論は現在では再考
されています。

目標5　ジェンダー平等を実現しよう（Gender Equality）　　259

――その国々といえば…**第4期**（1400年頃～ 1800年頃）にユーラシア大陸で広大な領域を支配した帝国でしたよね。

【図】明から清の時代、長江下流に合った蘇州（そしゅう）は空前の繁栄を謳歌（おうか）した。[19]

そうそう。なぜかは分からないけどね。広大な領域を支配するこれらの帝国では、特に**第4期**の前半に、人の移動が活発化し、都市も大変繁栄した。

けれど人々の移動が活発化するのは、良いことばかりとは限らない。

これまでだったら一生出会うことのなかったような「よそ者」と接する機会が増えれば、阿吽（あうん）の呼吸で通じていたようなコミュニケーションは成り立たなくなる。見知らぬ人々の集まる都市にモノがあふれ、お金による取引が増えると（→目標12）、社会の変化も激しくなる。

にぎやかな都市は刺激的で心楽しい面もあるけれど、「どこか違

---

[19] ― https://upload.wikimedia.org/wikipedia/commons/7/70/Prosperous_Suzhou.jpg、パブリック・ドメイン

うな」と違和感を感じる人々もあらわれるものだ。[20]

　——わかる気がします。「あの頃はよかった」っていう思いですね。

　そうそう、ノスタルジーというやつだ。そのような環境では、かつてあったとされる秩序を、取り戻そうという動きも起きがちだ。
　もともとイスラム教やキリスト教、儒教[21]、インドのヒンドゥー教などの伝統的な宗教には、程度の差こそあれ、女性を男性が保護する面をもつけれど、これらの宗教では**第4期**（1400年頃〜1800年頃）の後半にかけて、以前よりも女性の自由な行動を規制する傾向も見られるようになった。
　なぜこのような家族制度の分布がみられるのかは、はっきり分かっていないけれど、**第4期**（1400年頃〜1800年頃）に各地で定着した家族類型の特徴が、現在にまで色濃く影響を与えていることはたしかだ。
　なお、共同体家族では親は子に対し権威的で、兄弟間では平等が重んじられる。トッドは20世紀に入ってソ連や中国、東欧などで社会主義国が誕生したのも、それと関係があるとも指摘している。

---

20 ── 歴史社会学者の山下範久さんは、経済人類学者のカール・ポラニー（1886〜1964）の所論を引きながら、人間・自然・（貨幣の持つ聖性）のような、本来商品でないものが商品とされるようになることで、この世界の根拠が揺らぐ不安を、経済人類学者カール・ポラニーにちなみ「ポラニー的不安」と呼びました。そして**第4期**（1400年頃〜1800年頃）にユーラシア各地を支配した諸帝国（→**目標4**）には、すくなくとも1650年〜1800年頃の間、人間や自然にまつわる定義がグローバルな交流によって崩れる事態を、地域ごとにうちたてた世界観によって守り、人々が不安におちいらないように管理する力があったと論じています（山下範久 2008『現代帝国論——人類史の中のグローバリゼーション』NHKブックス、60-78頁、104-107頁。守川知子 2022「宗派化する世界——宗教・国家・民衆」、荒川正晴ほか編『構造化される世界 14〜19世紀』（岩波講座 世界歴史11）岩波書店も参照）。

21 ──【儒教】古代中国の孔子（前552/551〜前479）が唱えた道徳・倫理を体系化したもので、学問の内容を儒学ともいいます。宋代（960〜1279）に科挙を突破した男性が官僚として政治を担うようになると、地主でもあった彼らの間に朱子学とよばれる新儒教がひろまり、父系継承（父の「気」を伝えるのは息子のみ）を原則とする家族理念も強調されるようになっていきました（ただし実態は時代や地域によってもさまざまです（佐々木愛 2020「「父子同気」概念の成立時期について——「中国家族法の原理」再考」、『東洋史研究』79(1)」）。

目標5　ジェンダー平等を実現しよう（Gender Equality）　　　261

——家族と政治体制が関わり合っているかもしれないなんて面白い見方ですね。

　　——ところで日本の家族にはどんな特徴があるのかな？

　東アジアでは中国で生まれた儒教の価値観の影響から、女性の地位が低い傾向があるけれど、日本では17世紀から18世紀にかけて、夫婦二人と直系の親族を中心とする独特の直系家族（「家」）が一般化していった。つまり、中国の儒学（朱子学）の教えはあくまで「理想型」であって、それが杓子定規に適用されていったわけではないということだ。父系制の度合いで比較するなら、中国に近いのが朝鮮、朝鮮と日本の中間あたりに朝鮮やベトナム北部を位置づけることができる。

　また、東南アジアではもともと、双系制という女性でも財産や家督を相続できる制度をとっているところが多い。中国の対極に位置するといってもよいだろう。

　　——なるほど。

---

22 ── 日本の「家（イエ）」制度は、長男によって単独相続されていくのが理想とされたものの、「家」が途絶えそうになったら、養子や婿を迎え入れることもできるという、かなり柔軟なものでした。つまり赤の他人でも「家」を継ぐことが許されるわけです。「家」制度は17世紀〜18世紀の間に農民の間にも広がり、家族単位で新田開発が進められていきました。商人や職人の間でも、屋号を代々継承していく形で商工業が盛んになっていきます（ただし東北への「家」制度の普及は1世紀ほど遅く、その普及には地域差がありました）。せっせと真面目に働く精神、一族や村社会の強いまとまり、男性中心の社会構造、子どもへの教育熱など、今日日本的な特質や伝統とされている事柄のルーツにはこの時代にさかのぼることのできるものが少なくありません（大阪大学歴史教育研究会編 2014『市民のための世界史』大阪大学出版会、134-135頁）。

23 ── 東南アジアでは女性が商業活動を担う例がひろくみられました（弘末雅士 2022「近世東南アジア社会の展開」、弘末雅士ほか編『東アジアと東南アジアの近世 15〜18世紀』（岩波講座 世界歴史12）岩波書店、8-40頁、53頁）。なお、人類学者の坪内良博さんは、感染症が蔓延しやすく、土地が不足しがちな「熱帯エリア」の自然環境の制約ゆえ、少ない人口で危機をのりきるためには、男女にかかわらず移住先で働き手を呼び寄せる必要があったことが、双系制の背景にあると論じています（坪内良博 1998『小人口世界の人口誌—東南アジアの風土と社会』京都大学学術出版会、70-71頁）。

24 ── 坂根嘉弘 2014「日本の「家」と自然—アジアの視点から」、『比較家族史研究』28、比較家族史学会。

262　　第1章　人間（People）——人間の「しあわせ」の世界史

もうひとつ、前近代の男女差や家族のありかたには、地域性にくわえて、身分の差も大きな影響を与えていたことも知っておこう。身分にしたがって暮らすことが当たり前の時代、社会全体に共通する家族や性差のモデルなんて存在しなかった。

　たとえばヨーロッパの場合、宮廷で活動する王家や貴族、教会の貴族、職業組合の市民、農村共同体の農民など、社会はいくつもの小さなグループに分断されていて、グループの外はまるで別世界のようだった。王家や貴族は、家柄を維持するために平気で国際結婚するし、政略結婚はあたりまえ。夫婦間や子どもへの愛情は重視されなかった。

　農民や職人たちにとっての家族も、あくまで生計を立てるための場であって、男性だけでなく女性や奉公人(ほうこうにん)もいっしょに暮らしながら経営や労働にいそしんでいたんだよ。

　──意外とドライな感じだったんですね。

　現在当たり前だと思っている家族像とはかなり違ったものだよね。なお、**第4期**(1400年頃～1800年頃)までは、「男性」と「女性」という固定的な性差にあてはまらないような性を生きる人々も、世界各地で普通に受け入れられていたことも知っておこう。[25]

5-3　フランス革命と女性：「人間は平等」とはいうけれど

ヨーロッパでは、昔から女性の権利が重視されていたの？

　──じゃあ、ヨーロッパの女性たちは、どんな立場に置かれていたのかな。

　ヨーロッパでは**第4期**(1400年頃～1800年頃)の終わり頃から、欧

---

25 ── たとえば、三橋順子 2022『歴史の中の多様な「性」』岩波書店を参照。

目標5　ジェンダー平等を実現しよう (Gender Equality)　　263

米諸国で起きた政治・経済・社会の変化にともなって、女性の立場はかえって低くなっていったんだよ。

——えっ、そうなんですか？　てっきり今に近づけば近づくほど、立場は高くなっていくものだと…。

そういうわけにはいかなかったんだ。たとえばヨーロッパでは、大航海時代のはじまる16世紀に、キリスト教会の中で贅沢や腐敗を問いただし、敬虔な信仰心や規律正しい生き方を目指すプロテスタントの運動（宗教改革[26]）がおこり、従来のカトリックでも同様に規律が重んじられるようになった。[27]

こうした引き締めは、しばしば行き過ぎた形で、以前は存在しなかった「伝統」を生み出し、その矛先はしばしば女性に対して向けられた。その後、大きなターニングポイントとなったのは、18世紀後半に起きた**フランス革命**[28]（1789〜1799年）だ。

——自由と平等を求めた革命ですね。王様（ルイ16世（在位1774〜1792））とその后（マリ・アントワネット（1755〜93））がギロチンで処刑されてしまった…。

そうそう。この政治変動がきっかけになって、フランスで力を持っていたさまざまな特権集団は解体されていくことになった。新しい政治や経済の仕組みの導入を目指すさまざまな人々に、従来は

---

26 ——【宗教改革】16世紀前半以降、ヨーロッパのキリスト教（ローマ・カトリック教会）の中でおこった教義や教会制度を変えようとしたさまざまな運動で、神の言葉を記した聖書の内容を重んじた点に特徴があります。このうちドイツのルター（1483〜1546）による改革運動やイギリスにおける改革運動は、国が領域内の教会に強い力をおよぼす体制に発展。スイスのカルヴァン（1509〜1564）による厳格な信仰生活を重んじた改革運動とともに、その後のヨーロッパに大きな影響を与えました。

27 ——近藤和彦 2018『近世ヨーロッパ』山川出版社、36頁。

28 ——【フランス革命】1789年に始まったフランスにおける政治的変動。貴族、資本家、地主から、貧しい民衆にいたるまで、さまざまな勢力が新しい時代の価値（自由や平等）を実現させるため、政治に参加しようとしましたが、その過程で**ロベスピエール**（1758〜1794）による恐怖政治（1793〜94）が出現。1799年には**ナポレオン**（1769〜1821）のクーデタによって政府が倒れ、軍事独裁体制へと移行します。

一部の人々の特権だった**人権**が拡大され、公共の空間での議論も活発化していったんだ。ところが、フランス革命が起きた後も、女性たちが公共の空間で議論する権利には、進展がみられなかったんだよ。

　　——フランス革命って、自由と平等を宣言した革命だった気がしますけど…。

　革命の間に採択された「人権宣言」の正式名称は「**人およびシトワイヤン市民の権利宣言**」。たしかに人はみんな自由で平等とされたけれど、政治的な権利を持つ市民の権利は男性に限られていた。ここでいう人（オム）という言葉だって、限りなく男性（オム）のことを指すものだったというべきだ。

　　——言葉の使い方が巧妙ですね…。

　この差別に異議を唱えたのが、**オランプ・ド・グージュ**[29]（1748～93）という女性だった。もともと劇作家・役者であったグージュは、「人権宣言」の中に女性が含まれていないことを批判し、1791年に人（=男性）を女性に、そして市民を女性市民に置き換えた「女性と女性市民の諸権利の宣言」という請願書をマリ・アントワネットに宛てて執筆する。女性の権利保障は、王妃にふさわしい仕事であることを主張し、手を貸すように求めたわけだ。

　　——え～っ、大胆！

　人権宣言（●）と女性の権利宣言（○）を比べると、内容はこんな感じだよ。

---

29 ― 人物【オランプ・ド・グージュ】(1748～93) 劇作家として活動をはじめ、1791年9月に「女性及び女性市民の権利宣言」を発表。アフリカ系奴隷解放運動に関する劇作品も残しています（ブラン, オリヴィエ 1995『女の人権宣言—フランス革命とオランプ・ドゥ・グージュの生涯』岩波書店、275頁以下の訳者解説を参照）。

目標5　ジェンダー平等を実現しよう（Gender Equality）　　265

●人権宣言（「人および市民の権利宣言」）　1789年8月26日
○女性の権利宣言（「女性および女性市民の権利宣言」）1791年9月
●第1条　人は、自由、かつ、権利において平等なものとして生まれ、存在する。社会的差別は、共同の利益にもとづくのでなければ、設けられない。
○第1条　女性は、自由なものとして生まれ、かつ、権利において男性と平等なものとして存在する。社会的差別は、共同の利益にもとづくのでなければ、設けられない。
●第3条　あらゆる主権の淵源（えんげん）は、本来的に国民にある。いかなる団体も、いかなる個人も、国民から明示的に発しない権威を行使することはできない。
○第3条　あらゆる主権の淵源は、本来的に国民にあり、国民とは女性と男性との結合にほかならない。いかなる団体も、いかなる個人も、国民から明示的に発しない権威を行使することはできない。
●第13条　公的強制力の維持および行政の支出のために、共同の租税が不可欠である。共同の租税は、すべての市民の間で、その能力に応じて、平等に分担されなければならない。
○第13条　公的強制力の維持および行政の支出のために、女性と男性の租税の負担は平等である。女性は、すべての賦役と役務に貢献する。したがって、女性は、（男性と）同等に、地位・雇用・負担・位階・産業に参加しなければならない。

（辻村みよ子訳）

関連ターゲット　5-5　政治、経済、公共分野でのあらゆるレベルの意思決定において、完全かつ効果的な女性の参画および平等なリーダーシップの機会を確保する。

——グージュの要求は通ったんでしょうか？

この宣言は、議会で布告されることを想定したものだったけれ

ど、それは結局かなわなかった。

> 【資料】1789年7月21日、シェイエス(『第三身分とは何か』の著者)の発言
> 「すべての市民が〔公権力の形成に能動的役割をはたす〕能動的市民であるわけではない。少なくとも現状では、女性や、子ども、外国人、さらに公共施設の維持に貢献していない者は、公的問題に対して能動的な影響を与えるべきではない。
> …
> 公的組織のために貢献〔納税〕する者だけが社会的大企業の真の株主とでもいうべき者である。彼らのみが真の能動的な市民、社会の真の成員である。[30]」

　このように1791年の憲法のなかでは、市民というカテゴリーは政治に参加できる「能動市民」と、参加できない「受動市民」にわかれていたんだ。その後も彼女の訴えは実現せず、1793年の憲法においても、参政権は「受動市民」に含められていた貧しい男性に拡大されるにとどまり、結局1793年に処刑されてしまった。[31]

　——女性が政治に参加する権利は、当初は欧米諸国でも認められていなかったんですね。

　フランスで女性参政権が認められるのは、1946年のことだからね。フランスに限らず、現在ではジェンダー平等に積極的なヨーロッパ諸国も、当時は ターゲット 5-5 に掲げられているような「女性の参画及び平等なリーダーシップ」の達成からは、ほど遠い状況だったんだよ。

---

30 ── 辻村みよ子 1984「フランス革命期における女性の権利—フランス女権史研究・序説」、『成城法学』17巻、77頁。
31 ── 長谷川まゆ帆 2007『女と男と子どもの近代』山川出版社、78-82頁。

目標5　ジェンダー平等を実現しよう(Gender Equality)　　267

そこには、市民としての権利が、兵役の義務とセットのものとされた事情もからんでいる。祖国を守る男性と、それを見送る女性という線引きを基盤とし、**第5期**（1800年頃～1950年頃）以降のヨーロッパ諸国では、政治と職場という「家の外」（パブリック）の空間は男性の領域、出産・育児・家事・介護といった「家の中」（プライベート）の空間は、女性の領域であるということが「自然」なこととみなされるようになっていったんだ。

――「人間」とか「市民」っていう言葉って、「すべての人間」を含む言葉のように聞こえるけれど、実際にはその中に女性が含まれていたとは限らないんですね。

そう。ちなみに、近代医学の学説も、男女の社会的な役割を補強する役割を担っている。骨格図が男女別に描かれるようになったり、"男は理性的・女は感情的"と比較するようになったりと、男女の身体的・精神的な差が強調されていったのも18世紀頃のことだ。
つまりそこから、「人間は平等」とはいうけれど男女の身体的な機能は根本的に異なり、その能力も対照的なのだから、男性と同じような権利や自由を与えることなんてできないという考えが出てくるわけ。

――体をどう見るかってことも、時代によって変わるってことか。

そうそう。生物学や医学といった理系の学問にも、その時代の価値観が反映される可能性があるということだ。

---

32 ― 上野千鶴子 1998「女性兵士の構築」、江原由美子編『性・暴力・ネーション』勁草書房、3-30頁、20-22頁。
33 ― 三成美保ほか編 2014『歴史を読み替える―ジェンダーから見た世界史』大月書店、142-143頁。荻野美穂 2002『ジェンダー化される身体』勁草書房、第4章。
34 ― 身体のとらえ方自体に社会的・文化的な認識が反映されることについて、思想家ジュディス・バトラーは次のように述べています「セックスの自然な事実のように見えているものは、じつはそれとはべつの政治的、社会的な利害に寄与するために、さまざまな科学的言説によって言説上、作り上げら

――女らしさや男らしさがどのように移り変わってきたのかを振り返ってみると、いろんなことに気づかされますね。

5-4　産業革命と「近代家族」：働く男性、ケアする女性？

どうして19世紀の欧米諸国では、女性の母性が強調されるようになったの？

　第5期（1800年頃～1950年頃）の欧米諸国で進んだ大きな変化といえば…？

　――産業革命！

　正解。これにより都会で暮らす労働者が増えていくに従い、工場での仕事はしだいに男性の仕事とみなされるようになり、女性は家の中で家族のケアをすることが当たり前とされるようになっていったんだ。

　――男性が公的な「表舞台」に立つのに対して、女性は家の中などの「舞台裏」で活動しているという感じですかね。

　そう。子どもや家族の面倒を見たり夫の仕事の疲れを癒したりといったふうにね。その結果、女性の居場所は家の中に限定され、政治や経済とのつながりが減っていった。[35]
　特に**ヴィクトリア女王**[36]（在位1837～1901）時代のイギリスでは、

たものにすぎないのではないか。」（バトラー，ジュディス 2019『ジェンダー・トラブル』（新装版）青土社、28頁）。ラカー，トマス 1998『セックスの発明』工作舎も参照。
35　――この解決を目指すのが ターゲット5-4 です。

> 関連ターゲット5-4　公共のサービス、インフラ、および社会保障政策の提供、ならびに各国の状況に応じた世帯・家族内における責任分担を通じて、無報酬の育児・介護や家事労働を認識・評価する。

36　―― 人物 【ヴィクトリア女王】（在位1837～1901）「パクス・ブリタニカ」とうたわれたイギリスの黄

目標5　ジェンダー平等を実現しよう（Gender Equality）　269

女性はもっと妻らしく母らしくあるべきで、家族は夫婦と親子の愛で強く結ばれるべきだという価値観も強まっていったよ。[37]

——男性は外で働き、女性は家で家族をケアする、というわけですか…。

そう。たしかに女性の置かれた境遇は、やはり社会的立場（階級）によっても異なった。農村では相変わらず女性も重要な働き手だったからね。でも、この時代に都市である程度余裕のある暮らしを送るようになった市民層の中から生まれた家族や性差の理想像は、階級の違いに関わらず守られるべきだと考えられるようになっていく。

たとえば国王一家が、家族の愛情で結ばれているというメッセージを、国民に向けて発するようになったのも、この時期以降のことだ。

——政治活動はダメなのに、そういう支援活動はオッケーなんですね。

うん。男性の側も、妻がチャリティ活動をおこなうことを名誉なこととみなしていたからね。家事は家事使用人を雇って農村出身の貧しい女性におまかせし、妻には社会的な活動をしてもらう。夫はそうするだけの経済力を、自分が持っていると示すことができるし（→**目標12**）、逆に妻にとっても男性に頼ることが、自分の自由な活

金時代、63年7か月にわたり女王として君臨。ちょうど『シャーロック・ホームズ』や『不思議の国のアリス』の舞台となった時代にあたります。在位中には、勤勉や禁欲、貞淑を重んじる道徳を強調した文化（ヴィクトリアニズム）がうみだされた点も重要です。

37 ― 歴史学者の大久保桂子さんは次のように述べ、女性と戦争の関係が安直に一般化できない歴史をもつと指摘しています。「すなわち、少なくともヨーロッパにおいて、女性はつねに「平和の性」とみなされていたわけではなかったし、現実としての戦争と軍隊は、女性にとって長く身近な生活圏であった。戦争と軍隊が女性にとって「他者」となるのは、19世紀以降のことである」（大久保桂子 1997「戦争と女性・女性と軍隊」、油井大三郎ほか編『戦争と平和―未来へのメッセージ』（岩波講座 世界歴史25）岩波書店、205-226頁、207頁）。たとえば中世日本の女性と戦いとの関わりや悲惨な飢饉の状況（→**目標2**）については、藤木久志 2001『飢餓と戦争の戦国を行く』朝日新聞社が必読。

270　第1章　人間（People）——人間の「しあわせ」の世界史

動を保障することになる。

　結果的に19世紀半ば以降の欧米では、女性の参画する福祉のための団体も数多く設立され、福祉は女性の仕事というイメージが根付いていくようになっていったんだ。[38]

【図】理想の家族像とされた、ヴィクトリア女王と家族の肖像[39]
また、イギリスのミドルクラス（中産階級）の女性の間では、19世紀に貧困地区（スラム）（→目標11）を訪問して、読み書きや道徳を教えるといった支援活動も流行した。[40]

・・・

　19世紀を通して欧米の工業国では都市化が進み、社会全体の生活水準は向上していったんだったよね。定期的に賃金を受け取る労働者が増え、結婚率と出生率も上昇していった。ところが19世紀後半から20世紀初頭にかけ、出生率は一転して下がり出し、人口増加のスピードもやわらぐことになる。この「第2の人口転換」と呼ばれる変化は、農業が導入された**第2期**（前1万2000年頃〜300年頃）以来の世界史的なターニング・ポイントでもあった。

　——どうしてそんな変化が起きたんですか？

---

38 ── 三成美保ほか編 2014『歴史を読み替える──ジェンダーから見た世界史』大月書店、170-171頁。
39 ── https://commons.wikimedia.org/wiki/File:Queen_Victoria,_Prince_Albert,_and_children_by_Franz_Xaver_Winterhalter.png
40 ── 金澤周作 2021『チャリティの帝国──もうひとつのイギリス近現代史』岩波新書、113-115頁。

目標5　ジェンダー平等を実現しよう（Gender Equality）

農業が中心だった時代には、家庭は食べ物を生産する場であり、子どもは重要な働き手とみなされ、「子だくさん」が当たり前のことだった。ようするに、子どもには「エネルギー源」イコール「人手」として期待された面が強かったわけだ（→**目標7**）。

　　ところが都市で暮らすようになると、少人数の子どもに対して教育投資をするほうが大事であり、子どもを中心に家族を成り立たせるべきだという考えが広まっていった。⁴¹

　　──19世紀の欧米諸国では、強くて豊かな国づくりが進められていったんですよね（→**目標3**）。人口が減ってしまったら、政府は困ると考えるんじゃないですか？

　　その通り。たしかに当時のヨーロッパ諸国では、国力を高めるために、「人口を増やし、国民の一体感を高めることが大切だ」と考えられるようになっていたんだったよね。だからこそ国は、以前にも増して女性に対して、子どもと夫を献身的に支える、「良き妻」「良き母」（良妻賢母）としての役割を、強く求めていくようになったわけだ。工業化とともに女子教育が重視されるようになっていったのには、そんな事情もあったんだよ。

　　けれど工業化・都市化が進み、お金を稼がなくては生活が成り立たない社会が当たり前になると、家の外で働く必要に迫られる女性も増えていく。そうなると、しばしば女性は家の中の「お金を稼ぐことのできない仕事」（家事）と、「お金を稼ぐ仕事」（賃労働）の**二重の負担**を背負うことになる。冒頭で紹介したように、この構造は**第6期**（**1950年頃〜**）にも、依然として色濃く残されているんだ。

　　──でも、たとえば電化製品が導入されていけば、家事の負担は多少は減ったのではないですか？

---

41 ── 木下太志 2014「人類史からみた環境と人口と家族」、『比較家族史研究』28、比較家族史学会、47-65頁、59-60頁。

実は予想に反して、電化製品が導入されたからといって、一概に家事の負担が減ったわけじゃなかったんだ。

　先ほどちらっと話したように、イギリスの上層・中層階級の家では、19世紀末まで**家事使用人（メイド）**が雇われているのが普通だった。所得的に厳しい家庭でも、見栄をはろうと背伸びしてメイドを雇っていたんだ。

　でも、後でふれるように第一次世界大戦をきっかけとして、多くの女性が店員や事務員といったホワイトカラー職で活躍していく機会が増えていった。

　同時に家事使用人は、社会的に「卑（いや）しい仕事」とみなされるようになり、上層・中層階級の家庭では、女性は自分の家庭の家事を担当するのが、新たな「普通」となっていったわけ。

　となると、女性は外で働きながら、家事もしなければならなくなるよね。

　――両方こなすのは大変ですよね。

　そんな中、第一次大戦から第二次大戦の間の時期には、洗濯機や冷蔵庫など、家事の機械化も進んでいったんだけれど、家事の負担はなかなか減らない。

　たとえば洗濯機を例にとろう。洗った衣類をとりだし、干して、とりこんで、たたむのには、結局のところ手間がかかるよね。しかも総力戦にそなえて国民の健康を維持しようとする政府の方針から、「衣服は清潔に保つもの」「シーツは毎日とりかえるもの」といった健康意識も高まった（→**目標6**）。そのため、子育ても含め女性の家事に求められるレベルがどんどん上がり、せっかく機械によって生み出された時間が、さらに家事に投入されていったんだ。[42]

---

[42] ── 河村貞枝 1991「イギリスにおける家事労働の機械化と「女性の解放」」、柴田三千雄ほか編『生活の技術 生産の技術』岩波書店。コーワン、ルース・シュウォーツ2010『お母さんは忙しくなるばかり──家事労働とテクノロジーの社会史』法政大学出版局、161-205頁。

目標5　ジェンダー平等を実現しよう（Gender Equality）

——家電の登場によって、余計に忙しくなっちゃうなんて皮肉ですね。

　同時に家族のために「自分がちゃんとするべきだ」という思いから、生活レベルをあげるために外に働きに出る女性も増えていく。
　反対に、労働者として経済、兵士として国防を担うことになる男性に対しては、「男らしさ」が強く求められるようになっていった面もある。戦争を前提とする国際関係は、ジェンダーのあり方にも影を落としていたんだよ。

　——その「男らしさ」をすんなりと受け入れられない人もいたでしょうね。

　するどいね。すべての人が、稼ぐ人・戦う人という単純な「男らしさ」を、自然に受け止められたわけじゃないからね。
　また、**第 5 期**（1800 年頃〜 1950 年頃）に入ると、「同性愛」に対する社会の目も、厳しくなっていく。

　——それ以前の時代では同性愛は「普通」だった、ってことですか？

　同性どうしの親密な間柄は、古代ギリシアの事例がよく引かれるように、歴史的に古くから存在する自然なものだった。でも、19 世紀後半になると、「**同性愛者**」という病を抱えた人間がいるという考え方が社会的に広まり、ドイツやイギリスなどでは厳罰の対象にもなった。それはちょうど、「男女間の異性愛こそが普通だ」「男たる

---

43 ── 国が国民のジェンダーに対し、強く首を突っ込むようになると、従来は取りざたされることのなかった性的マイノリティの人々に対して、ネガティブな視線が投げかけられるようにもなっていきました。
44 ── 野田恵子 2005「19世紀末イギリスにおける性と愛─「オスカー・ワイルド事件」の歴史的位相とその効果」、『ソシオロゴス』29、127-146頁。星乃治彦 2006『男たちの帝国─ヴィルヘルム2世からナ

もの、勇敢な兵士として活躍するべきだ」といった価値観が定着するのと同時期のことだ。[45]

5-5 植民地とジェンダー:「伝統」を守るか、「近代化」を受け入れるか

ヨーロッパ以外の地域では、ヨーロッパ的な性に関する「普通」はどう受け止められたの？

——ヨーロッパ諸国で発達した女性に対する見方は、ヨーロッパ諸国以外の地域にも影響を与えたんじゃないでしょうか？

目の付け所がいいね。
ヨーロッパ諸国は、植民地化の対象となった地域そのものを、しばしば「女性」の姿に見立ててきた。

【図】ヨーロッパ（探検者アメリゴ・ヴェスプッチ）とアメリカ（裸身の女性）の出会いを描いた銅版画（1600年）。[46]

チスヘ』岩波書店、第2章。
45 ── キューネ，トーマス 1997『男の歴史─市民社会と〈男らしさ〉の神話』柏書房。
46 ── https://www.metmuseum.org/art/collection/search/659655、パブリック・ドメイン

目標5　ジェンダー平等を実現しよう（Gender Equality）

支配する側は男性で、強く、支配される側は、女性的で、弱い。だからこそ、保護され、支配されるべきだ。
　こうしたイメージは、絵画や物語などのメディアを通して、ヨーロッパ諸国の人々の無意識に浸透していくことになる。

　——植民地化自体が、男性の仕事とみなされたってことですか？

　そうだよ。ヨーロッパ諸国の女性が植民地にわたって事業に参加することは、ながらく禁止されていたんだ。

　——じゃあ妻や子どもも連れていけなかったってこと？

　そう。植民地に女性を同行することが禁じられた代わりに、現地の女性を内縁の妻とすることは奨励されていた。それが「女遊び」を防ぎ、現地の人々とのコネをつくるのに利用できると考えられたからだ。
　けれども、前（→目標4）に紹介したように、19世紀から20世紀にかけて国際的な人の動きが活発になっていくようになると状況は一変する。
　当時の欧米諸国の人々の間で、特定の人種を排斥（はいせき）する主張が、おおっぴらに語られるようになっていったんだ（→ **10-2 植民地主義と人種主義**）[47]。

　——それまで「人種」って、差別の対象になったことはなかったんですか？

　人間を、白人、黒人、黄色人種などに分けること自体、昔から

---

[47] ——さらに、世界中に展開された軍隊内で性病がひろがらないように、国が人々の健康に口出ししようとしたことも大きいです（→**目標3**）。1867年にはイギリスで伝染病法が制定され、軍が娼婦を登録し、強制性病検査がおこなわれるようになりました（永原陽子 2020「「1900年」の国際関係と民衆」、南塚信吾編『国際関係史から世界史へ』（MINERVA世界史叢書3）ミネルヴァ書房、75-108頁、98-99頁）。

あったわけじゃないんだよ。ある人間集団を人種（race）としてひとくくりにし、遺伝的に「優秀」だとか「劣っている」などと見なす主張は、この時期あたかも科学的に証明されたような顔をして、世界中に広まった。こうした考え方を「**人種主義**」（**レイシズム**）という。

【図】「文明化の使命」を象徴する女神（1911年のフランスの新聞）　女神として擬人化されたフランスが、「野蛮」な植民地の人々に「お金」と「本」を配っています（→目標1）。[49]

【図】ドイツ帝国皇帝ヴィルヘルム2世の描かせた黄禍論を警戒するイラスト[50]

---

[48] ── たとえば、1855年にフランスの作家・外交官であったアルテュール・ド・ゴビノー（1816〜1882）は『人間の不平等に関するエッセー』（1853・55年刊）を著し、人間は本質的に不平等であると主張しました。「文明の生成・発展には混血・混淆が不可欠」とする彼の考えは独特なもので、その後20世紀前半にかけ猖獗（しょうけつ）をきわめたユダヤ人に対する人種差別や、ナチズムと直結するものではないことには注意が必要です（平野千果子 2022『人種主義の歴史』岩波書店、93-102頁）。

[49] ── https://commons.wikimedia.org/wiki/File:Petil-journal.jpg、パブリック・ドメイン

[50] ── ドイツ皇帝ヴィルヘルム2世の図案をもとに、画家が描いたこの絵は、当時のヨーロッパの日本や中国（清朝）に対する警戒心を端的に表したイラストといえます（https://ja.wikipedia.org/wiki/黄禍

目標5　ジェンダー平等を実現しよう（Gender Equality）

欧米諸国には当時、男性＝「家の外」（パブリック）の空間、女性＝「家の中」（プライベート）の空間に二分する性差（ジェンダー）のあたりまえが広まっていた。欧米諸国の人々は、その規範をしばしば植民地にも押し付けていくこととなる。植民地のヨーロッパ人が、現地女性と関係を持つことは不適切だと考えられるようになったのもその影響だ。

代わりにヨーロッパ諸国からは次々に女性が植民地に送り込まれ、文明的な白人が、野蛮な非白人を啓蒙する「慈善事業」にあたるようになっていく。「おしとやかな西洋女性がふしだらな非西洋女性を教え導くべきだ」というわけだ。たとえば、現地の子どもたちや、混血の子どもたちに西洋式の教育を受けさせる施設が、「福祉」の名のもとにおこなわれていった。

　——ヨーロッパ諸国の進出を受けた地域の人々は、嫌じゃなかったのかなあ。

　自分たちの「伝統」を守ろうという反発も起きたけれど、特にエリート知識人の間では、伝統的なジェンダー秩序を刷新しようとする動きが盛り上がった。
　たとえばインドでは19世紀前半に**ラーム・モーハン・ローイ**という宗教家が、亡くなった夫に妻が命を捧げる**寡婦殉死**（サティ）という風習を廃止する運動を起こしている。

　——えっ、そんなひどい風習があったんですか？

　必ずしも一般的な風習ではなく、植民地化がすすむ中、18世紀にベンガル地方の司祭者階層のあいだで広まったようだ。イギリスの植民地当局はこれを問題視し、「ヒンドゥー教の野蛮な風習」をやめさせようとした。これに対しローイは、そもそもそんな決まりはヒ

論#/media/ファイル:Voelker_Europas.jpg、パブリック・ドメイン）。

278　第1章　人間（People）——人間の「しあわせ」の世界史

ンドゥー教の聖典にかかれていない」と主張し、サティの廃止に貢献した。ローイはサティを推進する祭祀階級のみならず、イギリス人の考え方に対しても厳しい目をもっていたんだ。[51]

　また、中国にはかつて纏足（てんそく）という風習があった。幼いうちから女の子の足をしばり、成長を止めて、先のとがった形にするものだ。

　　──痛そう…。

　纏足への反対運動が起きるが、それは欧米諸国によって、纏足が「遅れた文化」とみなされるのが恥ずかしいという考えによるものだ。運動の担い手も、女性ではなく男性が多かった。

　また、19世紀末以降、中国に近代的な国をつくろうという運動が盛んになると、国民を産み育てる「母」としての女性の重要性が叫ばれ、女子教育が推進されるようになる（→目標4）。そこでもまた、纏足に反対する運動が活発化した。纏足のほどこされた足をほどくことを「放足」という。放足は、女性解放、近代的な中国の象徴となったのだ。

　　──それって、女性自身が求めたことだったのかな？

　「放足」される女性のすべてが、みずからそれを望んだとは限らない。「纏足」はついさっきまで「女性らしい身体」そのものだったわけだものね。それなのに、こんどはそれを男性が「古臭い悪習だ」

51　野沢恵美子 2013「19-20世紀初頭英領インドにおけるナショナリズムと女性教育」、『カルチュール』7（1）、23-37頁。歴史学者の梅垣千尋さんの指摘するように、ローイは必ずしもイギリスのほうが文明として優れていると考えていたわけではありません。彼の思想の方がむしろ、女性の権利擁護の先駆者であるイギリスのメアリ・ウルストンクラフトにも影響を与えていたこともわかっています。われわれは近代的な分野について、ともすれば何につけても「西洋の思想が東洋に伝わった」と考えがちですが、相互に影響を与え合う関係があった可能性についても視野に入れる必要があります（梅垣千尋 2004「「重なりあい」のなかの女性問題──メアリ・ウルストンクラフトとラームモーハン・ローイ」、『未来』452、30-36頁、34頁）。なお、**第6期（1950年頃〜）**の1970年代以降、インドでは女性自身によるサティ反対運動もおきています。

目標5　ジェンダー平等を実現しよう（Gender Equality）

「国の発展にとって障害になる」といってほどいていくようになったわけだ。

——いずれにしても女性自身の声はあまり反映されていないような気がしますね。

・・・

なお、第5期（1800年頃〜1950年頃）に入ると、国境を越える人の移動の増加とともに、女性が売り買いの対象となるケースも増えていった。

——なんのために？

性的な目的や、低賃金の労働力として働かせたり、結婚相手にさせたりするためだよ。単身の男性移民や、戦争で海外に派兵された兵士たちの増加にともない増えていったんだ。イギリスの植民地だった南アフリカ（ケープ植民地）の鉱山には、ヨーロッパやアフリカ人女性、さらに遠く中国や日本からも女性が移動してきたことがわかっている。なかには詐欺や誘拐により無理やり連れて来られる例もあったんだよ。このなかには、「白人奴隷取引53」のように、同時代にセンセーショナルに取り上げられたものもある。

——白人奴隷!?

---

52 — 小浜正子ほか編 2018『中国ジェンダー史研究入門』京都大学学術出版会。纏足について、女性たちの目線から問い直した試みに、コウ, ドロシー 2005『纏足の靴—小さな足の文化史』平凡社があります。ドロシーは自身の研究を「彼女たちの靴に足を入れながら、纏足について説明すること」と述べています。

53 —【白人奴隷取引】取引された女性は、ポーランドなど中央ヨーロッパやロシアを始めとする女性たちが多く、そのネットワークは、ラテンアメリカの港町から、南アフリカのダイヤモンド鉱山、オーストラリアの金鉱山、満洲のハルビンにある鉄道建設地にまでおよんでいました。「白人奴隷」に対する批判が高まったことには、主要な送り出し地である東ヨーロッパに、人種差別の対象となっていたユダヤ人が含まれていたことも関係しています（永原陽子 2019「女性人身売買のグローバルネットワーク—「白人奴隷」を越えて」、永原陽子編『人々がつなぐ世界史』ミネルヴァ書房、350-353頁）。

故郷の貧困に苦しむ女性たちが性産業に従事するために、ヨーロッパの中で国境を越えたり、海を渡って別の大陸に連れて行かれたりした取引のことで、19世紀末から20世紀初めの欧米諸国で大きな問題としてとりあげられたものだ。

特にイギリス人たちがリーダーシップをとって禁止に向けた取り組みを重ね、第一次世界大戦後には、国際連盟によって「女性・児童の売買撲滅のための国際協定」(1921年)が締結される。同じ頃西欧化をすすめていた日本でも、国際社会に対して恥ずかしくないようにと、「**からゆきさん**」[54]を東南アジアから引き揚げさせ、女性の人身売買に対する規制が強められた。[55]

——それは大きな前進ですね！

ただし、日本は先ほど言った国際協定から、植民地を規制の対象外にしていた。イギリス、オランダ、スペインも、同様に植民地への適用は棚上げにしている。

———抜け道があったっていうこと？

そう。当時の世界では、植民地をめぐる大国が熾烈(しれつ)な競争を繰り広げ、弱い立場にある国や地域から、大量の移民が世界各地の大都市に向かっていた時代だ。近代化からとりのこされた地域で貧困に苦しむ女性たちが、植民地に送られ、ヨーロッパ人を満足させるために働く。女性が取引されたネットワークには、当時の世界の不公

---

54 ——【からゆきさん】貧困を背景として19世紀後半に東アジア・東南アジアに渡り、妻妾(さいしょうしょうふ)や娼婦となった日本人女性。早くは江戸時代に例がみられ、長崎県島原や熊本県天草の出身者が多いとされますが、「からゆきさん」は戦後に小説などでとりあげられてからの呼び名です(清水洋・平川均1998『からゆきさんと経済進出』コモンズ、21頁)。行き先は東南アジアのみならず中国や朝鮮にも及び、倉橋正直さんによれば、娼婦として海外に向かった女性の総数は、満洲やシベリアに向かう「北のからゆきさん」が東南アジアを上回ります(倉橋正直1989『北のからゆきさん』共栄書房)。

55 ——ハイアム、ロナルド1998『セクシュアリティの帝国—近代イギリスの性と社会』柏書房、189-195頁。

平な関係が、そのまま映し出されているといえるだろう。

> **関連ターゲット 5-2** 人身売買や性的、その他の種類の搾取など、すべての女性および女子に対する、公共・私的空間におけるあらゆる形態の暴力を排除する。

　このように、非欧米諸国においても、欧米諸国で発達していった男女の理想像が、ときにあからさまな暴力をともない、またあるときは「文明化の使命」という姿をとり、現地の人々に対して暗い影を落としていた。女性の人身売買ネットワークは、**戦時性暴力**[56]とともに、現在にいたるまでしぶとく存在しつづけている問題だ。

5-6　フェミニズム運動の展開:「あたりまえ」の再検討

「フェミニズム」には、どのような歴史があるの?

——「ジェンダー平等」って、今では欧米で進んでいる印象がありますが、いったいいつごろからそうなっていったんでしょうか。

【図】デモ行進に参加した女性たちの逮捕を報じる新聞(「ザ・デイリー・ミラー」紙、1910年11月19日付)[57]

---

56 ── 戦時性暴力に対して処罰を求める動きは、1990年代の旧ユーゴスラビア紛争とルワンダ紛争をきっかけとして進みました。1998年には国際刑事裁判所(ICC)のローマ規定のなかに、人道に対する罪と戦争犯罪に「強姦、性的な奴隷、強制売春、強いられた妊娠状態の継続、強制断種その他のあらゆる形態の性的暴力」が加えられ、処罰の対象とされました。

57 ── https://en.wikipedia.org/wiki/File:Daily_Mirror_front_page-Black_Friday,_attacked_suffragette_on_the_ground.png、パブリック・ドメイン

19世紀を経て20世紀に入ると、より多くの人々が、マス・メディアを通して公共に関する議論を受け取ったり、街頭に立って集会に参加したりして、みずから情報を発信するようになった。女性の政治的な平等を求める運動も、そうした波に乗り、特に19世紀後半から20世紀前半の欧米諸国で盛んになっていくよ。これを**第1波フェミニズム**[58]という。

　山が大きく動くきっかけとなったのは、第一次世界大戦だ。

　女性たちは男手の不足する国内で軍需工場で兵器の製造に携わったり、募兵活動や農作業に従事したり、あるいは従軍看護師や補助要員として戦場に向かったりした。イギリスやアメリカでは、女性の戦争協力を評価すべきだとの声が高まり、参政権が与えられることになったんだ。

　——戦争が女性参政権のきっかけになったというのは、なんとも…。

　ただし、女性には依然として年齢と結婚という差が設けられていたから、軍需工場で兵器製造に関わった100万人近くの20代の独身女性労働者には参政権は与えられずじまいだったんだよ。[59]

　さらに、大戦が終わると、女性を本来の居場所に戻そうとする動きも強まった。たとえばイギリスでは1918年初めを過ぎると、女性は次々に解雇されていく。[60]

　——本来の居場所？　つまり、家庭？

---

58 ——【フェミニズム】男女の平等や、女性の解放のための思想・運動。その特徴は、19世紀～20世紀の「第1波フェミニズム」と、20世紀後半以降の「第2波・第3波フェミニズム」の時期に分けられます。
59 ——たとえばイギリスでは、兵役を拒否した男性（良心的兵役拒否者）には参政権が与えられませんでした。また、女性の参政権も「30歳以上かつ既婚」「世帯主として住居を所有または賃借している者、もしくはその妻」（1918年の国民代表法）という条件付きのものでした（林田敏子 2013『戦う女、戦えない女』人文書院、145頁）。男性の熟練労働者や労働組合からは、女性や青少年が働くようになると労働者の質が落ちる「労働希釈」なる状況が生まれるとの反発もありました（木村靖二 1996『二つの世界大戦』山川出版社、33頁）。
60 ——林田敏子 2013『戦う女、戦えない女』人文書院、140頁。

目標5　ジェンダー平等を実現しよう（Gender Equality）

そう、あるいは男性には似つかわしくないと考えられた仕事だよ。たとえばタイプライターを打つ仕事は、男性を補助する「女性らしい」仕事と考えられた。

第一次世界大戦によって女性の社会進出が進んだといわれることも多い。判事や弁護士、医師など、専門職への道は急速に女性にも開かれたのはたしかだ。でも、1919年11月までに75万人の女性労働者が解雇された結果、1911年と比較して1921年の女性就業者数は、かえって2%減ってしまったんだよ。[61]

——うわー。わかりやすい反動ですね…。

たしかに女性参政権は実現した。けれどもそれは「母として」「妻として」「愛国心を持っているかどうか」という総力戦時代の国民観との取引でもあったわけだ。

その後、第二次世界大戦がはじまると、再び女性の活動の場は、従来男の場所と考えられていた職業や軍隊に広がり、同じような議論を呼んだ。各国の女性には、「産む」人間や「働く」人間として銃後を守る母性と労働力が期待された一方、「戦う」人間や、男性兵士の性の相手として前線に送られた女性も少なからずいた。[62]

——総力戦という過酷な状況下で、女性を必ずしも「産む」役割だけに押し込めることは、現実にはできなかったわけですね。

強制的に押し通した例もあるよ。たとえばナチス・ドイツの時代には、「女性のいるべきは家庭」というイデオロギーが打ち出され、若者向けの国家労働奉仕団を除き最後まで女性の労働動員はおこな

---

[61] — 女性の専門職への進出を促進したのは1919年の性差別禁止法でしたが、その恩恵を受けたのは中流階級以上の一握りの女性に限られていました（林田敏子 2013『戦う女、戦えない女』人文書院、141-142頁）。
[62] — ソ連では1943年のピーク時には、医療など後方支援を含め80〜100万人もの女性兵士が創出されています（佐々木陽子 2001『総力戦と女性兵士』青弓社、59-89頁）。

われなかった。その代わり、占領したヨーロッパ各地から集められた700万以上の人々が、軍需工場などで強制的に働かされることになった。

　　——そんなからくりがあったんですか！

　外で働くにしても家庭での家事にしても、あくまで国力を高める目的に結びつけられていたわけなんだね（→**目標8**）。
　だからこそ第二次世界大戦が終わると、社会進出の進んでいた国においても、女性の社会進出は再び停滞してしまう。女性が就ける仕事は特定の業種に限られ、「女性は「家庭」に」、という価値観は依然として根強く残された。高度成長を迎えた日本でも、企業活動を中心とする社会が形成され、男性（会社で働く企業戦士）を女性（主婦＝妻＝母）が支える構造が定着するよ。

　　——なんだかつらそう……。

　当時の人たちにとってみれば、それもよりよい暮らしを実現するために必要で当たり前のこと。なかなか弱音を吐くことのできない時代だった[64]。
　ところが1960年代以降、はやくも西ヨーロッパ諸国では離婚件数が増えたり、家族の危機が問題視されたりするようになる。また、1970年代にかけて、女性の活躍の場をしばるような社会の仕組みに対し、女性の側からも疑問が投げかけられるようになっていく。男性中心の「近代家族」に疑問を投げかけ、女性を解放しようとするこの時期の動きを、**第2波フェミニズム**[65]というよ。

63　──木村靖二 1996『二つの世界大戦』山川出版社、74頁。
64　──西川祐子 2000『近代国家と家族モデル』吉川弘文館、61頁。
65　──【第2波フェミニズム】特に1960年代後半〜1970年代前半のアメリカ合衆国で生まれた女性解放運動（ウーマン・リブ）のことを指します。ベトナム反戦運動や公民権運動、環境保護運動、ゲイ・レズビアン解放運動など、同時代の社会運動とも相互に影響を与え合いました。

第5期（1800年頃〜1950年頃）の第1波フェミニズムと違うのは、男性と同じ政治的な権利を要求するだけではなく、男性中心の社会の仕組みそのものを崩そうとしたことにある。その中で、「男女の性差は社会的につくられたものである」という議論が活発化した。
　その結果、1979年に国連で**女性差別撤廃条約**が採択されるなど、ゆっくりではあるものの、女性の権利が国際的に認められるようになっていったんだよ。

　――今では「当たり前」だと思っている権利も、少しずつ修正されていった結果なんですね。

　その視点はとっても大切だね。「自分は世界史となんて関係ないよ」と思っていても、この世界で暮らしている以上、過去の世界の人々と、さまざまな点でつながっているものだからね。
　特に1970年代以降は、これまで正しいとされてきたさまざまな社会の設定が崩れていくようになった。グローバル化を背景に社会が目まぐるしく変化し、これまで「正しい」「確実だ」と考えられていた信念が揺らいでいく時代だ。
　1970年代には「男性」からの「女性」の解放を目指す第2波フェミニズム運動の考え方に対し、疑問の声もあがるようになっていった。
　たとえば「女性」の立場を高めようとするだけでは、社会の中で「普通」とされている男女の性差とは異なる形の性のあり方をもっている人たち、いわゆる性的マイノリティー（**LGBTQ**）を置き去りにしているんじゃないか、という批判だ。
　ほかにも、女性の中に存在する格差をみていないのではないかとか、ヨーロッパ系の女性とアフリカ系の女性との間に存在する人種の違いを考慮せず、「女性」をひとくくりにして解決するのはおかしいという主張も挙がるようになった。

——たしかにアフリカ系の女性って、**二重の差別**[66]を受けそう。

そう。男性と女性という線引きだけでは、問題をとらえそこねてしまうよね。[67]

　こうした意見が出てきたのは、グローバル化によってさまざまな人々の意見に接するようになったことや、**第6期**（1950年頃〜）の先進国で、**第5期**（1800年頃〜1950年頃）に一般化した家族の理想像にあてはまらない複合家族のように新しい家族の形が増えていったことも大きい。

——そう考えると、「男性」にだっていろんな立場がありそう。

何が「男らしい」のかも、歴史的に移り変わってきたんだもんね。「男らしさ」と「女らしさ」の線引きを生み出しているのは一体何なのか？　そういった視点をとりいれた1980年代以降の新しい運動（**第3波フェミニズム**）を後押ししたのは、**ジョーン・スコット**[68]に代表される歴史学者の研究だった。「当たり前」と考えられているジェンダーの秩序が、歴史的にどのようにして生み出され、変化していったのかを明らかにする上で、大きな力を発揮していったんだ。

——歴史を研究することには、社会を変えるのに役立つ力もあるんですね。

---

66 ——【インターセクショナリティ】男女の性差のみならず、民族や所得、障害、性的指向といったさまざまな属性に対する差別が"交差"し、組み合わさることで、独特の差別構造が生み出される現象を指した言葉。交差性とも訳されます。

67 ——フックス, ベル 2010『アメリカ黒人女性とフェミニズム』明石書店。非ヨーロッパ人女性による参政権運動としては、全アジア女性会議（1931年）のような植民地や国を超える動きも第二次大戦前からありました（林田敏子 2022「女性と参政権運動」、『二つの大戦と帝国主義Ⅰ　20世紀前半』（岩波講座世界歴史20）、岩波書店、169-186頁）。

68 ——【人物】【ジョーン・スコット】（1941年〜）アメリカ合衆国の歴史学者。フランス史、ジェンダー史が専門。主著にスコット, ジョーン・W 1992（増補新版は2004）『ジェンダーと歴史学』平凡社。

目標5　ジェンダー平等を実現しよう（Gender Equality）

5-7　開発とジェンダー：当事者の声を求めて

先進国は、途上国のジェンダー秩序とどのように関わってきたの？

　　　——ところで、途上国の開発の歴史にも、ジェンダーに対する見方の変化が影響しているでしょうか？

　　そのとおり。
　　フェミニズムは、男性を優位とする**第5期**（1800年頃〜1950年頃）以降の西洋の社会の仕組みを問い直そうとする運動だったよね。だから途上国では、同じく西洋の生み出した植民地主義を問い直す運動と結びつき、女性の地位を高めようとする取り組みがおこなわれていくよ。その経過を見ていくことにしよう。[69]
　　まず第一段階は、**第6期**（1950年頃〜）の初め、1950〜1960年代。この時期には、植民地時代と同じように、「開発する」側のもつジェンダー観にもとづき、女性を家事・育児を担う母親として扱う開発援助が進められていった。つまり、男性が鋤や機械、化学肥料などの近代技術を使って換金作物をしっかり育てることが、結果として女性や子どもたちの生活水準を高めると考えられていた。

　　　——男性が主役ってこと？

　　そうだね。でも現実には途上国の女性の多くは、①家事や育児などのケア労働をおこないながら、②手仕事でつくった品物や食べ物を売ったりしながら生活している。また、従来は家族で食べるための農業に関わっていた男性が、別の畑で働くようになったため、その分の仕事が女性にのしかかり、負担が余計に増加。収入[70]

---

[69] ── 友松夕香 2020「農業の女性化──フェミニズムとポストコロニアリズムの国際開発をめぐるパラドックス」、『西洋史学』270、79-96頁、79-80頁。

[70] ── ①再生産活動、②生産活動に、③コミュニティ活動（共同資源の維持管理）を合わせて「三重の役割」ということがあります。

アップのために導入された技術や資源も夫を通してしか得られず、コミュニティの意思決定にも参加できない。結局、女性の立場の向上にはつながらなかった。[71]

——実態と食い違っていたからか…。

そう。こうした変化に対し、女性が受け身だったわけではないよ。なかには、現金収入を得るために、商業活動に従事する女性たちも現れるようになった。[72]

——その社会の中で、人々がどのような役割分担をしているのか。それにジェンダーが、どの程度まで関係しているのか。そこをよく理解しないまま介入すれば、どこかに「しわよせ」が行ってしまうわけですね。[73]

その反省をもとに始まったのが第二段階だ。男性を重視する開発政策への批判が高まり、1975年の国連国際女性年をきっかけに採用されたのは「**開発の中の女性**」（WID, Women in Development）というアプローチ。農業などの開発への女性の積極的な参加を推進し、開発職業訓練や識字教育のような女性のための開発プロジェクトが推進されたんだ。[74]

---

[71] ——友松夕香 2020「農業の女性化——フェミニズムとポストコロニアリズムの国際開発をめぐるパラドックス」、『西洋史学』270、79-96頁、83頁。
[72] ——杉山祐子 1995「「近代化」と女性——アフリカ女性の生計活動から」、秋道智彌・市川光雄・大塚柳太郎編『生態人類学を学ぶ人のために』世界思想社、193-216頁。
[73] ——農村部の男女の役割分業は、必ずしも固定的なものではありません。たとえば友松夕香さんは、2006年から2011年までのガーナの調査で、経済的にも気候的にも恵まれた南部農村の女性が、そうではない北部の男性を出稼ぎ労働者として雇って耕作する実態を報告しています（友松夕香 2019『サバンナのジェンダー 西アフリカ農村経済の民族誌』明石書店）。
[74] ——経済学者エスター・ボズラップの『経済開発における女性の役割』（1970年）で主張された「女性の周縁化」論の影響を受け、アメリカの政治学者アイリーン・ティンカーがワシントンD.C.で、国際開発協会の女性関係者とともに1972年12月に組織化したのが、「開発と女性」（WID, Women In Development）という開発政策を検討する作業部会でした。その結果、早くも1973年にはアメリカ上院議会で開発計画への「女性の統合を奨励、促進」する方針が明記された外国援助法パーシー修正条項が採択されています。

その根底にあったのは、「アフリカでは本来、女性が農業の担い手であったのに、植民地支配においてそれが失われてしまった」「かつて女性は環境の守り手であったのに、植民地化以後、男性たちの環境破壊が進み、女性も支配を受けるようになった」という発想だ。

――それって、女性の役割を、社会の外側から決めつけているような…。

そういうことなんです。そもそも、広いアフリカのどの地域でも、実際に「女性が農業の担い手」や「環境の守り手」であったわけではないのに、女性の役割が環境保護の実現のために強調され過ぎたんだ。[75]その結果、女性たちにかえって過度の負担を強いることになった面もあった。

――あらら。

その反省も踏まえ、ようやく第3段階に進む。ナイロビで開かれた第3回世界女性会議（1985年）以降、「**ジェンダーと開発**」（GAD, Gender and Development）というアプローチ（ただ単に女性に男性と同じ権利を与えるだけでなく、教育や医療などの条件を整えて女性の潜在能力（→**目標4**）を高めることで、女性の地位を高めていこうとする開発政策）が採用されるようになったんだ。SDGsにおいて、女性の土地所有権

また同年暮れ、国連総会は1976年から1985年までを「国連女性の10年」とすることを決め、そのテーマとして「平等」「平和」と並び、途上国女性の女性に基づき「開発」が設定されました。10年を通じ、女性の経済活動の評価は、より広く南北共通の政策課題となっていきます（伊藤るり 2002「ジェンダーの視点に立った「開発」研究の展開と射程」、『学術の動向』7（2）、32-35頁）。

75 ── なかには1973年にインドで始まった**チプコ運動**のように、戦略的に環境の守り手として女性が環境保護運動に参加し、成果を挙げたケースもありました。環境保護の解決が男性中心の社会の仕組みを変える上でも不可欠とするフェミニズムの一派を、**エコ・フェミニズム**といいますが、その立場には論者によってもバリエーションがあります。

290　　　第1章　人間（People）――人間の「しあわせ」の世界史

に関する目標があるのも、この政策転換の流れに沿うものだ。

　——でも、それで本当に貧困はなくなるのかなあ。

　問題はそこだね。「女性の活躍」「リーダーシップ」「エンパワーメント」という言葉は耳に心地の良い文句ではあるけれど、個々の地域の歴史的な事情も踏まえつつ、当事者がどのような状態にあるのかということにも、耳を澄ませる必要がありそうだ[76]。

> **関連ターゲット 1-4** 2030年までに、貧困層及び脆弱層をはじめ、全ての男性及び女性が、基礎的サービスへのアクセス、土地及びその他の形態の財産に対する所有権と管理権限、相続財産、天然資源、適切な新技術、マイクロファイナンスを含む金融サービスに加え、経済的資源についても平等な権利を保障される。
>
> **関連ターゲット 5-a** 女性に対し、経済的資源に対する同等の権利、並びに各国法に従い、オーナーシップ及び土地その他の財産、金融サービス、相続財産、天然資源に対するアクセスを与えるための改革に着手する。
>
> **関連ターゲット 5-b** 女性の能力強化促進のため、ICTをはじめとする実現技術の活用を強化する。
> **グローバル指標 5.b.1**…携帯電話を所有する個人の割合（性別ごと）
>
> **関連ターゲット 5-c** ジェンダー平等の促進、並びに全ての女性及び女子のあらゆるレベルでの能力強化のための適正な政策及び拘束力のある法規を導入・強化する。
> **グローバル指標 5.c.1**…ジェンダー平等及び女性のエンパワーメ

---

[76] ― 友松夕香 2020「農業の女性化―フェミニズムとポストコロニアリズムの国際開発をめぐるパラドックス」、『西洋史学』270、79-96頁、93-95頁。

> ントのための公的資金を監視、配分するシステムを有する国の
> 割合

　──でも、そもそもどうして先進国は途上国のジェンダー問題に、そんなに関心を持っているんですか？

　まず重要な契機は1970年代初頭に議論された『成長の限界』にあるよ。このとき途上国の人口爆発を調整しなければ、地球環境が限界に達するのではないかという懸念が高まったんだ。1974年にはルーマニアのブカレストで開かれた世界最初の世界人口会議で世界人口緩和計画が立てられ、人口増加率はその後10年で低下するに至った。1984年にメキシコシティで開催された国際人口会議では、人口増加率を下げる数値目標まで掲げられている。

　──人口を「調整」するって、**目標2**で出てきたマルサスの考え方みたい…。

　そう。これを**新マルサス主義**ともいうよ。国連、世界銀行、各国政府は、人口増加率の高い途上国への援助を通して、女性の健康をかえりみない方法で家族計画を普及させていったけれど、「出生力」という用語を用いて人口をおさえることに重点を置くあまり、子どもを産み育てる女性の立場は十分考慮されてこなかった面がある。
　その反省から、1990年代以降、女性の地位向上の結果として人口

77　── ローマ・クラブにより1972年に発表された報告書『成長の限界』は、人口増加による一人あたりの資源不足が、食料生産や天然資源の限界にいきつき、人間が絶滅に近い状況に追い込まれるというシナリオを、ダイナミクスモデルで推計し警告したものです。すでにこれに先立つ1968年には、ギャレット・ハーディン（1915〜2003）が論文「共有地の悲劇」を科学雑誌『サイエンス』に掲載し、複数の人で共有する牧草地に家畜を放つと、みな自分が一頭でも多く家畜を増やそうとし、牧草が食い尽くされ、やがてすべての家畜が餓死してしまうとのモデルを提示し、地球の行く末に警鐘を鳴らしていました。経済学者レスター・ブラウンや、『人口爆弾』（1969年）を著したポール・R・エーリックらも、自然環境の負荷を抑えるには人口を抑制すべきと主張。これらは1972年6月にスウェーデンのストックホルムで開催された国連人間環境会議をはじめ、開発援助政策の動向に大きな影響を与えました（木下太志・浜野潔編2003『人類史のなかの人口と家族』晃洋書房、171-174頁）（→**目標15**）。

抑制を実現させることが、途上国の人々のしあわせにつながるのではないかと考えられるようになった。たとえば、1994年にカイロで開催された人口に関する会議の準備会議において、女性の「**リプロダクティブ・ヘルス**」[78]（性に関することや子どもを産むことに関する健康）やそれに関する権利（リプロダクティブ・**ライツ**）という言葉がはじめて提出される。教育水準や経済水準を高めることで、妊娠・出産を女性自身がコントロールする力をつけ、人口転換（→**目標3**）を促そうというわけだ。

その後、リプロダクティブ・ヘルスに関する「南」の諸国の代表も参加する国際会議も開かれるようになり、世界中だれもが同じように、性に関することや子どもを産むことに関する健康と権利が守られるようにする（ ターゲット 5-6 ）ことが決められ、女性たちが直接意見を表明する機会も増えてきてはいる[79]。

> 関連ターゲット 5-6　国際人口開発会議（ICPD）の行動計画および北京行動綱領、ならびにこれらの検討会議の成果文書に従い、性と生殖に関する健康および権利への普遍的アクセスを確保する。

——そんないきさつがあったんですね。でも「リプロダクティブ・ヘルス」とか「リプロダクティブ・ライツ」って、難しい言葉ですね…。

あえて曖昧にしている面もあるかもしれない。1995年には国際女性年20周年を記念して北京で**世界女性会議**[80]を準備する段階で、日

---

78 ─【リプロダクティブ・ヘルス】性や子どもを産むことに関わるすべてにおいて、身体的にも精神的にも社会的にも本人の意思が尊重され、自分らしく生きられること。
79 ─ 専門的な教育を受けた助産師がおらず医療施設へのアクセスが乏しいことから、出産時に亡くなる女性は今なお途上国に多数います。これを解決しようとするものが ターゲット3-1 です。
80 ─【第4回世界女性会議】1995年9月にアジアで初めて開催された世界女性会議。「北京宣言」と「北京行動綱領」が採択され、先進国も含め、公的な領域から私的な領域にいたるまであらゆる分野で「女性のエンパワーメント（力をつけること）」と「**ジェンダー主流化**」（ジェンダーの差を見逃さず、さまざまな政策の中心的な目標にしていくこと）が提唱されました。SDGsの**目標5**のルーツは、直接的にはここ

目標5　ジェンダー平等を実現しよう（Gender Equality）　　293

本政府はリプロダクティブ・ライツを「妊娠と出産に関する健康と権利」と訳そうとした。これに対してもっと幅広く「性と生殖に関する健康と権利」を保障しようという意見もあったけれど、結局カタカナ表記に落ち着いた経緯がある[81]。

また、会議においてはローマ・カトリック教会やイスラム教との関わりの深い国々から「中絶を認めることになる」と反対意見が唱えられている[82]。翌年の行動綱領にはリプロダクティブ・ライツが女性の人権の一つとして位置づけられたものの、こうした反対意見もあったんだ。

――女性の権利って、人口の問題や宗教的な事情と、そんなに強く結びついていたんですね…。

ほかにもグローバル化の影響もあるよ。
　目標1では世界が「グローバル・ノース」と「グローバル・サウス」に分かれ、その格差が広がっていると紹介したよね。そこに女性の立場も関係している。たとえば先進国で安い値段で売られている商品のルーツをたどっていくと、国内外のどこかの女性の低賃金労働が、いずれかの工程に関わっていることも珍しくない[83]。

にあるといえます。
81　――「第4回世界女性会議行動綱領（総理府仮訳）」第Ⅳ章　戦略目標及び行動のC　女性と健康（内閣府男女共同参画局ウェブサイト、https://www.gender.go.jp/international/int_norm/int_4th_kodo/chapter4-C.html）には、「リプロダクティブ・ヘルス、リプロダクティブ・ライツの訳語については、さまざまな議論があるところ、外務省監訳「国際人口・開発会議『行動計画』」（（財）世界の動き社、1996年）にあわせ、カタカナ表記することとした。」との訳注が付けられています（2024年11月3日最終閲覧）。
82　――たとえばローマ・カトリック教会は、リプロダクティブ・ヘルスに関する節について、全般的に留保することを表明しました（UNFPA編（黒田俊夫監訳、アジア人口・開発協会）1995『国際人口・開発会議行動計画要旨』アジア人口・開発協会）。SDGsの策定過程においても同様の事態となり、明言を避ける形となりました（第8回OWGのナイジェリアの発言や、第13回OWGの議論を参照）。
83　――エンロー，シンシア 2020『バナナ・ビーチ・軍事基地―国際政治をジェンダーで読み解く』人文書院。

294　　第1章　人間（People）――人間の「しあわせ」の世界史

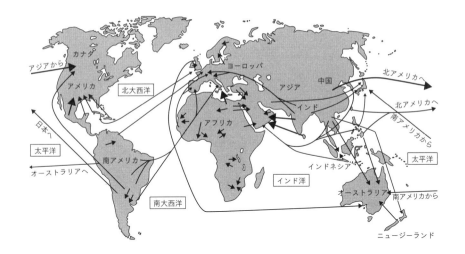

【図】1973年代以降の移民の移動[84] 矢印の大きさは移動者の多さを示します。

――つまり、ジェンダーによる差別が、貧困の問題とも関係している…。

そうなんだ。同じことは、国境を越える人の移動の状況にもいえるよ。

　出身国以外の国で暮らしている人は、2000年の時点では1億7,500万人だったけれど、2019年の時点で2億7,200万人に達し、じつに世界人口の3.5％を占めるに至っている。

　このうち1970年代以降は、主にアジアの途上国から新興国・先進国に向けて、医療・看護・介護・家事・育児といったケア労働に従事する国際移民が増加し、その多くを女性が占めているんだよ。[85]

---

84 ── カースルズ，スティーブン、マーク・J・ミラー（関根政美、関根薫・訳）2011『国際移民の時代』（第4版）名古屋大学出版会、8頁。
85 ── この傾向を「移民の女性化」といい、受入国の政府が主導する形で推進されていきました。たとえばNIEs（シンガポール、香港、台湾など）で働く家事労働者の主な出身国は、インドネシアやフィリピンなどで、そのほとんどを女性が占めています（遠藤乾 2008「越境する親密圏？―グローバル・ハウスホー

目標5　ジェンダー平等を実現しよう（Gender Equality）

このように女子教育や女性の社会進出の促進が、結果として女性の潜在能力を縮め、持続不可能な開発を支える口実となってしまっていないかどうか、現代の世界においても、よくよく吟味する必要があるだろう。[86]

・・・

　——そういえば、SDGsには性的マイノリティ（LGBTQ）に関する文言がありませんよね。どうしてなんでしょうか？

　これには事情があってね。SDGsの目標に明示してしまうと、先ほどの ターゲット 5-6 のように主に宗教的な理由から国連加盟国のすべての採択を得られなくなってしまうという現実があるからだ。同様の事態は、すでに1979年の**女性差別撤廃条約**のときにも起こっていた。[87]
　とはいえ、「同性愛」という言葉が、そもそも19世紀末頃の欧米諸国でもちいられるようになったように、「性的マイノリティ」という概念自体、世界のどこでも同じ意味合いをもつわけではない。多

ルディングの時代」、遠藤乾『グローバル・ガバナンスの最前線―現在と過去のあいだ』東信堂、180-200頁、121-142頁）。

86 ── 男性は自らの換金作物で得た現金を自分のために使うのに対し、女性のほうが食料作物を生産し子どものためにお金を使うという国際農業研究協議グループの国際食料政策研究所（IFPRI）の研究がもととなり、貧困削減のために女性への政策投資を強化すべきという主張が、1980年代くらいから活発となりました。たとえば世界銀行のチーフ・エコノミストであったローレンス・H・サマーズ（1954〜）は、1992年に発表されたワーキング・ペーパーの中で「発展途上国での女子教育の投資はきわめて高い収益をもたらす」と報告。女性のエンパワーメントを推進することで経済成長や貧困削減を図ろうとする発想は、その後、世界銀行の行動計画「スマート経済学としてのジェンダー平等」（2006年）にも引き継がれています（土佐弘之 2011「比較するまなざしと交差性」、『日本比較政治学会年報』13 (0)、33-72頁、40頁。友松夕香 2020「農業の女性化―フェミニズムとポストコロニアリズムの国際開発をめぐるパラドックス」、『西洋史学』270、79-96頁、89頁）。

87 ── SDGs策定のための第13回OWGで、これを留保することを明言したのは、まず第4回世界女性会議行動綱領など同様の国際文書にも留保を示すローマ教皇庁で、「ジェンダーとは男性または女性のみを意味する」と述べています。同回ではイスラム教徒人口の多い諸国、たとえばリビアも同様の発言をしています。

様性があるし、歴史的にも変化しつづけてきたものだ。[88]

　また、世界には多様な家族制度がある。誰を「性的マイノリティ」とみなすかをめぐり、すべての国を巻き込み、一致点をさぐるのは現実的にも難しいだろう。

　では、特定の人たちの人権を保護するのが難しいのだったら、いっそのことすべての人がもっている「性的指向（Sexual Orientation）」（どの性別を好きになるか／ならないか）や「性自認（Gender Identity）」（自分の性別をどう認識しているか）を守りましょう、とすればいいのではないか。それなら、これまでの人権に関する条約で、カバーできるんじゃないか。

　2006年の**ジョグジャカルタ原則**[89]や、2011年の国連人権理事会の決議で、「性的マイノリティ」や「LGBTQ」ではなく、**SOGI**（ソジ）（性的指向・性自認）という言葉が使われたのには、そうした考えがあるんだ。

　——なるほど、そんな事情もあるのですね…。SDGsではどんな扱いになっているんだろう？

　SDGsの採択直前に議論となったのは、性的マイノリティの人々の権利は「2030アジェンダ」19項の中の「すべての国が国連憲章に則り、…（中略）…すべての人の人権と基本的な自由の尊重、保護及び促進責任を有する」における「すべての人の人権」に含まれるのかという点だ。[90]

---

88 ── ジェンダーに関する議論は、「こういう属性と姿勢を備えている人ならば「普通」に社会に包摂できる」という"単純化"と"選別"の発想にしばしば陥りがちであるとも言えます。

89 ──【ジョグジャカルタ原則】すでに採択されている国際人権法を、SOGIに対してどう適用するかについての原則。2006年に採択され、2017年にジョグジャカルタ+10に発展しました。この原則では「それが生得的か否か、変更可能か否かといった「科学的」立証とは関係なく、また、同性愛者や性同一性障害者、レズビアン、ゲイ、バイセクシュアル、トランスジェンダーというアイデンティティをもつか否かを問うていない。そのようにみなされること（perceived to be）も対象となりうる」（谷口洋幸 2022『性的マイノリティと国際人権法──ヨーロッパ人権条約の判例から考える』日本加除出版）。

90 ──「尊重、保護及び充足」（respect, protect and fulfill）が、「尊重、保護及び促進」（respect, protect and promote）に変更されました（Bhumika Muchhala, Ranja Sengupta and Chee Yoke Ling, Third

──でも、実際にできたターゲットを読んでみると、はっきり書いてあるのは「女性」の権利だけですよね。「女性」という枠にあてはまらない人たちが「とりのこされる」心配はありませんか？

　　たしかに「女性」という枠でくくっている時点で、性的マイノリティはあらかじめそこから排除されてしまう。
　　しかもSDGsの採択された2015年以降の世界では、「欧米的なジェンダー平等から伝統的なジェンダー秩序を守ろう」といった保守的な主張も目立つようになっている[91]。「ジェンダー平等は欧米の文化の押し付けだ」という反発が起きたり、国際的なジェンダーの指標を例に上げて相手国のジェンダーを槍玉に挙げたりすることも、珍しくない[92]。

　　──文化によって見方はさまざまだから、仕方がない部分もあるんじゃないでしょうか…。

　　たしかに文化によって見方はさまざまだし、人間共通の性別に関する「普通」をつくることなんて、まず不可能だろう。
　　でも「苦しい」「痛い」「つらい」といった気持ちはどうだろう？
　　また、 ターゲット 5-3 に挙げられている子どもの結婚、早すぎる結婚、強制的な結婚、**女性器を刃物で切りとる慣習**（FGM）[93]など、女性

World Network（6 August 2015）, Consensus on Post-2015 development agenda struck behind closed doors - Compromises in the final 48 hours, https://www.twn.my/title2/climate/info.service/2015/cc150801.htm、2024年11月3日最終閲覧）。同パラグラフの「人種、肌の色、性別、言語、宗教、政治又は信条、国籍又は社会的出自、貧富、出生、障がいやその他の違い」のうち「その他の違い」が唯一、性的マイノリティの人々を含めて考えることを担保しているとの見方もあります（高柳彰夫・大橋正明編 2018『SDGsを学ぶ─国際開発・国際協力入門』法律文化社、90頁）。

91 ── 土佐弘之 2020『ポスト・ヒューマニズムの政治』人文書院、270-273頁。

92 ── 土佐弘之 2000『グローバル／ジェンダー・ポリティクス─国際関係論とフェミニズム』世界思想社。SDGsの内容を決める過程では、**目標5**の内容に対して反発の声がアラブ諸国からあがりました（「性と生殖に関する諸課題は、文化的・道徳的・宗教的なトピックであり、各国の文化と宗教を尊重するべきだ」(サウジアラビアの発言、第9回OWG資料、2013年3月3日）。

93 ──【FGM】女性性器切除（Female Genital Mutilation）の略語。女子割礼の慣習に対し1980年代以降、廃絶を求める活動家やNGOや国連組織でも用いられるようになりました。近年は、その慣習を尊重する

や女の子を傷つける行為はどうだろうか？　その苦しみも、文化だから仕方ないと思う？

> **関連ターゲット 5-3** 未成年者の結婚、早期結婚、強制結婚及び女性器切除など、あらゆる有害な慣行を撤廃する。

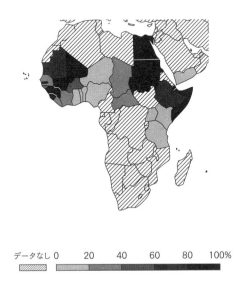

【図】女性器切除のまん延率、2016年。15〜49歳の女性のうち、文化的またはその他の非医療的理由により、女性外性器の一部または全部の切除、あるいは女性性器へのその他の損傷を経験した人の割合。[94]

　　──私は、外部の人であったとしても止めるべきだと思うな。

　　──うーん、当事者はどのように感じているのかも、大切なのではないですか？

人々に配慮しFGC（CはCuttingの略）と表記する研究者もいます（落合雄彦編著 2016『アフリカの女性とリプロダクション──国際社会の開発言説をたおやかに超えて』晃洋書房、29頁）。
[94] ── Our World in Data。https://ourworldindata.org/violence-against-rights-for-children、CC-BY

実際にそのような習慣が当たり前となっている地域では、女性自身が習慣を積極的に守っていることもある。それに従わないことが、その社会においてはかえって「恥」となりうるかもしれない。

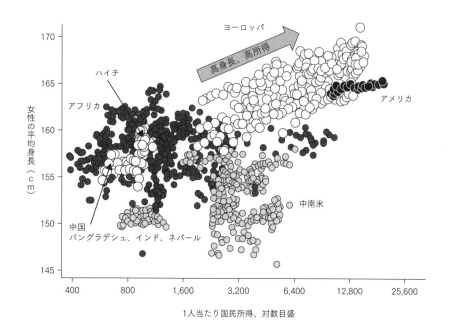

【図】1人あたり国民所得と女性の平均身長の関係[95]

　一方で、近年は国際的なNGO（→**目標17**）による取り組みのみならず、女性差別撤廃条約（アフリカ諸国の多くがすでに批准）などの国際人権条約を盾にして現地女性が設立したNGOの活動の結果、FGMが法律によって廃止される国々も現れ始めている。

---

95 ── 図の中の点は、それぞれが1つの国の特定の年に生まれた女性の成人時の平均身長を、その年のその国の平均国民所得に重ねて示したもの（対数目盛）。豊かになった国では左下から右上にかけて突き出ている（＝平均身長が年を追うごとに伸びている）一方、そのような動きが見られない国もあります。ディートンは低身長や伸びの変化には地域固有の事情があると留保しつつ、子ども時代の貧困や栄養の不足、あるいは女性差別などが関わっている可能性があると指摘しています（ディートン, アンガス 2014『大脱出──健康、お金、格差の起原』みすず書房、174頁）。

300　　第1章　人間（People）──人間の「しあわせ」の世界史

――自分たち自身で変えようとする動きもあるんですね。

――でも、必ずしもみんなが声をあげられるとは限らないのではないですか？

　たしかにそうだね。声があがっていないのだから、問題は「ない」とはいえないかもしれない。性に関することについて、当事者が自由に声をあげることができると限らないからね。開発援助の分野では、他国の社会のあり方に首を突っ込み、変えていこうとすることには様々な意見がある。

　「人間の安全保障」の概念があったよね（→**目標 4**）。これを広めに解釈して飢餓や貧困に苦しむ難民や国内避難民を救うために、他国に積極的に「人道的介入」をするべきだという主張も 1990 年代にみられるようになった。
　けれど、他国の国内で起きている問題に首を突っ込むことには慎重論も強く、一時期大きな議論となった。[96]
　とはいえ、自由や平等を保障する「人権」という考え方や法制度が多くの人の努力によって築かれてきたことを忘れちゃいけない。先進国の人々にとっては、その恩恵を受ける立場であるほど、「人権」がない状況はイメージしにくいかもしれないけれど…。たとえば、かつては当たり前のようにおこなわれていた奴隷貿易も、世界各地の人々の勇気ある自発的な運動によって、人々の価値観に変化が生じ、じわじわと廃止に向かっていった経緯がある（→**目標 8**、**目標 12**）。現在は常識となっているような権利や制度にも、人々の草の根の運動による粘り強い交渉をきっかけに、経済の変化、社会の変化、自然環境の変化が絡み合うことで、移り変わってきた歴史がある。

---

[96] ― 2010 年の人間の安全保障に関する事務総長報告以降、「保護する責任」とは明確に区別されるようになっています（野林健ほか編 2020『聞き書 緒方貞子回顧録』岩波書店、266 頁）。

――逆に現在当たり前だと思っていることが、将来は非常識といわれることもありそう。

たしかにね。ジェンダーをめぐるこれまでの人々の努力と、複雑な道のりを確認することは、性差に限らず、現代世界で「普通」とされている事柄を見直す上でもたいへん大きな意味があることだ。世界各地の歴史をさかのぼり、それぞれの地域・時代におけるジェンダーに基づく「普通」を読み直していくことは、男性と女性の境界が確固たるものではなく、環境の変化に応じて何度も引き直されてきたものだということを知る上でも役に立つだろう。

目標6　安全な水とトイレを世界中に
（Clean Water and Sanitation）
すべての人々の水と衛生の利用可能性と持続可能な管理を確保する

 水って、どのように利用されてきたのだろう？
安全な水とトイレが利用できない地域があるのは、なぜ？

　安全な水ときれいなトイレは、**第2期**（前1万2000年〜300年）に定住生活をはじめた人間たちにとって、なくてはならないものでした。汚れた水が病気のもとになることは、古来世界各地で経験的に知られていましたが、その対処方法はさまざま。

　熱いお湯を湯船に張るタイプの入浴は、世界的には一般的ではありませんし、歴史的にみると入浴の目的は必ずしも今日的な意味での「清潔」のためとは限りません[1]。

　また、特に都市のなかで住民みんなが使える井戸や噴水、浴場の整備は、世界各地で時の権力者による重要な仕事とみなされました。

　しかし、どれだけの水を利用できるかは、身分によって差はあるのがあたりまえ。その差が、貧困（→目標1）、飢餓（→目標2）、健康（→目標3）、教育（→目標4）の問題に直結します。

【図】工場排水や排泄物で汚染されたテムズ川の「父」が、ロンドンを象徴する「女王」に、コレラとペストをささげているさまを描いた風刺画[2]

---

1 ──　吉田集而 2000「入浴と衛生─なぜヒトは風呂にはいるのか」、川田順造ほか編『生活の地域史』山川出版社、290-330頁。
2 ──　https://en.m.wikipedia.org/wiki/File:Father_Thames_introducing_his_offspring_to_the_

危険な水と不衛生なトイレの問題が、特定の地域を越え、地球規模の問題解決が目指されるようになったのは、都市人口が急増し、蒸気船が世界を結びつけるようになった**第5期**（1800年頃〜1950年頃）以降のことです。

　特に、インドの風土病であったコレラの19世紀における流行は、病気を「個人の治療」ではなく「環境の改善」により治療する公衆衛生学を発達させ、同世紀の後半以降、上下水道の改善をはじめとする衛生改革のきっかけとなりました。

　他方、国内の衛生改革をすすめた欧米諸国や日本は、自国の公衆衛生インフラを植民地にも輸出。**第6期**（1950年頃〜）以降は、開発援助や投資のかたちで整備を進めていくようになります。

　急速な工業化と都市化は、新たな問題も生み出しつつあります。水はペットボトルに封入され販売される商品となり、水道の民営化が貧困層の水アクセスに暗い影を落としているのです。また、気候変動による水資源の不足も、紛争リスクを高め、人間の安全保障を脅かす要因となっています。

　そんな中、たとえばパリのように、都市単位で水道の再公営化を進める動きもみられるようになっています。先進国においても、水を使う人が、みずから水の供給方法に意見を表明できる権利の大切さが、じわじわと認識されるようになってきているのです。

　第1章の最後にあたるこの**目標6**では、こうした安全な水とトイレの確保という視点から見えてくる問題に光を当てながら、世界史を読み直していくことにしましょう。

---

fair_city_of_London.jpg、パブリック・ドメイン

304　　　　第1章　人間（People）——人間の「しあわせ」の世界史

6-1　文明の生態史観：乾燥エリアで生きる技術

乾燥地帯なのに文明が栄えたのはなぜ？

> **関連ターゲット 6-1** 2030年までに、すべての人々の、安全で安価な飲料水の普遍的かつ平等なアクセスを達成する。

　かつて人類学者の**梅棹忠夫**さん（1920〜2010）は、ユーラシア大陸各地の文明の発展には大きく分けて2つのコースがあったのだということを、次のような図を使って示し話題となった。[4]

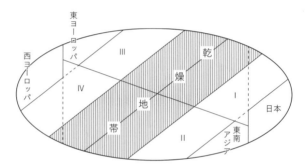

【図】文明の生態史観
図中の楕円はユーラシア大陸を表し、乾燥エリア（ステップと呼ばれる短草草原や砂漠）を、左下から右上の方向に向けて斜めに走らせます（斜めになるのは地球の時点の影響でおきる偏西風が北半球においては、やはり地球の自転の偏向力（コリオリの力）により北に曲がるため）。そして楕円に×印を書き入れて、乾燥エリアの騎馬遊牧民と直接向き合うことのない「第一地域」と、乾燥エリアの騎馬遊牧民と接する「第二地域」に分け、第二地域をさらに4つの文明に分けます。
地図中の「Ⅰ」は東アジア、「Ⅱ」は南アジア、「Ⅲ」は北アジア（ロシア）、「Ⅳ」は西アジアの各文明に対応し、いずれも乾燥地帯に接するエリアでは水（雨）が少なく短草草原（ステップ）や砂漠が広がっている点で共通しています。

---

[3] ── **人物**【梅棹忠夫】（1920〜2010）民俗学者。世界各地で遊牧民の調査をおこない、1967年『文明の生態史観』を発表。1974年には国立民族学博物館の初代館長に就任しました。環境庁長官の私的諮問委員会として1980年に発足した「地球的規模の環境問題に関する懇談会」のメンバーでもあります。この懇談会の提言を受け、日本政府代表の原文兵衛環境庁長官（任1981〜82）が1982年のUNEPナイロビ会議（UNEP管理理事会特別会合）で提案し、翌年国連で発足したのが、「持続可能な開発」を提唱した環境と開発に関する世界委員会（ブルントラント委員会）（→**目標15**）でした。
[4] ── 梅棹忠夫 1967『文明の生態史観』中央公論社、167頁。

梅棹さんによれば、「第一地域」では、乾燥エリアの騎馬遊牧民の侵入にさらされ続けたため、それに立ち向かうために強大な権力をもつ専制帝国ができては滅んでいったのだとされる。

反対に、東西両端の「第二地域」に位置する西ヨーロッパと日本は、騎馬遊牧民の影響をこうむることが少なかったため、比較的安定した社会が続いた。外部の影響を極力受けることなく、内側から変革が生じ、まるで自然の植物群落のように封建制→絶対主義→資本主義と移り変わり、先進工業国へと発展できたのだ、というわけだ。

——おもしろい見方ですね！

もちろんこのモデルですべてを説明できるわけではないけれど、人間と生態系の関係に着目し、世界史を読み解こうとする発想は画期的なものだった。[5]

——そもそもユーラシア大陸の内陸に、そんなに広い乾燥エリアがあったなんて、普段はあんまり意識していませんでした。

衛星写真で地球の表面を見下ろしてみると、その広さがよくわかるはずだ。植物遺伝学を専門とする佐藤洋一郎さんは、アフリカ大陸からユーラシア大陸にかけて伸びる、黄色っぽい灰白色の空間を「イエローベルト」と名付け、この地域を取り囲む緑色の「グリーンベルト」、海洋の「ブルーベルト」（→**目標14**）、それに高緯度の雪

---

[5] —— 梅棹説には、棲み分けによる文明論を展開した今西錦司（1902〜1992）の影響もみられますが、発表当時の冷戦下の国際情勢も影を落としています。たとえば、農耕民の文明に侵入する騎馬遊牧民の活動する場は「悪魔の巣」とされ、当時の中国やソ連と重ね合わされています。また、戦後復興の最中だった日本が、西欧とおなじポジションにあるとの図式は、当時の日本人に自信を与えるものでもありました。梅棹説の受容については菅原潤 2018『京都学派』講談社、206-213頁や、佐藤仁 2017「『くくり』と『出入り』の脱国家論——京都学派とゾミア論の越境対話」、山本信人監修・井上真編著『東南アジア地域研究入門 1 環境』、慶應義塾大学出版会、155-175頁、あるいは、みんなの世界史 2024「第12回：梅棹忠夫の文明の生態史観」（ニッポンの世界史）、https://note.com/sekaishi/n/n82ac2f5837cb を参照。

氷・高い山々の氷河を含む「ホワイトベルト」と呼んでいる。[6]

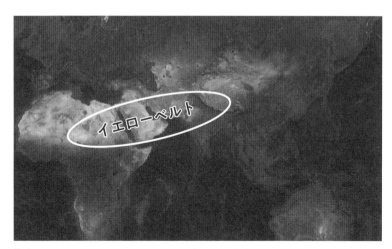

【図】Google Earthがとらえたイエローベルト（アフリカ大陸からユーラシア大陸まで）

　——「イエローベルト」（乾燥エリア）よりも「グリーンベルト」のほうが豊かで暮らしやすそうですけど、**目標3**で見たように、ジメジメしているのもそれはそれで大変なんでしょうね。

　するどいね。水との付き合い方から世界史をふりかえってみようか。もともと人類の祖先は、熱帯雨林で水や食料を確保するために広いエリアを移動する生活を送っていたんだったよね。その代わり人口密度がとっても低いため（推定1平方kmあたり0.04人〜1.0人、[7]定住生活に比べると排泄物などの環境汚染の心配もなかった。汚くなったら、その場から立ち去ればいいんだからね。[8]
　でも、約300万年前に気候の寒冷化が本格的に進み、アフリカの気候が乾燥化すると、熱帯雨林の面積は縮小。困った人類は乾燥した草原地帯（サバンナ）に移動したらしい。

---

6 —— 佐藤洋一郎・谷口真人編 2013『イエローベルトの環境史—サヘルからシルクロードへ』弘文堂。
7 —— 木下太志 2014「人類史からみた環境と人口と家族」、『比較家族史研究』28、47-65頁、50頁。
8 —— 西田正規 2007『人類史のなかの定住革命』講談社。

——でも、感染症のリスクが減っても、水の確保が大変そうですが…。

食料も確保しなきゃね。
その心配を払拭したのは、半乾燥地に分布していたイネ科やマメ科の草だった。

——草!?

半乾燥地の草は一年で枯れてしまう代わりに、子孫をたくさん残すために栄養分（デンプン）を蓄えた種をばらまく。このうち特定の種を品種改良していくことで、人間は美味しい麦や豆を栽培することに成功していったんだよ。

ただし、人間の手による「過保護」を受けて育った麦や豆は、酸性の土壌には弱かった。しかし、乾燥エリアの土壌の方が栄養分が豊富だ。そこで人間は肥沃な中性の土が運ばれる大河のほとりで、灌漑によって麦や豆を育てれば、たくさんの収穫が見込め、乾燥エリアでも豊かに暮らせることに気づいた。

——先に乾燥エリアに適応していた草のおかげで、乾燥エリアに適応していくことができたってことか！

草様さまって感じだよね。
この灌漑農業はユーラシア大陸の内陸部でもおこなわれていく。**オアシス**（地下水が泉となって湧き出て、周辺に草木の生えている土地）の周辺に農地をもうければ、食料が確保できる。必要な物資を外の世界とやりとりすることで、ここに都市も形成されていくよ（→目

---

9 —— 西アジアでは、夏に雨が少ない地域が多いため、冬作物であるコムギやレンズマメは、雑草との競合を避けながら効率的に栽培することが可能でした。
10 —— 藤井一至 2022『大地の五億年—せめぎあう土と生き物たち』山と渓谷社、166-170頁。
11 —— 嶋田義仁 2012『砂漠と文明—アフロ・ユーラシア内陸乾燥地文明論』岩波書店。

標11）。

　——へえ。乾燥エリアのど真ん中で暮らしていくなんて大変そう。

　降水量はとても少ないから、水源の確保が命だ。
　たとえば、ユーラシア大陸のど真ん中、**タリム盆地**の東に敦煌という都市がある。ここでは、夏の最高気温は30度以上、冬には氷点下10度を下回る厳しい寒暖差と、年平均約40ミリという極度に少ない降水量であるにもかかわらず、古くからオアシスの周りに都市ができ、農耕民が定住していた。

　——どうしてそんなところに水が？

　その秘密はオアシス都市の背後にそびえる、万年雪を頂いた山々にある。雪融け水はオアシスだけでなく山あいの草原を潤し、遊牧民の活動する舞台を生み出してきたんだにもなった。オアシスの耕作者たちは、古来、過酷な環境の下、みんなで協力して水路を建設し、大切な水をまもっていたんだよ。

　——水路なんて作っても蒸発しちゃいませんか？

　だから水路は地下に埋めてしまうんだ。西アジアのイラン発祥といわれるこの地下水路のことを、西アジアではカナート、北アフリカではフォガラという。
　ちなみに**第3期**（**300年頃～1400年頃**）に入ると、500～600年頃に

---

12 ──【タリム盆地】中国の西部・新疆ウイグル自治区にひろがる盆地。砂漠が広がる一方で山麓地域にはオアシスが分布し、古来よりオアシス都市を結ぶシルクロードを商人が行き交いました。
13 ──坂尻彰宏 2008「帰ってきた男―草原とオアシスのあいだ」、懐徳堂記念会編 2008『世界史を書き直す 日本史を書き直す』和泉書院、35-75頁、39頁。
14 ──杉山正明 1997「中央ユーラシアの歴史構図」、樺山紘一ほか編『中央ユーラシアの統合―9－16世紀』岩波書店、18頁。

は南アメリカのナスカの人々もやはり水の蒸発を防ぐため、同様の地下水路を建設しているよ[15]。

——そういえば、雨がほとんど降らず水が不足して農耕のできないところで、家畜を連れて生活をした人たちもいましたね。

遊牧民だね。先ほどの「イエローベルト」を中心に、次の地図のように分布しているよ[16]。

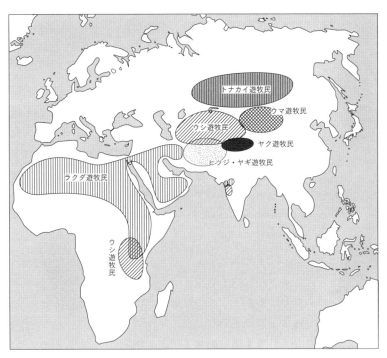

【図】家畜による遊牧民の分布[17]

---

15 —— 山本紀夫 2014「中央アンデス農耕文化論—とくに高地部を中心として」、『国立民族学博物館調査報告』117、140頁。
16 —— 松原正毅・小長谷有紀・楊海英編著 2005『ユーラシア草原からのメッセージ—遊牧研究の最前線』平凡社。
17 —— 松井健 2017『遊牧という文化—移動の生活戦略』吉川弘文館、20頁。

310　　第1章　人間（People）——人間の「しあわせ」の世界史

乾燥エリアの広がる西アジアは、年間降水量250ミリメートル以下の地域が多いため、雨水に頼る農耕ができず、古来、遊牧民が活動する地域となってきた。
　そんな中、大河やオアシスから水を引っ張ることのできる地点では、農業ができ、都市も出現する。
　都市が多くの人口を養うためには、外部との交易は不可欠だ。そこで都市の人々は考えた。「ラクダのキャラバンの警護は、遊牧民に頼もう！」ってね。こうした商業を重んじる伝統は、7世紀に成立したイスラム教にも受け継がれている。[18]

　——水の多い少ないによって、人間ゾーンに、こんなにもさまざまな違いが生まれていったんですね。

6-2　都市と水インフラ：大河がなければ文明はおこらない？

人間は水をどうやって利用してきたのか？

> **関連ターゲット 6-2**　2030年までに、全ての人々の、適切かつ平等な下水施設・衛生施設へのアクセスを達成し、野外での排泄をなくす。女性及び女児、並びに脆弱な立場にある人々のニーズに特に注意を払う。

　排泄物や汚水の処理が大問題となったのは、人間がおおぜい集まって長期間定住するようになってからのことだ。移動生活をしているかぎり、環境を汚染されたら別の場所にうつる選択肢もあるし、人口が増えすぎることもない。[19]

　——ずっと同じところにいたら、感染症が流行っちゃいますもん

---

18 ── 加藤博 2005『イスラム世界の経済史』NTT出版、78頁。
19 ── 西田正規 2007『人類史のなかの定住革命』講談社、24-27頁。

目標6　安全な水とトイレを世界中に（Clean Water and Sanitation）　　311

ね（→**目標3**）。

　そうだったね。まず人間たちを困らせたのは寄生虫症だった。古代メソポタミアやエジプトで灌漑農業がはじまると、水路に住みつく貝を宿主とする**住血吸虫症**が猛威をふるったこともわかっているよ（→**目標3**）[20]。

　──安全な水を確保するのって、本当に難しいことなんですね…。

　だからこそ当時の人たちは、水よりも発酵させたお酒、たとえばワインやビールを好んだ。汚染された水よりずっと安全だからね[21]。
　また、西アジアのメソポタミア文明や南アジアのインダス文明では、下水の排水施設を備えた計画都市が建設されるようにもなる。前2600年頃にインド北西で発達したインダス文明の**モエンジョ・ダーロ**という都市遺跡が有名だね。家はトイレ付きの浴室が備わっていて、汚水を処理する仕組みもあった。飲み水は井戸によって確保していた。

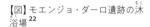
【図】モエンジョ・ダーロ遺跡の沐浴場[22]

　──昔の人もお風呂に入っていたんですか？

　乾燥エリアや寒冷エリアでは水を浴びる習慣がまったくなかったが、熱気浴（今風にいえばサウナ）をおこなう人々はいた。ただ、入

---

[20] ── 石弘之 2010『火山噴火・動物虐殺・人口爆発─20万年の地球環境史』洋泉社。
[21] ── 小泉龍人 2016『都市の起源─古代の先進地域＝西アジアを掘る』講談社、131-134頁。
[22] ── https://commons.wikimedia.org/wiki/File:Mohenjodaro_Sindh.jpeg、CC-SA

浴が「衛生」と結びつくようになるのは、都市環境の悪化する**第5期**（1800年頃〜1950年頃）以降のことだ。それ以前の入浴には、身をきれいにするためだけでなく、病気を治すため、お浄めの儀式のためなど、いろんな意味があったんだよ。[23]

　　——ところで、文明が栄えたところって、たいてい大きな川がありますよね？

　　たしかにユーラシア大陸の古代文明は、どれも大きな川の周りに発達しているよね。特に日本では慣習的にエジプト、メソポタミア、インダス、中国をあわせて四大文明と呼ばれてきた。
　　堤防や運河の建設や土砂のかき出し、水質の管理や耕地の区画整理などなど…河川の水資源を管理するためには、大勢の人の利害を調整する必要から、なんらかの権力が求められるのはたしかだ。でも、だからといって「大きな川がなければ、文明は育たない」[24]というのは言い過ぎだ。

　　——たしかにアメリカ大陸にも文明は発達してますもんね。

　　その通り。文明にもいろいろな形がある。南北アメリカ大陸の文明は、大河周辺に発達したわけではなく、通常「四大文明」にカウントされないけれど、やはり高度な水の管理をおこなっていたこと

---

23 — ギリシア語で「健康でいること」を意味するhygienosが、19世紀初めに「健康な状態を維持すること」に変わり（フランス語ではhygiene）、その実現を目指す医学の一分野として衛生学が発達しました。その意味での衛生観念を加速させたのは、フランスの化学者パストゥール（1822〜1895）（**→目標3**）による細菌の発見です。目に見える汚れの有無にかかわらず、「清潔であること」の重要性を人々が意識するきっかけとなったのです。「衛生」は沐浴の習慣とも結びつき、こんにち世界中に広まったシャワー付き個室風呂の普及にも影響を与えました（吉田集而 2000「入浴と衛生」、川田順造ほか編『生活の地域史』山川出版社、290-330頁、327-328頁）。

24 — ドイツ出身の社会学者・歴史学者カール・ウィットフォーゲル（1896〜1988）は、『東洋的専制主義』（1957年）において、大河の治水・灌漑のために水をコントロールする必要が、巨大な官僚組織と専制的な政府を生み出し、対立する集団間で権力の分散していた西洋とは異なる道をたどる原因となったと論じ、影響を与えました。

がわかっているよ。

たとえば南米のアンデス地方では、**第3期**（300年頃～1400年頃）に、こういった山間部の河川の灌漑農業エリアに影響力を及ぼす国々が出現している。たとえば、ペルー海岸部を見てほしい。ここは砂漠が広がる乾燥エリアで、エルニーニョの影響も強く受ける。そんな地域にもアンデス山脈から流れ落ちてきた河川が水をもたらし、谷間を中心に紀元後100年頃に**モチェ文化**が栄えている。この王国は全長110km以上の運河や、全長1400mにわたり走る灌漑水路を建設し、砂漠を耕地に変えていたことがわかっている。[25]

——聞いたことのない文明ですけど、すごいですね。

高山地帯でも、アンデス地方で栄えた**ティワナク文化**（最盛期は400～800年）ではレイズド・フィールドと呼ばれる湿地帯に盛土を施した畑で、ティティカカ湖の水を効率良く使ってコスパの高い農業をおこなっていたことがわかっている。[26] こうした技術はのちに**第4期**（1400年頃～1800年頃）に入り建国されたインカ帝国（→目標10）にも受け継がれていくよ。

また、北アメリカ大陸のメキシコ高原では、古くから湖や川で大規模な治水がおこなわれ、湖上に水草を固めて浮き島をつくり、そこで人糞を肥料にトウモロコシやカボチャが栽培されていた。泥や水草、人の排泄物が交じることで腐植土がつくられるため、土壌は栄養満点だ。この農法を**チナンパ**といい、その生産性はアジアの水田耕作に匹敵するほど高いものだった。**アステカ王国**を1521年に滅ぼしたスペインの征服者コルテス（1485～1547）は、中心都市の[27]

---

25 ── 山本紀夫 2014「中央アンデス農耕文化論──とくに高地部を中心として」、『国立民族学博物館調査報告』117巻、131-133頁。
26 ── 山本紀夫 同上、146-147頁。
27 ──【アステカ王国】メキシコ高原を中心に14世紀前半から1521年にかけて栄えたアステカ人の国家。現在のメキシコシティは、王都の上にスペイン人が建設した都市。

テノチティトランに「毎日6万人以上の人が集まって売り買いし、……国中で産するあらゆる種類の商品が」あるのを知り、たいへん驚いたと記している。[28]

——畑に排泄物を混ぜるんですか！？

実は物質の循環の点で言えばそれが理想的ではあるんだよ。

農業とは、畑から特定の植物だけ奪い去ることだけれど、それだけでは植物が土壌から吸収した窒素、カルシウムやカリウムといった栄養分は、農業を続ければ続けるほど畑から失われていってしまう。

だから土地から収穫物を奪い去り続けるだけではなく、人間の排泄物を農地に戻すのは、土を酸性化を防ぐ合理的な技術だったと言えるんだ。[29]

【図】現代メキシコのチナンパ農法[30]

---

28 — コルテス，エルナン 2015『コルテス報告書簡』法政大学出版局、200頁。
29 — 藤井一至 2015『大地の五億年—せめぎあう土と生き物たち』山と渓谷社、147頁。
30 — Jflo23、https://commons.wikimedia.org/wiki/File:Chinampa.JPG、CC BY-SA 3.0

目標6 安全な水とトイレを世界中に（Clean Water and Sanitation）

上水道の送水技術を発達させていったことで知られるのはローマ帝国だ。ローマには複数の水源から、勾配をもつ石造の導管が引かれ、いったん配水池で貯めてから、利用者に給水された。現在のように濾過する施設はなく、遠くのきれいな水源から水をただ運んでくるシンプルなものだ。市民への配水は無料ではなく、配水管の直径をもとに水道料金が決められていたけれど、公共用水や水汲み場は無料で、第2期（前1万2000年頃～300年頃）の終わり頃には、1人につき1日あたり500リットルが確保されたのだから驚きだ。

【図】ローマ帝国時代に建設されたガール水道橋（現・フランス南部）[31]

　ただし、ローマ帝国の衰退とともに、この立派なインフラはしばらく打ち捨てられることとなり、中世ヨーロッパの都市では、湧き水や井戸から飲み水を確保する例が多くなる。しかし13世紀以降、パリやロンドンでは郊外の丘陵地から市壁内に水を引っ張る水道が出現。第4期（1400年頃～1800年頃）には人口増加にともない、

---

31 ── John Samuel, https://commons.wikimedia.org/wiki/File:Pont_du_Gard,_N%C3%AEmes_10.jpg, CC BY-SA 4.0

16世紀末〜17世紀にかけて河川から水車で汲み上げる水道が稼働するようになり、都市から遠く離れた水源地から導水する会社も現れた。同じ頃、東京でも神田上水（1590年）や玉川上水（1653年）がつくられているね。[32]

6-3　公衆衛生の誕生：水洗トイレと化学肥料の、切っても切れない関係

衛生的なトイレは、どのように普及していったのだろうか？

　目標3では、第5期（1800年頃〜1950年頃）に起きたコレラのパンデミックを紹介したよね。

　——イギリスが植民地支配していたインドの風土病が、世界中に広がっていったんでしたよね。

　そうそう。交通革命によって国境を越える人の移動が活発化し、インドからもたらされたコレラ菌は、あっという間に工業化によって人口の急増していたヨーロッパの大都市に行き着いた。その頃の大都市は上下水道のインフラ建設が未整備で、たとえばロンドンのテムズ川にはトイレや肥溜めの汚水が直接流れ込み、そこから飲み水を汲み出さざるをえない状況だった。このことが水を通して経口感染するコレラの流行を拡大させることになる。

　——え…どうしてそんな汚いことを…。

　ゴミや排泄物を川に投げ捨てる行為は、古くからみられるもので、人口が少なかった頃は、それでもなんとかなっていた。けれど、1800年に90万人に達していたロンドンで住民みんなが同じことをしたら、キャパが追いつかなくなるのは当然だ。18世紀終わり

---

32 ——鯖田豊之 1996『水道の思想——都市と水の文化誌』中央公論社、55-59頁。

頃から、揚水の動力を風車や馬から蒸気機関に取り替える会社も現れ、上水道は普及していたものの、その水源であるテムズ川には生活用水が流れ込み、年を追うごとに水質は悪くなった。加えて19世紀半ばには上流階級が**水洗トイレ**を利用するようになり、その処理水もどんどん川に流されていた。

――下水が直接川に!? 今じゃ考えられないですね…

いや、途上国では、いまでもそういうところはたくさん残されているんだよ（→**目標11**）。

> **関連ターゲット 6-3** 2030年までに、汚染の減少、投棄の廃絶と有害な化学物・物質の放出の最小化、未処理の排水の割合半減及び再生利用と安全な再利用を世界的規模で大幅に増加させることにより、水質を改善する。

――川に流す以外の選択肢はなかったのかなあ。

江戸時代の日本で、江戸や大坂で発生した排泄物を、肥料を求める農民に販売する仕組みが整えられていたことは有名だ。それに、19世紀のパリにも乾燥人糞の加工業者があったんだよ。

――へえ、そんな利用法もあったんですか。イギリスではどうだったんでしょう？

イギリスでも同様の"リサイクル"がまったくなかったわけじゃないけれど、多くの都市では肥料として販売する行為は禁止されたた

---

33 ― 鯖田豊之 1996『水道の思想―都市と水の文化誌』中央公論社、60-65頁
34 ― コルバン，アラン 1988『においの歴史』新評論、154-159頁。なお、現代の途上国において、都市ゴミを農村の緑化に活用し、有機物の循環を生み出そうとする研究もあります（→**9-5**「**誰一人取り残さない**」技術は可能か」）。

318　　第1章　人間（People）――人間の「しあわせ」の世界史

め、水に流すほかなかったというのが実情だ。[35]

しかも、南アメリカから代わりの肥料が輸入されるようになると、人糞を肥料に使う機会もなくなっていく。

　　——それって「グアノ」でしたっけ。鳥の糞からできた（→**目標2**）。

　　そうそう。グアノが使われるようになると、人間の排泄物が使われる機会は一気に減少。この傾向は**第5期**（1800年頃～1950年頃）から**第6期**（1950年頃～）にかけて世界的にみられる傾向だ（→**目標2**）。これに警鐘を鳴らしていた化学者に、ドイツの**リービッヒ**[36]という人がいる。彼は近代化される農業の様子をみて、その土地にもともとなかった物質を大量に投入し続ければ、やがて土壌に含まれる窒素、リン、カリウムのような無機物が失われてしまうのではないかと心配した。[37]しかし、**目標2**で見たとおり、20世紀初めに窒素肥料（硫酸アンモニウム）の大量生産が可能になると、人間の排泄物はだんだん使われなくなっていった。

　　——それがどうして困るの？

---

35 ── 三俣延子 2010「産業革命期イングランドにおけるナイトソイルの環境経済史─英国農業調査会『農業にかんする一般調査報告書』にみる都市廃棄物のリサイクル」、『社会経済史学』76（2）、247-269頁。

36 ── **人物**【リービッヒ】（1803～1873）ドイツの化学者。植物の三大栄養素を確定し農芸化学という新分野を開拓しました。動植物に必要な栄養を研究し、人工肥料を開発。有機農業を破壊したと批判されることもありましたが、ロンドン市長に大都市の下水を農業利用するよう提案し、有機物の循環の必要性に意識的であったことなどもとりあげられ、近年再評価が進んでいます（祖田修 2013『近代農業思想史』岩波書店、56頁）。

37 ── リービッヒは、土壌の肥沃さは窒素やリン、カリウムといった無機質の豊富さにもとづいていることを明らかにし、植物の成長には土壌の無機質が必須であることを発見し、化学肥料を開発した人物です。社会思想家の斎藤幸平さんは、社会主義者のマルクスの思想が、リービッヒによる略奪農業批判の影響を受けていたことを明らかにしています（斎藤幸平 2019『大洪水の前に─マルクスと惑星の物質代謝』堀之内出版、194-198頁）。なお、ドイツでは19世紀に化学工業が発展し、すでに19世紀末にはカリウムの世界輸出大国となっていました（ラートカウ，ヨアヒム 2012『自然と権力─環境の世界史』みすず書房、367頁）。

植物だけでなく人間も含めた動物も、こうした物質をとりこんで、排泄物として土壌に還す。それを植物がとりこみ、動物は植物を介してそれをまたとりこむ。そうやって無機物はぐるぐると、自然界を循環しているんだよ。
　でも**目標2**で見たように、20世紀初めに窒素肥料の大量生産がはじまると、人間の排泄物は直接下水に流され、土に還らなくなっていった。地球全体に影響をもたらす物質循環の大きな変更だね。[38]

　——排泄物のリサイクルって不衛生のように思えるけれど、土の豊かさを守る役割もあったのか…。

　——ロンドンの下水事情は、その後どうなったのかな？

　1829年にチェルシー給水会社という民間の会社が濾過(ろか)装置を導入し、給水前の水が貯水池に貯めておかれるようになった。でも、水道事業者は営利目的の会社だから、わざわざ利益の出ないエリアで事業をおこなおうなんて考えない。個人住宅に水道管を引けたのは上流階級に限られ、下層階級は共同水道栓(せん)を利用するしかなかった。[39]

　——えーっ、不公平…。階級によって水へのアクセスに格差があったなんて。

　そう。
　1820年代までの水道をめぐる議論は、あくまで水道会社と、お金を払って利用しているお客さんとの関係の議論ばかり。[40]貧しい人の劣悪な衛生状態は、社会全体の問題としてなかなかとりあげら

---

38 —— 湯澤規子 2020『ウンコはどこから来て、どこへ行くのか——人糞地理学ことはじめ』筑摩書房。
39 —— 角山栄ほか『産業革命と民衆』河出書房新社、179-183頁。
40 —— 見市雅俊 2020『コレラの世界史』(新装版)晶文社、167頁。

れることはなかった。

　それを変えたのが、コレラの大流行だったわけ。

　——それで貧しい人の地区にも水道が通るようになったんですか？

　いや、いきなり安全な上下水道が整備されていったわけじゃない。

　どうして感染が拡大するのか、どうすれば防げるのか、手探りの状態だったわけだしね。

　貧しい人々には水の代わりにビールがよく飲まれていたけれど、しだいに中国から輸入される**紅茶**の消費量が増えていった。

　お酒を飲まず、コレラで汚染された生水を利用する女性や子どもに犠牲者が多いことは、経験的に知られていた。けれども道徳的に好ましくないと、お酒に対する風当たりが強くなっていた時代だけに、その代役として期待されたのが紅茶だったんだ（→**目標12**）[41]。

　ちょうど1834年に**イギリス東インド会社**[42]による茶の独占権が廃止され、中国からもたらされる茶葉の価格が下がったことも幸いし、貧しい労働者の手にも届くようになっていた。

　また、インドでも、1823年に中国のチャノキとは異なる種がアッサムで発見され、1837年には製茶事業がはじまっていた[43]。

　茶の成分には殺菌作用があるし、煮沸する必要もあるから、生水を通した感染リスクが下がる。貧しい人々にとって、お茶は思いがけない「薬」となったのだ。

　その後も、リプトン社などによりケニア、セイロン、インドに大農園がつくられ、現地の人や別の植民地から働き手（→**目標8**　苦力（クーリー））

---

[41] —— 見市雅俊 2020『コレラの世界史』（新装版）晶文社、157-172頁。
[42] ——【東インド会社】ヨーロッパ諸国により、アジアの豊かな産物を取引する独占権を与えられた会社。エリザベス女王によって特許を与えられたイギリス東インド会社（1600〜1858）、複数の貿易会社を連合して設立された連合オランダ東インド会社（1602〜1798）、前二者ほどにはふるわなかったフランス東インド会社（1604年設立）が有名（羽田正 2017『東インド会社とアジアの海』講談社）。
[43] —— 角山栄 1980『茶の世界史』中央公論新社、118-124頁。

を連れてきて、大規模な生産がおこなわれた。イギリス人にとっての"命の飲み物"は、植民地支配の賜物でもあったわけ。でもそうやって人が大勢移動すればするほど、コレラの流行は拡大してしまうわけなんだけれど（→目標11）。

　　──イギリスがインドを植民地化していったことの「しっぺ返し」のようにも思えます。

　　こうした国内の現状に対して問題意識をもったのが、**エドウィン・チャドウィック**[44]という社会改革家だ。彼はコレラの流行が猛威をふるうなか、感染症の流行をとめるには、都市の下水道インフラを改修・建設し、そのために中央政府が強い権限により地方当局に介入していく必要があると考えた。けれどもそんな彼の発想は、当時は批判の的となり、引退に追い込まれてしまう[45]。

　　──あらら。

　　ところがその数年後、1858年にはテムズ川は「大悪臭」と呼ばれる大惨事に見舞われる。イギリス議会もあまりの臭さに休会となり、さすがに上下水道を分けるインフラをつくらねばという話になったほどだ。ようやく下水道が完成し、蒸気機関（→目標7）でくみあげられた汚水が、市街地よりも下流に流されることになったのは1865年のこと。中央集権的な公衆衛生の仕組みを定めた公衆衛生法が定められたのは1875年のことだった。

　　──改革が受け入れられるのには、時間がかかったんですね。

44　──　**人物**【エドウィン・チャドウィック】（1800〜1890）社会改良家。厚生・福祉の行政に委員として協力。みずから下水溝の中を歩いて問題箇所を発見し、1842年に『労働者の衛生状態に関する調査報告』を刊行し、都市のインフラ整備を主張しました。なお、彼はコレラの原因が水ではなく「悪い空気」（ミアズマ）にあると考えていましたが、細菌の発見されていない当時の水準ではしかたがないことですね。
45　──　児玉聡 2012『功利主義入門──はじめての倫理学』筑摩書房、第5章。

自由な活動に制限を加える公衆衛生の手法に対する批判も強かったし、蒸気機関を動力とするポンプや鋼鉄管をつくる技術力も必要だったからね。[46]

一連のコレラ・パンデミックのおかげで、医学研究が進歩し、先進国の人々の衛生意識も高まった。この頃、清潔な暮らしをいっそう求めるようになった人々のニーズにこたえたのは、石鹼[47]だった。

もともと西アフリカ原産だったアブラヤシは、ロウソクや機械の潤滑油としても重宝されていた。けれども欧米諸国で石鹼需要が高まると、19世紀に持ち込まれた東南アジアを含め、世界中で生産量がふえていった。たとえば、イギリスで1880年代にサンライトという商標の石鹼を発売し、大ヒットさせたウィリアム・リーバ卿（1851～1925）という人がいる。彼は20世紀初頭に、あのベルギー支配下のコンゴ（→目標3）で、現地住民の強制労働によって石鹼の原料となるアブラヤシを調達するようになった（→目標3）。

——またコンゴですか…！　消費国の清潔のために、植民地の人々に「しわよせ」が行っていたなんて、当時の人たちは知っていたのかなあ。

当時の石鹼の宣伝広告から、その一端がうかがえるよ。
1887年にペアーズというイギリスの石鹼業者の出した広告に

---

46 ──パリでは19世紀半ばに、道路と上下水道を一体的に整備する改革が公的におこなわれました（→目標11）。しかし給水部門については、銀行家や政治家も関与する民間の水道会社（「総合水道会社」、1857年設立）に統合され、上水道管の引き込みは遅れ、水道料金引き下げも会社の抵抗により実現をみませんでした。これに対し1880年代に総合水道会社を買い戻す運動が起こるも、交渉は中断。公共財である水を民間企業に委託する状況が定着します。パリ市はその後1924年に料金徴収業務をヴェオリア社に委託し、1980年にシラク市長がさらに同社とスエズ社に給水事業も委託。その後、2000年代に水道料金が高騰し、これが2010年のパリ水道局による水道事業全般の**再公営化**の背景となりました（岸本聡子 2020『水道、再び公営化！』集英社。鎌田司 2018「パリ市水道事業の再公営化」、『都市とガバナンス』29、58-74頁）。

47 ──【石鹼】最古の石鹼の記録は、すでに紀元前3000年頃のメソポタミア文明にみられます。8世紀に入ると、フランス、イタリアやシリアなどの地中海沿岸で、オリーブ油と海藻灰を原料とする石鹼製造が盛んとなります。その後、1790年にフランスのニコラ・ルブラン（1742～1806）が食塩からソーダをつくる技術を発明すると、苛性ソーダの生成が容易となり、石鹼の大量生産への道が開かれました。

は、槍を持ったアフリカ人が漂着した箱から取り出した石鹸を手にして立つ姿に次のような文句が付け加えられていた。

「石鹸の消費は国民の富、文明、健康、そして国民の高潔さのバロメーター」

　　──…それって、石鹸を使っていないアフリカ人に対するあてつけでは？

　　イギリス人のほうが「文明」が進んでいて清潔、だから石鹸を使って当たり前。そうやってイギリスの消費者の心をくすぐったわけだね（→ 14-4 分断されていく海[48]）。

　このように欧米諸国においては、感染症の衝撃を受けながら、都市の上水道インフラが整備されていった[49]。しかし濾過方式では、腸チフスなどの感染症を食い止めるのは難しかった。そこで19世紀末には塩素による消毒が上水道に導入され、20世紀初めにはカルキ（次亜塩素酸カルシウム）を利用する殺菌も用いられるようになった。

　とりのこされた人々がいる限り、社会全体のしあわせは損なわれるということも、19世紀に活躍した社会改良家らにより意識されるようにもなる。けれども、当時の人々のイメージしていた「全体」のなかには、遠い彼方で搾取されている植民地の人々の姿は、いまだ含まれていなかった。

---

[48] ── フケ予防、うがい薬、消臭剤…。ほんとうに汚いかどうかではなく、あくまで「汚いと感じさせること」が生活用品のマーケティングのポイントです（ポメランツ，ケネス，トピック，スティーヴン 2013『グローバル経済の誕生』筑摩書房、316-319頁）。なお、アブラヤシの栽培面積は、その後**第6期（1950年頃～）**に入り、東南アジアを中心にさらに拡大していきました（→目標15）。

[49] ── 19世紀後半から20世紀中頃にかけて、現在の安全基準の何十倍もの鉛を含んだ水道管による健康被害が世界各地で起き、鉛曝露と精神疾患の発症との関連も議論されています。これについて高林陽展さんは「精神疾患の歴史は、工業化とそれにともなう生活環境の近代化との関わりから語られ直されるかもしれない」と述べています（高林陽展 2020「精神医療の歴史学とその射程」、秋田茂・脇村孝平責任編集『人口と健康の世界史』ミネルヴァ書房、243-265頁）。

——ヨーロッパ人にとって植民地は別世界だったんでしょうね。

　気候も全然違うしね。植民地に公衆衛生のためのインフラが整備されたのも、ヨーロッパ人自身の健康のためという面が大きいよ(→ 9-3「だれのための植民地開発か?」の項)。

　日本で最初に近代的な上水道が完成したのも1887年、横浜の外国人居留地においてだった。[50]当時、開港場で蔓延していたコレラを予防するために、日本在住の外国人技師**ヘンリー・S・パーマー**[51]（1838〜1893）が尽力したんだ。

　東京市では1922年に日本初の近代的汚水処理場も建設されたけれど、全国的にみると、下水道の普及は大都市に限られていた。**第6期（1950年頃〜）**に入り、ようやく上下水道が大拡張され、塩素殺菌方式も導入。それにともない1965年以降、赤痢患者が減少していく。下水道がなかなか普及しなかった背景には、大都市で発生する人糞が、郊外の農民の使う肥料としてリサイクルされていたことも関係しているよ。[52]

6-4　水の大量使用が加速する：もっと深く、もっと多く

水はなぜ大量に消費されるようになったの?

　第5期（1800年頃〜1950年頃）の時期以降、井戸を深く掘る技術が進歩すると、地表水がほとんどない乾燥エリアでも、地下の帯水層から大量の地下水をくみ出すことができるようになった。[53]第6期（1950年頃〜）に入ると、大深度掘削機により千メートル以上の井戸

50　——内海孝 2016『感染症の近代史』山川出版社、100頁。しかし1970年頃には下肥の利用は急速に廃れていきます。
51　——【ヘンリー・S・パーマー】(1838〜1893)インド生まれ。1883年に来日し、横浜で日本最初の近代的水道を作成。1918年に再来日し工事を監督し、竣工にこぎつけました。
52　——内海孝 2016『感染症の近代史』山川出版社、101-102頁。
53　——ソロモン，スティーブン 2011『水が世界を支配する』集英社、301頁。

目標6　安全な水とトイレを世界中に(Clean Water and Sanitation)　　325

が掘られ、揚水の動力も畜力から動力ポンプへと転換され、さらに大量の水がくみあげられるようになっていった。水使用の爆発的増加の背景にあるのは、食料生産の激増だ。農業用水は現代では水利用の約7割を占めるに至っている（→目標2、目標15）。

　　——「緑の革命」ですね！

　そうそう。高収量品種の栽培には、ダムや用水路による安定的な水供給が必須だったんだね。1950年代以降、巨大な多目的ダムが世界各地で競うように建設されていったのは、農業の近代化や工業化のためであるのみならず、巨大なダム自体が「豊かさ」の象徴であったということもある（→目標9）[54]。
　大規模農業こそが農業の近代化の証とする考え方は、社会主義を掲げるソ連でも例外ではなかった。1960年代に綿花と稲の大増産が始まり、カラクーム運河の建設によって、**アラル海**[55]の水が大量に利用され、現在ではほぼ涸れてしまっている状況だ。

　　——社会主義国でも環境問題は深刻だったんですね。

　南アジアから東アジアにかけて、季節風（モンスーン）がヒマラヤ造山帯にぶつかって大量の雨が大河に注ぎ、下流に巨大な沖積平野（デルタ）を形成するエリアがある。植物のきらう酸性の土壌であっても、水田稲

---

54 ── 多目的ダムの建設によって経済を豊かにしようとする政策は、世界恐慌に苦しむ1930年代のアメリカ合衆国で、フランクリン・ローズヴェルト大統領の打ちだしたニューディール政策において、TVA（テネシー川流域開発公社）が設立されたのがはじまりです。途上国では1950年代にアスワンハイダムが建設されて以降、各国でさかんに建設されるようになっていきました。

55 ──【アラル海】現在のカザフスタンとウズベキスタンにまたがる塩湖で、チョウザメなどの固有種が多いことで知られます。かつては世界第4位の湖でしたが、ソ連時代の1950年代以降、ウズベキスタンなどでの綿花の生産に、アラル海に注ぐアムダリヤ川、シルダリヤ川の水が利用されたため水位が低下。1980年代前半には、干上がった湖底から巻き上がる塩類を含む砂塵、農業や化学肥料の残留物で汚染された飲料水により、沿岸住民に呼吸器疾患や内臓疾患が広がりました。周辺国は1994年に取水量制限と水量回復事業への資金拠出に合意し、世界銀行の支援による堤防建設（2005年）もあって、現在カザフスタン側の小アラル海の水位は回復しています。

作なら多くの収穫をのぞむことができるし、火山の多い国の場合は、火山灰がカルシウムなどの栄養分を直接土壌にもたらしてくれる。そういうわけでモンスーン・アジアは古来、人口密度の高い地域であり続けている。**第6期**（**1950年頃〜**）以降に日本が太平洋岸の大都市を拠点に、資源を輸入し輸出向け製品を生産することで実現させた経済成長は、豊かな水と水田稲作というモンスーン・アジアの恵みに支えられたものだったと言っても過言ではない（→**目標8**）。

けれども、モンスーン・アジアのなかでも、一年のうち雨のほとんど降らない乾季をともなう地域では、水資源を賢く使う必要がある。たとえば乾季に水の不足する南インドでは、貯め池による灌漑（→**目標9**）が数百年にわたって続けられてきた。

ところが伝統的な灌漑システムは、近代的なインフラに取って代わられていった。そのため1990年代には小型で安価な管井戸が、農村部の生活向上を目指す州政府の補助によって爆発的に広まると、地表からかなり深いところにある地下水位の低下が深刻化するようになった。

21世紀にかけてインド以外でも、乾燥した内陸部から沿海部の工業都市に大量の水を引っ張ったり、内陸部でポンプを用いて大量の地下水をくみ上げて工場や農地を増やしたりする地域も増えている。乾燥地で灌漑農業をやりすぎると塩類集積（→**目標15**）が起きるのは必至だし、地下水位の低下も避けられない。また、水力発電の用地を取得するために、山地に暮らす人々の生活の場が奪われる事例も起きている。

　　──水資源の少ないところは大変ですね…。

　　そうだね。特に中東から北アフリカにかけての地域は、ただでさえ乾燥エリアなのに、やはり地下水のくみあげ過ぎが問題になっているね。それに日本も他人事じゃない。日本は水資源が豊富と思われがちだけれど、実は世界有数の「水輸入国」でもあるんだ。

目標6　安全な水とトイレを世界中に（Clean Water and Sanitation）

——え？　水なんて輸入してましたっけ？

　輸入といっても水そのものを輸入しているわけじゃないよ。日本はたくさんの食料を海外から輸入しているよね。この輸入分の食料を、もし国内で生産した場合に必要な水、つまり、他国に「しわよせ」の行っている水（これを「**バーチャルウォーター**」（仮想水）といいます）を計算に含めると、日本の年間水使用量に匹敵（ひってき）するんだよ。[56]

　——自分の国のことだけ考えていたら、わからない問題ですね。

　水資源を守るには、エネルギーや食料とのつながりも考慮して、国境を越えた経済のつながりに注目する必要があるということだね。[57]

6-5　新自由主義：「かけがえのないもの」が売り物にされていく時代

水の商品化は、なぜ進んでいったの？

　世界で初めて瓶入りの**ミネラルウォーター**を販売したのは、1622年のイギリスだ。19世紀になると水道よりも安全な飲料水としてさらに普及するけれど、水道水の塩素処理が可能になると、一時売上は減少。しかし**第6期**（**1950年頃～**）に入り1970年代以降、**ペットボトル**の普及や広告キャンペーンによって、消費量は世界的に急増していった。

　——ペットボトル入りの飲み物が普及したのって、そんなに昔のことじゃないんですね。

---

[56] ——【バーチャル・ウォーター】輸入される食品について、その生産にかかった水の量を推定した数値。たとえば牛肉1キロの生産に水20.6トンを要するとされます。

[57] ——これをFerroukhi, Rabea et.al. 2015. *Renewable Energy in the Water, Energy & Food Nexus.* は「水・エネルギー・食糧の連関網」と呼んでいます（谷口真人・杉原薫 2019「ネクサスの可能性を俯瞰する」、『Humanity & Nature』76、9-13頁も参照）。

328　　第1章　人間（People）——人間の「しあわせ」の世界史

今では世界中で欠かせないものになっているけれど、特に途上国ではゴミ処理の問題も深刻になっている。とはいえ、安全な水を得るためにはペットボトル入りの水を購入せざるをえない現状もある。

　——上水道インフラの整備が遅れているんですね。

　そう。そこに目をつけたのは、先進国だ。1980年代後半以降、世界各地で水道事業の民営化の動きが始まり、1990年代に入るとその波は旧共産圏やラテンアメリカなどにも広がった。

　——どうしてそんなことに？

　目標1のところで説明した、世界経済の激変の影響もある。たとえば、イギリスのサッチャー政権（在任1979〜90）は、これまでの政策を見直し、国営企業の民営化、福祉や教育などの分野への政府の支出の削減を通して、民間経済を活性化させる方針にかじを切った。同時期にみられる市場経済を重視する考え方を「**新自由主義**」（**ネオ・リベラリズム**）ともいうよ。こうした動きの中で、水道事業を民間企業に委託する動きも進んでいった。

　——民間企業は、ちゃんとみんなに対して安全な水を供給できたんですか？

　水道事業の民営化プログラムの中には成功例もあるけれど、ボリビアやフィリピン、アルゼンチンをはじめとする世界各地で、公平性が確保されず貧困層へのしわよせが生み出されたことも明らかになっている。
　ボリビアのコチャバンバという都市では、民営化を請け負ったアメリカのベクテル社が、水道料金を3倍に引き上げることを決定。

目標6　安全な水とトイレを世界中に（Clean Water and Sanitation）　　329

これに対し、大規模な抗議運動が起こった（**ボリビア水戦争**[58]）。

同様の問題は途上国だけにとどまらない。1989年に民営化されたイギリスでも、劣化したインフラの更新・整備は進まず、「水貧困」（水道料金の支払いがままならないほどの困窮）に苦しむ世帯も1割以上存在するという。[59]

　──なんだか、虚しいですね。ビジネスのために問題が利用されているというか。

　そうした状況を変えようという機運も高まっている。たとえば、先進国の中には自治体単位で住民が自分たちで資源利用に参加する動きも注目されている。[60] 2000年代以降、いったん水道事業が民営化された先進国でも、再び公営化に戻される動き（**再公営化**）が増えているよ。[61]

> **関連ターゲット　6-b** 水と衛生に関わる分野の管理向上への地域コミュニティの参加を支援・強化する。

とはいえ水道インフラの建設や整備には漏水や盗水を防ぐ技術整備を含め莫大な資金がかかることも事実。途上国で政府や自治体がしっかりと運営するのは簡単ではない。それでもカンボジア水道公社による「プノンペンの奇跡」[62]のように、しっかりとキャパシ

---

58 ── この背景には、当時の政府による増税やコカ生産の制限に抵抗するボリビア南部の先住民（アイマラ人）の権利拡大運動という側面もあるとの指摘もあります（河合恒生 2009「コチャバンバの水戦争」、『アジア・アフリカ研究』49 (4)、22-42頁）。
59 ── 岸本聡子 2020『水道、再び公営化！──欧州・水の闘いから日本が学ぶこと』集英社、86-89頁。
60 ── 斎藤幸平 2020『人新世の資本論』集英社。2010年代以降、都市や地方自治体単位で住民がまちづくりに参加する草の根の政治改革運動は**ミュニシパリズム**と呼ばれるようになり、ヨーロッパでは特にスペインのバルセロナやイタリアのナポリなどで、水や電力、住宅を「コモンズ」と位置付ける改革が注目を集めています。
61 ── 野田浩二・知足章宏 2006「「水アクセス権」の確立を求めて」、寺西俊一・井上真・大島堅一編『地球環境保全への途──アジアからのメッセージ』有斐閣、73-113頁、82-84頁。
62 ── 鈴木康次郎・桑島京子著、佐伯印刷編 2015『プノンペンの奇跡──世界を驚かせたカンボジアの水

ティ・ビルディングをおこなえば、途上国でも公営水道の成功事例はある。とはいえカンボジアでもひとたび農村にうつれば上下水道の整備は立ち遅れている。安全な水へのアクセスには、地理によっても、そしてジェンダーによっても格差があることは少なくない。

・・・

> **関連ターゲット 6-5** 2030年までに、国境を越えた適切な協力を含む、あらゆるレベルでの統合水資源管理を実施する。

　国や民族をまたぐ水資源の管理も大きな問題となっている。誰が何のために水を使うのかは、政府のみならず複数のセクターにまたがる関係者による計画や調整が必要だ。これを**統合水資源管理**という。今後も世界の水需要は増加の一途をたどると予測され、水危機が紛争をもたらすおそれも懸念されている。たとえば遊牧民はわずかな降水量の変化によって影響を受けやすく、ウシの放牧のために広い土地を必要とする。水を求めて移動を余儀なくされれば、移住先での紛争リスクも高まる（→**目標16**）。

道改革』佐伯印刷。
63 ── 製造業、火力発電、生活用水などの需要増にともない、2050年までに55％程度増加するとみられ（OECD 2012 *OECD Environmental Outlook to 2050*）、『世界水発展報告書2014』（世界水アセスメント計画（WWAP））によれば、2050年までに年間一人あたりの水資源賦存量は2010年の4分の3にまで減少すると予想されています。

目標6　安全な水とトイレを世界中に（Clean Water and Sanitation）　　331

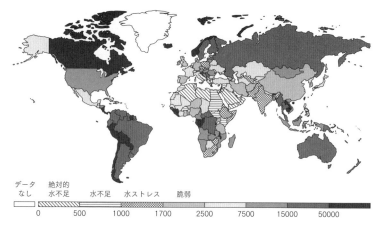

データ なし / 絶対的水不足 / 水不足 / 水ストレス / 脆弱

0　500　1000　1700　2500　7500　15000　50000

【図】一人当たり水資源量 (2013)[64]

> **関連ターゲット 6-4** 2030年までに、全セクターにおいて水の利用効率を大幅に改善し、淡水の持続可能な採取および供給を確保し水不足に対処するとともに、水不足に悩む人々の数を大幅に減少させる。
>
> **関連ターゲット 6-a** 2030年までに、集水、海水淡水化、水の効率的利用、排水処理、リサイクル・再利用技術を含む開発途上国における水と衛生分野での活動と計画を対象とした国際協力と能力構築支援を拡大する。

　──水問題は平和の問題ともつながっているということか…。

　そう。長い目で見れば、先進国や新興国での温室効果ガス排出が、気候変動という形で途上国の水問題を生み出しているという理

---

64 ── Dehghani-Sanij, Alireza. et al. 2016. "Water Quality Analysis of Underground Reservoirs in Hot and Arid Regions". *Journal of Applied Environmental and Biological Sciences*. 6. pp.149-161 と、https://www.fao.org/aquastat/en/databases/maindatabase/を参照。

屈も成り立つ。でも被害は時間差で現れるものだし、加害と被害の関係性も当然ながらはっきりとしたものじゃない。そこが難しいところだ(→下巻 13-4「**適応策と緩和策**」の項を参照)。[65]

　家庭で必要とされる生活用水は、世界の消費量のほんのわずかを占めるにすぎない。にもかかわらず、いまだに6億人以上の人々が安全な水にアクセスできていないのは、UNDP(国連開発計画)が指摘するように、水そのものの不足ではなく、貧困を生み出す不公平な関係にもよっている。[66] そしてそれがさらに気候変動により増幅され…。

　　　──その気候変動自体の背景にも不公平な関係がある…。

　　　そう、その通り。

　　　──水って、**目標1〜目標5**(貧困・食料・保健・教育・ジェンダー平等)のすべてに直結する「しあわせ」の源みたいですね。[67]

　　　たしかに国連開発目標(UNDP)も、2006年の『人間開発報告書』の中で、「水と衛生設備を『利用できない』という表現は、生命を脅かし、機会を奪い、人間の尊厳を損なう状態の婉曲表現である」

---

65 ── アメリカのポストコロニアリズム研究者であるロブ・ニクソンは「通常は可視化されにくく、扱いにくいが、ゆっくりと、しかし確実にその深刻の度合いを増すような暴力」を指して「**緩慢な暴力**」(slow violence)と呼んでいます(前田幸男 2020「構造的暴力論から『緩慢な暴力』論へ」、日本平和学会編『「沖縄問題」の本質』(平和研究54)早稲田大学出版部、129-152頁)。

66 ── 国連開発計画(UNDP) 2006『人間開発報告書 2006 概要──水危機神話を超えて:水資源をめぐる権力闘争と貧困、グローバルな課題』、https://www.jp.undp.org/content/tokyo/ja/home/library/human_development/human_development1/hdr_2006.html、6頁。

67 ──「水に対するアクセス権」は、2000年代以降国連の中で守られるべき人権として議論にのぼるようになっています(たとえば2010年の国連総会決議「水と衛生設備に対する人権」は「生命及びすべての人権の完全な享受のために不可欠な人権として安全で清潔な飲料水と衛生に対する権利を承認する」と宣言しています(星野智 2014「グローバルな水危機と水に対する人権」、『中央大学社会科学研究所年報』19、135-150頁、145頁)。

目標6　安全な水とトイレを世界中に (Clean Water and Sanitation)

と言っているよ。たとえば、子どもや女性の担うことが多い水汲みの仕事は、それがなければできたはずの勉強や仕事、遊びや休息の時間をうばい去る（→**目標5**）。しかも気候変動がそれを助長する（→**目標13**）、というように、いろんな次元の問題が絡み合っていることも、「水」というフィルターを通すと見えてくる。

　――でも結局、何が根本的な問題なんだろう…？

　世界史を読み直していくことで、その謎もしだいに明らかになっていくはずだよ。次章では**目標7**～**目標11**を手がかりに、「しわよせ」の正体に迫っていくことにしよう。とりあえずここまでお疲れさま。

---

68 ── 国連開発計画（UNDP）2006『人間開発報告書2006 概要―水危機神話を超えて：水資源をめぐる権力闘争と貧困、グローバルな課題』、https://www.jp.undp.org/content/tokyo/ja/home/library/human_development/human_development1/hdr_2006.html、11頁。なお、アフガニスタンで医療支援に尽力したペシャワール会の**中村哲**さん（1946～2019）も「パンと水の問題」に取り組み、灌漑用水路の建設による広大な農地を再生させた功労者です。

334　　第1章　人間（People）――人間の「しあわせ」の世界史

第❶章　まとめ「人間」に関する目標（目標1〜目標6）

1つ目の問い　「しあわせ」になったのは、誰?

開発にとって「しあわせ」とは何か

　第1章では、「「しあわせ」になったのは、誰?」という問いを立て、**目標1**から**目標6**を切り口として世界史を読み直してきました。**目標1**では、**第6期**（1950年頃〜）以降に進められていった**開発**を「しあわせの実現」と読み替え、その動向が「経済成長型」と「貧困撲滅型」の間を振り子のように行ったり来たりしながら進んでいったことを見ました。その過程には、**欧米の達成した経済発展を目指す「しあわせ観」から、社会や人間の潜在能力をひらこうとする「しあわせ観」への転換**があり、「先に『しあわせ』になった先進国が、未達成の途上国にモデルを示す」という考え方も問い直されています。冒頭の問いに答えようとするならば、そもそもどのような「しあわせ観」をとるのかを考えねばならないはずです。

何度も再定義されてきた「しあわせ」

　実際、「しあわせ」の具体的内容が、国際社会全体で一致しているわけではありません。**目標2**で学んだように、**第5期**（1800年頃〜1950年頃）に至るまでの世界各地には多様な発展の道筋があり、「しあわせ観」自体も時代によって移り変わってきました。多くの人が共通して感じる「しあわせ」の要素を分析し、それをリストにまとめる取組みもありますが、グローバル化の進んだ現代にあっても、各地域の個性はまだまだ意識されています。SDGsの策定過程においても、**目標5**（ジェンダー平等）のように合意が難航した目標もありました。また、「開発」や「人権」といった理念に対して、「西洋世界の押し付けだ」という反応もみられました。

　しかし、だからといって、それら理念やSDGsを単純に「西洋世界由来」とみるのは正確ではありません。1948年に採択された世界人権宣言は、西洋

世界の価値観そのものへの深い反省から生まれたものです。また、「開発」や「人権」の理念そのものも、欧米諸国の自省のみならず、社会主義諸国やNGO、途上国の声や国連[69]の努力、そして「しあわせを実現した先進国なら、他国をしあわせにする方法がわかる」という安易な開発観に対する批判も取り入れながら、その都度修正され、拡張されてきたものです。

　もちろん、「人権」や「民主主義」といった価値観をめぐり、先進国と途上国、欧米諸国と非欧米諸国の間には溝もあります。象徴的な対立は、国際社会における人権の定義を目指し1993年に採択された**ウィーン人権宣言**[70]に見ることができます。宣言では人権は普遍的であるとしつつも、特にアジア諸国の反発を背景に「国際的、地域的特殊性」「文化的及び宗教的背景」を考慮するという留保がついたのです。とはいえ、**そこで確認された途上国の「発展する権利」や、極度の貧困と社会的排斥を根絶する必要性は、先の対立軸**（→ 16-7 グッド・ガバナンス）**とあわせて、MDGsやSDGsなどの開発目標にしっかりと引き継がれてもいます。**

・・・

　たしかに第5期以降の開発は先進国をはじめとする一部の人々の人間開発指数を高めました。しかしその達成がかえって誰かに「**しわよせ**」を与えてきたことはなかったか？　その「しわよせ」とは何か？
　——私たちが次に取り組むのはこの謎です。
　2つ目の問いへと進んでいきましょう。

---

69 ― 国連が脱植民地化に果たした役割については、こちらを参照。半澤朝彦 2001「国連とイギリス帝国の消滅―1960~63 年」、『国際政治』126、81-101頁を参照。
70 ―【ウィーン人権宣言】冷戦崩壊後、1993年の世界人権会議で採択された「ウィーン宣言および行動計画」の一部。NGOの重要性や発展の権利などが盛り込まれました。

第❷章 繁栄（Prosperity）──繁栄の生んだ「しわよせ」の世界史

2つ目の問い 「しわよせ」を受けたのは、誰?

第 1 章では、「しあわせ」やそれを可能にする「開発」という考え方が、西洋による植民地支配と地続きの関係にあり、その適用のされ方からさまざまな問題がもたらされてきたこと、同時に西洋諸国の中や非西洋諸国からの問い直しによって、「開発」という概念が訂正され、きたえなおされていったことを見てきました。

しかし、どうして二つの世界にはSDGsが解決しようとしている「**しわよせ**」[1]が生み出されてしまったのか、**第 2 章**では**目標 7 ～目標 11** が解決しようとしている課題を通して、そのルーツをたどっていこうと思います。ここではその理解の助けとなるように、まずは大きな目で世界史の流れをとらえておくことにしましょう。

はじめに

一体化していく世界
第 5 期（1800 年頃～ 1950 年頃）以降と比べれば、**第 4 期**（1400 年頃～ 1800 年頃）までの世界において、人間の自然に対する影響力はまだまだ限られたものでした。人々と身近にある自然環境とのつながりは深く、遠く離れた地域の自然環境への影響も現代と比べれば限定的でした。

---

1 ── ここでいう「しわよせ」とは、「外部化」（ブラント, ウルリッヒ、ヴィッセン, マークス 2020『地球を壊す暮らし方─帝国型生活様式と新たな搾取』岩波書店、69-71頁）や「オフショア化」（アーリ, ジョン 2018『オフショア化する世界─人・モノ・金が逃げ込む「闇の空間」とは何か?』明石書店）、あるいは藤原辰史さんの「世界犠牲システム」（同 2023「世界犠牲システムの形成と肥大」、永原陽子ほか編『二つの大戦と帝国主義II　20世紀前半』（岩波講座 世界歴史21）岩波書店）といった概念を念頭に置いています。

はじめに

もちろん、遠く離れた場所どうしのつながりがまったくなかったわけではありません。

第2期（前1万2000年頃〜300年頃）には、特にユーラシア大陸で異なるライフスタイルを送る人々の間に活発な交易が営まれ、動物や風の生みだすエネルギーを用いた交通手段が発達していきました。

もし1700年代の世界を空からのぞくことができたなら、世界各地の都市でそれなりの暮らしを送ることのできるようになった人々が、異国の珍しい商品をこぞって買い求める光景が目に入るでしょう。多種多様なモノが地域をこえて移動するようになり、それらを生産するために天然資源の採掘や森林伐採が進められていきました。

かつて歴史学者の宮崎市定（1901〜1995）さんが「日本橋の水は（ロンドンをながれる）テムズ河に通じ、江戸っ子の吸う空気は、パリジェンヌの吐き出した息である[2]」と述べたように、西洋／東洋の境を越える世界の一体性は着実に強まっていったのです。

「しわよせ」のゆくえ

とはいえ、**第5期**（1800年頃〜1950年頃）以前の世界における経済成長のスピードは、一部の先進地域を除いてはゆったりとしたものでした。その状況を一変させたのは、18世紀後半に発明された蒸気機関の発明です。グローバルな人間の交通、モノの流通のコストが劇的に低下し、工業化を達成した欧米諸国の生活水準は向上していくことになります。

しかし、その繁栄には偏りがありました。

その最たる例が、**第5期**が2度も経験した大戦です。戦争が経済的な覇権と絡み合い、動員される人々へのしわよせも過酷さと非人道性をきわめました。

たしかに後で見るように**第6期**（1950年代〜）のグローバルな開発の進展により、世界人口全体でみれば、所得の格差は縮まっているようです。1990年代前半までに私たちの住む世界は、国の制度や文化は異なっても、基本的に

---

2 —— 宮崎市定 1994『宮崎市定2 東洋史』岩波書店、134頁。

誰もが資本主義的なルールに従う場所となりつつあります。[3]

　とはいえ、自分は「しわよせ」を受けていると感じる人々は、いまや従来の先進国・新興国・途上国の垣根をこえる広がりをみせています。

　他方で、経済的にきわめて大きな「しわよせ」を受けてきた、サハラ以南のアフリカなどの最貧国の苦境を抜きにすることはできません。

　このような状況は、どのようにして生じたのでしょうか?

　またSDGsは、こうした現状をどのように解決しようとしているのでしょうか?　**第2章**では、そのヒントを世界史の中に探っていくことにしましょう。

---

3 —— ミラノヴィッチ, ブランコ 2021『資本主義だけ残った』みすず書房、4頁。

はじめに

目標7　エネルギーをみんなに、そしてクリーンに
（**Affordable and Clean Energy**）
すべての人々の、安価かつ信頼できる持続可能な近代的エネルギーへのアクセスを確保する

 化石燃料っていつから使われているの？
持続可能な近代的エネルギーって？

　古来、人間は、人力、畜力、水力、風力などからエネルギーをひき出してきた。
　しかし、第5期（1800年頃〜1950年頃）のイギリスで蒸気機関が発明されると、エネルギー源の多くを化石燃料に依存するようになっていった。

　人間とエネルギーの関わりの歴史をざっくりつかむだけであれば、このようなシンプルな説明でも十分でしょう。

【図】アメリカ合衆国・ピッツバーグの工業地帯の風景（1857年）[4]

---

[4] ── https://commons.wikimedia.org/wiki/File:Monongahela_River_Scene_Pittsburgh_

340　　第2章　繁栄（Prosperity）──繁栄の生んだ「しわよせ」の世界史

しかし、**第6期**（1950年頃〜）を迎えてからも、依然として木炭など生物由来のエネルギーに頼る人々が世界に多く残されていることを考えれば、1つのストーリーでエネルギー史を語ってしまうのは、ちょっと乱暴です。

では、なぜこのような格差が生まれたのでしょうか？　また、エネルギーの利用自体が、どこかにしわよせをもたらすことはないのでしょうか？

今回は、そのあたりについて考えていくことにしましょう。

7-1　人間・家畜・バイオマス：主に生物からエネルギーを取り出していた時代

昔の人は何からエネルギーを取り出していたの？

　目標7の最初のターゲットをみてみよう。

> **関連ターゲット 7-1** 2030年までに、安価かつ信頼できる現代的エネルギーサービスへの普遍的アクセスを確保する。

　――「現代的なエネルギー」というと、太陽光とか風力とか…？

　――地熱発電も、環境に良いと聞いたことがあります。

　再生可能エネルギーのことだね。ここではもっと広く「電気」を使ったエネルギー一般を指しているよ。そもそも電気自体へのアク

PA_1857.jpg、パブリック・ドメイン

5 —— 化石燃料からの脱却をめぐって、大国は経済成長戦略上、自国に有利となる新たな基準をもうけることで、新エネルギー車や再生エネルギー発電技術の輸出をねらっています。その急先鋒に立つのが、欧州グリーンディールを掲げるEU諸国と「生態文明」を掲げる中国です（→**目標15**）。なお、2022年のロシアのウクライナ侵攻以後、EU諸国では原子力発電の比率上昇による化石燃料の脱ロシア化の動きも強まっています。何をもって「グリーン」とするかという基準は、それ自体政治的なものでもあります。

6 —— SDGsの策定過程（採択数ヶ月前の「ゼロ草案」再検討のための非公式会議など）において、特にヨーロッパ諸国が推進し、ザンビアなどの後発発展途上国も支持した持続可能な現代的エネルギーを明記するか、あるいはそれが何を指すのかをめぐり主に産油国との間で議論となった経緯があります。政府仮訳には「近代的／現代的エネルギー」という2つの表現がありますが、どちらも「modern energy」の邦訳です。

セスができない地域が、世界にまだまだ残されていることを意識したことはあるかな？

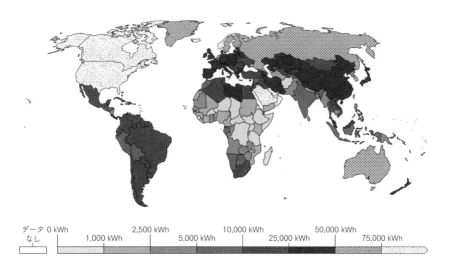

【地図】1人あたりの消費電力（2021年）[7]

——エネルギーにもこんなに格差があるのか…。

夜の地球を撮影した衛星写真をみたことはない？

---

[7] —— https://ourworldindata.org/grapher/per-capita-energy-use?time=latest、CC BY

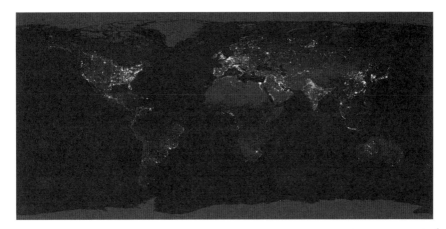

【図】NASA地球観測所/NOAA NGDCによる（オーロラ、火災などは除去処理されています）。[8]

 ターゲット 7-1 が掲げられていること自体、いまだに世界には、煌々と光り輝くエリアと、闇に包まれたエリアの格差がはっきりと残されているということの裏返しだ。電気が供給できないところでは、木炭や薪（たきぎ）が使われているところも少なくなく、煤（すす）による健康被害や、森林の減少や砂漠化の元凶にもなっている。[9]

　　──でも、電気がなかった時代のほうが長かったんじゃないですか？

　　そうだね。**第4期**（1800年頃〜1950年頃）までの人間は、次のようなエネルギーに頼っていたんだよ。[10]

---

8 ── https://commons.wikimedia.org/wiki/File:Composite_map_of_the_world_2012.jpg、パブリック・ドメイン
9 ── 屋内汚染による健康被害に加え、PM2.5による屋外環境の汚染は、下気道感染症、心臓病、新生児障害、脳卒中のリスクを高め、アフリカでは年間40万人が死亡する原因となっているとの報告があります（African Development Bank Group. 2022. *African Economic Outlook 2022*, p.78, https://www.tralac.org/documents/resources/africa/4506-african-economic-outlook-2022-afdb/file.html（2024年11月3日最終閲覧））。
10 ── 一人一日あたり利用可能エネルギー量は、狩猟採集民1万2000kcal、農耕民で1万2000kcal、産業革命以前にもっとも組織化された集団でも2万6000kcal以下にとどまります。しかし、産業革命の初期段階では7万kcal、現在では20万kcalを超えるところもあります（リヴィ-バッチ，マッシモ 2014『人

目標7　エネルギーをみんなに、そしてクリーンに（Affordable and Clean Energy）　　343

まず、当たり前のように感じるかもしれないけれど、人力はもっとも基本的で重要な動力源の一つだ。人ひとりの力はわずかでも、大勢の力を合わせれば大仕事も可能になるよね。古代文明の都市にそびえたつ神殿や王墓のような巨大建造物は、多くが人力で建設されたものだった。

　――でも、人力にも限界はありますよね？

　たしかに、成人男性が持続的に出せる仕事率はせいぜい100ワットが限界だ。
　そこで、**第2期**（前1万2000年頃〜300年頃）以降、活用されてきたのが家畜の力だ。
　ユーラシア大陸からアフリカにかけては、ウマ、ウシ、ラクダ、ヤギ、ヒツジが家畜化され、「トラック」（運搬）や「トラクター」（農耕）の手段として人間の活動範囲を広げる役目を果たした。
　もちろん、家畜は生き物だ。利用できる場所も、自然環境に大きく左右される。
　けれども人間は、その土地で活動可能な動物を見つけ、家畜化を試みてきた。たとえばアフリカ大陸のような乾燥エリアであっても、**第3期**（300年頃〜1400年頃）の初め以降、ラクダが活用され、サハラ砂漠を越える交易が盛んにおこなわれるようになっている。また、アンデス地方ではリャマやアルパカがなくてはならない。
　世界史における人々の活動は、家畜の存在抜きに語ることはできないのだ。

・・・

　バイオマス・エネルギー、つまり生き物由来のエネルギー源も重要だ。主に薪や木炭、草、さらに先ほどの家畜の出した糞などに火

口の世界史』東洋経済新報社、28頁）。

344　　第2章　繁栄（Prosperity）――繁栄の生んだ「しわよせ」の世界史

をつけてエネルギーを利用する人々もいる。

　——どのくらい昔から使っていたんでしょうか？

　いまだに正確にはわかっていないけれど、40万年前には、すでに薪や炭を燃料として使用していたようだ。
　火のおかげで、食べ物を柔らかくおいしく料理することが可能になり、栄養水準も改善した（**目標2**）。また、金属を精錬することが可能となり、道具の発達も促された。[11]

　——でも、木材にも限りがありますよね。木を全部切っちゃったら、また生えてくるまでには時間がかかりますし…。

　そうそう、そこが問題なんだよね。地球上には2兆トンのバイオマスがあるといわれているけれど、身近な生物資源の使いすぎには注意が必要だ。煮炊き以外にも、土器や金属をつくるのにも大量の燃料は欠かせない。大勢の人が寄り集まって定住生活をするようになると、身の回りの燃料はどんどん減っていってしまう。現在の先進国に住む人々よりも、エネルギーの限界はずっと実感しやすかっただろう。[12]
　このように動力の面では、**第5期**（1800年頃～1950年頃）になるまでは、**人力の占める割合がほとんどで、その次が畜力。バイオマスも含め、ほぼすべてが身近な生物由来**だ。

　いっぽう、**水車や風車のような再生可能エネルギー**も利用されて

---

11 ── アフリカで家畜を使う際にも火は不可欠でした。森林の水辺を好むツェツェバエの生息域をなくすためには森を焼き払う必要があるからです（→**目標3**）。
12 ── E.A.リグリィは、**第5期**（**1800年頃～1950年頃**）以後に広まる鉱物（石炭）を基盤とする経済以前の経済を土地の限界に制約される「有機経済」と呼びました。このうちイギリス（イングランド）は、**第5期**以前から、多くの家畜を農業用に投入することで、早いうちから生産性を高めていったと指摘されています（リグリィ，E. A. 1991『エネルギーと産業革命』同文館出版（→**目標8**））。

目標7　エネルギーをみんなに、そしてクリーンに（Affordable and Clean Energy）　　345

いなかったわけじゃない。中国では漢の時代にはすでに水車が発明されているし、ヨーロッパでは 10 〜 11 世紀に水車や風車の利用が爆発的に増加して干拓地の造成や耕地の開墾が進んでいる。[13]

水車は第 2 期（前 1 万 2000 年頃〜 300 年頃）のローマ帝国の時代にも使われていたけれど、製粉や揚水にかぎられていた。中世ヨーロッパでは、製鉄、研磨、毛織物の縮絨工程など、多角的な用途にもちいられるようになったんだ。

——そんな時代から産業のために水が使われていたんですね。

水力も風力も普及には時間がかかり、人力と畜力をしのぐには至らなかったんだけれどね。12 世紀頃には、蹄鉄や家畜を曳く技術や重量有輪犂が開発され、家畜を効率的に使うことができるようになったことで、生産力が向上。この時期の技術革新は三圃制（→目標 2）とともに「中世農業革命」とも呼ばれるよ。

・・・

ちなみに南北アメリカ大陸のように、家畜よりも人手によって形成されていった文明もあったんだよ。

まったく家畜がいなかったわけじゃないけれど、家畜化に向いている動物が、あまり分布していなくてね。たとえば、ユーラシア大陸では、ヒツジ、ヤギ、ウシ、ブタ、ウマ、ヒトコブラクダ、フタコブラクダ、ロバ、トナカイ、スイギュウ、ヤク、バリウシ、ガヤル（インド野牛）の 13 種類が家畜化されたのに対し、南北アメリカではリャマやアルパカの 2 種だけだったんだ。[14]これは偶然としかいいようがないね。

---

[13] ── ギャンペル, J. 2010『中世の産業革命』岩波書店。
[14] ── ダイアモンド, ジャレド 2000『銃・病原菌・鉄 上巻』草思社、237頁。南北アメリカ大陸では、ほかにクイ（テンジクネズミ）、バリケン（カモの一種）も家畜化されていますが、いずれも小さな動物です。

——でも今はウシやウマもいるんじゃないんですか？

　それは南北アメリカ大陸を征服したスペイン人が持ち込んだものだね。ウシが農耕に使われるようになったのは、1550年頃だったという。
　当時の歴史家の記録によると、それを見た先住民は驚く一方で「怠け者のスペイン人は楽をしようとして、自分ですべき仕事を動物たちに押し付けているんだ」と言っていたそうだ。[15]

　——畑仕事に家畜が使われていなかったんですね。

　踏み鋤という道具を使い、人力でジャガイモを植え付けていたんだよ。
　1500年頃の世界では、土地を耕すのに家畜を使用していたのは、ユーラシア大陸から北アフリカの農耕エリアが中心で、ほかの地域では踏み鋤や掘り棒を使った人の手による耕作がおこなわれていたんだ。

　——ところで、アンデス地方のリャマとかアルパカって、そんなに大きな体格ではないですが、なにか仕事をさせることはできたんですかね？

　たしかにリャマは1頭でせいぜい20〜25kgほどの荷物しか運べない。けれども、40頭ほど集めれば1トン近くの荷物も運ぶことができる。しかも、石だらけの山の斜面や森林地帯、海岸の砂地などでもリャマなら荷物をかついで、ちょっと水を飲ませればよく働いてくれる。たしかにアンデス地方を含む南北アメリカ大陸ではユーラシア大陸でみられた車輪が発明されなかったけれども、それは

---

[15] — 山本紀夫 2014「中央アンデス農耕文化論——とくに高地部を中心として」、『国立民族学博物館調査報告』117、国立民族学博物館。

リャマが高山でもよく働いてくれたおかげで、車輪なんてそもそも必要なかったからだ[16]。

一方、中央アメリカのマヤ地方にはリャマやアルパカは分布しておらず、徹底的に人力エネルギーが基本の「石器の都市文明」だった[17]。メキシコ高原でも、同様に大型家畜のいない文明が栄えている。

・・・

というわけで、世界各地のエネルギー利用を見てきたけれど、**第5期**（1800年頃～1950年頃）になるまでの人間は、生物由来の有機物、もっと言えば植物が生み出した有機物から、エネルギーを取り出してきたことがわかるだろう。エネルギーが利用されると、二酸化炭素も一緒に移動する。生き物が出した二酸化炭素と、植物の吸収した二酸化炭素との間には、絶妙なバランスが成り立っていた。

しかし、**第5期**（1800年頃～1950年頃）になると、そのバランスは崩れていく。人間が、地中奥底に眠っていた化石資源の中から、大量の二酸化炭素を放出させるようになったからだ。

7-2　化石燃料エネルギーの時代へ：「黒いダイヤ」（石炭）が世界を変えた

蒸気機関が最初に発明されたのは、なぜイギリスだったのだろうか？

　　——SDGsでも問題になっている化石燃料は、どのような経緯でたくさん使われるようになっていったんですか？

　　先ほど出てきたバイオマスエネルギー不足を乗り越えるため、イ

---

16 ── 島田泉・篠田謙一編 2017『古代アンデス文明展』TBSテレビ、108-109頁。
17 ── 青山和夫 2013『古代マヤ　石器の都市文明―諸文明の起源』（増補版）京都大学学術出版会、199頁。

ギリスで石炭が動力に用いられるようになったのが、今につながる化石燃料文明のルーツだよ。そもそも日常生活で使う薪や木炭の消費量は、人口の増加とともに増える。また商工業が盛んになれば、工業用の消費量も増加する。その両者が重なったことで、イングランドでは早くも13世紀以降に木材不足が深刻化し、伐採を国が規制するようにもなっていた。

その後、14世紀にペスト（黒死病）の大流行によって人口が激減すると（→目標3）、いったん森林は回復する。けれども、15世紀以降に人口が再び増加すると伐採が再開され、薪の価格は高騰した（→目標15）。

ヴェルサイユ宮殿を建てたことで知られるフランスの「太陽王」国王**ルイ14世**（在位1643〜1715）も、森の資源を守るために伐採に制限をかけていた。それでも森林の縮小には歯止めがかからなかった。

イギリスのように早くから工業化がみられたところでは、船材や製鉄用の高炉で使われる薪炭が森林縮小に拍車をかけた。「1台の高炉だけで、小さな都市2つに供給するのに必要な木材をのみこむ」といわれたほどだ。そこで石炭に白刃の矢が立った、ということだ。[18]

——でも石炭ってイギリス以外でもとれたのでは？

もちろん。たとえば中国では、漢代にすでに製鉄に使われていた記録がある。**唐**（618〜907）から**宋**（960〜1279）にかけての時期には、中国南部で稲作が普及し、穀物生産量が急増。商工業も盛んになり、燃料を木炭ではまかないきれなくなったため、代わりに石炭が利用されるようになる。それにより、鉄や銅銭、陶磁器が大量につくられた。[19]

---

18 ——斎藤修 2016「人口と自然環境と比較史の文脈」、水島司編『環境に挑む歴史学』勉誠出版、3-16頁。
19 ——政府は商人たちの自由な取引を認め、買い上げた物資を北方の遊牧民に対する防衛費にあてようとしました。この好景気を支えたエネルギー源が石炭だったわけです（岡本隆司編 2013『中国経済史』

——へえ、そうなんだ。

宋の時代の中国は、政治的には皇帝が中央集権化を進める一方、商工業者たちは自由な活動が許され、経済が活気づいていた。政府も民間取引を活性化させることで、大量の軍需物資を確保し、遊牧民に対する防衛費にあてようとしたんだ（→**目標16**）。工業生産のために石炭の消費が急増し、大気汚染も問題となったほどだ。
けれども、結果的に中国でイギリスよりも先に**蒸気機関**が発明されることはなかった。

——どうしてなんでしょうね？

その一因は石炭がとれる場所の立地にあるだろう。中国の場合、石炭の産地が経済の先進地域であった長江下流域から離れたところにある。これに対してイギリスではロンドン周辺でも石炭がたくさんとれた。それに石炭価格も安かった（→**目標11**）[20]。ただ、結果的に中国では、のちにイギリスで実用化されるような蒸気機関が発明されることはなかったんだけれどね。

しかも17世紀に入り気候の寒冷化（→**目標13　小氷期**）が進むと、イギリスでは「木炭がなくなるのではないか？」という危機意識が

名古屋大学出版会、22頁）。
20 ── これについては、アレン，ロバート・C 2017『世界史のなかの産業革命』名古屋大学出版会による以下のような議論があります。
・**第4期**（**1400年頃〜1800年頃**）に、インド、カリブ海、北アメリカの植民地との貿易の活性化により、イギリスでは都市化が進んだ。
・また、農業革命（→**目標2**）によって農業生産性が高まり、農村における工業（プロト工業）が盛んになった（1500年の都市人口率7％・農業人口率74％→1800年頃の都市人口率29％・農業人口率35％）。
・製造業の生産性が高まり工業化が進み、大都市ロンドンのみならず港湾都市など他地域でも賃金水準が高まった。
・そのため、人件費や燃料コストを節約する必要が高まり、人手を家畜や機械で置き換えたり、機械の生産効率を高めたりしようとする必要性が生まれた。
・幸いロンドンにおける石炭価格は、同時代の世界各地と比べても圧倒的に安価であったため、石炭を使用した蒸気機関の発明へとつながった。

高まり、代わりに石炭を燃料として使うようになっていった（→目標15）。

　けれども石炭を掘りすすめればすすむほど、炭鉱から地下水をどう排水するかが問題となる。揚水ポンプを動かすために当初ウマが用いられていたけれど、それでは、湧き出る地下水に対応しきれない。この難題を解決した発明こそが、スズや銅の鉱山があるコーンウォール近郊の鉄器商ニューコメン（1664〜1729）の1712年に開発した、石炭を動力とした蒸気機関（これは正確には「気圧機関」と呼ばれます）だったのだ（→目標13）。

【図】ジェームズ・ワットらにより設計・生産された蒸気機関（1788年）。[21] ニューコメンの蒸気機関を改良し、ピストンの上下運動を回転運動に変換させることに成功させたものです。

　　——へ〜。石炭を使った動力は、そもそも石炭を掘るために開発されていったものだったんですね！

---

21 ── World History Publishing、https://www.worldhistory.org/image/17206/watt--boulton-steam-engine/、CC BY-NC-SA 4.0

蒸気機関は、これまでの人力・畜力・水力・風力とは比べ物にならないほどのパワーを発揮し、そこから機械工業や鉄道業など、さまざまな産業が枝分かれしていった。

　また、石炭を蒸したコークスを使って鉄鋼が作られ、それを用いて作られた鉄道を用いることで、さらに多くの石炭が鉱山から掘り出されていくこととなった。また、ナポレオン（→目標16）時代に完成したパリのウルク運河のように上水をくみ上げるインフラも、コレラの大流行を機にロンドンで発達した汚水処理のインフラも、蒸気機関がなければ実用化されることはなかった（→目標6）。新しい技術の開発がさまざまな部門に連鎖的に応用され、経済と社会を変えていったのだ。

【図】「ブラック・カントリー」の工場群（1873年）　バーミンガムを中心とするイングランド中部の工業地帯には、工場の煙突から立ち込める黒煙のため大気汚染が深刻化しました。[22]

　しかし、動力源のすべてが、いっせいに蒸気機関に取って代わら

---

22 ── https://en.wikipedia.org/wiki/Black_Country#/media/File:Griffiths'_Guide_to_the_iron_trade_of_Great_Britain_an_elaborate_review_of_the_iron_（and）_coal_trades_for_last_year,_addresses_and_names_of_all_ironmasters,_with_a_list_of_blast_furnaces,_iron_（14761790294）.jpg、パブリック・ドメイン

れたわけではないよ。

　産業革命の初期には蒸気機関の使用は、繊維工業や石炭産業などをはじめとする特定部門に限られ、水力や人力、それに畜力の利用も、その後ながらく続けられていた。

　たとえば19世紀末から20世紀初め、南北アメリカ大陸各地にあった大草原が耕地に姿を変え、「世界の穀倉庫」（→**目標2**）と呼ばれるようになったのも、多数のウマ、ラバ、ウシが投入されたおかげだ[23]。

　——家畜が使われなくなったわけじゃないんですね。

　そうなんだよ。たとえばヨーロッパで**乗合馬車**が都市における交通手段として発達するようになったのも、19世紀のことだからね。炭鉱や鉱山でも、小柄なウマの一種であるポニーが、石炭の積み出しに働かされていたんだ[24]。

7-3　交通革命の衝撃：世界を縮めた蒸気船と蒸気機関車

第5期にグローバルな人の動きが活発化したのはなぜ？

　とはいえ**第5期**（1800年頃～1950年頃）は、蒸気力が交通手段を一変させ、人々の移動範囲が一気にひろがった**交通革命**の時代だ。蒸気船と蒸気機関車の発明により、これまでとは比べ物にならないほど短時間で、多くのモノやヒトを運ぶことが可能になったわけ（→**目標9**）。

---

23 ── シュミル，ヴァーツラフ 2019『エネルギーの人類史　上』青土社、279頁。
24 ── ポニーの利用は、第一次世界大戦勃発の前年、1913年に最盛期を迎えました。これについて生物学者の三浦慎悟さんは「石炭は、人間やウマを動力源から解放したものの、今度は石炭の採掘そのものに動員されることとなった」と述べます（三浦慎悟 2018『動物と人間』東京大学出版会、452頁）。工業化の「しわよせ」は子どもたちや女性のみならず、動物（→**目標15**）にもおよんでいたのです。

目標7　エネルギーをみんなに、そしてクリーンに（Affordable and Clean Energy）

年	主要な原動力	電力（W）
1700	荷車を引く2頭の雄ウシ	700
1750	大型四輪馬車を引く4頭のウマ	2,500
1850	イギリスの蒸気機関車	200,000
1900	アメリカで最速の蒸気機関車	1,000,000
1950	パワフルなドイツのディーゼル機関車	2,000,000
2006	フランスのアルストム社製TGV	9,600,000
2015	N700系新幹線	17,080,000

【図】陸上輸送において主要な原動力が発揮する最大電力（1700〜2015年）[25]

石炭からガスをつくる技術も18世紀にイギリスで発明されたほか、発電にも用いられていった。また石炭から精製されたガス灯は欧米の都市を明るく照らし出し、ショッピング文化の誕生を支えることとなった（→目標12）。

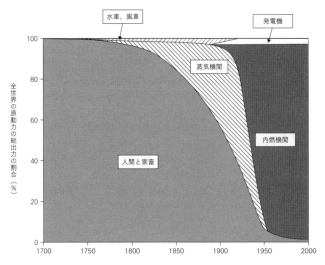

【図】全世界の原動力の総出力の割合（パーセント）[26]

---

25 ── シュミル，ヴァーツラフ 上掲、381頁。
26 ── シュミル，ヴァーツラフ 2019『エネルギーの人類史 下』青土社、289頁。

354　第2章　繁栄（Prosperity）──繁栄の生んだ「しわよせ」の世界史

さらに 19 世紀後半になると、**石油**の商業的な採掘が始まる。

　――中東で、ですか？

　いや、近代石油産業がはじまったのは、1859 年のアメリカ合衆国ペンシルベニア州だったんだ[27]。
　石油の消費量を増加させたのは、石油から精製されるガソリンを用いた**内燃機関**の実用化だ。なかでもガソリンエンジンを搭載した**自動車**[28]は、陸上交通を劇的に変えた（→**目標 12**）。
　また、電動機や発電機が開発されると、**電気**エネルギーの使用量も増えていった。

　――電気が使われるってこの時代からなんですね。

　うん、普及するのは先進国の都市部からだけどね。
　百貨店をはじめとする商業施設がイルミネーションで照らされ、都会の夜景は一変する（→**目標 12**）。

　――家電製品もこの頃ですか？

　そうだね。洗濯機やアイロンといった電化製品もしだいに家庭に普及し、豊かさの象徴となった（→**目標 5**）[29]。

---

27 ― 実は、それ以前から油田を国有化していたビルマの王朝が、イギリス向けに盛んに輸出をしていたという事実もあります（Ghosh, Amitav. 2016. *The Great Derangement: Climate Change and the Unthinkable* (English Edition). The University of Chicago Press. pp.97-103.）。

28 ― 【自動車】1769年にフランスのN. J. キュニョ（1725〜1804）が蒸気自動車を発明。ガソリンエンジン車は1885年にドイツのベンツ（1844〜1929）の開発した三輪自動車、1886年にダイムラー（1834〜1900）の製作した四輪自動車にはじまります。自動車の大量生産がアメリカのフォード（1863〜1947）のベルトコンベア方式（→**目標8**）により可能になると、熱帯エリアのプランテーションでは天然ゴムの生産量が増加していくこととなります（→**目標12**）。

29 ― ただし**目標5**で見たように、電化製品の導入が必ずしもすぐさま女性の家事負担を楽にしたわけではありません（コーワン，ルース・シュウォーツ 2010『お母さんは忙しくなるばかり』法政大学出版局）。

でも、その一方で電気製品に欠かせない銅線を生産するため、20世紀以降ベルギー領コンゴやイギリス領北ローデシア（現在のザンビア）の銅鉱山の開発が進んでいく。「北」における電気消費量の増加は、「南」の植民地支配に支えられていたともいえるんだ。

7-4 大国を翻弄（ほんろう）した石油とウラン：エネルギーの生み出す不公平な関係

エネルギー資源をめぐり、国際関係はどう変化していったの？

化石燃料を基盤とする工業化は、19世紀から20世紀初頭にかけてフランス、ベルギー、ドイツ、アメリカ、ロシア、そして日本にも波及し、生活水準を向上させていくことになった。

ロシアでは1917年に**革命**[30]が起きて皇帝が倒され、しばらくたって社会主義の政権（ソ連）が成立した。ソ連は資本主義の国々と同じように重工業化を進め、エネルギーによる豊かな国づくりを目指した。集団農場（→目標2）にはアメリカ製のトラクターも導入され、やはり化石燃料の使用も増えていった。[31]

---

30 ──【ロシア革命】ロマノフ王朝（1613年成立）が滅ぼされ、ソヴィエト政権が樹立された一連の革命。1905年の革命、1917年の二月革命・十月革命の順に推移し、最終的にボリシェヴィキ（のちの共産党）が主導して社会主義政権が樹立されました。マルクスによれば革命は十分に資本主義の発達したイギリスやフランスのような先進国で、資本家と労働者の間の「矛盾」により引き起こされるとされていました。しかし、農民が圧倒的に多いロシアのような後発資本主義国では、共産党の指導のもとで段階的に社会主義の国をつくることができると、革命を指導したレーニン（1870～1924）がマルクスの理論を修正。ロシアのソヴィエト政権は、周辺のウクライナ、ベラルーシ、コーカサス地方南部のソヴィエト政権をあわせて1922年にソヴィエト連邦に発展し、1991年の解体まで存続しました。
31 ── 田上孝一 2021『99%のためのマルクス入門』晶文社、5章を参照。

【図】スタンダード・オイル社による多業種の独占や政治的な影響力を風刺したリトグラフ（1904年）　アメリカではスタンダード・オイル社のように、石油による莫大な収入を背景に、多業種を独占し政治的に影響力を持つ大企業が出現し、20世紀初めにかけて規制の対象となっていきました。[32]

化石燃料は、太古の昔の植物やプランクトンの遺骸（いがい）に由来する。

　——なんだ。それなら薪（たきぎ）や木炭を燃やすのと変わらないのではないですか？

　いやいや、木々であれば数年～数十年で再生してくれるのに対し、化石燃料がつくられる歳月はうん億年もかかる。だからといって無限に使い続けられるわけじゃない。
　けれども、**第6期**（1950年頃～）に入り、エネルギー消費量はさらに一段と増加。工業化の進んだ国々では、もはや化石燃料なしでは文明が成り立たなくなっていった。
　とりわけ軍事面でのエネルギーの重要性が高まると、燃料の供給

---

32 — Library of Congress Prints and Photographs Division Washington、http://loc.gov/pictures/resource/cph.3b52184、パブリック・ドメイン

地をめぐる争いも勃発する。石炭や原油、そして核エネルギーの原料であるウラニウムは、世界のどこにでもたくさんあるとは限らないからね。

　　——核エネルギーって**原子力エネルギー**のことですよね？

　そう、同じ意味だけれど、日本では軍事的に利用されるものに「核」、平和（商業）利用されるものに「原子力」が使われることが多いね[33]。これを利用した核爆弾は1945年にアメリカによって広島と長崎に投下され、おそるべき被害を出した（→**目標12**）。

　1951年にアメリカで世界に先駆けて核エネルギーによる発電（原子力発電）が実用化された当初、アメリカ政府は商業利用の解禁に慎重だった。しかし1953年12月にアイゼンハワー大統領（在任1953〜1961）が国連総会で、次のような演説（「平和のための原子力」）をおこなう。

　「アメリカ合衆国が追求するのは、単なる、軍事目的での核の削減や廃絶にとどまらない。この兵器を兵士の手から取り上げるだけでは十分ではない。軍事の覆いをはぎとり、平和の技術に適合させるための方法を知る人々の手に渡されなければならない。」

　　——この演説って、冷戦が始まったころのものですよね。本当に平和が目的だったんでしょうか？

---

33 ——【核エネルギー】日本では「原子力」という用語は、もっぱら商業利用分野を指すものと理解され、軍事利用と切り離されることが一般的です。吉岡斉さんは、それが「核エネルギー技術の本質的なデュアリティー（軍民両用性）の理解を鈍らせる結果をもたらす恐れがある」と指摘しています（吉岡斉2011『原子力の社会史』（新版）朝日新聞出版、6頁）。原子力発電所は、不測の事故やテロ攻撃といったリスクを抱えたまま、現在なおも32か国で433基が稼働中です（日本原子力産業協会資料、2024年1月1日現在）。また、核燃料の一つであるプルトニウムの廃棄物が「最終処分」されるには、10万年もの年月が必要とされます。放射性物質の利用と廃棄を通して人間は、すでにこれまでの自分の種としての歴史的時間を軽く超えてしまうほど長期の問題を生み出すことで、豊かな生活を実現させているのです（寺田匡宏2021『人文地球環境学』あいり出版、209-211頁）。

まあ、あくまでタテマエだよね。実際には、アメリカ合衆国が目指していたのは、核兵器・原子力発電の技術と燃料となる**ウラン**の独占だ。演説の 2 ヶ月後の 1954 年 2 月、大統領は核物質・核技術を二国間ベースで供与する政策を打ち出し、年内に法制化させた。これを受け、日本の原子力の利用も、1954 年春に政財官が一体となってはじまっていく。1949 年に核実験を成功させたソ連に対抗し、アメリカ側につく国々に原子力発電を導入し、**IAEA**[34]の管理下に置くことで、核・原子力技術をコントロールしようとしたわけだ（→**目標 16**）。

　けれどもウラニウムは、どこでも採れるものじゃない。フランスはアフリカの植民地、アメリカやカナダでは先住民の土地、ソ連では中央アジアなどでウランを確保していったんだ（→**目標 12**）[35]。

　——あららら…。

　ウラン鉱は東ヨーロッパにも分布する。ソ連が大戦後まもなく共産主義政権の樹立を急ぎ、東ヨーロッパを勢力下に置いていった背景には、ウランをめぐるアメリカ陣営との攻防も隠されていた。そう考えれば、資源をめぐる国際政治が、東ヨーロッパの人々の政治参加を奪っていったともいえなくもない[36]。

　——ところで**石油**って、いつごろからたくさん消費されるようになったんですか？

---

34 ——【IAEA】国際原子力機関。核技術の平和的利用の促進と軍事利用の防止が目的。発足はソ連の慎重な対応もあり 1957 年 7 月にずれ込み、核物質・核技術の国際移転についてほとんど実権をもちませんでした。その役割を果たすようになるのは、1970 年に核兵器不拡散条約が発効されてからのこととなります（吉岡斉 2011『原子力の社会史』（新版）朝日新聞出版、71-73 頁）。アイゼンハワー大統領には、アメリカの企業の開発する原子力発電装置を、電気の不足する地域に供給しようとする意図もありました。
35 ——井上雅俊ほか 2021「ウラニウム」、桃木至朗ほか編『ものがつなぐ世界史』ミネルヴァ書房、363-385 頁、374 頁。なお、日本への核攻撃に使用されたウランは本書に何度も登場するコンゴ産と言われています。
36 ——藤田進ほか「「1945 年」の世界—東欧・中東・沖縄・シベリアの視点から」、南塚信吾編 2020『国際関係史から世界史へ』ミネルヴァ書房、189-220 頁、202-203 頁。

石油の商業生産が始まったのは、19世紀中頃だけど、それが本格化するのは20世紀幕開けの年である1901年、アメリカのテキサス州で採掘が始まってからのことだね。[37]

　石炭に代わる新しい化石燃料として脚光を浴びた石油にも、問題はあった。石炭に比べ、油田の分布には地域的に偏りがあるのだ。また、輸送・精製・販売にいたる大規模なインフラを整える必要があり、石炭よりも投資額は高くつく。

　そんな中、欧米諸国の企業が狙いを定めていったのは、かつての大国オスマン帝国崩壊後の西アジアだ。

　まずイギリスはイラン国王に接近し、石油利権の独占に乗り出した。さらに第一次大戦後の1927年にはイギリスに統治が委ねられていたイラクで油田が発見されると、アメリカやオランダなどの石油企業各社は、中東の石油利権を調整するために「赤線協定」とよばれるコンソーシアムを結成する。

　ところがアメリカ合衆国はこれをかいくぐり、当時財政難に陥っていた**サウジアラビア王国**と1933年に単独で協定を締結。1938年[38]に発見された大油田をもとに、アラビアン・アメリカン・オイル・カンパニー（アラムコ）が油田開発を進めていくことになった。

　——アメリカは必死ですね。

　イランでは、すでにイギリスに先を越されていたからね。サウジアラビアとアメリカの関係は、第二次世界大戦が始まるとさらに密

37　— ロバーツ，ポール 2005『石油の終焉』光文社、58-60頁。なお、「緑の革命」（→**目標2**）やマラリア撲滅（→**目標3**）の推進などの慈善事業への関与で知られるジョン・D・ロックフェラー（1839〜1937）が1860年代に設立した石油精製所は、1870年にスタンダード・オイル社となり全米の石油産業を独占する巨大企業に成長しました。

38　—【**サウジアラビア王国**】アラビア半島の5分の4を占め、イスラム教の中でも特に厳格な規律を重んじるワッハーブ派を国教とする王国。アラビア半島北東部の有力者だったサウード家のアブド・アルアジーズ（1876〜1953）が、1925年に半島西部のヒジャーズ王国を征服し、1932年にサウジアラビア王国（サウード家のアラビアという意味）と改称。1938年の油田発見後、アメリカとの関係を深めていきました。

360　第2章　繁栄（Prosperity）——繁栄の生んだ「しわよせ」の世界史

になっていく。1945年2月には、戦後構想を話し合うヤルタ会談を終えたフランクリン・ローズヴェルト大統領が、スエズ運河の洋上でサウジアラビア国王と直接会談し、空軍基地の建設を含む同盟関係の構築をとりつけている。[39]

このようにして中東の石油は、アメリカ・イギリス・オランダなどの7つの**国際石油資本**（石油メジャー、通称セブン・シスターズ）が掌握することになったわけだ。

——これでいよいよ人類は石油の時代に？

いや、石油の普及には地域によってタイムラグがある。たとえばIAEAによると、1948年頃の先進国では、工業部門では石油を利用した商業エネルギー、家庭用の燃料も石炭ストーブやガス、電気の消費が伸びていた一方で、同時期の途上国では、相変わらずバイオマス（練炭や火鉢）の利用率が高いままだった。[40]

なお、欧米諸国の介入に対し、「自国で採れた資源は自国のものだ」という**資源ナショナリズム**[41]も活発化する。特に早かったのは、メキシコだ。アメリカ合衆国に国境を接しているために政治的・経済的な干渉を受けやすく、メキシコ湾岸の石油企業もイギリスやアメリカ合衆国の支配下にあったのだ。しかし、石油企業の国有化を約束したカルデナスが大統領に当選（在職1934〜1940）すると、1938年に石油産業を国有化。一党独裁体制の下、土地の分配も含めた社会改革を断行していった。

——アメリカやイギリスにとっては痛手だったでしょうね。

---

39 ── 佐藤次高編 2002『西アジア史Ⅰ─アラブ』（新版 世界各国史8）山川出版社、504頁。
40 ── 杉原薫 2011「グローバル・ヒストリーとアジアの経済発展径路」、『現代中国研究』28、16頁。
41 ──【資源ナショナリズム】先進国のための資源開発や輸出をあらため、途上国が資源を自国の経済のために活用すべきという考えや運動。たとえばイランでは、イギリス企業に独占されていた石油利権をとりかえすため、1951年にモサデク（1882〜1967）が首相に就任し、石油国有化を実行しました。しかし1953年にアメリカの支援を受けた国王派によるクーデターにより失脚してしまいます。

目標7 エネルギーをみんなに、そしてクリーンに（Affordable and Clean Energy）　　361

そこで中東に白刃の矢が当たったわけだけれど、それに対抗するようにイラン、イラク、クウェート、サウジアラビア、ベネズエラの5カ国は1960年**石油輸出国機構**（OPEC、オペック）を設立。さらにアラブ人の産油国だけが集まって、**アラブ石油輸出国機構**（OAPEC、オアペック）も設立され、産油国の団結も強まっていった。

そんな中、イスラエルと、パレスチナとその支援国の間に起きた**第四次中東戦争**（1973年10月）が起きると、OAPECがアメリカなど非友好国への石油輸出の制限措置をとり、OPEC加盟国が原油公示価格を4倍に引き上げることを決定。これを石油メジャーは止めることができず、石油価格高騰により先進国の経済は大打撃を受けた。

――なんだかエネルギー資源をめぐって、どんどん世界が不穏になっていますね…。

この動きの背景にあったのは、先進国が途上国の資源を安価に輸入し続け、途上国を一方的に開発援助の対象とする「不公平な関係」でもあった（→**目標1**）。1974年には途上国の意思を反映し、国際連合で国連資源特別総会が開かれ、この関係をやめて**新しい経済秩序**[42]を立ち上げようという宣言が出されている。

――その国で採れた資源なのに。

国際関係ばかりに目が行きがちだけれど、石油生産によって土地を奪われたベドウィンというアラブ系遊牧民の存在にも光を当てておこう。彼らは古来、アラビア半島で砂漠の隊商交易で活躍した人々だった。けれども、**第6期**（**1950年頃〜**）以降、彼らの住む場所で油田がみつかると、開発を目指す国家によって、厄介者扱いされ

---

[42] ――【新国際経済秩序（NIEO）】1974年の国連資源特別総会で採択された新国際経済秩序樹立に関する宣言で打ち出された政策要求で、自国資源の完全な主権、一次産品の輸出価格を輸入品の価格に連動させる公正価格制度の実施、先進国の市場を途上国の産品のために開放すること、多国籍企業の規制、石油危機で最も深刻な影響を受けた途上国などへの配慮などが宣言されました。

ていくようになったんだ。[43]

　——資源開発に翻弄される人たちもいたんですね…。

　その後も中東は石油利権をめぐる大国間の思惑がからみ、不安定な情勢が続くこととなった。たとえば1979年には、イランの親米政権が革命（イラン革命）で倒れ、新しい政権（イラン・イスラム共和国）が樹立されると、アメリカ合衆国は隣国のイラクのフセイン政権を支援し、イラン・イラク戦争（1980〜1988）が引き起こされた。[44]

　——ちなみに先進国は、どのように石油危機を切り抜けていったんですか？

---

43 ── 前田幸男 2020「構造的暴力論から「緩慢な暴力」論へ」、日本平和学会編『「沖縄問題」の本質』早稲田大学出版部、129-152頁、136-137頁。西アフリカのマリからニジェール北部にかけての「サヘル地域」には、「青の民族」として知られる**トゥアレグ人**という遊牧民族がいます。彼らもまた、鉱産資源のもたらす富と国際政治に翻弄された民族のひとつです。

　北アフリカのリビアに、1960年代末にクーデタにより権力を握ったカダフィ大佐（1942〜2011）という指導者がいました。彼はアフリカの指導者を自任し、石油資源で稼いだ外貨を、サヘル諸国の開発に注ぎました。カダフィ体制下でトゥアレグ人はリビアの傭兵・国軍兵士として活躍しますが、2011年の「アラブの春」による政権崩壊で傭兵部隊はマリに帰還し、兵器がサヘル地域に拡散してしまいます。トゥアレグ人はマリからの独立の機運を高め、イスラム急進派による国家樹立を目指す動きも重なり、サヘル一帯は一気に不安定化。2012年以降、深刻な飢餓（→**目標2**）がおこり深刻な人道危機におちいると、2013年マリ政府はかつてこの一帯を植民地支配していたフランスに軍事支援を要請し、欧米諸国や周辺国は軍隊を派遣しました。

　一連の政情不安の背景には、ウラニウムをはじめとする資源輸出の恩恵が、辺境に暮らすトゥアレグ人など大多数のマリ国民におよんでいなかったことへの不満もあります。ニジェールは世界有数のウランの生産国であり、主にフランスのアレバ社が開発に関与し、日本にも輸出されていることを考えれば、私たちも西アフリカの紛争と無縁とはいえません（吉田敦 2020『アフリカ経済の真実─資源開発と紛争の論理』筑摩書房、78-95頁）。

44 ── **人物**【サダム・フセイン】（大統領在職1979〜2003）1990年に、長期化した戦争による財政難を解決するためにクウェートに侵攻。安全保障理事会決議をイラクが拒否したことから、中東におけるイラクの台頭をおそれたアメリカ合衆国を中心とする多国籍軍が1991年にイラクを攻撃し、湾岸戦争が始まりました。この間、アメリカ合衆国は産油国であるサウジアラビアとの関係を深め、アラブ諸国の分裂が一層深まる中、2003年には再びイラクを侵攻してフセインを拘束（イラク戦争）、2006年に特別法廷の判決によりサダム・フセインは処刑されました。その後もイラク国内は、不安定な状況が続いています。

目標7　エネルギーをみんなに、そしてクリーンに（Affordable and Clean Energy）　　363

石油の値段が高くなれば、製品の生産コストが高くついてしまう。そこで、なんとか少ない石油でたくさんのエネルギーを生み出すことができないものかと、エネルギーの効率を高める省エネ技術を開発して乗り切ろうとしたのが日本だった。

　——石油の輸入国だった日本にとっては死活問題だったんですね。

　日本での技術革新は、世界にも波及。石油危機後には世界の商業エネルギー全体が、「エネルギー節約型」に方向転換していくことになったよ。

　もちろん、先進国が石油の利用から、完全に脱していったわけではない。省エネルギー技術を駆使して生産された日本のハイテク製品も、中東から輸入される化石燃料によって生産されていたわけだからね。

　一方、欧米諸国に目を向けてみると、日本の工業製品の輸入が増えたことにより、日本に対する貿易赤字は膨らむいっぽう。これを解消するために欧米諸国は、中東諸国への武器や工業製品の輸出を増やしていったんだ。

　中東が稼ぎ出したオイル・マネーを代金として獲得した欧米諸国は、それをモノづくりではなく、金融取引のための資本として活用していくようになった。

　——え、それじゃあ、東アジアが発展すればするほど、実はその裏では、中東にたくさん武器が流れていたってことでは…？

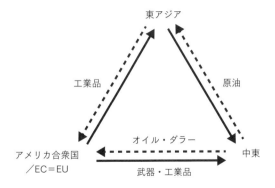

【図】オイル・トライアングル[45]

　たしかに。日本が石油の三角貿易の一端を担っていたとするならば、中東情勢の不安定化と日本は、けっして無関係ではないことになるよね。しかも、欧米諸国に流れ込んだ中東のオイル・マネーは、石油危機後の不況に悩む途上国に貸し付けられていく。これがもとで1980年代以降、債務返済不能に陥る途上国が続出することになるんだ（→**目標1**、**目標10**）。

　——あらー。そこもつながっていたんですか。石油危機でもっとも大きなしわよせを食らったのは、立場の弱い途上国だったのかも。

　——しかもエネルギーを生産する場所と、消費する場所の関係って、結局どちらかがどちらかに「しわよせ」を押し付けることになりませんかね？

---

45 —— 歴史学者の杉原薫さんは、1970年代を境に成立した、石油をめぐる世界経済の新しい構造を「オイル・トライアングル」と名付け、原油を輸入して工業品を輸出する国・地域が、その後日本だけでなく東アジア全体に広がり、東アジア地域全体の経済成長を支えたのだと論じています（杉原薫 2008「東アジア・中東・世界経済——オイル・トライアングルと国際経済秩序」、『イスラーム世界研究』(2) 1、69-91頁）。

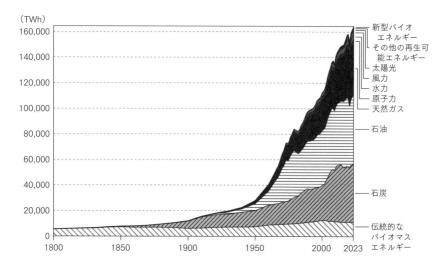

【図】世界の一次エネルギー消費量の変遷[46]

　たしかにその心配はあるよね。
　たとえば、貧困にあえいでいたサハラ以南のアフリカ諸国の中には、2000年代の国際的な資源価格の高騰を背景に、経済成長を遂げる国が現れた。
　2000年代以降、中国は国家戦略として「走出去（ゾウチューチー）」と呼ばれる海外投資戦略を強め、2014年に打ち出された「一帯一路（いったいいちろ）」政策の推進もあり、インド洋を越えた結びつきの強化が図られている（→**目標17**）。これは、たしかにオイル・トライアングルの頂点の一つが、中東からアフリカに延長されたとみることもできるね。
　資源輸出に頼った経済成長は、国際情勢の動向に翻弄（ほんろう）されるだけでなく、国内社会にもマイナスの影響を与えがちだ。たとえ資源輸出で稼ぐことができても、国内政治に汚職（→**目標16**）が蔓延（まんえん）し一部の人の意見しか通らない体制になってしまえば、その社会の一部の人々にしか貿易の恩恵は行き渡らず、貧困や戦争の元凶（げんきょう）にもなりか

---

46 — Our World in Data、OurWorldinData.org/energy、CC-BY

第2章　繁栄（Prosperity）――繁栄の生んだ「しわよせ」の世界史

ねない。この現象を「**資源の呪い**」と呼ぶよ。[47]

——せっかく資源が豊富なのに、どうしてそうなっちゃうんだろう。

国の財政に占める鉱産資源関連の収入**レント**[48]が高いということは、歳入に占める税収の割合が低くなるということでもある。国民の多くが軽い税負担で、石油収入の恩恵を受ける状態が続いていると、政府の腐敗をとめるような政治勢力は生まれにくくなってしまいがちだ。[49]

——なるほど。

しかも、鉱産資源を採掘する場所って限られているでしょ。採掘場が海岸から遠く離れたところにあれば、港から鉄道を引っ張る必要がある（→目標9）。鉱山には民兵や民間警備員が置かれ、外から労働者が集まり出す。一見産業が栄えるようだけれど、収益の多くは地域に還元されない。グローバルに活動する企業の手に渡ったり、利権を得た一部の政治家の手に渡ったりしてしまう。アフリカのアンゴラやモザンビークのような国では、先進国や新興国への負債を背負って鉄道や港を整備するも、債務は積み上がっていくばかり。国民の福祉や教育は、いっこうにおろそかなままだ。

---

47 ——コリアー，ポール 2012『収奪の星』みすず書房。一方、ダイヤモンドの産出国でありながら、経済発展がうまくいっているボツワナのような国もあります。「資源の呪い」という一点のみが、国の発展を左右するとは限らない点に注意しましょう（小浜裕久 2013『ODAの経済学』日本評論社、104-105頁）。
48 ——【レント】ここでは鉱産資源の採掘権から生み出される利益を指します。「レント」はもともと「地代」のことで、土地を所有しているだけで、その土地で働く人や貸し出した人から徴収することができる支払いを指していました。ところが資本主義の発達とともに、お金をもっていることから発生する金利、技術や情報を使う権利から発生する手数料といったものまで、ひろく「レント」と呼ぶようになったものです。
49 ——コリアー，ポール 2008『最底辺の10億人——最も貧しい国々のために本当になすべきことは何か？』日経BP、79-81頁。

目標7　エネルギーをみんなに、そしてクリーンに（Affordable and Clean Energy）　367

このようにオイル・トライアングルの成立以降、世界はエネルギー資源をめぐり、いびつな構造を抱えている。

そこに現れたのは従来のような「豊かな西洋」(北) と「貧しい非西洋」(南) の間の不公平な関係ではない。**オイル・トライアングルから利益を受けた国々とそれを受けることのできない国々との間の新たな不公平な関係**だ。[50]

7-5 エネルギー利用の二極化:木炭を使い続ける途上国

化石資源の利用は、世界にどの程度広まっているの?

　　　――石油の量には、限りがあるって聞いたことありますけど。

　　　かつては、遅かれ早かれ石油の生産量がピークを迎えるという説(ピークオイル論)もあった。たしかに従来どおりの掘り方をしていたら、枯渇は時間の問題だ。ところが採掘技術の発達により、従来は利用することのできなかった深い岩盤からも、**シェールガス**[51]を採取することができるようになり、石油資源が枯渇するのはまだまだ先のことだ、となった。[52]

　　　――ただ、だからといって永遠に採り続けることはできないんじゃないですか?

　　　化石燃料は有限だし、すぐに再生できる代物じゃないからね (→

---

50 ── なお、1980年代になっても省エネ化をすすめることのできなかった東欧の社会主義国は、1991年にかけて消滅し、いずれも資本主義国に移行することになります。技術革新の失敗が、そのまま体制の崩壊へとつながったのです。

51 ──【シェールガス】1億数千万年前の藻などの遺骸が堆積し、圧力によって地下で炭化した成分を含む泥岩(頁岩)。採掘には大量の水が必要なため、水資源の枯渇や水質汚染(→**目標6**)といった影響も発生しています。

52 ── 石油の可採年数は1980年代以降40年程度であったのが、2017年末時点で50.2年にまで増加しました。また、天然ガスは2017年末時点で52.6年であるのに対し、石炭は2018年には134年(BP統計2018年度版)となっています。

368　　第2章　繁栄 (Prosperity) ──繁栄の生んだ「しわよせ」の世界史

目標12)。じゃあ、どうすれば持続可能なエネルギー利用を進めていくことができるのか。SDGsが打ち出しているのは再生可能エネルギー比率の大幅拡大（ ターゲット 7-2 ）とエネルギー効率改善率の倍増（ ターゲット 7-3 ）だ（→目標9)。具体的には ターゲット 12-c にあるような化石燃料産業に対する補助金の見直しも挙げられる。

> 関連ターゲット 7-2 2030年までに、世界の**エネルギーミックス**[53]における再生可能エネルギーの割合を大幅に拡大させる。
>
> 関連ターゲット 7-3 2030年までに、世界全体のエネルギー効率の改善率を倍増させる。

　――最近では、新興国もたくさん石炭や石油を使っているような気がしますが……。

　そうなんだよね。化石燃料の使用はなにも先進国に限ったことではないからね。たとえば中国では2015年に、石油換算で2トンを超えるエネルギーを消費する人口は世界全体の40%にまで増加していて、二酸化炭素の排出量も全体の約3割を占め、今や世界最大の排出国となっている。世界のエネルギー消費量に占めるOECD諸国の割合も、1965年には70.8%であったのに対し、2014年には42.5%にまで低下しているんだ。[54]

> 関連ターゲット 12-c 開発途上国の特別なニーズや状況を十分考慮し、貧困層やコミュニティを保護する形で開発に関する悪影響を最小限に留めつつ、税制改正や、有害な補助金が存在する場

---

53 ――【エネルギーミックス】化石燃料のみならず原子力、水力、太陽光などの異なるエネルギーを組み合わせ、電力をバランスよく供給すること。SDGsの策定過程では特に、再生可能エネルギーの比率を高める目標の設定が争点となりました（たとえば第11回OWGでの、比率を高めるべきとするアフリカ諸国の発言）。
54 ――経産省『エネルギー白書2016』、2017年。

合はその環境への影響を考慮してその段階的廃止などを通じ、各国の状況に応じて、市場のひずみを除去することで、浪費的な消費を奨励する、化石燃料に対する非効率な補助金を合理化する。

グローバル指標 12.c.1 GDPに対する化石燃料補助金(生産・消費)の割合

――たしかに、国によって差があるのは事実であるようにも思いますけど。貧困をなくすには、より多くのエネルギーを生み出していくことも必要ですよね。

――「これから発展していこう!」という途上国に技術が不足している場合、いったいどうすればいいんでしょうか。

そこがまさに難しいところだね。1972年にスウェーデンで開催された**国連人間環境会議**(→ 15-6「サステイナブル・ディベロップメント」の登場)でも、まさにそのことをめぐって激しい議論が起きた。

その後も1992年に開催された**リオ・サミット**のときに、「**共通だが差異ある責任**」(→**目標13** パリ協定で一部修正)という画期的な原則が「リオ宣言」「アジェンダ21」「気候変動枠組条約」などに定められた。[55] 途上国や新興国は、これから経済成長を進めていくのだから、環境問題対策について先進国とは別の扱いをするべきだというものだ。

たとえば先ほど、石油危機後に石炭・石油などの商業エネルギーの効率が世界的に改善されたといったよね。とはいえ、電気やガス

---

[55] ――のちに見るようにSDGsの策定過程でも、これをめぐり議論が紛糾しました。日本政府首席交渉官(当時)としてSDGsの交渉に携わった南博さんによれば、中国を筆頭とする新興国・途上国グループ(G77)が「共通だが差異ある責任」を環境破壊のみならずSDGs全体の原則にしようとし、日本を含む先進国との間の対立が表面化したといいます。結果的に「共通だが差異ある責任」はリオ原則の第7原則(「…地球環境の悪化への異なった寄与という観点から、各国は共通のしかし差異のある責任を有する。…」)の通り、環境破壊の側面に限定されました(南博・稲場雅紀 2020『SDGs―危機の時代の羅針盤』岩波書店、65-69頁)。

にアクセスできず、木炭などのバイオマス・エネルギーに日々の暮らしを依存している人々も、途上国を中心にいまだに大勢いる。[56]

> **関連ターゲット　3-9** 2030年までに、有害化学物質、並びに大気、水質及び土壌の汚染による死亡及び疾病の件数を大幅に減少させる。

　——第5期（1800年頃〜1950年頃）に入ったからといって、世界のすべての人々が、いっせいに化石燃料を消費するようになったわけじゃないってことですね。

　そのとおり。けれど、「人間」という大きな主語を何気なく使うことで、今なお7億8900万（2018年）もの人々が、電力を利用しない暮らしを営んでいるのだという事実が、ついつい見逃されてしまうことには注意が必要だ（→目標13）。

　——「誰にとって」って考えることが大切ですね。

　——でもだからといって途上国は「別枠」っていうのは、問題の先送りのような気がしますが…。

　まさにそこが論点だね。
　これからアジアやアフリカを中心に、都市化はさらに進んでいくだろう（→目標11）。それにともない、より多くの人々が電気を使え

56　— 2015年には、最も豊かな25の国の人々（全人口の10％）が、全世界のエネルギーの35％を使用していました（シュミル，ヴァーツラフ 2019『エネルギーの人類史　下』青土社、317頁）。SDGsは非感染性疾患の解決も目標に掲げています。化石エネルギーの使用による大気汚染で亡くなっている人は年880万人にのぼり、エイズ・結核・マラリアによる死者数を上回っています（Lelieveld, Jos. et. al. 2019. Cardiovascular disease burden from ambient air pollution in Europe reassessed using novel hazard ratio functions. *Europe Heart Journal*. 40 (20), pp.1590-1596.）。電気の通っていない国や地域では、炭を燃やして暖をとったり料理をつくったりするため、日常的に体に有害な煤を吸い込んで暮らさざるをえない人たちも大勢いるのです。なお、日本では1950〜1960年代以降、石炭から石油にエネルギー源が転換される中で薪や木炭の消費が減ったことが、山間部の産業衰退と都市部への人口流出に拍車をかけることになりました（→目標15）。

るようになり、エネルギー消費量も増大していくことは間違いない。だからといって、これまでと同じような形でエネルギーを取り出し続けていたら、状況はさらに悪化するだろう。だからこそSDGsには、途上国側の要望も踏まえ、次のターゲットが明記されたんだ。

> **関連ターゲット 7-a** 2030年までに、再生可能エネルギー、エネルギー効率及び先進的かつ環境負荷の低い化石燃料技術などのクリーンエネルギーの研究及び技術へのアクセスを促進するための国際協力を強化し、エネルギー関連インフラとクリーンエネルギー技術への投資を促進する。
>
> **関連ターゲット 7-b** 2030年までに、各々の支援プログラムに沿って開発途上国、特に後発開発途上国及び小島嶼開発途上国、内陸開発途上国の全ての人々に現代的で持続可能なエネルギーサービスを供給できるよう、インフラ拡大と技術向上を行う。

　ターゲットの番号が小文字のアルファベット表記になのは「実施手段」を定めた目標だから。確実な実行をめざそうとしているのがうかがえる。
　ただ、2020年代に入り複合的な要因によりエネルギー価格が世界的に高騰したこともあり、電力を利用できない人は2022年になんと1,000万人も増加したという。[57]

　——ほかの経済系の目標の関連も、見ておく必要がありそうですね。

　うん。次の**目標8・目標9**を通して、現在進行している危機のルーツを、さらに探っていくことにしよう。

---

[57] —— 国連、https://unstats.un.org/sdgs/report/2024/ (『SDGs報告2024』)。

372　　第2章　繁栄（Prosperity）——繁栄の生んだ「しわよせ」の世界史

目標8　働きがいも経済成長も
（Decent Work and Economic Growth）
包摂的かつ持続可能な経済成長及びすべての人々の完全かつ生産的な雇用と働きがいのある人間らしい雇用（ディーセント・ワーク）を促進する

 昔はどうして「奴隷」の存在が認められていたんだろう？
「包摂的かつ持続的な経済成長」って一体どういうこと？

　これは世界全体に占めるGDP（国内総生産）の比率（推計）の歴史的変遷を表したグラフです。

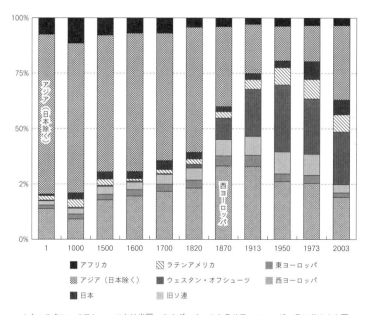

＊ウェスタン・オフシューツとは米国、カナダ、オーストラリア、ニュージーランドの4か国

【図】世界全体に占める国・地域別のGDP割合（紀元1〜2003年）[1]

---

1 —— アンガス・マディソン(2015)『世界経済史概観』岩波書店、478頁の統計を利用し、筆者作図。ウェスタン・オフシューツとは米国、カナダ、オーストラリア、ニュージーランドの4か国。

1800年代の前半まではアジアの占める割合が非常に大きいのがわかると思います。けれどもその後、19世紀から20世紀前半にかけては、欧米諸国の比率が高まっていきます。いわゆる「**大分岐**」と呼ばれる現象です。

そもそもGDPのような指標によって一国の経済規模を測ろうとする試みは、**第5期**（1800年頃〜1950年）の後半、世界恐慌（1929年）後のアメリカで考案されたもので、その後**第6期**（1950年頃〜）以降、生活水準や開発の達成度を測る指標として世界各国に普及していったものです。「経済成長」（Pro-Growth）を重視するべきか、それとも「貧困撲滅」（Pro-Poor）の成果を重視するべきか？　開発援助のアプローチには両者の間を振り子のように行ったり来たりしてきた経緯があることは、すでに**目標1**で見た通りです。

GDPを上げることを目指す考え方に対抗する「脱成長」論（ポスト開発思想）が唱えられるようになって久しいですが、SDGsの成立過程において経済成長の達成を強く主張したのは、実はアフリカの後発開発途上国の側でした。経済成長と貧困撲滅を対立的にとらえることなく「**経済成長を通じた貧困撲滅**」（Pro-Poor-Growth）は可能だという見方も強まっています。とはいえ、どうすれば経済成長が実現可能なのかについては、専門家の間でもいまだ明確な答えがあるわけではありません。

一つ確かなことは、経済的な利益をひたすら追う営みが、しばしば、「どうでもいいもの」ととらえた対象に対し「**しわよせ**」を生み出してきた事実です。たとえば、しわよせの矛先は人間にも及びます。奴隷貿易や人身取引（いわゆる「**現代の奴隷制**」）は、未解決問題としていまだ現代世界に残されているしわよせの例です。

---

2 —— **ターゲット8-1** には「後発開発途上国は少なくとも年率7％の成長率を保つ」という文言が盛り込まれました。

374　　第2章　繁栄（Prosperity）——繁栄の生んだ「しわよせ」の世界史

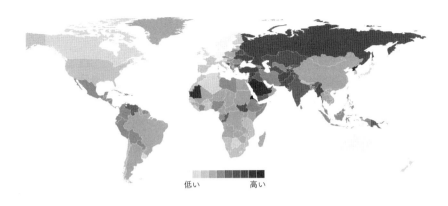

【図】「現代の奴隷制」の世界的な分布図（推定）[3]

　問題解決のためにSDGsにはかつてないほどに人権を重視するアプローチが盛り込まれました。国連開発計画（UNDP）も2015年の『人間開発報告書』のテーマに「人間開発のための仕事」を掲げ、**ディーセント・ワーク**（働きがいのある人間らしい仕事）なくして、人々に豊かな生活をもたらす経済成長は実現できないとしています。

　もう一つの矛先は自然環境です。かつて先進国がたどってきたようなやり方で途上国が経済成長に向かえば、そのしわよせが甚大となるのは自明です。

　もう一度冒頭のグラフを見てみてください。だいたい1950年を境にして、急速にアジア諸国の割合が大きくなっていますね。1970年代以降、非欧米諸国の中から経済成長を果たす国や地域が、特に東アジアに現れるようになったからです。**第5期**に「大分岐」した欧米とアジアが、**第6期**になると再び接近し「**大収斂**（だいしゅうれん）」を迎えているような状況といえます。生活水準の向上はもちろん目指されるべきです。けれども膨大な地域でそれが達成されていくわけですから、その手法が経済面のみならず社会的にも環境的にも持続可能

---

3 ── Kwamikagami、https://en.m.wikipedia.org/wiki/File:Modern_incidence_of_slavery.png、Credited by、CC BY-SA 3.0。The Washington Post, "This map shows where the worlds 30 million slaves live.There are 60,000 in the U.S.", https://www.washingtonpost.com/news/worldviews/wp/2013/10/17/this-map-shows-where-the-worlds-30-million-slaves-live-there-are-60000-in-the-u-s/やWalk Free Foundationの報告書による。

かが問われることになるのは当然のなりゆきです。

　では、そうした課題に対し、**目標8**はどのように応えようとしているのでしょうか？

「包摂的かつ持続可能な経済成長」を目指すというSDGsのねらいは一体どこにあり、その背景にある世界史の潮流をどうとらえたらよいのでしょうか？

「持続可能な開発」に関する議論については**目標9**や**目標15**で詳しくみていくとして、さしあたって今回は**目標8**の中にある「**経済成長**」と「**雇用**」という2つのキーワードに注目し、これらの来歴を通して、現代世界の成り立ちを経済面から確認するところから始めたいと思います。

順位	2014年			2030年		2050年	
	国	GDP（PPP、2014年ベース、10億米ドル）		国	予想GDP（PPP、2014年ベース、10億米ドル）	国	予想GDP（PPP、2014年ベース、10億米ドル）
1	中国	17632		中国	36112	中国	61079
2	米国	17416		米国	25451	インド	42205
3	インド	7277		インド	17138	米国	41384
4	日本	4788		日本	6006	インドネシア	12210
5	ドイツ	3621		インドネシア	5486	ブラジル	9164
6	ロシア	3559		ブラジル	4996	メキシコ	8014
7	ブラジル	3073		ロシア	4854	日本	7914
8	フランス	2587		ドイツ	4590	ロシア	7575
9	インドネシア	2554		メキシコ	3985	ナイジェリア	7345
10	英国	2435		英国	3586	ドイツ	6338
11	メキシコ	2143		フランス	3418	英国	5744
12	イタリア	2066		サウジアラビア	3212	サウジアラビア	5488
13	韓国	1790		韓国	2818	フランス	5207
14	サウジアラビア	1652		トルコ	2714	トルコ	5102
15	カナダ	1579		イタリア	2591	パキスタン	4253
16	スペイン	1534		ナイジェリア	2566	エジプト	4239
17	トルコ	1512		カナダ	2219	韓国	4142
18	イラン	1284		スペイン	2175	イタリア	3617
19	オーストラリア	1100		イラン	1914	カナダ	3583
20	ナイジェリア	1058		エジプト	1854	フィリピン	3516
21	タイ	990		タイ	1847	タイ	3510
22	エジプト	945		パキスタン	1832	ベトナム	3430
23	ポーランド	941		オーストラリア	1707	バングラデシュ	3367
24	アルゼンチン	927		マレーシア	1554	マレーシア	3327
25	パキスタン	884		ポーランド	1515	イラン	3224
26	オランダ	798		フィリピン	1508	スペイン	3099
27	マレーシア	747		アルゼンチン	1362	南アフリカ共和国	3026
28	フィリピン	695		ベトナム	1313	オーストラリア	2903
29	南アフリカ共和国	683		バングラデシュ	1291	コロンビア	2785
30	コロンビア	642		コロンビア	1255	アルゼンチン	2455
31	バングラデシュ	536		南アフリカ共和国	1249	ポーランド	2422
32	ベトナム	509		オランダ	1066	オランダ	1581

【図】2050年までのGDPランキングの推移（「2050年の世界」PwC, 2019）

目標8　働きがいも経済成長も（Decent Work and Economic Growth）

8-1　GDPの変遷：これまで経済はどのように成長してきたのか？

「経済が成長する」って、どういうこと？

　目標8はこのターゲットからはじまる。

> **関連ターゲット 8-1**　各国の状況に応じて、一人当たり経済成長率を持続させる。特に後発開発途上国は少なくとも年率7%の成長率を保つ。

　（一人当たり）経済成長率とは、1年で国内総生産（GDP）がどれだけ成長したかを計測しこれをその国（地域）の人口で割ったもの。この数値と人間開発指数（→目標4）の高さには相関関係がある。途上国側からの要望もあって、SDGsではMDGsと異なり目標1つ分が設けられるほど重視されているんだ。

　――そもそもケイザイがセイチョウするって、どういうことなんでしょうか？　あんまりピンと来ません。

　人間が使うことのできるモノの量が増えること、と考えると実感しやすいだろう。食べ物や道具を思い浮かべてみよう。**第1期**（**700万年前頃~前1万2000年頃**）と現在とを比べると、人間の周りにあるモノの量は、明らかにとんでもなく増えているよね。
　それだけたくさんのモノの材料を自然環境からとりだし、形を変え、ほかの人とやりとりし、そして消費することができるようになったということなんだよ。

　――どんなペースで増えていったんだろう？

　現在、経済の規模を示すために使われるGDP（国内総生産）は値段のつけられる商品の付加価値の合計に処理を施した数値だ。だか

ら、売り物になっていないもの、たとえば家事労働や悪い人たちが
隠れてする取引などはカウント外となる[4]。

　ところが過去のGDPをたどるにしても、何をどのように計上す
るかという算出の基準は、なかなか難しい。たとえば昔の人の賃金
を比べようとしても、どんなものを消費していたかによって実質賃
金の計算方法も変わってくるし、現物の賃金や物価、副業の比重な
ど、さまざまな要素を考え合わせていく必要がある[5]。

　そうした限界があることも踏まえつつ、狩猟採集時代から現在ま
でのGDP成長率の変遷を推計している研究者もいる。たとえば前
近代における経済規模が、人口規模に反映されるものとみなせば、
人口増加率の変遷の推計から、これまでの経済規模の変遷をたどる
ことができる。

　これによれば、経済規模は約1万年前ごろ（**第2期のはじめ**）に
ぐっと増加に転じていることがわかるだろう。

　経済規模が拡大するには、人手や土地、原料といった「生産要
素」の投入量を増やすか、「生産性」を改善させることが必要だ。

　農耕・牧畜が導入されたところでは人口が増えるとともに、より
狭い土地で、より多くの生産物をつくり、将来に備えて蓄えること
ができるようになったのだ。

　けれども前500年前後になると人口の伸びはいったん減速する。
その後は、一進一退を繰り返しながらじりじりと増えていき、**第5
期**（1800年頃～1950年頃）以降、再び増加に転じているね。

---

4 ── ただし、現在ではサービスや金融商品、研究開発費などについても、GDPに算入してよいことに
なっています（後述）。
5 ── 水島司 2010『グローバル・ヒストリー入門』山川出版社、25頁。

目標8　働きがいも経済成長も（Decent Work and Economic Growth）　　379

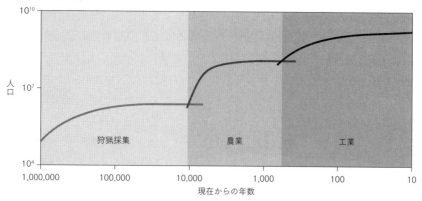

【図】世界人口の超長期推移　Deevey, Edward S. Jr. 1960. *The Human Population*. USA: W. H. Freeman and Company. p.198 を元に作図。このグラフは1960年に作成され、対数目盛りで表示されていることもあり、20世紀後半の短期間における急激な変化が捉えづらい点には注意が必要です。

　こちらのグラフは、現在世界で広く使われている、経済学者アンガス・マディソン（1926～2010）が推計したGDPなどをもとにしたものだ。[6]

---

6 ── Our World in Data、OurWorldinData.org/economic-growth、CC-BY。アンガス・マディソンのGDP推計は、人口推計に一人あたりの生産高をかけ合わせることによって算出されたものですが、前近代のGDPは実質的に人口の多さとほぼ一致します。「アジアのほうがヨーロッパよりもGDPが高く、経済が発展していた」という言い方がよくなされますが、農業や手工業が中心であった前近代では、人口が多い地域ほどGDPが高くなりがちなのです。また、そもそも近世以前の社会に関するデータを用意することは容易ではありませんし、数値がのこされていたとしても、文献史料と合わせて解釈する必要があります。たとえば、栄養摂取量を考慮した衣食住に必要な消費の水準、副業の有無、労働の日数などに注目して算定した「ウェルフェア倍率」によって、経済的水準を比較しようという手法も試みられるようになっています（島田竜登・水島司 2018『グローバル経済史』放送大学教育振興会、27-37頁）。

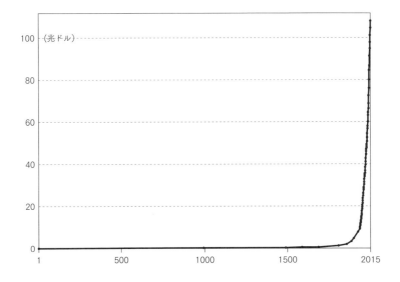

【図】世界全体のGDP成長率の変遷

　——ずいぶん長い間、ほとんど変化がないじゃないですか。

　たしかにそのスピードはおそろしく遅いものだね。西暦1年から1000年までの千年間で、世界全体のGDPは14.2%増えている。年率に換算すると0.01%に相当するけれど、これははっきりいって一生かけてもまったく成長を実感できないようなペースといっていいだろう。

　食べ物が足りず、家族の人数を減らすため、やむなく子どもの命を奪うこと（嬰児殺）も、残念ながら前近代の社会では広く見られた風習だった。

　あとで見るように**第5期**（1800年頃〜1950年頃）以降には、工場における児童労働が問題になる。けれども、工業化以前の社会では、そもそも子どもたちの多くはこの世に生まれていなかったか、乳幼児期に命を落としていたといっても過言ではない状況だったのも事実だ。

目標8　働きがいも経済成長も（Decent Work and Economic Growth）　　　381

――過酷ですね…。

現在では、経済は「成長させるべきもの」という考え方がさまざまな場面で唱えられ、SDGsもその例外ではない。でも、そんな考え方が広まったのは、おおむね**第 5 期**（1800 年頃〜1950 年頃）に起きた世界恐慌（1929 年〜）以降のことなんだよ。

――そうだったんですか！

――**第 6 期**（1950 年頃〜）には、先進国と途上国との間に経済規模の差が開いていって、それが今、途上国の追い上げが進んでいるんでしたね。

そうそう。 ターゲット 8-1 では途上国の一人当たり経済成長率を上げることが目的とされているけれど、同時にSDGsは、それが社会や自然環境に長い目で見て「しわよせ」を与えないことも目指している。でもそれって逆に言えば、現在の先進国がかつて経験した経済成長が、これまであちこちに「しわよせ」を生み出しまくっていたってことでもあるんだよね。

――そもそもどうしてそんなことになったのかな。

――世界各地の経済規模が、どんなふうに移り変わってきて、それがどんな影響を与えたのかを見ていけば、その謎も解けるんじゃないかなあ？

それはいい考えだね。じゃあ、**第 3 期**（300 年頃〜1400 年頃）の途中あたりから、様子をのぞいてみるのがいいだろう。

8-2 「銀の大行進」：進む世界の一体化

かつて世界経済の中心はアジアだったって本当？

　時は西暦1000年頃、ユーラシア大陸でも南北アメリカ大陸でも、ヒト・モノ・カネがつながる範囲が次第に拡大し、すでに世界のあちこちに、遠距離間の交易ネットワークが張り巡らされていた。

　——そのころの中国って、さっき出てきた宋朝の時代ですよね（→**目標7**）。

　そうそう。早い時期から経済活動が盛んで（→**目標1**）、都である開封は大都市となっていた（→**目標11**）。その後、13世紀前半にモンゴル帝国が台頭すると、**目標2**で見たように、銀があればどこでも取引できる自由な経済圏がユーラシア大陸規模に拡大。中国もその一部に加わっている（→**目標2**）。

　——この時期のアジアの勢いって凄かったんですね。

　14世紀中頃には黒死病が大流行し（→**目標3**）、ユーラシアからアフリカ大陸にかけて交易活動は一時停滞する。けれど、15世紀に入ると再びヒトとモノの流れが活発化。イタリアの都市国家ヴェネツィアやフランスは、東地中海に進出したオスマン帝国の保護を受けて、アジアの貿易に食い込もうとするけれど、新興国のポルトガルやスペインにはそれが難しい。そこで両国は既存のルートではなく、アフリカ大陸を南に大回りしてインド洋に入っていく海上ルートの開拓を企てるようになったんだ。

目標8　働きがいも経済成長も（Decent Work and Economic Growth）

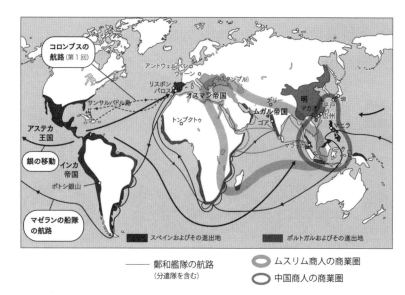

【図】15〜16世紀の海上交易ルート

　まずポルトガル王国が、15世紀初めにアフリカ進出を開始する。アフリカ大陸で取引されていた金の直接交易のみならず、伝説上のキリスト教徒の国を探し出し、ともにイスラム教徒に対抗することも目的の一つだった。
　このときポルトガルに手を貸したのは、イタリア人たちだった。長年培ってきた造船技術と海図作成技術を発揮し、アフリカ沿岸の諸国から奴隷を買い付け、大西洋上でのサトウキビのプランテーションを始めている（→**目標15**）。

　一方、スペイン王国も遅れて海外進出に乗り出していった。このとき「インド」へのルート開拓を申し出た船乗りは、**目標2**と**3**で登場したコロンブスだ（→**目標2**）。
　彼はポルトガルと逆方向、つまり西廻りに向かったほうがアジアに早く着くのではないかと発想を転換させたんだったね。その結果、たどりついた先は、実はカリブ海と南北アメリカだったんだけれど…。

他方、ポルトガル王国の支援を受けた**ヴァスコ・ダ・ガマ**は、1498年にアフリカ南端をまわりこんでインドに至るルートを開拓し、インドのカリカットという港町に到達した。武力によってクローヴ、ナツメグ、**コショウ**を大量に買い付け、莫大な富をポルトガルにもたらしているよ（→**目標15**）。

　15世紀から17世紀前半頃までの時代は、ヨーロッパでは、「（地理上の）発見の時代」（Age of Discovery）と呼ばれる。でも、それまで知らなかった世界や大陸（「新」大陸）を発見したというのはあくまでヨーロッパからの目線だよね。だから、日本ではこの時代を「大航海時代」と呼びかえようということになった。

　――「大航海時代」って、なんか勇ましい感じ。

　…とはいえ現実は、ヨーロッパ諸国がアジアにとって魅力的な商品を持たず、単に武力に訴えてアジアの交易ネットワークになんとか食い込もうとしたというだけなんだよね。だから最近では「大航海」というネーミングはふさわしくないんじゃないかという意見もある。

　――たしかに**第4期**（1400年頃〜1800年頃）のアジアでは、強くて大きな国々が栄えていたんでしたよね（→**目標5**）。

　そうそう。たとえばポルトガル王国が北アフリカへの進出を開始していた15世紀初めには、中国の**明**（1368〜1644）の皇帝であった

---

7 ── 人物【ヴァスコ・ダ・ガマ】（1469〜1524）ポルトガルの航海者。1497年にポルトガル船隊の司令官となり、アフリカ最南端付近の喜望峰をまわり、翌1498年にインドのカリカットに到達しました。
8 ──【コショウ】インド原産の植物で、実の部分を香辛料として用います。15世紀以降は東南アジアでの生産が急増しました。
9 ── 歴史学者アンソニー・リードは15世紀中頃（1450年頃）から17世紀中頃（遅くとも1680年頃）までをアジアにおける「商業の時代」と呼び、東南アジアの香辛料や林産生産物を求めて、東西の商人が多数来航した事実を重視しています（リード, アンソニー 2002『大航海時代の東南アジア2─拡張と危機』法政大学出版局）。

目標8　働きがいも経済成長も（Decent Work and Economic Growth）

永楽帝(在位1402〜24)が、イスラム教徒の鄭和(1371〜1434)を総司令官とする大船団を南シナ海からインド洋に派遣し、周辺各国に対して貢ぎ物を持って挨拶に来るように求めている。

ポルトガルのヴァスコ・ダ・ガマ(1460?〜1524)がインドに到達する約1世紀も前に、すでに鄭和の一行はカリカットにも東アフリカにも入港し、イスラム教の聖地メッカの巡礼までしていたんだ。

——中国のほうが、ヨーロッパ人がアジアに進出する何十年も前に、とっくに「大航海」していたのか！

そういうことになるね。この「南海遠征」(1405〜1433年までの29年間に7回おこなわれました)が呼び水となり、15世紀中頃のアジアの海では、再び海上貿易が活発化していったんだよ。

こうした実態を踏まえ、近年では、ヨーロッパ諸国が食い込んでくる前から「**大交易時代**」が始まっていた、といわれるようにもなっているんだ。

【図】ベンガルから進貢されたキリン
(『瑞応麒麟図』)[11]

もともと東南アジアの輸出品といえば、森や海で取れる犀の角、

---

10 —【鄭和】明代の宦官で武将。永楽帝と、その次の皇帝に命じられ、7度にわたって「西洋」(ブルネイ以西を指す表現)の諸国に明への朝貢を促すための航海をおこないました。艦隊の一部はアラビア半島やアフリカ東岸に達し、イスラム教徒だった彼はメッカの巡礼も果たしています。「鄭和は実はアメリカ大陸を発見していた」というのはトンデモ説です。

11 — https://commons.wikimedia.org/wiki/File:Tribute_Giraffe_with_Attendant.jpg、パブリック・ドメイン

386　第2章　繁栄(Prosperity)——繁栄の生んだ「しわよせ」の世界史

象牙、真珠、鼈甲などの熱帯産品が主だった。それが**第4期**（1400年頃～1800年頃）に入ると、中国向け輸出が激増し、そのために香辛料の商業的な生産が激増するようになる。ヨーロッパ諸国がアジアのルートを開拓しようとしたのは、その分け前に預かろうとしてのことだ。ちなみに、先ほどのヴァスコ・ダ・ガマを東アジアからインドに案内したのも、実はインド洋の地理に詳しいアラブ人の水先案内人だったんだよ。

　――ヨーロッパの来航によってアジアの海が乗っとられた…わけじゃないわけですね。

　そう。とはいえインド航路を探す過程で、スペインは太平洋を横断する航路を開拓し、南北アメリカ大陸と東南アジアを史上初めてリンクさせた。これは画期的なことだ。
　ボリビアのポトシ銀山（→目標16）、メキシコのサカテカス銀山といった南北アメリカのスペイン植民地や、日本の石見銀山（現・島根県）から、大量の銀が太平洋をわたり、フィリピンのマニラ（当時はスペイン領でした）を経由してアジアに流れ込んだこの現象を「銀の大行進」と呼ぶ研究者もいるよ（→目標14）。反対に中国人はマニラで陶磁器や絹をスペインに販売し、南北アメリカやヨーロッパに商圏を広げていった。

　――世界の経済って、こんな時代からそんなに強く結びついていたんですね。でも、お金持ちの人しか関われなかったんじゃないかな。

　はじめのうちはね。でも1680年代以降は一般庶民向けの商品の割合も高くなっていくよ。

---

12 ── リード，アンソニー 2021『世界史のなかの東南アジア 上』名古屋大学出版会、121頁以下。リードは東南アジアの「商業（交易）の時代」の開始を1450年に設定しています。
13 ── 島田竜登 2002「構造化される世界」、小川幸司編『構造化される世界 14～19世紀』岩波書店、37頁

目標8　働きがいも経済成長も（Decent Work and Economic Growth）

第3期(300年頃〜1400年頃)に入り当初は停滞気味であった世界経済は、交易の活性化もあって、1000〜1500年の間に、世界全体のGDP総額は2倍強に増え、百年あたり成長率は約16%に上昇。さらに第4期(1400年頃〜1800年頃)に入ると、16世紀の百年あたり成長率は約34%にペースアップしていった。

　その後寒冷化の影響もあり17世紀には百年あたり成長率は12%に低下するけれど、1700〜1820年までの百年あたり成長率は約69%にまで一気に上昇する。[14] 1世代のあいだには成長を実感できないくらいゆっくりとしたスピードではあるものの、経済規模は着実に大きくなっていったんだ。

8-3　近代世界システム：「大分岐」は必然か？　偶然か？

ヨーロッパとアジアの力関係は、どのように移り変わってきたの？

　——でもその後、ヨーロッパ諸国の力が強まっていきますよね。何があったんでしょうか？

　たとえば、アメリカの歴史社会学者**ウォーラーステイン**(1930〜2019)は、ヨーロッパを中心とする経済システムが、もともとあった経済システムを飲み込みつつ、拡大と停滞のサイクルを繰り返してきた過程ととらえた。これを**近代世界システム論**というよ。

　——近代世界システム!?　なんだかすごい言葉…。

　ここ500年の世界史を、一部の覇権国家を中心とするただ1つの経済システム(「世界＝経済」といいます)が、それ以外の地域を巻き込んでいくプロセスとしてとらえる壮大な議論だ。

---

14 ── 小野塚知二 2018『経済史―いまを知り，未来を生きるために』有斐閣、255-256頁。

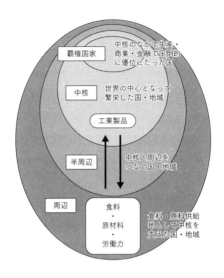

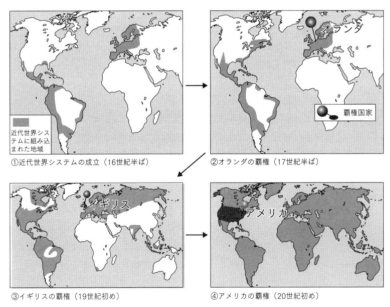

①近代世界システムの成立（16世紀半ば）
②オランダの覇権（17世紀半ば）
③イギリスの覇権（19世紀初め）
④アメリカの覇権（20世紀初め）

【図】近代世界システム論[15]

---

15 ── 川北稔、桃木至朗監修『最新世界史図説タペストリー十七訂版』帝国書院、2019年、184頁を参考に描画。

目標8　働きがいも経済成長も（Decent Work and Economic Growth）

【コラム】ウォーラーステインの「近代世界システム」論

「中核」「半周辺」「周辺」の3層構造

ヨーロッパではながらく、地域を統一する大きな国は現れず、複数の国々や所領が併存する状況にありました。このうち西ヨーロッパの国々は、外部の地域を「半周辺」や「周辺」（ラテンアメリカや東ヨーロッパ、さらに後のアジア）として、食料・原材料生産の生産エリアとして「中核」に従属させ、自身は工業生産を生産する「中核」のポジションとして、世界規模の役割分担を生み出していきました。それは必ずしも領土の支配をともなうものではなく、文化的にも政治的にも多元的である点が、それ以前に存在した帝国との違いです。

「半周辺」や「周辺」は食料・原材料の生産地として開発され、そこから生まれた富は「中核」の取り分となります。資本主義経済は資本を拡大し続けることを求めるため、「半周辺」や「周辺」は限りなく要求され続けることになりますが、西ヨーロッパを中心とする世界経済と、いまだ直接的に交渉していない地域を「外部」といいます。たとえば奴隷が積み出されたアフリカ大陸の大半は、19世紀後半に植民地化されるまで「外部」と見なされます。

「役割分担」は入れ替わる可能性がある

「中核」の覇権を握る国[1]は、17世紀以降、オランダからイギリスへと変転し、20世紀前半にはアメリカ合衆国にバトンが渡されたと考えられています。

覇権国家が交替する世界経済の停滞期には、「半周辺」や「周辺」に属する国に、上昇のチャンスが訪れます。たとえば日本は19世紀に「半周辺」、20世紀に「中核」に上昇した、わずかな例外の一つです。

とはいえ、あらゆるものを商品に変え、あらゆる地域を市場や原料供給地に変えていく世界システムの拡大には、限界があります。ウォーラーステインは、ゆくゆくはどこかでこのシステムは停止するだろうと見込んでいました。

---

1 —— 覇権（ヘゲモニー）を握る国は「ヘゲモニー国家」と呼ばれ、ウォーラーステインによれば、歴史的にはオランダ、イギリス、アメリカのように、その時点における工業・商業・金融のすべてで世界のトップとなる国を指します。

——へえー！　なんだかスケールが大きい説ですね。

　彼によると、このシステム（「世界=経済」と呼ばれます）に統合されたプレイヤーは、世界規模の役割分担になんらかの形で参加することになる。
　システムにいまだ組み込まれていない「外部」も、将来的には「半周辺」「周辺」として組み込まれていくことだ。

　　——まるで巨大な生き物がエサを食べながら成長していくみたい。たしかに！

　このシステムのポイントは、**直接支配をしていないのにも関わらず、世界中の人が「中核」の商品生産の働き手として引きずり込まれていくところにある**。巻きこまれる側を、その動員の方法によって「半周辺」と「周辺」に分けたところに、近代世界システム論のミソがあるよ。
　ちなみにアジアは長らく近代世界システムの「外部」だったものの、**第5期**（1800年頃〜1950年頃）に入ると、いよいよ「周辺」に組み込まれた、と説明されている。たとえば日本は、江戸時代の終わりにペリーの来航や中国・オランダからの情報をきっかけとして開国に舵を切り、中国も「中華」や「朝貢」[16]といった理念に基づく体制を修正することを余儀なくされている。
　こうした見方に立つと、近代世界システムは世界中に拡大し、アフリカもラテンアメリカも、中国も日本も巻き込んで、世界を単一の市場の中に組み込んでいったということになる。
　でも、「**ヨーロッパによって、世界が一つのシステムに組み込まれ**

---

16 ——【朝貢】中国の周りの国々が、貢物を持って皇帝に挨拶にいくこと。たとえば明朝は、自らを「中華」（世界の中心）と位置づけ、周辺国に朝貢を強制しようとしました。しかし実際には、朝貢関係を結ばない国々とも、政府が関与しない交易（互市）も柔軟におこなわれており、清朝は実態に合うように朝貢国を整理しています（→**目標16**）（岩井茂樹 2009「帝国と互市」、籠谷直人・脇村孝平編『帝国とアジア・ネットワーク』世界思想社）。

目標8　働きがいも経済成長も（Decent Work and Economic Growth）　　391

た」という主張は、どの程度的確なのだろうか？

　——うーん、それでなんとなく正しい気がしますけど。

　ちょっと思い出してほしいのは、**第4期**（1400年頃〜1800年頃）までの世界だ。

　——そういえば、17〜18世紀にはまだアジアの諸帝国が大きな力をもっていたのでしたよね（→目標4）。

　そうそう。それがわかるように冒頭のグラフよりもさらに長いスパンで世界経済に占める比率の変遷を追ってみたのが次のグラフだ。

　——中国やインドが、1800年以降かなり凹んで、その後V字回復してますね！

　どちらも**第5期**（1800年頃〜1950年頃）にシェアを落として、**第6期**（1950年頃〜）以降に復活しているよね。

　——じゃあ、**ヨーロッパが世界経済の大部分を占めていたのって、世界史的には「例外」的な時代だったってこと？**

　これまでの歴史をたどる限りは、そういうことになるね[17]。
　たとえば**第5期**（1800年頃〜1950年頃）に入る前のヨーロッパでは、アジアの商品がたいへんな人気を博していた。
　東南アジアからインドの熱帯エリアで産出される香辛料がそれだ。コショウ輸出のピークである1670年代には、東南アジアから

---

17 —— 歴史学者のアンドレ・グンダー・フランク（1929〜2005）のように、ウォーラーステインを批判し、ヨーロッパがシステムに組み込む以前に、アジアこそが世界経済システムの中心であったということ、そしてつかの間の欧米諸国の覇権が終わり、いま再び世界経済の中心がアジアに向き直っているのではないかと主張する研究者もいます（フランク，アンドレ・グンダー 2000『リオリエント』藤原書店）。

推計年間 6000 トンがヨーロッパへ、2000 トンが中国に輸出されていた。[18]また、中国の茶、陶磁器（→目標 12）、漆器も、ヨーロッパの王侯貴族や富裕な市民の熱烈な支持を受けた。さらにインドで手織りされる綿織物や熱帯エリアでとれるタカラガイも、アフリカ大陸にも大量に流れ込んでいた。これら品物を手に入れる対価に乏しいヨーロッパ諸国は、アジアに銅や銀を持ち込むほかなかったのだ。

特に陶磁器や綿織物は 18 世紀以降、ヨーロッパ諸国の人々を魅了した。

たとえばイギリスではインド綿布は「キャラコ」と呼ばれ、空前の大ブームをもたらした。毛織物職人たちが「仕事が奪われる！」と反対し、政府が輸入禁止令を出すほどだったんだよ。

そこで、**綿布を自前でつくることにビジネスチャンスを見出した発明家たちの努力の結果、蒸気機関が発明された**というのが通説だ。

――へえ！　インド綿布の国産化から始まったんですね！

また、歴史学者の島田竜登さんは、別の側面にもクローズアップしている。

当時のイギリスには、アジアに輸出できるようなめぼしい工業製品がなかった。だから、銅を生産して輸出することで、綿布をはじめとするアジアの商品を獲得する必要があった。そのため、18 世紀にイギリスのコーンウォール地方で銅の生産量が増加。炭坑から排水する動力が必要とされたことが、蒸気機関の開発を促したのではないかというものだ。[19]つまり、**ヨーロッパとアフリカとアジアが、奴隷と綿花と銅によってリンクしていた**というわけだ。

ちなみに地域を越える交易を担っていたのは、しばしば故郷を離れて散り散りになった商人たちだったということも知っておこう。

---

18 ── 古田元夫 2021『東南アジア史10講』岩波書店、42頁。
19 ── 島田竜登 2011「歴史学はすでに「国境」をこえつつある―グローバル・ヒストリーと近代史研究のための覚書」、『パブリック・ヒストリー』8、大阪大学西洋史学会、1-13頁。

たとえばアルメニア商人、ユダヤ商人、インド商人、中国商人など、国を単位とするわけではない商人たちが混ざり合い、交流し合うことで、経済活動はいっそう活発化していったんだよ。[20]

そのように考えると、**世界史を「ヨーロッパによって、世界が一つのシステムに組み込まれていった」というストーリーによって単純に描くことは、必ずしもできなくなってくる**。ヨーロッパはむしろ、既存のアジアの商業圏にパラサイトし、ヨーロッパ〜アジア間の貿易と結びつけ、その利ざやを稼ぎ出したにすぎなかったとみるべきだろう。

8-4 不自由な働かせ方の世界史:「奴隷」って誰のこと?

奴隷がいるのが「当たり前」だったって本当?

ここで、**目標8**が解決しようとしている「不自由な働かせ方」のルーツにも迫っていこう。世界史における「不自由な働かせ方」といって、見逃すことのできないのは奴隷だ。自分の意思に反して働かされたり、人手に値段がつけられて売り買いされたりといったことは、奴隷制が堂々と実施されていた時代から形を変えつつ、現代でも世界のあちこちに残っているんだよ。

——えっ、そうなの!?

ターゲット **8-7** に「**現代の奴隷制**」という言葉があるように、一部[21]

---

20 —— ヨーロッパと南北アメリカ、アジアとの貿易は、国のみが主導したわけではありません。各国の民間商人や、国をこえるネットワークをもつ民間商人たちの活動が、国際貿易に大きな役割を果たしました。世界経済は国を単位にとらえがちですが、フォーマルな制度の隙間を縫うようにして活動するインフォーマルな商人によって支えられている側面があることは、今も昔も変わりません（小川さやか 2019『チョンキンマンションのボスは知っている——アングラ経済の人類学』春秋社）。

21 —— 【現代の奴隷】国連の報告書によると、人身売買、性的搾取、悪質な児童労働、強制結婚、武力紛争に利用する目的での児童の強制徴兵などに従事する人々を指します。ILOの2017年の発表によれば、世界には2016年時点で4000万人以上の「現代の奴隷」がとりのこされているといいます（ILO 2017 "40

394　第2章　繁栄 (Prosperity) ——繁栄の生んだ「しわよせ」の世界史

の国々が経済を成長させることによる「しわよせ」は、いまだに生み出され拡大し続けている（→**目標4**）。

> **関連ターゲット 8-7** 強制労働を根絶し、**現代の奴隷制**、人身売買を終らせるための緊急かつ効果的な措置の実施、最悪な形態の児童労働の禁止及び撲滅を確保する。2025年までに児童兵士の募集と使用を含むあらゆる形態の児童労働を撲滅する。

たとえば2019年12月には、アップル、グーグルの親会社のアルファベット、マイクロソフト、デル、EV（電気自動車）大手のテスラが、児童労働にともなう事故の損害賠償を求める集団訴訟を人権団体から起こされた。これをきっかけに、アフリカのコンゴ民主共和国で、リチウムイオン電池に必要なコバルト鉱山の労働に子どもがひどい働き方をさせられていることが明らかになった。たとえばそのスマートフォンも、もしかすると「現代の奴隷制」と無関係じゃないかもしれない。[22]

――私たちもまったく無関係じゃないってことか…。

――そもそも「奴隷」って何なんでしょう？　うーん、死ぬまで誰かの言いなりになって働かされる人たちでしょうか？

扱われ方は時代や地域によってもさまざまだけれど、**誰かの「財産」として所有される人**を指す言葉だ。
　たとえば、ギリシャ文明の代表的な都市国家（**ポリス**）であったア

---

million in modern slavery and 152 million in child labour around the world" (19 September 2017), https://www.ilo.org/global/about-the-ilo/newsroom/news/WCMS_574717/lang--en/index.htm（2024年11月3日最終閲覧）。グローバルな規模に分散したサプライチェーンの一部に紛れ込んでいる場合も多く、企業が商品の調達経路を明確にすることが国際的に求められるようになっています。
22　―　吉岡陽 2020「「現代奴隷制」の被害4000万人　サプライチェーンの人権配慮必須に」日経ビジネス（2020年11月6日）、https://business.nikkei.com/atcl/NBD/19/00117/00122/（2024年11月3日最終閲覧）。

テネでも、人口の3分の1が奴隷だったんだ。「世界で初めて民主主義が導入された」と讃えられることの多いアテネの社会も、実は奴隷によって成り立っていたわけだ。古代ローマでも、戦争によって拡大した大規模な土地で、奴隷による穀物栽培が実施されていたんだよ。

——昔の人って本当にひどかったんですね…。

現在の価値観で考えればね。今では誰かを財産として所有するなんて、とてもじゃないけど考えられないよね。
　でも、そもそも**第2期**（前1万2000年頃～300年頃）の世界では、少人数家族で自立した農業生産を安定的に営むことは、きわめて難しいことだった。生活を成り立たせることが難しくなった農民が、しばしば大土地所有者に従わざるをえなくなることも少なくなかった（→目標2）。

——なるほど…。そういえば「人力」は前近代の重要なエネルギーの一つでしたね（→目標7）。

——働くことの意味も、今とは全然ちがったんじゃないかな。

うん、だいぶ違うね。たとえば古代メソポタミアのシュメール人たちは、人間にとって仕事というものは神様たちのためにするもの

---

23 ——【アテネ】古代ギリシアの代表的な都市国家（ポリス）。前8世紀中頃に貴族政がはじまり、海上交易の活発化とともに、平民の参政権が認められるようになっていきました。特に君主の治めるペルシアとの戦い（ペルシア戦争 前499～前449）を通じて、自分たちの社会のほうが優れているという認識が広まり、戦後の改革により、成年男子全員の参加する直接民主政が完成します。アテネの民主政が再評価されるようになったのは、19世紀以降に欧米諸国が議会中心の民主主義と古代のアテネを重ねるようになったことによります（→目標16）。

24 ——たとえば、前漢代の中国では、ウシに引かせる犂の改良についていけなくなった中小農民が、大土地を経営する農場主に隷属するようになっていきます（岡本隆司編 2013『中国経済史』名古屋大学出版会、74-75頁）。

で、その点では奴隷も奴隷でない自由民も変わらないだと考えていた。

　一方、ギリシャのアテネでは、働くのは奴隷の仕事とされ、政治に参加したり学問したりすることこそが、自由な市民のあるべき姿とされていた。つまり、労働から解放されたことで得た「暇」な時間に公的な活動をすることこそが、市民のプライドを支えていたんだ。[25]

　——農業や土木工事とか、当時の仕事は苦しかったんでしょうね。

　現代だったら機械を使う仕事も、昔は人間がやっていた。だからとにかく人手が要る。だからこそ奴隷という階級が必要とされた。そう考えるとよいだろう。ただ、ひとくちに「奴隷」といっても、仕事の内容や待遇は、社会によって地域によってもさまざまだった。
　イスラム教の広まった西アジアでは、**第 3 期**（300 年頃～1400 年頃）の 10 世紀頃からマムルークと呼ばれるトルコ系の奴隷が活躍するようになる。彼らは主人から解放されれば、晴れて自由民として暮らすこともできた。なかには君主に軍人としてつかえたり、位を奪って君主になったりする者すらいたんだよ。[26]
　それに古代メソポタミアやギリシャに限らず世界各地でみられるのは、債務奴隷だ。負債を返せなくなった人が、奴隷に身を落とす

---

25 ── 本文にあるように、古代以来、「働くことは苦痛であり、卑しい者がおこなうものである」という価値観が一般的でした。しかし**第4期**（1400年頃～1800年頃）、特にフランス出身の神学者カルヴァン（1509～1564）（→**5-3 フランス革命と女性**）の影響を受けたキリスト教の一派を受けて、神に与えられた天職を全うすることは神の栄光を讃えることにつながり、必ず報いが与えられる美徳とされるようになっていきます。社会学者マックス・ヴェーバー（1864～1920）の指摘したように、禁欲的に働くことは良いことだとする考えは、近代的な資本主義的価値観と親和的です。他方、人類学者デヴィッド・グレーバー（1961～2020）は「仕事は、やりがいという無償の報いを通して人間を成長させるものだ」という近代的モラルが、人々から本当の働きがいを奪っている原因であると指摘します。たとえば、他者を助けるケアにかかわる仕事（エッセンシャル・ワーク）の待遇が低いことは、高い給与をもらっていながら安楽な仕事をしている人が、仕事をしているふりをするために意味のない仕事＝ブルシットジョブを生み出していることと、同じ前提に立っている、というわけです（グレーバー，デヴィッド 2020『ブルシット・ジョブ──クソどうでもいい仕事の理論』岩波書店）。
26 ── 清水和裕 2015『イスラーム史のなかの奴隷』山川出版社。

ものだ。

　　──「黒人奴隷」は？

　　たしかに、アフリカの人々を「売り物」として大々的に取引した**大西洋の黒人奴隷貿易**のイメージは強いよね。

　　──ヨーロッパ諸国が、アフリカの人たちを南北アメリカ大陸に運んで、働かせたんでしたよね。

　　そうそう。アフリカから南北アメリカへ積み荷として運ばれる途中のルートは、「中間航路」と呼ばれ、感染症や栄養失調などによる死亡率は8〜25％であったといわれる過酷な旅路だったんだよ[27]。
　　でも、奴隷貿易がおこなわれていたのは、実は大西洋岸だけじゃなかった。
　　アフリカの沿岸部でも、7世紀ごろから20世紀にかけて、インド洋や紅海を通じて、西アジアや北アフリカに奴隷が輸出される貿易がおこなわれていたんだ。

　　──え？　そうなんですか？

　　インド洋や紅海を通じた奴隷貿易の最盛期は19世紀で、その数は推定330万人。フランス人が、オランダに代わって18世紀末にインド洋のモーリシャス島で始めたサトウキビ・プランテーションの労働力として、大量に送られている。

---

[27] ── 宮本正興・松田素二編 2018『新書アフリカ史』（改訂新版）講談社、287頁。

【図】モーリシャスは1511年にポルトガルに発見され、のち1598年に植民を始めたオランダ人によってアフリカ人奴隷によるサトウキビ・プランテーションが導入されました。砂糖生産には大量の薪が必要です（→**目標12**）。オランダが1710年に撤退するまで生態系の改変が進む中、17世紀末までに**ドードー**という鳥が乱獲によって絶滅しています。[28]

　また、ほかにも西アフリカや北アフリカのサハラ砂漠ルートは、10〜15世紀が最盛期で推定622万人。アフリカ全体への影響は、大西洋の奴隷貿易に比べれば小規模なものだった。

　一方、地中海周辺の奴隷貿易の歴史は、かなり昔にさかのぼる。イタリアの商人も、アラブ人の商人も、さかんに奴隷貿易をおこなっていたんだ。

　でも、15世紀末以降にポルトガルが海路で西アフリカに進出すると、奴隷貿易の舞台は一気にアフリカの大西洋岸に拡大することになった。

　ポルトガルは買い取った奴隷を、大西洋に浮かぶ島々につれていき、市場向けの作物（サトウキビ（→目標12）やタバコ（→目標3））[29]を栽培させていった。

　──世界的な商業ブームとも結びついていたのかな。

　そうそう。ちょうど世界各地の都市で中間層の消費が盛んになっていた時期だったよね。商品生産と奴隷労働が結びついていくのは、この変化を受けてのことだったんだ。

　それに15世紀末以降になると、スペインが南北アメリカ大陸に

---

[28] ── https://commons.wikimedia.org/wiki/File:Didus_cucullatus_white_background.jpg、パブリック・ドメイン

[29] ── タバコはもともと南北アメリカ大陸原産でしたが、「コロンブスの交換」以降、世界中に普及していきました。SDGsでは **ターゲット3-a** で国際的な規制の強化が掲げられています。

到達し、農園や、金や銀の鉱山の開発が始まっていく。当初の働き手は先住民や、ヨーロッパからやってきた貧しい人々（**年季契約労働者**）が中心だったんだよ。

　　　──へ〜。はじめはヨーロッパ人も働きに来ていたんですね。

　　　ああ。でも、アメリカにまで行きたがるヨーロッパ人はそんなに多くはないし、先住民の人口もアフリカ、ヨーロッパ大陸から持ち込まれた感染症（→**目標3**）や過酷な労働により激減し、働き手不足が問題となってしまった。
　そこで、代わりに導入されることが増えていったのが、おもに西アフリカの海岸地帯の国々（アシャンティ王国、ダホメー王国、ベニン王国）で買い付けられた奴隷だったというわけだ。

　　　──ん？　アフリカの国々が、アフリカの人たちを奴隷として売っていたってこと？

　　　そうだよ。西アフリカの国々の支配者が、ヨーロッパ商人の持ち込んだ火器、綿布、ビーズ、酒類などの商品を買い付けるために、内陸部から調達した奴隷を売り物としてヨーロッパ商人に売り渡していたんだ。

　　　──アフリカの人たちが、アフリカの奴隷を売っていたんですか！

　　　「ヨーロッパ人＝加害者、アフリカ＝被害者」のようにひとくくり

---

30 ── アシャンティ王国は現ガーナ共和国に1700年頃建てられた国家で、北方のサヴァンナ地帯と沿岸部の中継貿易で栄えましたが、1901年にイギリスにより植民地化されました。ダホメー王国は現ベナン共和国にあった王国で、18世紀前半に奴隷貿易により得た火器により強大化しましたが、1894年にフランス領となります。ベニン王国は現在のナイジェリアで12〜18世紀に栄えた王国で、16世紀以降奴隷貿易で繁栄しますが、1897年にイギリスに征服されました。

400　　第2章　繁栄（Prosperity）──繁栄の生んだ「しわよせ」の世界史

にできないところが、まさに複雑なところ（→**目標16**）。アフリカの人々も、大西洋を舞台とする商業に積極的に関わっていたんだ。[31]

ただ、ヨーロッパ人の参入した奴隷貿易によって働き盛りの10〜35歳の人々が奴隷として積み出され、アフリカの社会が停滞する原因となったのはたしかだ。17世紀後半以降はアフリカ人の支配者の間で、鉄砲を使った奴隷獲得のための戦争も引き起こされている。[32]

なお、大西洋を越えて運ばれた奴隷の人数については、近年研究がかなり進んでいる。最新のデータベースによれば、推定1200万人超の人々がアフリカから南北アメリカ大陸などに運ばれたと考えられているよ。[33]特にカリブ海諸島とブラジルが、二大受け入れ地帯として有名だった。[34]

とはいえ、アフリカの人々が奴隷貿易を前になすすべもなかったと見るのは一面的だ。国際的な商業ブームの波を受け、アフリカの人々も商品を生産して、インドの綿織物をはじめとする商品を獲得しようとした。**第5期**（1400年頃〜1800年頃）の奴隷貿易も、そうした広い視野で見ていく必要があるだろう。

　——奴隷を売り買いしたり働かせたりするのって、いつ頃まで当たり前におこなわれていたんですか？

　奴隷制・奴隷貿易が見直されるようになったのは、**第5期**（1800年頃〜1950年頃）に差しかかる、ようやく18世紀後半になってからのことだよ。西ヨーロッパ諸国で奴隷解放運動がはじまり、植民地でも奴隷の反乱が起こされ、19世紀後半にかけて多くの国々で廃止

---

31 ── 小林和夫 2021『奴隷貿易をこえて—西アフリカ・インド綿布・世界経済』名古屋大学出版会。
32 ── 宮本正興・松田素二編 2018『新書アフリカ史』（改訂新版）講談社、289-290頁。
33 ── 布留川正博 2019『奴隷船の世界史』岩波書店、32-34頁。
34 ── 宮本正興・松田素二編、上掲、285頁。ウィリアムズ，エリック 2020『資本主義と奴隷制』筑摩書房は、奴隷制は古代の労働の形であって、近代にみられる奴隷制はその名残だという従来の常識をくつがえし、近代の奴隷制は資本主義と密接に結びついて発展したものであり、奴隷貿易のもうけこそがイギリス産業革命を生んだのだと論じ、その是非や程度をめぐっての議論を呼びました。

されていった。

　フランスが植民地化していたカリブ海の島々も、奴隷制がたいへん盛んだった地域だ。このうちイスパニョーラ島の西部（現在のハイチ）は、17世紀末からフランスの植民地（フランス領サンドマング）となり、一部の白人やムラート（ヨーロッパ系の人々とアフリカ系の人々の混血の人々）が、人口の9割を占めるアフリカ系の奴隷を支配する体制ができあがっていたんだ。

　そんな中、元奴隷の**トゥサン・ルーヴェルテュール**（→**目標12**）[35]が立ち上がり、アフリカ系の奴隷たちが反乱を起こした。おりしも革命の真っただ中であったフランス政府は、植民地すべての奴隷解放を決定した。しかしその後フランスの政権を握った**ナポレオン**[36]は1802年に奴隷制を復活し、カリブ海に軍隊を送ってトゥサンを逮捕してしまう。

　　　──どうしてそんなことを？

　　　サトウキビのプランテーションが、フランスに莫大な富をもたらしていたからだよ。でも、黄熱病の流行（→**目標3**）により反乱の鎮圧には失敗。1804年にイスパニョーラ島の西部は**ハイチ**として独立することになった。フランスで奴隷制が廃止されるのは、そのさらに40年以上後の1848年のことだよ。

---

[35] ──　人物　【トゥサン・ルーヴェルテュール】(1743〜1803) カリブ海のサン・ドマング島でアフリカ系の奴隷の子として生まれましたが、読み書きを習得するとともに、軍事的な才能を発揮し、フランス総督を追放して全島を占領。しかしナポレオンの派遣した軍により逮捕され、フランスで獄死しました。死後、1804年にハイチは独立しますが（当初は帝国。のち共和国として統一も、政情不安が続く）、フランスに対する多額の債務をかかえた国家建設は、その後のハイチの前途多難な道のりを決定づけます。

[36] ──　人物　【ナポレオン】(1769〜1821) フランス皇帝（在位1804〜1814）。砲兵将校として名声を高め、1799年にクーデタで政権を握り、1804年に国民投票で皇帝に即位。ヨーロッパ征服戦争を起こしますが、1812年のロシア遠征失敗の後に退位し、15年の「百日天下」経て、最期は流刑地のセントヘレナ島で没。なお、フランス革命期にいったん廃止された奴隷制を1802年に復活した人物でもあります。

第2章　繁栄（Prosperity）──繁栄の生んだ「しわよせ」の世界史

【図】独立後、どの国にも承認されないままだったハイチは、1825年にフランスによる高圧的な条件を受け入れ、独立が承認されることになりました。この図では、フランスが黒人を解放しているかのように描かれていますが、実際にハイチに課されたのは、1億5000万フランという途方もない賠償金でした。ハイチはその後もフランスやアメリカ合衆国からの借款（→**目標10**）を繰り返し、国内政治も経済基盤も不安定なまま。フランスへの賠償金支払いは1922年、アメリカには1946年にようやく返済を終えています。[37]

　当時の世界でハイチの独立を祝福した国は少なかった。たとえば当時独立したてのアメリカ合衆国もその一つだ。

　特に南部では、アフリカ系の奴隷を用いる綿花プランテーションが大規模におこなわれ、独立後もイギリスへの綿花輸出がさかんだった。1830年にはジャクソン大統領（任1829〜37）は、わざわざ先住民（**ネイティブ・アメリカン**）の5部族をミシシッピ川の対岸に強制的に移住させたほどだ（→下巻14-4 分断されていく海）。

　一方、北部では奴隷制に反対する協会が作られ、奴隷制反対の機運が高まっていた。これには大西洋を取り囲む地域で、奴隷が「かわいそうだ」という感情や、「人間は平等であるべきだ」という意識がじわじわと共有されていった動向も影響している（**環大西洋革命**）[38]。アメリカでは奴隷制は1865年に廃止されたけれど、アフリカ

---

[37] ── 浜忠雄 2003『カリブからの問い──ハイチ革命と近代世界』岩波書店、196-199頁。図はhttps://en.wikipedia.org/wiki/Haitian_independence_debt#/media/File:Grabado_de_Carlos_X_de_Francia_danddole_la_independencia_a_Hait%C3%AD.jpg、CC BY-SA 4.0

[38] ──【環大西洋革命】18世紀後半〜19世紀前半にかけて大西洋を取り囲むエリアで断続的に引き起こされた政治的変動を指す用語。
　たとえば18世紀後半には、スペインの植民地であったペルーの先住民たちが反乱（1780〜81年、トゥパク・アマルの反乱）を起こし、さらに1791〜1804年には先ほど紹介したようにハイチでアフリカ系の

系住民への差別はなおも続いた。また、コーヒー生産が成長していたブラジルでは、1888年まで続いていた。

しかも、皮肉なことに「奴隷貿易の禁止」というスローガンが、支配地域の拡大に利用されることもあったんだよ。

——どういうことですか？

イギリスは、19世紀を通じて世界各地の海域をパトロールし、奴隷船の取締をおこなっている。当時の東アフリカには、アラビア半島の**オマーン王国**[39]が拠点をうつし、奴隷貿易で非常に栄えていたんだけれど、1860年代以降イギリス王立海軍の厳しい摘発を受けると、オマーン国王は奴隷輸出の禁止を迫られ、以降はクローブや天然ゴムのプランテーションで働かせるようになった。

イギリスはオマーンが拠点を置いていたザンジバル島を占領するや、インド洋進出の拠点を確保。現在、アラビア半島にはクウェー[40]

奴隷たちが反乱を起こしました（**ハイチ革命**）。この波は、南北アメリカ大陸のほかの植民地ともシンクロしています。たとえば、イギリスの植民地生まれの白人が**アメリカ独立革命**（1775～1783）を起こし、アメリカ合衆国として独立。さらにスペイン、ポルトガルの植民地生まれの白人も、チリ、ボリビア、ペルーなどの国々に分かれ、19世紀前半にかけて独立していきました。かつてはアメリカ独立革命が特別扱いされることが多かったのですが、**ラテンアメリカの独立運動**（19世紀前半）も、植民地生まれの白人（クリオーリョといいます）が、本国に対して起こした革命という点では同じ構図です。

南北アメリカでの動きは、大西洋の向こう側ヨーロッパにも反転し、アイルランド、ポーランド、ロシアで、やはり「自由」や「平等」を掲げた反乱が勃発し、イギリスでも19世紀前半には自由な社会への刷新を図る改革がおこなわれています。

また、西アフリカでも18世紀後半から、沿岸部の奴隷貿易に抵抗する遊牧民フルベ人がイスラム教を掲げて国家を建設する動きが起きました（→**目標16**）。このような新しい理念に基づく社会をつくろうとする動きは、大西洋をとりかこむエリアに限らず、世界が急速に結びつきを強めていったこの時期に、グローバルな規模でひきおこされていたのです（Armitage, David 2019. Sanjay Subrahmanyam ed. *The Age of Revolutions in Global Context, c.1760-1840*, Red Globe Press.）。

39 ──【オマーン王国】オマーンはアラビア半島の東端にある国で、貿易の盛んなインド洋に突き出る形で、ペルシャ湾の入り口を占めていることから、古来貿易が盛んでした。**第4期**（**1400年頃～1800年頃**）にポルトガルに港町マスカットが支配されます（1507年頃～1650年）が、ポルトガルからマスカットを奪い返すと東アフリカに進出。サイード・ビン・スルターン（在位1806～1856）のもとで拠点を東アフリカ（現タンザニア）のザンジバル島に拠点を移し、最盛期を迎えました。サイードの死後、王位継承の争いが起き、オマーンと東アフリカに分裂。イギリスの圧力により1873年に領内での奴隷貿易が禁止された後も、東アフリカからの奴隷貿易は20世紀初頭まで続けられます。

40 ──富永智津子 2001『ザンジバルの笛』未來社、104-105頁。

404　第2章　繁栄（Prosperity）──繁栄の生んだ「しわよせ」の世界史

ト、カタール、バーレーン、アラブ首長国連邦など、現在では産油国として知られる国（→**目標7**）がたくさんあるよね。これらは、19世紀終わりごろにかけてイギリスが海賊行為の禁止を約束させることで保護下に入れた首長国が、**第6期**（**1950年頃～**）に入り独立していったところなんだ。こうして、アラビア半島から東アフリカにかけての海域は、順次イギリスの勢力下に置かれることとなったんだよ。

　　――イギリスはキレイごとを並べているだけで、本音は支配したかっただけなんじゃないですか？

　　見え見えだよね。「奴隷貿易は非人道的だ」という道徳的なスローガンを掲げることで、対立する国々や現地の政権をおさえこもうとする思惑もあったんだ。
　このように19世紀後半のアフリカでは、列強による植民地の分割がすすむ中で、奴隷制廃止運動がもりあがるという、一見真逆に見えるベクトルの動きが同時におこっていた。東アフリカ各地で奴隷市場が閉鎖され、アラブ人たちの勢力が排除されるのと同時に、イギリスやドイツは植民地をひろげていった。「文明を与える」「奴隷から解放する」といったスローガンと、植民地支配とは、背中合わせの関係にあったんだ。[41]

　　――支配するために、道徳的なキャッチフレーズを使ったってわけですか…。

　　文明国として野蛮な国々を変えていく責任があるという意識が現れているね。

---

[41] ── 金澤周作 2021『チャリティの帝国――もうひとつのイギリス近現代史』岩波書店、144頁。たとえば、ベルリン会議（1884～1885年）（→**目標1**）とブリュッセル会議（1890年）で、イギリスは「内陸部での奴隷貿易も禁止するべきだ」と主張していますが、ここにはアフリカの内陸部を支配するために「奴隷貿易を監視する」という動機が隠されています（布留川正博 2020「奴隷貿易禁止とアフリカ分割への道」、『歴史評論』846、48-59頁）。

目標8　働きがいも経済成長も（Decent Work and Economic Growth）　　　405

8-5　奴隷制の"延命"：移民の動きは止まらない

奴隷制がなくなっても、ひどい働かせ方がなくならなかったのはなぜ？

　　　　　──で、本当に世界中で奴隷制はちゃんと廃止されたんですか？

　　　　　形の上ではね。でも、たとえばアメリカ合衆国では奴隷制が禁止された後も、元奴隷の立場はなかなか変わらなかった。たとえば植民地から解放された人々は、政治的な権利が制限されプランテーションの元経営者の下で小作人として働く人も多かった。

　　インド洋では、オマーンなどによって20世紀初めまで奴隷の取引がおこなわれていたことがわかっている。19世紀後半から世界商品となったナツメヤシや真珠の生産のため、ペルシア湾岸で労働需要が高まったことが背景にある。ペルシア湾は、イギリスがアジアに抜けるための重要なルートであり、沿岸部にある首長国は20世紀初めにかけて次々に保護下に置かれ、奴隷貿易は横行しつづけた。[42]

　　また、19世紀後半には、実質的に奴隷とたいして変わらない働き手のカテゴリーが編み出されていく。アジア、太平洋、ラテンアメリカなどの熱帯エリアで「契約労働者」として働かされるようになった**苦力**（**クーリー**）という人々だ。[43]

---

[42] ──鈴木英明 2020『解放しない人びと、解放されない人びと─奴隷廃止の世界史』東京大学出版会、217-219頁。

[43] ──【苦力（クーリー）】主に中国やインド出身の肉体労働者に欧米人がつけた呼び名。彼らはアフリカ系奴隷の労働力の穴埋めのため、契約終了までの一定期間移住先できびしい管理下におかれ、南北アメリカ、南アフリカ、カリブ海の島々、オーストラリアなど、世界各地の植民地で労働に従事しました。その数、1834～1937年の間に推計3,019万人。仕事の内容は、港湾での荷物運びや人力車の運転者、鉱山やサトウキビ・プランテーションでの作業が中心です。非人道的な働かせ方が問題となり、国際的には積出港であったマカオの苦力取引禁止令によって禁じられましたが、移民労働者自体はその後も世界各地のプランテーションや鉱山に残されました（木村靖二 1996『二つの世界大戦』山川出版社、35頁。高田洋子 2021「天然ゴム─東南アジアのプランテーション近代史」、桃木至朗ほか編『ものがつなぐ世界史』ミネルヴァ書房、315-338頁）。なお、このような開発のすすんだ東南アジアには、日本人の若い男性、そして女性の「からゆきさん」（→**目標5**）も向かっています。

——契約労働者…「契約」しているのなら、問題ないのでは？

たしかに貧困から逃れるために、親族や故郷のコネを生かしてみずから海外に渡った人もいたのは事実だ[44]。けれど、なかには税が払えずやむなく若者を送り出したり、業者に無理やり連れ出され奴隷同然に働かされたりするケースもあったんだ[45]。

	1780年代〜1820年代 (重商主義時代末期)	1830年代〜1860年代 (自由主義時代)	1870年代〜1914年
中心部労働力市場 (主に白人)	イギリス国内の自由な労働力市場成立(紡績工場)	大西洋経済における白人国際労働力市場成立(農工業のほか建築、家事手伝いなどの年の労働)	白人国際労働力市場の世界化(あらゆる資本制セクター)、非白人労働力の参入阻止傾向
周辺部労働力市場 (主に非白人)	西インド初頭の黒人奴隷労働(砂糖、綿花)	インド人による奴隷労働の代替：モーリシャス、西インド諸島など(砂糖、綿花)	インド人、中国人などを中心とする非白人国際労働力市場成立(紡績工場、鉱山を含む資本制セクター)
周辺部の供給源	アフリカ大陸	インド	アジア、アフリカ、ラテンアメリカの周辺部農村
基本的な供給の形態	奴隷貿易(完全移住)	年季契約移民(一部移住、一部帰国)	出稼ぎ(数カ月〜数年)

【図】「働かせ方」の時期・地域別の見取り図(19世紀)[46]

——結局、「奴隷の代わり」が生み出されている気がするのは私だけでしょうか？

「手を変え品を変え」とは、まさにこのことだよね。奴隷と契約労働者の線引きは、あいまいなものだったんだ[47]。

---

44 ── 脇村孝平 1999「インド人年季契約制は奴隷制の再来であったのか」、樺山紘一ほか編『移動と移民―地域を結ぶダイナミズム』(岩波講座 世界歴史19)、岩波書店。
45 ── 19世紀半ばの中国(清朝)はアヘン戦争(1840〜1842)とアロー戦争(1856〜1860)という2つの戦争に敗北。欧米諸国によって港町や鉱山などが「勢力圏」としてもぎ取られ、「半植民地化」と呼ばれる状況に陥っていきます。インドはイギリスの植民地として、イギリス東インド会社によって支配されていました。
46 ── 杉原薫 1996『アジア間貿易の形成と構造』ミネルヴァ書房、285頁。
47 ── 浅田進史 2010「労働からみた帝国と植民地」、安孫子誠男・水島治郎編『労働―公共性と労働－福祉ネクサス』勁草書房、111-128頁。

19世紀は「移民の時代」であったと言ったよね（→目標4）。かつてはヨーロッパ諸国から南北アメリカ大陸への移民（→目標16）が大部分を占めていたと考えられていたけれど、アジアから熱帯エリアに向かうインド系・中国系移民が、この時代の人口移動の多くを占めていたことが分かってきた。

たとえば、アフリカ系の奴隷によって成り立っていたカリブ海をはじめ、世界各地のサトウキビ・プランテーションには、イギリス政府や植民地経営者によって、1837年から1917年までの間、イギリス領インドからじつに43万人もの契約労働移民が運び込まれている。また、中国からは、特に南部の広東からの移民が、東南アジアに流入していった。

【図】フィジーのサトウキビ・プランテーション（撮影場所不明。時期は世紀初頭から1930年代半ばまで）。この労働力とするために1871年にソロモン諸島で大規模な誘拐・虐殺事件が起き、翌年イギリスは「太平洋諸島民保護法」を制定しています。[48]

---

48 ── 風間計博 2023「ヨーロッパ人との初期接触から新たな太平洋島嶼世界の生成へ」、中野聡・安村直己編『太平洋海域世界　～20世紀』（岩波講座 世界歴史19）岩波書店、93-116頁、109頁。図は、https://commons.wikimedia.org/wiki/File:Archdeacon_Williamson_in_Fiji_Sugar_Fields,_Fiji_(9623217309).jpg、パブリック・ドメイン

関連ターゲット 8-8 移住労働者、特に女性の移住労働者や不安定な雇用状態にある労働者など、全ての労働者の権利を保護し、安全・安心な労働環境を促進する。

　──「奴隷」と呼ばれなくなったからといって、不自由な働かせ方がなくなったわけではないんですね。

　そこがポイントだね。そもそも奴隷＝不自由、契約労働者＝自由というような区別をつけること自体、むずかしいものだ。むしろ「契約労働者」のほうが、「だってあなたは自分の意思で契約したんじゃないか」という理屈が通ってしまう分、奴隷よりもある意味で巧妙だ。「文句があるなら、別の人を雇うからいいよ」ということもできるし、もしかすると脅されてサインさせられたのかもしれない。

　──たしかにそういう実態なら奴隷貿易と同様、無視できないものですね。

　ラテンアメリカ諸国では、一部のエリート層が、1870年代以降流入した欧米資本と結びついて、広大な土地支配を拡大。先住民の暮らしていた土地を奪い、先ほど言ったようにヨーロッパ諸国から多くの移民を受け入れて、農園（アシエンダ）や鉱山の開発を進めていった。
　ラテンアメリカ諸国に限らず、アフリカやアジアの熱帯エリアは一次産品の輸出によって20世紀初めにかけてたしかに経済成長を記録した[49]。東南アジアのデルタ地帯でも、輸出向けの米の生産高が19世紀末から20世紀前半にかけて急増し、開発によって下流の耕地面積が拡大。中国人労働者が賃金労働者として雇用されていた。
　ただ、一次産品の輸出は調子の良いときには経済成長に寄与する

---

[49] ── 脇村孝平 2017「19世紀熱帯アジアにおける一次産品輸出と労働供給──W・A・ルイスと『要素交易条件』論再考」、『経済学雑誌』117（3）、181-196頁。

けれど、国際的な需要によって価格が乱高下するリスクもある。わずかな種類の一次産品の輸出に頼る経済（**モノカルチャー経済**）は、長期的にみると非常に不安定なものなのだ。特に1929年以降、世界恐慌の波が世界に波及すると、一次産品輸出に依存する経済は大きくつまずくこととなるよ。

8-6　フォード・システム：経済成長を支える大量生産と総力戦

労働者の権利は、どのように改善されていったの？

　　──工業化の進んだ諸国では、働き方はどんなふうに見直されていったんですか？

　産業革命によってもたらされた最も大きな変化は、非熟練労働者が、大規模な工場で機械を操作する仕事につくようになったという点だね。
　長年の修業を必要とする職人のような熟練労働者の仕事が、機械の登場によって、まったく消滅してしまったわけではない。一方、機械の操作をともなう製造業分野では、長時間にわたって単調な作業をおこなう労働が導入され、次第に非熟練労働者の数も増えていった。特に産業革命初期には、女性（→**目標5**）や子どもたちが、工場でのすなおな働き手として期待されるようになっていった（→**目標12**）。

　　──良くなったのやら、悪くなったのやら。

　働くための契約は、たしかに「自由」に結ばれる。とはいえ、雇う人と働く人の間の力関係は、どうしても雇う人に軍配が上がる。
　高価な機械を導入した経営者は、投資の元をとるために稼働時間を長くさせがちだ。明治時代の日本でも、貧しい農村出身の若い女性たちが、紡績工場で長時間のシフトを昼夜2回もまわす勤務形態

410　　第2章　繁栄（Prosperity）──繁栄の生んだ「しわよせ」の世界史

のもとで勤務した。日本が短期間でアジアの他の地域（たとえばインド）との競争に勝ち抜いていった陰には、こうした女性たちに及んだしわよせも隠されていた。[50]

――そういえば工業化が進むにつれて、都市では貧困も問題になったんでしたね（→**目標1**）。

そう。たとえば、19世紀中頃のドイツでは、農村部から都市部に移動してきた貧しい労働者が「大衆貧困」と呼ばれる状況に陥り、大都市にはスラムが出現した。人口急増にインフラの整備が追いつかなかったのだ（→**目標11**）。

次第に労働者たち自身も、自分たちが「労働者」という階級を構成しているという自覚を強め、特に19世紀半ばにフランスで**二月革命**（1848年）[51]が起きたときには、ヨーロッパ各地で労働運動が盛り上がるようになった。

でも、労働者たちの悲惨な状況がいつまでも良しとされていたわけじゃない。国の労働立法により、長時間労働や女性、子どもの労働に規制がかけられるようになったのだ。その背景には、重工業の進展とともに、子どもよりも大人の働き手が求められたことや、親たちが子どもにより高い教育を与えようとするようになったこともある。[52]

---

50 ――アレン，ロバート・C 2017『世界史のなかの産業革命』名古屋大学出版会、xii頁。
51 ――【二月革命】 1848年2月に、フランスで七月王政が倒され、二月共和政が樹立された革命です。その発端となったのは、人口の0.6％の高額納税者しか政治に参加できない制限選挙制を改革しようとする民衆の運動でした。豊かな人から貧しい人々、多数派の民族から少数民族まで、さまざまな背景を持つ人々が蜂起に参加し、「市民」を中心とする新しい社会を建設していこうとしたのですが、結局、政治に意見を反映させられたのは資産や教養を持つ都市の人々に限られ、労働者や少数民族などの「とりのこされる人々」が生み出されました。
52 ――産業革命以前、あるいは産業革命のはじまった後においても、家内工業や家の外（農場など）での奉公など、劣悪な労働環境はほかにもあったのであり「工場で働いていた子どもたちが、工場で働いていなかった子どもたちよりも酷い境遇にあったとはいえない」と指摘する歴史学者もいます（ナーディネリ，クラーク 1998『子どもたちと産業革命』平凡社、256頁）。たしかに長い目でみれば、児童労働の実数は、イギリスに限っては20世紀にかけて減少していきました。しかしそれは一国的な見方といわざるをえません。そこからは、先に見たシチリアの鉱山のように世界システムの半周辺・周辺に置かれた地

賃金アップや職場環境の改善を求める主張を受け、20世紀初めにかけて各国政府は労働条件を良くするための基準を法律で定めたり、社会保障制度を整えたりしていったからだ。

　　——労働者たちは、それで満足したんでしょうか？

　　実際に生活水準の向上や、福祉の充実といった恩恵が社会に広まって行ったわけだからね。
　まだ識字率がそんなに高くなかったころは、発禁処分を受けるような新聞を読むために労働者ががんばって勉強し、過激な運動に身を投じていた。でも、新聞が商品として大量に印刷されるようになり識字率も上がると、次第に新聞から政府批判は影を潜め、おもしろおかしい消費や娯楽向けの内容が多くなっていく。識字率の普及が、労働者を保守的にさせる役割を果たしたともいえるのだ（→目標4)[53]。
　もちろん労働組合を中心に、賃金アップや職場環境改善を要求する運動は続けられた。特に、**炭鉱労働者**は燃料や鉄鋼業といった産業における中心的役割を担っていたこともあり、国内のみならず国際的な組織がつくられ、ゼネストなどを通じて政治に対しても強い影響力を持っていた。
　他方で、20世紀にかけて事務職やサービス業といった「ものづくり」以外の分野の労働者の割合も上昇し、代わりに中産階級（新中間層）と呼ばれる人々が増加していく。それとともに、休日にスポーツや観光といった**余暇**（レジャー）を楽しむ人も増えていった。

　　——ひどい働かせ方はなくなったんですか？

域では、児童労働をはじめとする不自由な働き方がその後も存続していたという視点がこぼれおちてしまうからです（→4-2「近代的な学校教育」の項）。
[53]　岩下誠ほか 2020『問いからはじめる教育史』有斐閣、103-104頁。

412　　第2章　繁栄（Prosperity）——繁栄の生んだ「しわよせ」の世界史

まだまだ問題がなくなったわけではないよ。「しわよせ」は、女性、子ども、移民などの弱い立場の人々に向かう場合が多かったし、そもそも働かせる人と働かされる人の間には、どうしても力関係の差が生じるからね。

　ひどい働かせ方に対し国際的に規制をかけようとする動きも盛り上がった。ひとつは社会主義インターナショナルによる国際的な活動だ。第一次世界大戦勃発を機に瓦解していた第二インターナショナルに代わって、革命が起きたロシアで1919年に第三インターナショナルが結成された。その後はソ連（1922年に成立）が国際的な社会主義運動の中心となり、資本主義批判の急先鋒となっていく。

　これに対抗する形で第一次世界大戦後の1919年に戦勝国によってつくられたのが、国際連盟に附属する**国際労働機関（ILO）**だ。

　ILOは労働者の取り扱いに対する条約を制定し、国際的な規制をすすめていった。けれども女性の夜業の禁止、年少労働の禁止といったILO条約・勧告のほとんどは、実は第一次世界大戦前に、炭鉱労働者の国際運動が主張していた労働基準、労働条件でもあったんだよ。

　――労働者たちによる地道な運動が実ったわけですね。

---

54 ── 20世紀にかけて各国では国民を、フルタイムの労働者である健康な男性、補助的な労働者である健康な女性、そして、健康ではなく仕事ができないとされた障害者などに区分する形で、雇用や社会保障の制度が整えられていきました。

関連ターゲット8-5 2030年までに、若者や障害者を含む全ての男性及び女性の、完全かつ生産的な雇用及び働きがいのある人間らしい仕事、並びに同一労働同一賃金を達成する。

55 ──【国際労働機関（ILO）】労働条件の改善と社会正義の実現を目的とし、1919年にヴェルサイユ条約にもとづき設立された国際組織。のち、1946年以降は、国際連合の専門機関となりました。労働者の搾取をなくそうとするILOの理念のルーツは、19世紀のイギリスで、労働者の福祉を実現する大工場（ニューラナーク工場）経営などさまざまな社会改革に挑戦したロバート・オーウェン（1771～1858）にまでさかのぼります（→**目標1**）。

56 ── 小野塚知二 2018「第一次世界大戦前の炭坑夫の国際労働運動―労働基準・移民規制・労組間連帯に注目して」、『2018年度政治経済学・経済史学会秋季学術大会』政治経済学・経済史学会。

そう。何から何まで国が整備したわけじゃないんだ。炭鉱での労働運動が成功したのは、当時の経済が石炭という化石燃料に頼り切っていたこと、それに採掘から輸送にいたるまで労働者の職場が分散しておらず、運動を組織化しやすかったことも関係している。その意味では、労働者の権利が充実していったのは、石炭産業のもつ特性のおかげでもあった。

ところが、石炭と労働運動の蜜月は、そう長くは続かない。20世紀後半に、化石燃料の主役が石油に交替し、採掘の現場は国外のさまざまな場所に移され、輸送手段も鉄道からタンカーやパイプラインに取って代わられたのだ。これでは労働運動によって石油の流れを止めるのは困難だ。[57] 今日に至るまで、石油の生み出す莫大な利益は、巨額の補助金を受ける民間企業と産油国を潤し続け、石油産業は国民の監視の行き届かない聖域となっている（→**目標7**）。

> **関連ターゲット 12-c** 開発途上国の特別なニーズや状況を十分考慮し、貧困層やコミュニティを保護する形で開発に関する悪影響を最小限に留めつつ、税制改正や、有害な補助金が存在する場合はその環境への影響を考慮してその段階的廃止などを通じ、各国の状況に応じて、市場のひずみを除去することで、浪費的な消費を奨励する、化石燃料に対する非効率な補助金を合理化する。

なお、ひとつ補足しておくと、ILOは植民地における強制労働など、「ひどい働かせ方」をどうするかについては、あくまで宗主国の判断に委ねていた。1920年には「原住民労働課」も設けられているけれど、植民地での労働法規は、あくまでILOの労働基準とは別枠のものだったんだ。

---

57 — Mitchell, Timothy. 2013. *Carbon Democracy: Political Power in the Age of Oil*, Verso., Chapter7, Section6, para.7-9.

——やはり工業国限定のものだったのか…。

そうこうしているうちに、20世紀にかけてのアメリカ合衆国では、働かせ方のさらなるバージョンアップも起きている。
　ヘンリー・フォード（1863〜1947）が、19世紀末から研究の進んでいた**科学的に管理する経営方式**（**テイラー・システム**）[58]に、ベルトコンベアを利用した分業と部品の標準化を導入した自動車工場を組み合わせ、自動車の大量生産を可能にしたんだ。それが社会全体の仕組みを大きく変えたことから、この生産システムに基づく経済の仕組みを**フォーディズム**[59]と呼ぶことがあるよ（→**目標12**）。

——たくさんのモノを効率よく作れるようになったのは、いいことではないんですか？

作業の持ち場が細分化されたことで、仕事の内容は長い時間をかけて習得するものではなくなり、工夫の余地のない単調なものになっていった。これは書類仕事の多くなったホワイトカラーも同様だ。管理職による勤務管理は細かくなり、仕事は一気にストレスのたまるものになっていく。

——うーん、すぐにやめちゃいそう…。

だからこそ企業は労働者のやる気を出すために昇給で応え、国も

---

58 ——【テイラー・システム】アメリカ合衆国の技師フレデリック・テイラー（1856〜1915）の考案した、組織の生産性を高める経営管理法。彼は実際の労働者の働き方を研究し、『科学的管理法』（1911年）において、無駄を省き管理部門を設けるなどの手法を提唱しました。歴史学者の藤原辰史さんは、ドイツが第一次世界大戦からナチス期にいたるまで、この科学的管理法がさまざまな産業、農業、家事に応用されたことを論じています（藤原辰史 2012『ナチスのキッチン——「食べること」の環境史』水声社）。
59 ——【フォーディズム】アメリカのヘンリー・フォード（1863〜1947）の導入した狭い意味ではベルトコンベアを使った流れ作業方式を指し、広い意味では、この方式に基づく大量生産方式が一般化した経済の仕組みを指します。なお、流れ作業方式自体は、すでに19世紀半ばには武器の大量生産や食肉の包装用に導入されていたものです。

社会保障を充実させていったんだ。給料を通して労働者の使えるお金が増えれば、工場で作った製品はじゃんじゃん売れるでしょ。しかも大量生産が実現すれば、製品の単価も安くなる。企業の収益はさらなる投資を生み、高まった生産性によって労働者の賃金は上がり、国の税収も増えていくというシナリオだ。

　こうして労働者にとっての休日は、**第5期**（1800年頃〜1950年頃）の時代のような単なる「体を休める日」というだけではなく、買い物やレジャーなどの消費を楽しんでもらう（＝給料を使ってもらう）日となっていくよ。たっぷり充電して、また月曜日から元気に働いてもらうためにもね。

　——そう考えると、なんだか身もふたもない話だなあ…。

　一方、1922年に成立したソ連でも、アメリカと同様に、経済成長がバリバリ目指されていた。ちがうのは、労働からの疎外の克服を目指す理念が強調された点だ。

　——そ、疎外？

　自分の仕事が、まるで大きな機械の歯車の一つのようになってしまって、自分がいったいなんのために働いているのかすら、わからなくなってしまう状況のことだよ。

　とはいえ、結局のところソ連においても、人々の働き方はシステムの歯車のようになってしまう。なにをどれくらいつくるのか、それを事前に決めていたのは専門家や官僚たちで、人々はその計画に合わせてモノをつくらなければならなかったからだ。計画をつくる官僚制度が大きくなりすぎ、逆に人々のやる気は削がれていく結果となった。

　トラクターなどの大型機械をつかう大規模農法が導入された農村の状況も、同じようなものだ。富農階級は土地を追われ、土地はみんなで耕すものとなった。これを農業の集団化という（→**目標2**）。

1928年にはじまる**第一次五カ年計画**は、穀物輸出で得られた外貨を元手に、重工業中心のプロジェクトを進める算段だった。けれども働き手として囚人が駆り出されることもあり、理想とはほど遠いものとなった。にもかかわらず、世界恐慌（1929年）の痛手を受けなかったことから、国外の人たちからは、理想の体制が築かれているのではないかという期待が集まった。

他方、世界恐慌の震源地となり、多くの失業者を出していたアメリカ合衆国では、1933年以降、フランクリン・ローズヴェルト大統領によって**ニューディール政策**が実行されていく。国のお金を積極的に民間企業の救済や社会保障政策に使い、不況の打開を目指したものだ。アメリカ合衆国で労働組合が認められるようになったのも、このときが最初だったんだよ。

また、世界恐慌の痛手から抜け出すため、政府は経済に関する正確な情報を求めるようになった。たとえば、経済学者**サイモン・クズネッツ**（1901〜1985）は、1934年に連邦議会にレポートを提出し、アメリカの国民所得が1929年から1932年にかけて半減していることを示している。これが国民所得（のちのGDP）計算のルーツだ。

——世界恐慌がGDPのルーツだったんですね。

そう。ただ、クズネッツは次のように考えていた。

「本当に価値のある国民所得計算とは、強欲な社会よりも先進的な社会の見地から見て益よりも害であるような要素を、合計の金額から差し引いたものであると思われる。軍事費や大部分の広告費、それに金融や投機に関する出費の大半は現在の金額から差し引かれるべきであり、また何よりも、我々の高度な経済に内在するというべき不便を解消するためのコストが差し引かれなくてはならない。」[60]

---

60 ── 1937年にクズネッツが記した文章より（コイル，ダイアン 2015『GDP—〈小さくて大きな数字〉

つまり彼は、自分の試算した国民所得が、必ずしも人々の福祉のレベルを反映しているものとはとらえていなかったんだ。

けれど、結局アメリカ政府の採用した国民所得計算には、軍事費を含む政府の支出が含められることになった（1942年に初のGNP統計を公表）。実際にアメリカの工業生産を、世界恐慌以前の水準を上回るレベルに引き上げていったのは、実は第二次世界大戦への参戦だった[61]。巨額の軍事支出（→目標16）こそが、経済規模を拡大させる効果を発揮したわけだ。

——戦争によって好景気になるなんて、なんだかなあ…。

つまりね、GDPはある社会の「豊かさ」を的確に示す指標とは言い切れないんだ。SDGsがGDPに代わる尺度の開発を目標にしているのも、そういう問題意識に基づいている[62]。

ともあれ第二次世界大戦が終えた**第6期**（1950年頃～）には、アメリカ合衆国は、工業・商業・金融のすべての分野において、名実ともに世界ナンバーワンの座にのし上がることになる。人々には耐久消費財が行き渡り、GDPを増やすための政策が次々と実行されていった（→目標12）。

の歴史』みすず書房、20頁）。
[61] — ドイツのナチ政権でも、政府支出における軍事費は1938年に半分以上を占めていました。東ヨーロッパはドイツ民族にとっての「生存圏」と見なされ、この地から財産や労働力を略奪することによって、経済を成り立たせようとするものでした（アリー，ゲッツ 2012『ヒトラーの国民国家』岩波書店）。
[62] — コイル，ダイアン 2015『GDP—〈小さくて大きな数字〉の歴史』みすず書房、22、96-97頁。たとえばGDPには家事労働やボランティアといった無償の労働は参入されていません。

関連ターゲット17-19 2030年までに、持続可能な開発の進捗状況を測るGDP以外の尺度を開発する既存の取組を更に前進させ、開発途上国における統計に関する能力構築を支援する。

8-7　従属理論:「北」と「南」の不公平な関係の正体?

途上国はいつまでたっても途上国なのだろうか?

　　国民所得計算は、植民地から独立した国々にも導入されていった。現在では、一人あたりの国民所得(実質GDP)が、「**低所得国**」や「**中所得国**」といった経済水準の分類指標として用いられている。

　　――国民所得を使えば、世界のすべての国が比較可能になるわけですね。

　　そう。第二次世界大戦後、独立国を達成した指導者たちが目標にしたのは、「国民所得を増やすこと」イコール「経済を成長させること」だった。
　　そのために、まず力を入れていったのは一次産品の輸出だ。稼いだお金を、産業化にまわしていけるはずだと考えたのだ。しかし、これがなかなかうまくいかない。

---

63 ――【先進国／新興国】先進国と途上国を分ける基準には、いくつかの種類があります。世界銀行は国・地域を高所得国と発展途上国に分けた上で、後者を中所得国(上位中所得国、下位中所得国)と低所得国の3つに分類しています。それぞれ低所得国は2022年の一人当たりGNIが1,135米ドル以下、下位中所得国は1,136米ドルから4,465米ドルまで、上位中所得国は4,466米ドルから1万3,845米ドルまでの国を想定しています。
　また、先進国を中心とするOECD(経済開発協力機構)は、ODA(政府開発援助)の受け取り国リストの基準として、(1)上記のように世界銀行によって「高所得国」以外に分類される国々、もしくは(2)国連によって後発開発途上国(Least Developed Countries)に分類される国々の2点を挙げています。

目標8　働きがいも経済成長も(Decent Work and Economic Growth)　　419

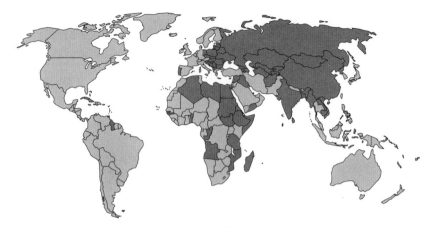

【図】共産主義を採用したことのある国々[64]

　たとえば、ベルギーの植民地だった中央アフリカの**コンゴ**では、独立早々、ベルギー政府やアメリカ合衆国の介入によって、新政権が崩壊してしまう[65]。その背景には、ベルギーの植民地時代の1910年にコンゴ東南部で始まった銅の生産の利権をめぐる対立があった。新政権がソ連と仲良くしようとしたことを、旧宗主国のベルギーやアメリカが警戒したのだ。

　──鉱産資源をめぐって、独立国が狙われているみたい…。なんだかなあという感じだよね。

---

64 ── https://commons.wikimedia.org/wiki/File:Socialist_states_all.png、パブリック・ドメイン
65 ──【コンゴ危機】1960年にベルギーから独立したコンゴのパトリス・ルムンバ（1925〜1961）に対し、旧宗主国のベルギーやアメリカは、鉱産資源利権を守るためにモブツ・セセ・セコ（1839〜1997）を支援し、東部カタンガの分離独立運動を起こさせた出来事です。ベルギーは、コンゴ新政権の未熟さを理由に軍事介入し「**コンゴ動乱**」と呼びましたが、実は自国企業の利権を持つコンゴ東部への影響力を維持するために、「危機」を作り出していたのはベルギー政府であり、そこにアメリカ政府が便乗する形で事態が悪化していった経緯も明らかになっています。国連に頼れないと判断したルムンバはソ連に接近し、これを憂慮したアメリカのCIAによって暗殺されました。また、「国連事務総長のハマーショルドは、事態解決のために動いたものの、墜落して亡くなった」と説明されますが、実際に国連はこの問題を「コンゴの国内問題」として片付け、ルムンバを排除しようとしたことも明らかになっています（舩田クラーセンさやか編 2010『アフリカ学入門─ポップカルチャーから政治経済まで』明石書店、70-73頁）。

そんな中、途上国がいくら一次産品を輸出しても、途上国と先進国の間にある不公平な関係性を変えていかない限り、途上国はいつまでたっても、先進国全体による経済的な支配を受け続けるのではないかという主張が、1960年代以降、ラテンアメリカ諸国を拠点とする経済学者の中に登場するようになる[66]。

> **関連ターゲット 8-a** 後発開発途上国への貿易関連技術支援のための拡大統合フレームワーク（EIF）などを通じた支援を含む、開発途上国、特に後発開発途上国に対する貿易のための援助を拡大する。
> ※貿易を貧困削減の原動力とする取り組みの１つです。

---

66 ── アンドレ・グンダー・フランク（1929～2005）やサミール・アミン（1931～2018）らによる「従属理論」という学説です。「従属理論」は、フランクの著した『低開発（Underdevelopment）の発展（Development）』というタイトルが示すように、「旧植民地が、将来的に欧米諸国のように「発展」できる」というのは間違いで、旧植民地は、いつまでたっても「低開発」のままに置くような「発展」の形を、欧米諸国によって押し付けられてきたという認識に基づいています。のちに、この「不公平な関係」のルーツが、1450～1650年の西ヨーロッパ諸国の経済拡大にあるとみたのは、先に紹介した歴史社会学者のイマニュエル・ウォーラーステイン（1930～2019）でした（→**目標8**）（松井透 1991『世界市場の形成』岩波書店、第1章や、ウォーラーステイン，イマニュエル 2022『史的システムとしての資本主義』岩波書店を参照）。

目標8　働きがいも経済成長も（Decent Work and Economic Growth）　　421

【コラム】従属理論のポイント

従属理論のポイントを大まかに整理すると、以下の通りになります。

・工業製品を輸出する資本主義体制の「中心」に位置するのは「北」の先進工業国だ。
・一次産品を輸出する「周辺」（従属地域）で一次産品を輸出する役割を果たしているのは、「南」の途上国だ。
・「北」と「南」の上下関係は、**第4期**（1400年頃〜1800年頃）以降、資本主義体制が西ヨーロッパ諸国を起点にして歴史的に形成されてきたことにルーツがある。ラテンアメリカも16世紀に「周辺」に組み込まれ、「中心」に搾取され続けてきた。
・「周辺」の中にも「中心」がある。そこでは、欧米と協力関係を築く有力者が、「周辺」の中の「周辺」をおさえこみ、体制を維持してきた。
・「北」の「南」に対する不公平な関係（支配・従属関係）が残されているかぎり、この体制下ではどんなに頑張っても「北」を上回る開発は「南」には見込めない。
・一次産品（鉱産物や農産物）を輸出して、工業化のための資金を得ようとしても、為替レートが高いので輸出に不利な構造になってしまう。
・輸出向けの工業製品をつくるには機械や設備を導入する必要があり、もっと大変だ。
・こうして必然的に「低開発」状態に置かれたままでの「開発」（development of underdevelopment）は続く。
・これを是正するためには、「南」にとって不利な一次産品の交易条件を改善させる必要があり、ゆくゆくは社会主義革命を通して資本主義の体制を打倒する必要がある。[1]

---

1 —— 恒川惠市 1997「従属・開発・権力」、川田順造ほか編『いま、なぜ「開発と文化」なのか』（岩波講座 開発と文化1）岩波書店、99-116頁、100-101頁。

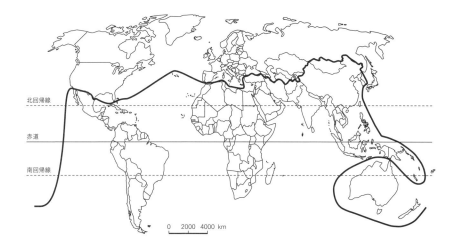

【図】 ブラント・ライン（日本、オーストラリア、ニュージーランド、シンガポールなどの例外を除き、おおむね北緯30度以上の先進国が「北」に区分されています）（→**目標1**）[67]

　――つまり、「南」の開発が遅れていることと、「北」の開発が進んでいることは、コインの表裏の関係にあるのだという主張ですね。

　そうそう。「南」がどんなにがんばって工業化しようとしても、ゴゴゴゴゴ…と掃除機みたいに「北」に富が吸い取られてしまう。
　なぜなら「南」は、近代以降の資本主義世界経済という"ゲーム"においては常に「周辺」の位置を占める役割を負わされているから、「北」＝「中核」と関わりを持つ限り、経済的な搾取は続くのだ…というわけだ。[68]

　――ソ連は「北」に含まれますか？

---

67 ― Jovan.gec、https://commons.wikimedia.org/wiki/File:The_Brandt_Line.png、CC BY-SA 4.0
68 ― この議論は、1950年代のラウル・プレビッシュを中心とするラテンアメリカ経済委員会にルーツを持ち、1964年の第1回国連貿易開発会議の総会討議史料として、プレビッシュ事務局長が提出した『開発のための新しい貿易政策を求めて』（いわゆる「プレビッシュ報告」）において、具体的な政策として示されました。

目標8　働きがいも経済成長も（Decent Work and Economic Growth）　　423

実は、ソ連はアメリカ陣営と国家的には貿易していたわけなので、実質的に資本主義的な世界経済システムを構成していたとみることもできる。勢力下に置いた「南」諸国からも資源を輸入していたわけだしね。

　でも当時のソ連は、先ほどの従属理論も含め、そのような批判を真っ向から否定した。「資本主義国と一緒にするな！」というわけだ。[69]

　でも、従属理論をめぐる議論は、国連をうごかすことになる。1964年に**国連貿易開発会議**（UNCTAD）[70]が設けられ、**途上国のグループ**[71]も結成されたんだ。これらは、先進国に揺さぶりをかける重要な役割を果たしていくことになるよ（→**目標17**）。

　でも、「第三勢力」として国際社会の中での存在感を強めようとした1960年代の「南」諸国が、決して順調に発展していったわけじゃない。ほとんどの国で輸入代替工業化は挫折し、1960年代はじめには経済が停滞してしまう。1960年代半ば以降、ラテンアメリカ諸国では民主主義体制がたおれ、権威主義的な政権が支配的になっていく。「国を豊かにする」というスローガンを掲げる一方、国内の人々の政治参加がおさえられ、米ソの動きも絡み合って政情はしばしば混乱してしまった。

8-8 「勝ち負け史観」を超えて：工業化のコースはひとつじゃない

工業化につながる道は、ヨーロッパ以外にもあった？

　　　——でもその後、「南」の諸国の中から発展する国もあったんで

---

69 ── ロレンツィーニ，サラ 2022『グローバル開発史―もう一つの冷戦』名古屋大学出版会、159頁。
70 ──【UNCTAD】国連貿易開発会議の略称。せっかく独立できたのに経済開発にいきづまっていた「南」の途上国の要求を背景に、南北格差解消のため1964年につくられた国連総会直属の常設機関。途上国から「北」への一次産品の輸出拡大や価格安定、援助額の増加といった施策が提起される場となりました。
71 ──【グループ77】国連に加盟する途上国が、先進国と交渉するために結成した77か国のグループ。中国が主導的な位置を占め（「G77+中国」ともよばれます）が、たとえば気候変動問題をめぐって、産油国と小島嶼国の対立がくすぶっているように、必ずしも一枚岩ではありません（→**目標13**）。

424　　第2章　繁栄（Prosperity）――繁栄の生んだ「しわよせ」の世界史

すよね。先ほどの東アジアとか…（→**目標7**）。

　そうそう。アジアでは、1950 〜 1960年代以降高度経済成長を達成した日本に続き、1970年代には韓国・台湾・シンガポール・香港、1980年代には東南アジア諸国、さらに2000年代に入ると中国がめざましい台頭をしているよね。

> **関連ターゲット 8-2** 高付加価値セクターや労働集約型セクターに重点を置くことなどにより、多様化、技術向上及びイノベーションを通じた高いレベルの経済生産性を達成する。

　これらの国々の政府は、研究開発をすすめるための政策を積極的におこなった。それが成功のカギのひとつだ（→**目標9**）。
　それに石油戦略をとった中東の産油国は、巨額のオイル・マネーを獲得している（→**目標10**）[72]。

　──世界を「支配する地域」と「支配される地域」の二つに分けて見ることは、もはや難しくなった感じですね。

　そう。そもそも「南」の諸国だからといって、みんなが同じ境遇というわけではないこともわかってきた（→**目標1**）。
　たとえば、**第4期**（1400年頃〜 1800年頃）というかなり早い時期にヨーロッパによる植民地化を受けたラテンアメリカは、徹底的にヨーロッパの収奪を受けたというイメージが強いかもしれない。
　でもアジアやアフリカに比べると、ラテンアメリカ諸国では輸出向けの工業化がかなり早い時期から進み、それが経済成長に寄与していたことも明らかになっている。

---

72 ── ただし石油収入は国内の支配層に偏って分配され、低賃金労働は主に南アジアからの出稼ぎ移民が担う状況が生み出されました（たとえばアラブ首長国連邦の南アジア出身者比率は59.4%（2015年）。

米国	3722
英国	3065
イタリア	1773
アルゼンチン	**1770**
チリ	**1255**
メキシコ	**822**
日本	795
ブラジル	**521**
中国	415
インド	399

【図】1913年の一人あたり国民総生産（単位ドル、1980年価格、アンガス・マディソンによる推計）[73]

——ほんとだ！

アジア、アフリカの植民地が結んだものに比べ、通商条約の条件も平等なものだった。もちろん植民地支配期の収奪を無視することはできないけれど、ヨーロッパ以外の国々が一律おなじ条件によって従属されていたという見方は、ちょっと単純すぎることもわかるだろう。

——東アジア周辺の国々が経済成長できたのは、欧米諸国のやり方をうまく真似することができたからなのかなあ。

当初はそんなふうに考える人もいたけれど、そもそも工業化するには、イギリスや、それを追いかけて工業化していった欧米諸国や日本（**後発資本主義国**）のたどったコースを、必ずしも同じようにた

---

[73] ── 高橋均 1998『ラテンアメリカの歴史』山川出版社、38頁。
[74] ──【後発資本主義国】たとえば1830年代にまずベルギーとフランスが産業革命に成功。さらに1850年代以降はドイツ、アメリカ、19世紀末以降に日本、ロシアが追随しました。イギリスに遅れて資本主義の生産システムが普及した国々を**後発資本主義国**といいます。いずれの国においても、国内の産業を保護する保護主義（輸入品への関税を高率にし、国内の産業を保護する政策）の政策がとられることが一

426　第2章　繁栄（Prosperity）──繁栄の生んだ「しわよせ」の世界史

どる必要はないのではないかという説も持ち上がってきたんだ。

その中で、「欧米において西洋が世界経済の覇権を握ったのは、あくまで偶然によるものだったんじゃないか」と考える研究者も現れるようになっている。たとえば、歴史学者ケネス・ポメランツ（1958～）の「大分岐」説が代表例だ。

> 「大分岐」説[75]
> ・18世紀の時点でイギリスと同様の経済成長（スミス的成長[76]）を経験していた世界の他の地域はほかにもあった（北インド、長江下流のデルタ（三角州）地帯、関東平野）。
> ・しかし、これらの地域はいずれも環境の制約に直面していた。それをたまたま乗り越えることができたのが、イギリスだったのだ。

——たまたま…！？　どういうことですか！？

第5期（1800年頃～1950年頃）直前の世界、つまり「大分岐」直前の世界では、ヨーロッパと経済的な条件が変わらない地域は、ほかにもあった。つまり、どこで「大分岐」が起きてもおかしくなかったというんだ。

たとえば18世紀後半の長江下流部の上海は、満洲から大量に大豆粕を輸入し、木綿やサトウキビが、賃金労働者によって大規模に生産されていた。輸送ルートである大運河は、政府が民間に委託す

般的でした。その後、19世紀後半以降には、工業の中心は、石炭を動力源とする蒸気機関を用いた綿工業から、石油を動力源や原料とする重化学工業へとシフトします。これを **第二次産業革命** といい、ドイツやアメリカ合衆国が牽引していくこととなっていきます。

75 ——ポメランツ，ケネス 2000『大分岐—中国、ヨーロッパ、そして近代世界経済の形成』名古屋大学出版会。この議論に対しては、使用された統計や推計の前提を巡って論争が起きました。

76 ——【スミス的成長】イギリスの経済学者アダム・スミスの説。市場の広さ（＝需要の大きさ）が大きいと、生産者の分業が進み、生産性が高まることで人々の所得が増え、さらに需要が拡大するという成長モデルのことです。スミスは土地の制約などにより、この成長にはやがて限界が訪れると考えていました。

ることで維持管理されており、上海からは大量の穀物が北へと輸送されていった。それに、ヨーロッパがすっぽり入ってしまうほど広大な中国では、地域間の分業関係も発達していたし、石炭だって宋代（960〜1276）から利用されていたんだよ（→目標7、目標15）。

　──それなのに、結局西ヨーロッパ諸国だけが、産業革命を達成できたのはなぜ？

　ポメランツによれば、それは、**西ヨーロッパ諸国が、たまたま石炭と新大陸（南北アメリカ大陸）を手にすることができたからに過ぎない**のだという。
　ところが、**不幸にも化石燃料と土地に恵まれなかった他の地域では、自然環境が制約条件となり、西ヨーロッパ諸国のような経済開発に失敗したのだ**、というわけだ[77]。
　言い換えると、西ヨーロッパ諸国は、自国だけでは足りなかった穀物や原材料を、南北アメリカ大陸の広大な土地でまかなった。足りない人手は家畜や機械などの資本の投入で補い[78]、機械を動かすために化石燃料がじゃぶじゃぶ消費されていった。
　反対にモンスーンの恵みに支えられた農業のおかげで人口の多い東アジアでは、土地や石炭資源開発の限界にぶち当たったものの、働き手だけはたくさん確保できた。だからこそ、外部ではなく山地などの辺境を開拓しつつ小家族単位で一生懸命働くことで、経済を成長させようとしていったというわけだ。

　──なんだか、置かれた場所によって、最初から勝ち負けが決

---

[77] ── 西欧の工業化が可能だったのは、石炭と新大陸（南北アメリカ大陸）のみならず、船の材料である木材を、海上ルートで北欧やロシアから調達することができたからだとする研究もあります（玉木俊明 2015「近世のイギリスと北海・バルト海・大西洋の商業関係」、斯波照雄・玉木俊明編『北海・バルト海の商業世界』悠書館、420-421頁）。
[78] ── 農村で導入された新農法によって牛の飼育頭数が増加し、農業生産性が向上したことも、経済成長の追い風となりました（→目標2）。

まってしまっているみたい。

「勝ち負け」というより、工業化にはその場所の条件に応じた複数の道筋があるという見方でもあるよ。ウォーラーステインには世界史をたった一つのシステムの作動としてとらえたけれど、ポメランツはユーラシア大陸の東端と西端（東アジアと西ヨーロッパ）が環境条件に応じて別々のコースに分岐していったと見る。

そもそも、東アジアと西ヨーロッパは15〜16世紀に小規模な農民が生産性を向上させたという点では似通っている。そんな2つの地域のその後の進路の分かれ道となったのは気候の違いだ。[79]

東アジアは夏に高温多湿となり、雑草がボーボー生える。夏作物のイネを守るためにはとにかくせっせと雑草を人間が引っこ抜いていく必要がある。だから農業は必然的に労働集約的（多くの人手を投入する）にならざるをえない。とはいえ水田の土地生産性は高いので、家族が役割分担をすれば、暇な時期に商品作物を栽培したり、副業の手工業に力を入れたりすることも可能だ。そういうところから商工業が活性化していったというわけ。

一方、西ヨーロッパの夏は冷涼だし、小麦や大麦は冬作物なので、雑草はそこまで問題にならない（→ 6-1 文明の生態史観）。牛や馬に犂をひかせれば人手はいらないけれど、放牧させる土地が広いわりに土地生産性は高いとはいえない。18世紀にはノーフォーク農法の普及や第2次囲い込み（共有地や未開墾地の開発）がすすみ、耕地面積は19世紀半ばまでの約1世紀のあいだに倍増（→ 2-4 第4期 ポイント②）[80]。人手を省いた生産性アップを実現した。

——あ、つまりそのようにして農村で仕事がなくなった人が、都会に出て働くようになっていったんですね！

---

79 —— 中村哲 2019『東アジア資本主義形成史論』汲古書院。
80 —— 三浦慎悟 2018『動物と人間―関係史の生物学』東京大学出版会、449頁。

そうそう。機械による人手の代替、それが西欧では産業革命につながったというわけ。昔はそれが西欧が工業化にいちはやく成功したセオリーのように語られた。けれど今では、**工業化の道筋にもいろいろな道がある**と考えられるようになっているわけ。機械で人手を省いたのが西欧の**産業革命**（industrial revolution）ならば、人手をめちゃくちゃ投入してせっせと働くことで実現した生産性向上・工業化は東アジア型の**勤勉革命**（industrious revolution）と呼べるのではないかという議論だ。[81]

——産業革命と勤勉革命かあ。おもしろいネーミング！

もちろん「東アジア」といっても日本と中国では条件が異なるところもあるから、違いは個別に見ていく必要はあるだろう。
　とはいえこの議論は、開発について考えるときには、その社会の置かれている環境をトータルにみる必要があるということを気づかせてくれるよね。

・・・

　これまで経済成長は、自立した強い男性と、それを支える女性が、より多くの富を生み出すことを目的に進められてきた面がある。
　けれども、そのモデルも、いまや見直されるべき段階に来ている。
　先進国では、家族に対する世話（ケア）がないがしろにされ、それをしばしば家庭内の女性が背負ってきたことへの反省もみられるようになっているし、所得水準が中進国レベルのまま少子高齢化が

---

81 ── 東アジアでは18世紀の商業ブームのなか、熱帯エリア産の商品の刺激を受け、綿織物の国産化や、絹織物などの別の原料を用いた**輸入代替工業**が起こっていました。たとえば18世紀には京都で絹織物である西陣織の生産が最盛期を迎え、その技術をもとに群馬県の桐生など、さまざまな地域で工場制手工業が発達。のちに機械も導入され、20世紀前半にかけて、日本の主要な産業に発展していきます。この状況も、土地と資源に制約がある中、家族総出で長時間にわたりせっせと働く「東アジア型の開発スタイル」の賜物であったと見ることができるわけです。

急速に進む新興国でも子どもや高齢者のケアを支える社会的な費用や、労働力の確保などが、近い将来深刻な課題となることは間違いない（→**目標3**）。

目標8を他の目標実現と両立させるには、不平等の是正（→**目標10**）を含め、自然環境や社会に対するケアをどのように織り込んでいくか。そこを無視してはならないだろう。[82]

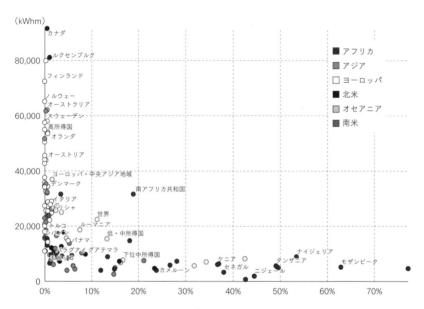

【図】貧困者の割合と1人あたりGDP[83]

 2010年代後半以降、ウーバーに代表される**ギグ・エコノミー**が[84]

---

82 ── 経済史家のヤン・ド・フリースは次のように述べています。「今日、かつての長い18世紀と同様、妻や子供たちが再び外で雇われて働くようになった。その原動力も新たな個人消費への欲求であった。家で家事を作るよりもレストランで外食をし、家で衣服を作るよりもファッショナブルな既製服を購入する。音楽や演劇などエンターテインメントにもお金がかかる。そのためにも、妻や子供たちはますます長く働き、たくさん稼がなければならない。消費主導の勤勉革命再び、である。」（フリース，ヤン・ド 2021『勤勉革命─資本主義を生んだ17世紀の消費行動』筑摩書房、265-303頁）。
83 ── 戸堂康之 2015『開発経済学入門』新世社、17頁。
84 ──【ギグ・エコノミー】労働者が企業に就職するのではなく、オンライン上のプラットフォーム等を通じて契約される単発的・短期的な働き方や経済圏のこと。

目標8　働きがいも経済成長も（Decent Work and Economic Growth）

世界的広がりを見せているほか、人工知能の導入が雇用市場に影響を与えるのは確実だ。

　——AIを使えば、生産性も上がり、経済成長に弾みがつくんじゃないですかね。

　——その分、失業者が増えたら、元も子もないんじゃない？

　たしかに一人当たりGDPが上がれば上がるほど、貧困に苦しむ人が減ることは、これまでの経験からはっきりしている。AIを使ったジョブ・オートメーション（仕事の自動化）が、減少する農業労働者を補ったり、過酷で危険な労働負担を減らしてくれたりすることへの期待もある。

　でも、たとえばその社会に不平等が残されていれば、せっかく経済が成長しても、その恩恵は最貧困層まで行き渡らない（→目標10）。アラブ首長国連邦やインドなど、経済成長している一方で、アパレル産業に代表される軽工業やプランテーション、鉱山採掘などに従事する労働者や出稼ぎ移民の多い国は、週あたりの労働時間の上位にランクインしている。見落とされがちな実態だ。[85]

> **関連ターゲット 8-b** 2020年までに、若年雇用のための世界的戦略及び国際労働機関（ILO）の仕事に関する世界協定の実施を展開・運用化する。

　——「働きがい」っていう言葉も、とらえかたによっては悪用もされそう。その人が「働きがい」を感じていれば、待遇が悪くても

---

85 ── **ワークシェアリング**という考え方がありますが、鉱山や農園で歩合制で働く労働者のように、労働時間が短いからといって恵まれた収入が保障されているわけではない点には注意が必要です。実際、西アフリカのリベリアは雇用者の週あたりの平均労働時間がもっとも短い（28.5時間／週）ですが、平均年収は約900ドルしかありません（伊藤智章 2023『ランキングマップ世界地理』筑摩書房、262-263頁、国際労働機関（ILO）、ILOSTATによる）。

構わない…とでもいうような。

　たしかにね。「働きがいのある人間らしい雇用」という訳語をあてはめたのは日本政府なんだけれど、「ディーセント・ワーク」は、もともと1999年のILO総会で初めて用いられた言葉で、ただ単に仕事が生み出せればそれで良いわけでなく、すべての人にとって「権利が保障され、十分な収入を生み出し、適切な社会的保護が与えられる生産的な仕事」を実現しようとするものだ。SDGsには策定段階から人権の専門家が多く関わった。**「労働」を経済の問題だけでなく、「人権」の問題としてとらえる必要性**は、これまで見てきたような世界史上のしくじりからも理解してもらえるんじゃないかな。
　もちろん、人間の働き方は、全体としてみれば歴史的に改善されてきた。世界の失業率も、統計上は史上最も低い5％を記録している（『SDGs報告2024』）。けれども、経済成長や一部の国の立場が優先されるあまり、ないがしろにされる「しわよせ」もまだまだ少なくない。
　それに「ディーセント・ワーク」を実現するには、働き方やライフスタイルを小手先だけ改善すればいいというわけではないだろう。先進国・途上国のそれぞれの実態を踏まえ、家事労働やボランティア活動も含めた様々な「仕事」がその社会で正当に評価され、働く人が人として大切にされるということ。そんな社会のあり方を構想していくことも必要になってくると思うよ。[86]

　——**目標8**には経済成長と仕事の目標が同時に並んでいるけれど、仕事については経済成長だけじゃなく、一人ひとりがしあわせでいられる社会の実現とのバランスが大切になっていきそうですね。

---

86 ── 2015年版『人間開発報告書』には、次のような一節があります。「人間開発の観点に立てば、仕事という概念は職業や雇用という概念よりも広く深い。（…）仕事と人間開発のつながりは相乗効果をもつ。仕事は、所得と生計をもたらすこと、貧困を減らすこと、公平な経済成長をもたらすことによって、人間開発を高める。人間開発は、健康と知識と技能を高め、意識の向上をもたらすことによって、人的資本を高め、機会と選択肢を広げる」（『人間開発報告書2015──人間開発のための仕事』）。

目標9　産業と技術革新の基礎をつくろう
（Industry, Innovation and Infrastructure）
強くしなやか（レジリエント）なインフラ構築、包括的かつ持続可能な産業化の促進及びイノベーションの推進を図る

テクノロジーですべての問題は解決可能？
しわよせの根源は、科学技術を産んだ西洋にある？

　第4期（1400年頃～1800年頃）の17世紀に、ヨーロッパで「科学革命」とよばれる自然科学の劇的な発達が起こりました。そこで大きな役割を果たしたものに、「レンズ」があります。

　まず、高精度の望遠鏡の発達によって、肉眼では見えない天体の運行が解明され、ケプラー（1571～1630）による天体の運動法則の解明につながりました。現在よりも寒冷な時期（小氷期）があったことが明らかになったのも、太陽の黒点観測が盛んになったことが関係しています（→目標13）。一方、高精度の顕微鏡の発明によって、肉眼では見えないミクロの世界が観察の対象となり、やがて19世紀に感染症の原因をつきとめる発見につながりました（→目標3）。

　こうして諸現象の背後にひそむ法則が、2種類のレンズを通した実証的な観察によって解き明かされ、数学的に記述されるようになっていきます[1]。この近代科学の発達によって、これまでのように宗教の教義に正しさの根拠をもとめるのではなく、探究の積み重ねによって知識を絶えず更新していくことの大切さが共有されていきます。

　その中から、自然現象を科学によって読み解き、技術によって人間社会を進歩させていこうとする発想も生まれます。

　ただし、当時科学と技術は現在のように一体のものとしてとらえられていたわけではなく、その担い手も現在のように職業的な研究者ではなく職人の

---

[1] 歴史学者クロスビー（→目標2）は、13～14世紀のヨーロッパにおいて、時空間が数量的にとらえられるようになったことを「数量化革命」と呼び、たとえばポルトラーノ海図、遠近法、複式簿記などを挙げています（クロスビー，アルフレッド・W. 2003『数量化革命─ヨーロッパ覇権をもたらした世界観の誕生』紀伊國屋書店）。

434　　第2章　繁栄（Prosperity）──繁栄の生んだ「しわよせ」の世界史

というべき人たちでした。科学と技術の2つを融合させるきっかけとなったのは、フランス革命中に創立された**エコール・ポリテクニク**という学校（→**目標5**）。国を強くするには、科学的な研究を社会に応用できる技術者を育てる必要があるとされるようになったのです。さらに二度の世界大戦を通して、国による強力なバックアップの下で科学に莫大な国家予算が投入されるようになり、**第6期**（**1950年頃～**）には特に軍事分野の科学技術が、重要な国家政策に位置づけられていきました。

同時に科学技術は、開発援助を通じて途上国にもちこまれ、先進国が途上国を助ける構図が生まれます。**目標9**が開発途上国における資金・テクノロジー・技術面での支援を強め、持続可能で災害にも強いインフラの開発をすすめようとするのは、それが経済成長と貧困削減にとって不可欠であると考えられているからですし、そもそも**目標9**の設定を望んだのも途上国の強い要望によるものでした。

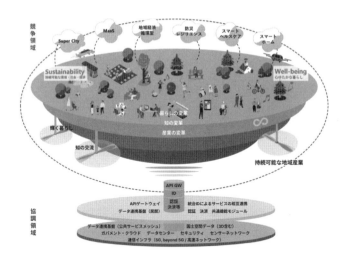

【図】デジタル田園都市国家構想のイメージ（デジタル庁ウェブサイトより）
「デジタル田園都市国家構想とは、「心ゆたかな暮らし」（Well-Being）と「持続可能な環境・社会・経済」（Sustainability）を実現していく構想です。」

日本政府は2021年に地方でデジタル技術の実装をすすめ、新たな変革の波を起こし、地方と都市の格差を縮めることで世界とつながる「デジタル田園都市国家構想」を発表。ICT分野における技術革新によって、社会課題・環境課題を一挙に解決しようとしているのだといいますが、首相の交替を機に2024年10月には「新しい地方経済・生活環境創生本部事務局」に改称されました。この図は、わたしたちの社会（少なくとも政府）が「インフラ」に対してどのようなイメージを持っているのかをよく表した図ともいえます。

しかし、科学技術を導入すれば、この世界にある問題が自動的に解決されるわけでは、もちろんありません。これまでの歴史をふりかえってみると、むしろ科学技術の導入が、かえって一部の人々や自然環境へのしわよせを強める結果をもたらした例も数多くあります。また、政府が綿密に計画すれば、そのとおり技術革新(イノベーション)が起こせるというわけでもありません。

　今回はインフラと技術革新をキーワードにして世界史を読み直していくことで、SDGsの考え方やいま起きている変化が一体どのようなものか、論点を注意深くつかんでいくことにしたいと思います。

9-1　イノベーションの世界史：「熱帯エリア」に視点を置くと？

熱帯エリアにはどのような潜在力があるのだろうか？

　目標9は、世界の誰もが災害に強いインフラや新しい技術を利用できるようにし、農業や漁業など以外の産業に関わる人を増やし、同時に環境に配慮した技術を導入しながらSDGsのほかの目標達成にもつなげようという目標だ。そのために、サハラ以南のアフリカ諸国など開発の遅れている国々が産業化とイノベーションを実現できるように、技術と資金の支援をしていこうと呼びかけている。

　——そもそも「イノベーション」って何ですか？

　これまでの常識をひっくり返すような技術が生み出されることだよ。この「技術」(テクノロジー)という言葉が、西洋由来の「科学技術」という意味で本格的に使われるようになったのは、**第6期**(1950年頃〜)以降のことなんだ。

　——「経済成長こそが、人間の社会を無限に進歩させていく鍵である」という考え方が、多くの人に受け入れられていったんでしたっけ（→目標8）。実際、生活水準もどんどん上がっていったわけで。

436　第2章　繁栄（Prosperity）——繁栄の生んだ「しわよせ」の世界史

そうそう。アメリカの誇る科学技術が、人間社会を進歩に導くってね。

でも、世界史において、技術が必ずしもそのような見方をされ続けてきたわけじゃない。たとえば狩猟採集や農業のように、生きていくための技術もあるよね。ちょっとかっこよくいえば、**自然との関わり方を工夫し「人間ゾーン」を調整していく力**といってもいいかもしれない。

そういう観点から考えると、かつて農業や漁業などに従事する人が大多数を占めていた時代、多くの人を養う技術力を誇っていたのは、現在の欧米諸国ではなく、熱帯エリアだったんだよね。

――えっ、熱帯エリアが？

たとえば、**第4期**（1400年頃～1800年頃）の1700年の時点では、熱帯エリアの世界に占めるシェアは、人口が約51％、GDP比率では約42％にも達していたんだよ。特に熱帯エリアを多く抱えるインドは、1700年頃の世界人口に占めるシェアの推計は27％、GDPは24％にものぼる。

――そういう見方もあるのか…。でも、熱帯エリアの環境って過酷ですよね？

たしかに、熱帯エリアに分布する酸性の土壌は、温帯エリアの土壌に比べると農業には不向きだ。雨が降るからいいじゃないかと思うかも知れないけれど、集中豪雨でドバッと降ったかと思えば、ほとんど降らない乾季が長続きし、水不足を起こすこともある。しかも熱帯特有の感染症も多いしね（→**目標3**）。

---

2 ―― 歴史学者の杉原薫さんは「熱帯エリア」の発展スタイルを「生存基盤確保型」の発展と呼んでいます（杉原薫ほか編 2012『歴史のなかの熱帯生存圏―温帯パラダイスを超えて』京都大学学術出版会。ここでいう「熱帯エリア」はおおむね北回帰線と南回帰線に囲まれた地域を指し、「温帯エリア」のうちモンスーンの影響の強い地域や「乾燥エリア」などのいわゆる「亜熱帯エリア」も含まれている点に注意）。

目標9　産業と技術革新の基盤をつくろう（Industry, Innovation and Infrastructure）　　437

──自然環境は過酷なのに、どうしてうまくやっていけたんでしょうね？

　そもそも発想を転換してみる必要があるかもしれないね。**自然環境が過酷だからこそ、自然環境のままならなさの中でうまくやっていく技術が発達していったんじゃないか**…ってね（→2-2 第2期）。

　　──なるほど。無理にコントロールしようとしないってことですか。

　そう。そもそも熱帯エリアは、地球上でもっとも太陽エネルギーを受けるエリアだよね（→目標6）。
　特に熱帯雨林には多種多様な動植物が生息し、生物多様性、エネルギーや水の分布の面で、とっても豊かなエリアといえる。
　けれどもサバンナ性の熱帯エリアの場合、その気候は温帯エリアに比べかなり不安定だ。季節的にドバッと雨が降るものの、乾季には水不足に備える必要がある。だから、なけなしの雨を、貯め池や井戸に蓄えて効率的に活用する灌漑技術が求められた。
　たとえばインド南部では百数十村もの村を灌漑できるような大規模な貯め池も少なくない。また、複数の生育期間の異なる作物を豆類を土に混ぜて栽培し多作化したり、農業と家畜を組み合わせ、家畜の糞や緑肥で地力を維持したりもしている。[3]
　ほかにも感染症をおさえる医学や、サトウキビ、綿花など商品作物の栽培技術も重要だ。こうした過酷な気候に適応した高い技術は**第3期**（300年頃～1400年頃）に入るころのインドで高度に発達し、次第に東アジア、西アジア、ヨーロッパ諸国にかけて伝わっていくよ（→目標2）。[4]

---

[3] ── 水島司・島田竜登 2018『グローバル経済史』放送大学教育振興会、188頁。乾季をのりこえる農法やシコクビエなどの穀物栽培は、乾季をもつアフリカのサバンナ農耕から伝わったものでした。
[4] ── なお、中国では宋代（960～1276）に市場経済が発展し、石炭を利用した製鉄工業や、農業生産力の飛躍的な向上がみられたことは、すでに紹介したとおりですね。石炭による火力アップと鉄鍋のお

【図】イスラム世界の科学者たち
（16世紀のイスタンブール）[5]

・・・

ところで、インドでは「人々の役割は生まれつき**カースト制**によって定められている」って聞いたことはない？

かげで、「中華料理」が発達していくのもこの時代のことです（→**7-2 化石燃料エネルギーの時代へ**）（岡本隆司編 2013『中国経済史』名古屋大学出版会、22頁）。
　でも、世界トップレベルにあった中国の技術は、なぜ西洋の近代的な科学技術に発展することはなかったのか。かつてそのような問いを設定したジョゼフ・ニーダム（1900～1995）という科学史家がいます。彼は前近代における東アジアの科学とイスラム科学のあいだに古くから相互の交流があったことを指摘し、西洋科学だけが唯一の科学のあり方ではないことを明らかにしようとしました（ニーダム，ジョゼフ 2009『ニーダム・コレクション』筑摩書房、233-263頁）。
　なお、中国で工業化が進んでいたのと同じ頃、11世紀の西ヨーロッパでも「**中世農業革命**」と呼ばれる農業分野における技術革新（→**2-4 第4期 ポイント**②）や、「中世産業革命」ともいわれる水車の利用（→**7-1 人間・家畜・バイオマス**）が普及していました（ギャンペル，J. 2010『中世の産業革命』岩波書店）。
5 ── Ala ad-Din Mansur-Shirazi、https://commons.wikimedia.org/wiki/File:Islam_science.jpg、パブリック・コモンズ

目標9　産業と技術革新の基礎をつくろう（Industry, Innovation and Infrastructure）　　439

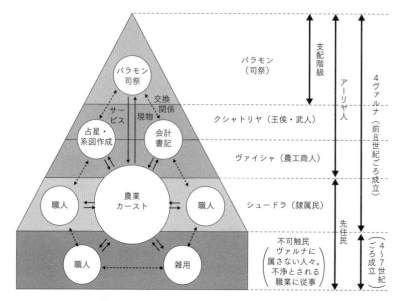

【図】カースト制度 [6]

　――ああ、あの差別的なひどい制度ですね。

　大多数のインド人が**カースト**（ジャーティ）という職業と結びついた身分に生まれながらに属していたというのは本当だ。しかし、だからといって現代の感覚をそのまま過去に当てはめることには注意が必要だ。

　インドでは、生まれや宗教、職業（鍛冶屋などの手工業者、洗濯人、床屋…）などのさまざまな集団（カースト）に応じて、その地域でとれた生産物を受け取ることのできる制度が発達していた。[7] つまり、農業によって自分で収穫を得ることができなくても、その他の手段で食料を得る権利が、社会のなかで認められていれば、飢える

---

6 ── 帝国書院編集部編 2024『最新世界史図説 タペストリー』帝国書院、79頁より作図。
7 ── 2001年に南アフリカで開かれたダーバン会議（反人種主義・差別撤廃世界会議）では、「職業と世系（門地、descent）に基づく差別に、インド・ネパールのカーストや日本の部落差別が該当するかが焦点となり、翌2002年には人種差別撤廃委員会が勧告を採択しています。

440　　第2章　繁栄（Prosperity）――繁栄の生んだ「しわよせ」の世界史

ことはないということでもあった（前頁の【図】を参照）。

　——なるほど、分業体制みたいな感じだったんですね。では、いつから差別的な制度になったんですか？

　第5期（1800年頃〜1950年頃）の19世紀以降、イギリスの時代だよ。植民地支配を効果的に進めるために人類学者におこなわせた研究のせいで、あいまいだったカーストが実体化され、それが今に続く悪名高い身分差別的な制度として増幅されてしまった事情があるんだ（→目標10）。
　話を戻すと、インドの生産力が高いのは、肉を避ける食文化にもヒントがありそうだ。**現在でも南アジアには野菜食を中心とする人々が多く暮らしているけれど、稀少な資源を大切にする工夫のあらわれなのかもしれない。**
　歴史的にインドでは必ずしも農業に携わる人の割合は高くなく、綿布生産に携わる手工業者の割合も高かった。18世紀の一人あたりの賃金レベルは、西ヨーロッパに引けを取らなかったという研究もあるんだよ。

　——イメージと違いますね。熱帯は工業生産に不利だとばかり思ってました。

　意外かもしれないね。歴史学者の水島司さんは、変動が大きくきびしい気候にもかかわらず、有史以来、世界人口の2割を維持してきたインドの発展のあり方を**過小資源適応型発展**と呼んでいる。個人がどれだけ多くのモノを生産できたかよりも、どれだけ多くの人の生活が維持できるかが重視される発展のあり方だ。たとえば**資源が少ないからこそ、社会が長続きするようにモノやサービスをシェアする経済が営まれ、多くのメンバーをかかえる大家族の結びつきが大切にされた。**これこそが、古くからインドが世界の人口の約2割前

後を占めることを可能にしたと考えられるわけだ。[8]

　——どれだけ作るかじゃなくて、どれだけ分け合えるか…か。

　そういうことだね。これを評価するには、生産の観点を測るGDPに代わる、新しい指標も必要だ。
　たとえば杉原薫さんらの研究グループは、「生産」ではなく「生存」に注目し、国連の制定した「人間開発指数」（→**目標4**）を、環境のもつ潜在能力も含めて修正した「**生存基盤指数**」という指標を提案しているよ。たとえば、この図を見て。

ランク	国名	生存基盤指数	ランク	国名	生存基盤指数
1	インドネシア	0.726	⋮		
2	スリナム	0.693	50	日本	0.523
3	フィリピン	0.684	⋮		
4	ベトナム	0.667	109	ノルウェー	0.352
5	ペルー	0.657	110	ロシア	0.336
6	パナマ	0.647	111	ボツワナ	0.335
7	マレーシア	0.646	112	スウェーデン	0.302
8	マダガスカル	0.639	113	カナダ	0.250
9	ブラジル	0.634	114	サウジアラビア	0.247
10	シエラレオネ	0.632	115	フィンランド	0.182

【図】生存基盤指数のランキング　網掛けは熱帯圏に位置する国々（ここでいう「熱帯国」はおおむね北回帰線と南回帰線の間の国々から指数の作成者が任意に選んだ領域を指します。（出典：佐藤孝宏ほか編(2012)『生存基盤指数: 人間開発指数を超えて』(講座生存基盤論5) 京都大学学術出版会、254-257頁）

　——へぇー！　熱帯エリアのほうが温帯エリアの国よりも値が高いじゃないですか。

---

[8] ── 水島司 2016「南インドの環境と農村社会の長期変動」、水島司編『環境に挑む歴史学』勉誠出版、246-263頁。

――途上国のほうが、値が高いのはどうしてだろう。

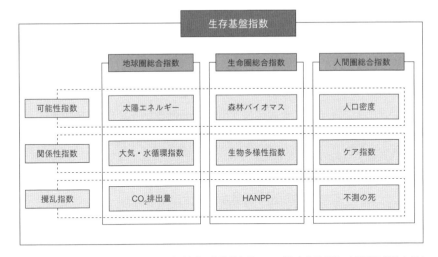

【図】生存基盤指数の構成要素（出典：佐藤孝宏編(2012)『生存基盤指数：人間開発指数を超えて』(講座生存基盤論5) 京都大学学術出版会、139頁）

　人間開発指数は、一人あたり国民総所得、教育、平均寿命をもとにした3つの値から算出された指数だったよね（→目標4）。いずれも人間の経済や社会に関する数字だ。
　これに対し、生存基盤指数は、「自然環境が人間にどれだけ恵みを与えてくれる可能性があるか」という指標も盛り込んでいる。たしかに、どれだけたくさんのモノを作れるか（生産）という、**第5期（1800年頃～1950年頃）**以降に中緯度地域のヨーロッパでの開発を基準に発達した価値観を測るにはGDP（国内総生産）のほうがわかりやすい。その点、生存基盤指数は、「生存」をキーワードとし、より長期的な視野から自然環境と人間社会のもつ底力(そこぢから)を測ろうとするものなのだ。すると、温帯よりも、熱帯（この統計では熱帯だけでなく乾燥帯も含む）のほうが値が大きい国が多くなる。もちろんこの統計の上位だからといって、現在抱えている困難を無視してはいけない。けれどもこれによって新しい視点を得ることもできる。たとえば、

目標9　産業と技術革新の基礎をつくろう（Industry, Innovation and Infrastructure）　　443

一人当たりGDPや人間開発指数の高い温帯エリアが経済を発展させることができたのは、生存基盤指数の高い熱帯エリアのさまざまな資源を気ままに利用できたからなんじゃないか？…とかね。

──温帯エリアが発展できたのは熱帯エリアのおかげ…という視点か。

そう。そしてその発展を支えるものとして**第 6 期**（1950 年頃〜）以降、「**イノベーション**」という現象が温帯エリアの先進国で注目されるようになっていく。

──新しく作られた言葉なんですか？

イノベーションという単語自体は、古代ギリシア語の Kainotomia（既に確立された秩序に変化をもたらす）に由来し、良い意味でも悪い意味でも幅広い分野で使用されていた。ただ、**第 4 期**（1400 年頃〜1800 年頃）の 16 世紀から 19 世紀にかけては、既存の秩序を覆すことは悪い意味にとらえられた。イノベーター（イノベーションを推進する者）は混乱をもたらす改革者を非難するために使われていたんだよ。

　で、**第 5 期**（1800 年頃〜 1950 年頃）になると、医学や化学などの自然科学の分野の「発明」とおなじような意味で使われるようにもなる。19 世紀には、フランスの思想家**サン・シモン**（1760 〜 1825）やその影響を受けた一派が産業の発展による貧困の改善を目指したように、科学技術の実用化によって社会を良くしようとする思想や実践も育っていった。

　イノベーションが本格的にプラスの意味で使われるようになるの

---

9 ── 以下、ゴダン，ブノワ 2021『イノベーション概念の現代史』名古屋大学出版会を参照。
10 ── 坂本慶一 1961『フランス産業革命思想の形成―サン-シモンとサン-シモン派』未來社、248-255 頁。

は、「技術革新」「技術イノベーション」という言葉の登場する**第6期**（**1950年頃〜**）以降の話だね。やがて「イノベーション」という言葉だけで技術革新を目指すようになり、政府が適切な政策をとれば技術革新を通して経済成長が実現し、その結果として人間の福祉も実現してくれる。そんなふうにもみなされるようになったんだ。

とはいえイノベーションには既存の産業を破壊するパワーがある。経済学者ヨーゼフ・シュンペーター（1883〜1950）がイノベーションを「創造的破壊」と呼んだように、すでに成功した人々や企業にとっては「諸刃の剣」だ。でも、イノベーションが止まれば、社会は進歩しない。だからいかにしてイノベーションを先んじて生み出せるのかが、常に関心の対象となってきた。

9-2　交通革命と電信革命：インフラを制するものは世界を制す

19世紀のイギリスが圧倒的な経済力を誇ったのはなぜ？

　SDGsのなかで、経済成長だけでなく人間の福祉を実現するものとして、もうひとつ重視されているものは「**インフラ**」だ。
　たとえば**目標9**では次のようなターゲットが掲げられている。

> **ターゲット 9-1** 全ての人々に安価で公平なアクセスに重点を置いた経済発展と人間の福祉を支援するために、地域・越境インフラを含む質の高い、信頼でき、持続可能かつ強靱（レジリエント）なインフラを開発する。

　──「インフラ」って道路とか、港とかのことですか？

　そうそう英語の「インフラストラクチャー」を略した言葉で、辞書的にいえば、「道やダム、電気をつくる発電所など、私たちの毎日の生活を支えている基本的なものや、病院や学校や公園など、安心・安全に暮らしていくためになくてはならない施設や設備」のこ

とだね。

　1990年代以降、健康や教育に開発の重点が置かれるようになったけれど、2000年代にかけて先進国や国際機関からのインフラ援助は減少し、生活や経済成長を支えるインフラ不足が問題となってきた。

　たとえば365日安全に通行できる道がなければ、商品をつくっても市場にまで運ぶことができないし、急病になっても病院まで行くこともできないよね。上下水道などのインフラも、医療のみならず学校教育を普及させるには必要不可欠なものだ（→目標6）。

　　　——たしかに。

　けれども、インフラの歴史をたどってみると、はじめから人間開発（→目標1）の目的で建設されていたわけじゃない。**第5期**（**1800年頃〜1950年頃**）の頃は、経済成長によって国力を高めることが、インフラにもっとも期待された役割だった。

　たとえば、革命時代のフランスでは土木エンジニアを育てる高等教育機関が整備され、国のためにインフラを整備する専門官僚がたくさん養成された。交通インフラを整備することで産業を盛んにして国中にものを行き渡らせることで、貧困や文化の衝突をなくすことを夢見ていたんだ。[11]

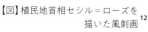

【図】植民地首相セシル＝ローズを描いた風刺画[12]

---

11 —— 栗田啓子1997「土木エンジニアと開発」、川田順三ほか編『歴史のなかの開発』（岩波講座 開発と文化2）岩波書店、47-66頁。

12 —— https://commons.wikimedia.org/wiki/File:Rhodes.Africa.jpg、パブリック・ドメイン。下のキャプションには「ローズ氏は、ザンベジ（川）を北上してウガンダまで電信を伸ばし、さらにスーダン

446　　第2章　繁栄（Prosperity）——繁栄の生んだ「しわよせ」の世界史

さらに19世紀に進展した「交通革命」と「電信革命」は、ヨーロッパの世界進出を強力に支えていく。そのトップランナーを走ったイギリスは、潤沢な資金を背景に、世界各地にさまざまなインフラを建設していった。

　たとえば、蒸気船の定期航路が張り巡らされ、世界各地に燃料の石炭供給地や港湾施設が整備されていった。特に1869年に建設された**スエズ運河**により、ロンドンから植民地インドのボンベイ（現・ムンバイ）までの距離は、南アフリカのケープ経由に比べなんと41％も短縮されたんだよ。[13]

　——すごい！　陸上では鉄道ですよね。

　そうそう。19世紀前半に発明された蒸気機関車は、19世紀後半にかけて欧米諸国にも、植民地にも張り巡らされていった（→目標15）。従来、畜力（→目標7）に頼っていた人間の移動が機械化されたことは、時計に従う時間感覚（→目標4）や、トマス・クックが普及させた**観光旅行**[14]など、人々の価値観やライフスタイルにも大きな影響を与えたよ（→目標13）。

　行動範囲が世界に広がっていくにつれて求められたのが、遠距離間を短時間で結ぶコミュニケーション手段だった。そのために応用されたのが、19世紀に入って発明された電信技術だ。当初は民間企業により整備されていったけれど、1870年以降は政府がインフラ建

を横断してケープタウンからカイロまでの陸路電信を完成させる意向を表明していた」とあります。
13 ── ケープ経由では19,755km、スエズ運河経由では11,619km（平田雅博1995「鉄道・運河・通信網の形成」、歴史学研究会編『資本主義は人をどう変えてきたか』（講座世界史4）東京大学出版会、219-236頁、227頁）。
14 ── 【人物】【トマス・クック】（1808〜92）イギリスの旅行代理店の経営者で、近代旅行業の創始者。工場労働者が酒浸りになっていることを問題視し、1841年に禁酒運動の大会参加者向け公募団体列車を斡旋したことが、旅行業を始めたきっかけ。ロンドン万国博覧会（1851年）のツアーで成功した後、1855年のパリ万国博覧会のときから海外旅行のパックツアーも始め、世界的な旅行社トマス・クック・アンド・サン社に発展させました。ここから、観光が労働者が道徳的に休息をとるためのレジャー（余暇）として始まったことがわかります。

目標9　産業と技術革新の基礎をつくろう（Industry, Innovation and Infrastructure）　　447

設に大きく関わっていくようになる。たとえば、海底ケーブルの敷設により、各大陸の植民地は次々に電信ネットワークでつながれていった。

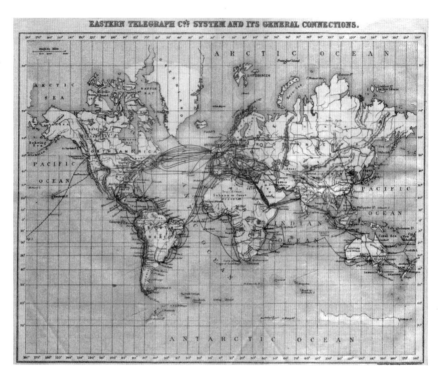

【図】イギリスの民間会社による海底ケーブルの敷設状況(1901年)[15]

> 「世界はイギリスのために」
> 　世界の五大州は現実に、自ら進んでわが朝貢者となっている。北アメリカとロシアの平原はわが穀物畑、シカゴとオデッサはわが穀物倉庫であり、カナダとバルト諸国はわが森林である。…(中

---

15 ── https://commons.wikimedia.org/wiki/File:1901_Eastern_Telegraph_cables.png、パブリック・ドメイン

448　　第2章　繁栄(Prosperity)──繁栄の生んだ「しわよせ」の世界史

略）…ペルーの銀、カリフォルニアとオーストラリアの金はロンドンに注ぐ。中国人はわれわれのために茶を栽培し、コーヒー・砂糖・香料は東インドの農場より来る。スペインとフランスはわがぶどう畑であり、地中海はわが果樹園だ。以前には合衆国の南部にだけだったわが綿畑は、いまでは地球上のいたるところにひろがっている。[16]

——支配のための技術でもあったってこと？

もちろんそうだけれど、こうした技術は基本的には必要な対価を支払えば誰でも利用できた。世界各地の植民地の人々だって、地域を超えて貿易をおこなったり、独立に向けて協力したりするのに使うこともできたんだ。

——どうして他の国の人たちもインフラを使えるようにしたんだろう？

交通と通信インフラを整備すれば、モノの貿易量や人々の国境を越える交流を増やすことができるよね。そうすれば、あとは黙ってみていればいい。イギリスの提供するインフラによって東アジアの工業化が活発化すれば、モノを運んだり決済したりする際の手数料やサービス収入で儲けることができるわけだからね。[17]

——わあ。頭いい！

この表は、18世紀半ば以降、輸送にかかるコスト（輸送コスト）が下っていくにつれて、貿易量が増加していることを示しているよ。

---

[16] ― スタンレー・ジェボンズ 1870『経済学原理』、市古宙三ほか監修 1954『世界史講座 第4巻』東洋経済新報社、116頁より重引。
[17] ― オブライエン, パトリック 2002「パクス・ブリタニカと国際秩序1688-1914」、松田武・秋田茂編『ヘゲモニー国家と世界システム―20世紀をふりかえって』山川出版社、第2章。

目標9　産業と技術革新の基礎をつくろう（Industry, Innovation and Infrastructure）　　449

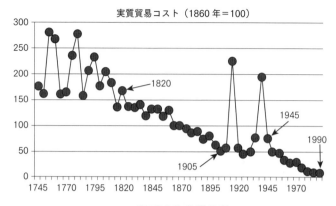

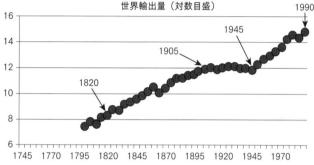

【図】世界貿易コストと貿易量（1745〜1990年）[18]

　　――世界がどんどん一つに結びつけられているってことですね。

　　コムギを入れる袋のサイズとか、お酒の樽の容量とか…世界中で生産されたモノが行き交うようになると、標準規格が決まっていたほうが楽だし、揉め事も起こりにくいでしょ。この時期のイギリスは、世界どこでも通用する**時間**（世界標準時）、**お金**（=ポンド）、**言葉**（=英語）などの有形無形の制度を、自国に有利な形で世界に普及させていったんだ。

---

18 ―― ボールドウィン，リチャード 2018『世界経済　大いなる収斂――ITがもたらす新次元のグローバリゼーション』日本経済新聞社、71頁。

──なるほど。しかもルールを自分でつくれば、ゲーム展開も有利になりますもんね。

　郵便制度や通信規格のように、政府間の取り決めによって決められることもあったけれど、圧倒的な経済力を持つイギリスの発言力は、とっても大きかった。別に押し付けられたわけでもない。イギリスの提示する「自由な貿易」という基本的ルールを断ると、よけいに不利になってしまう。だから受け入れるしかない…[19]。

　こうして20世紀に入る頃には、世界のあちこちの生産地や市場がすっかり結びつき、異なる商品どうしの国際価格も連動するようになっていくよ。たとえば、アメリカ合衆国でコムギが不作になると、タイの米の価格の需要が高まり、米の国際価格が上がる…というようにね。

　──こうやってみてみると、**第5期**（1800年頃〜1950年頃）って、世界史の中で、とっても重要な変動を迎えていた時期だったんですね。

　やはり、インフラの整備が産業化を刺激し、モノの生産量や消費量が増えていく条件が整ったという点は、見逃せないね。

　さあ、その一方、イギリスの支配に大きく貢献したのは、植民地化されていたインド人たちであったことも、忘れちゃいけない。インド人は、軍人や働き手（→**目標8**　苦力（クーリー））として、イギリスがアジア、アフリカなど世界各地に支配を広げていくためのお先棒を担ぐこととなったんだ[20]。

　──支配される人に、別の場所を支配する役目が背負わされてしまったわけですか…。

---

19 ── このような非対称的な力関係のはたらく自由貿易を「強制された自由貿易」と呼ぶこともあります（→**目標17**）。
20 ── 秋田茂 2008「アジア国際秩序とイギリス帝国、ヘゲモニー」、水島司編『グローバル・ヒストリーの挑戦』山川出版社、102-113頁。

目標9　産業と技術革新の基礎をつくろう（Industry, Innovation and Infrastructure）　　451

そうそう。
宗主国 vs 植民地っていうふうに、かんたんに色分けできない部分があるよね。
支配を受けている側も、完全に自立性を奪われてしまったわけじゃなく、イギリスの建設したインフラを、むしろうまく使い倒していった面もある[21]。
たとえば**目標8**でちらっと紹介した、アジアの中で発達した貿易ネットワーク（**アジア間貿易**）は、その代表例だ。この貿易は植民地支配されていた地域と、日本、中国、タイなどの独立国を結びつけ、成長率では対欧米向けの貿易を上回るほど活発だったんだよ[22]。
たとえば19世紀後半の日本はイギリス領インドから原料の綿花を輸入していたんだけれど、当時のインドもボンベイを中心に紡績業を発達させ、輸出量を増やしていったところだった。殖産興業を進めていた明治時代の日本にとってのライバルは、実はインドの紡績業だったんだね。

——えっ、インドが！？

意外かもしれないけれど、当時の日本のライバルは、綿工業の分野ではイギリスの植民地インドだったんだ。
なお、日本とインドで製造された綿糸は、競うようにして中国に輸出。中国では手織りの綿布が大量に生産され、東南アジアなどに輸出されていった。
同時に綿糸の材料であるインドの安価な綿花も、日本の需要にこたえて大量に輸出されていった。
けれど、ネックとなったのは蒸気船の輸送コストだ。
インドと日本を結ぶルーツは、当時はイギリスの船会社が独占しており、輸送量がコストを圧迫していた。

---

21 ── 秋田茂 2003『イギリス帝国とアジア国際秩序』名古屋大学出版会。
22 ── 秋田茂・細川道久 2021『駒形丸事件』筑摩書房、25頁。

そこで日本の実業家**渋沢栄一**[23]は、インドのタタ商会の当主**ジャムシェトジー・タタ**[24]とかけあって、共同でボンベイ〜神戸路線を就航させることに成功した。そして価格競争の末に、イギリスの船会社に対して優位に立つことに成功したのだ。

——すごい！　日本とインドの間にはそんなインフラといった連携プレーがあったんですか！

たしかにインドや日本、東南アジアや中国を結ぶ貿易は、**第4期**（**1400年頃〜1800年頃**）から蓄積されてきたモノづくりや人のつながりをベースにし、得意分野の分業によって発達していった。貿易額では欧米向けには及ばなかったものの、成長率の面でアジア間の貿易は対欧米貿易を上回るペースで発展していったんだ。[25]

とはいえ、途中で燃料の石炭を積む寄港地は、香港やシンガポール、そして現在のスリランカにあるコロンボ。いずれもイギリス帝国の自由貿易港だ。西洋の商人との貿易をおこなうには、イギリス帝国の提供する一定のルールや設備などの**国際公共財**に頼らざるをえない。支払いをおこなうにも、当時国際通貨だったイギリスのポンドを用いて決済する必要があった。新興国であった日本をこの「ゲーム」に巻き込めば、イギリスはその覇権をますます盤石なものにできる。イギリスにとっても新興国であった日本をとりこむことはプラスになる。[26]

---

23 —　**人物**【渋沢栄一】（1840〜1931）武蔵国の豪農の家に生まれ、1867年に幕府の遣欧使節として渡欧し、株式会社制度や財政・金融制度を日本に移植し、植民地朝鮮も含め500以上の企業を設立。晩年には教育や慈善事業にも尽くしたことから「日本資本主義の父」とされます。

24 —　**人物**【ジャムシェトジー・タタ】（1839〜1904）インドを代表する財閥のひとつタタ財閥の創始者。パールシー商人（インドのゾロアスター教徒）の家系に生まれ、1860年代から綿花輸出に携わり、イギリスの軍需品輸出を足がかりにして成功を収めると、イギリス製機械を導入した綿工場経営に乗り出し巨富を築きました（井坂理穂 2016「ボンベイ―エリート層から見た「世界」」、羽田正編『地域の世界史』ミネルヴァ書房、222-246頁、232頁）。

25 —　秋田茂 2008「アジア国際秩序とイギリス帝国、ヘゲモニー」、水島司編『グローバル・ヒストリーの挑戦』山川出版社、102-113頁、110頁。

26 —　次も参照のこと。杉原薫 1996『アジア間貿易の形成と構造』ミネルヴァ書房。三谷博・川島真

——イギリスの手の平にのせられているみたい。でも、結果的に日本を含めた東アジアが**第6期**（**1950年頃〜**）に経済的にのびていくのは、この時代にもルーツがあるのかな？

　するどい！　そこがアフリカやラテンアメリカでは見られない特徴といえそうだ。
　ただ、当時のインドにも、イギリスによる搾取（さくしゅ）を批判する意見があったことは事実だ。綿花を内陸から港に運ぶ鉄道建設の利払いや、日本との貿易で稼ぎ出した莫大な資金は、「本国費（ほんごくひ）」という名目でイギリスに吸い取られていく運命にあったわけだからね。

9-3　誰のための植民地開発か?：カリブ海、インド、アフリカ

欧米諸国は、なぜ植民地にインフラを建設したの?

　このように欧米諸国は国外の植民地にも盛んにインフラを建設していったわけだけれど、その実態には地域によって大きな差もあった。
　イギリスやフランスなどのヨーロッパ諸国の植民地とされたカリブ海の島々では、長らくサトウキビのプランテーションが開発され、ヨーロッパの上流階級が「午後の紅茶」をたのしむために、大量の砂糖が生産されてきた地域だ。
　農園主の多くは、アフリカ系住民が人口の圧倒的多数を占める灼熱（しゃくねつ）のカリブ海には渡らず、代理を立てて不在地主となることが多かった。それほど砂糖プランテーションが政府に保護され、莫大な

2020「アヘン戦争・明治維新期の世界史—1840〜95年」、南塚信吾編『国際関係史から世界史へ』（MINERVA世界史叢書3）ミネルヴァ書房、11-44頁の39-40頁も参照のこと。植民地化された状況での近代化（植民地近代化）をどのように評価すべきかをめぐっては議論が続いていますが、GDP成長率の高さは必ずしもその社会の「豊かさ」を総合的に示すものとは言えないことに注意が必要です（たとえば東アジアについては、堀和生2009『東アジア資本主義史論1—形成・構造・展開』ミネルヴァ書房と、それに対する杉原の応答（杉原薫2020『世界史のなかの東アジアの奇跡』名古屋大学出版会、414-416頁）を参照）（→**目標15**）。

454　第2章　繁栄（Prosperity）——繁栄の生んだ「しわよせ」の世界史

富を生み出していたということでもあるわけだ。だからこそ、島の住民のためのインフラは、ほとんど建設されないままだった。

1791年にフランス領のサン・ドマングで革命が起き、1806年に黒人の共和国ハイチの独立が宣言された（→**目標8**、**目標10**）。

そのためサトウキビ生産の中心地は、スペインの植民地であったキューバに移り、19世紀半ばには世界最大の砂糖生産地となった。キューバには鉄道も建設されたものの（初の鉄道は1837年）、住民が使用するためのものではなく、やはりあくまで砂糖産業のためにつくられたものに過ぎなかった。[27]

キューバにおける砂糖産業依存は、国内の一部の支配層がアメリカ合衆国と結ぶ体制に支えられ、20世紀に入ってからも続いた。**第6期**（1950年頃～）には、独裁者を倒す動きが水面下でおこり、1959年には**キューバ革命**[28]が引き起こされることになる。

一方、タバコのプランテーションの拠点となったアメリカ合衆国の南部では、カリブ海の島々に比べるとインフラの整備は進展している。歴史学者の川北稔（みのる）さんによれば、この背景にあるのはサトウキビとタバコの収益性の違いだ。サトウキビ農園主は実務を現場監督に任せて「不在地主」になったのに対し、タバコ農園主にはそんな余裕はなかった。タバコがサトウキビほどの収益を生まなかったからだ。[29]

――ビジネスをする側の事情によって、その地域のインフラの開発が左右されるということですね。

---

27 ― ウォルマー，クリスティアン 2013『鉄道と戦争の世界史』中央公論新社、290-298頁。

28 ―【キューバ革命】カリブ海の島キューバで、カストロ（1926～2016）やゲバラ（1928～1967）により起こされた革命。1959年に親米政権のバティスタ大統領を追い落とし、1961年にアメリカとの国交を断絶、同年社会主義革命を宣言しました。

29 ―「不在化したプランターは、プランテーションを「金のなる木」としか意識しないから、現地には、道路も学校も公園もつくることはない。上下水道のような生活基盤でさえ、整備されにくい。これに対して、プランターが在地であれば、彼らが彼ら自身のためにつくる施設のかなりの部分が、いわば共通の社会資本となりうる。プランターがつくった道は、奴隷も歩けるからである。」（川北稔『世界システム論講義―ヨーロッパと近代世界』筑摩書房、2016年、124頁）。

そのようだね。
　もうひとつ、インフラ開発の進んだ植民地の代表例であるインドに注目してみよう。
　インドは現在、アメリカ、ロシア、中国に次いで世界で4番目に長い線路網を誇る国となっている。じつはその多くが、植民地時代に敷設されたものなんだよ。[30]

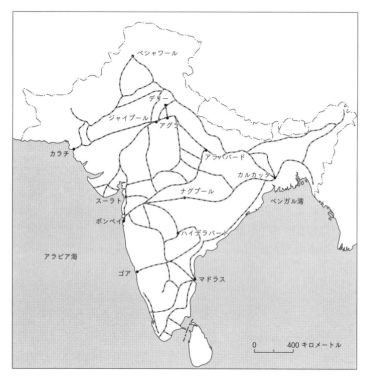

【図】インドに敷設された鉄道。[31] デリー北方、アラハバード北西、マドラス南西やナグプール周辺といった内陸部に主な綿花産地が分布し、鉄道がそれらを港へつないでいました。

---

30 ── ヘッドリク，ダニエル・R 1989『帝国の手先──ヨーロッパ膨張と技術』日本経済評論社、223-224頁。
31 ── 綿花貿易で得られる利益が鉄道敷設のモチベーションでした。「ある推計によれば、1844年に道路か河川を使ってカルカッタとデリーの間を移動した旅客数はおよそ100万人であったが、1900年には二つの主要な鉄道がこのルートに敷かれ、2,900万人以上の旅客を運んだ。」（ロイ，ティルタンカル 2019『インド経済史』名古屋大学出版会、173頁。前頁の図は同、174頁）。

456　　第2章　繁栄（Prosperity）──繁栄の生んだ「しわよせ」の世界史

——イギリスにとって、どんな旨味があったんだろう？

　まず、綿花の積み出しとイギリスで生産した綿商品の積み込みのため、そして軍事的な支配の必要があった。
　さらに、投資のためという側面も大きいね[32]。国内で行き場のなくなった資金が、インド、アメリカ大陸、オーストラリアなどの鉄道やインフラの投資に振り向けられていったんだ。実際、イギリスの対外投資収入は、1848年の900万ポンドから1875年の5800万ポンドと、30年足らずでおよそ6倍半も増加している[33]。
　たしかにインドに張り巡らされた鉄道は、20世紀初頭までに国内の交易のためにも使われるようになった。おかげでボンベイという大都市では綿工業が発展し、工業化の基礎を築いたほか、国内の穀物の取引増加に役立った側面もあるよ。お茶のプランテーションの鉄道もそうだね（→目標12）[34]。

　——でも、これって感染症流行の背景にもなったわけですよね？
（→ 3-4 産業革命と交通革命の衝撃）

　そうだったね。開発には、ヒトとモノの動きを活発にさせる側面があるため、しばしば病気にかかりやすくなる環境を生み出してしまう。
　この変化を受け止めることのできる力は、当時のインド社会には十分備わっていなかった。植民地政府もインドの人々の医療や福祉に対して、あくまで消極的な対応しかとらなかったことは、以前みたとおりだね（→目標3）。

---

[32] ── ヘッドリク，ダニエル・R 1989『帝国の手先—ヨーロッパ膨張と技術』日本経済評論社、220-222頁。
[33] ── 南塚信吾・秋田茂・高澤紀恵編 2016『新しく学ぶ西洋の歴史—アジアから考える』ミネルヴァ書房、143頁。
[34] ── 杉原薫 2003「近代国際経済秩序の形成と展開」、杉原薫ほか編『帝国の研究』名古屋大学出版会、129-185頁、154頁。もちろんその恩恵が、国内の人々に平等に与えられたわけではなかったことも、あわせて考える必要があります（→目標2、目標3、目標6）。

インフラ開発が宗主国本位であったことを示す良い例がある。ちょっとこれを見てほしい。

【地図】アフリカの鉄道分布図[35]

　　──なんだか路線がスカスカですね。内陸から沿岸に短く伸びているだけで。

　　鉄道敷設が内陸の鉱産資源や農産物（植物油の原料となる落花生

---

35 ── Bucsky、https://commons.wikimedia.org/wiki/File:Africa_railway_map_gauge.jpgCC BY-SA 4.0

458　　第2章　繁栄（Prosperity）──繁栄の生んだ「しわよせ」の世界史

や、繊維原料となる綿花）を内陸から海岸に積み出すことが目的だったから、こんなことになってしまうんだ。

　　　──住民のことなんて、まるで眼中にない感じ。

　　　そう。セネガルやナイジェリアの落花生、タンザニアの綿花、コンゴでは銅など…すべては資源を運ぶための敷設だったわけ。
　そもそも熱帯における土木工事は、感染症との戦いでもある。難工事は世界のあちこちから連れてきた多くの労働者の命を奪った（→目標3、目標8）。

　たしかにアフリカの世界貿易における重要性は1880年から1960年までの間に3倍近く増加していった。けれど、その利益はアフリカの住民たちには届かず、アフリカ内部の生産者や消費者を結ぶ市場やネットワークが、同時期の東アジアのように育つことはなかった。
　なお、海上ルートでの進出をしなかったロシアは、中央アジアやシベリアの遊牧民や狩猟採集民の暮らすエリアに続々と鉄道を敷設し、中央アジアとシベリアを「植民地化」していった。そんなロシ

36　── 天然ゴムや銅を積み出すため、レオポルド2世につかえる武官の設立した企業によって鉄道が建設され、その働き手としてカリブ海の人々や中国人が用いられました（ヘッドリク、D・R 1989『帝国の手先』日本経済評論社、240-244頁）。
37　── 宮本正興・松田素二編 2018『新書アフリカ史』（改訂新版）講談社、324-325頁。
38　── 舩田クラーセンさやか編 2010『アフリカ学入門―ポップカルチャーから政治経済まで』明石書店、53頁。
　少し長めですが、プランテーションとアフリカ農民の関係性に関する説明を引いておきましょう。「植民地の成立によって、ケニア社会は世界経済の中に周縁部として組み込まれた。そこにおいてはサイザル麻やコーヒー、皮革、トウモロコシなどの一次産品をヨーロッパに提供することが求められた。この巨大なシステムへの包摂の過程で、アフリカ人農民の中にはそれに積極的に適応して商品生産に励む者も出現した。その結果、第一次大戦前には皮革、トウモロコシ、胡麻などを中心にケニアの輸出総額の4分の3近くは、アフリカ人農民の手によって生産されていた。（中略）トウモロコシで成功したケニアのアフリカ人農民は、次に、より利潤のある輸出商品としてコーヒーに着目した。（中略）〔白人の〕入植者の組織であるケニア・コーヒー会議は、政府に絶対にアフリカ人に栽培を認めないように強力に働きかけた。（中略）彼らはアフリカ人が植えたコーヒーの木を引き抜き、1933年にはロンドンまで出かけてイギリス政府や議会の実力者に強談判した。その結果、最後には思い通りにアフリカ人排除の保証をとりつけてしまったのである。」(宮本正興・松田素二編 上掲、341-344頁)
39　── たとえば、カスピ海東部（現在のトルクメニスタン）から現在のウズベキスタンにかけて、1879年にザカスピ鉄道の建設が始められ、1891年からはシベリア鉄道が建設されています（日露戦争開戦の

目標9　産業と技術革新の基礎をつくろう（Industry, Innovation and Infrastructure）　　　459

アの進出を警戒したのは、当時インドを植民地経営していたイギリスだ。こうして始まった中央アジアをめぐる争奪戦（「**グレート・ゲーム**[40]」の狭間に立たされた**アフガニスタン王国**[41]は、イギリスと3度もの戦争を余儀なくされている。

——アフガニスタンって、今でも貧しい国の一つですよね？

その後21世紀に入っても、大国の絡む戦争が繰り返されているね。ちなみにアフガニスタンは現在にいたるまで鉄道インフラがほとんど発達していないのは、高山地帯であるということもあるけれど、19世紀当時のアフガニスタンの君主が鉄道敷設を通じた経済的支配を拒んだのも理由の一つだったと言われている。

9-4　インフラを援助する：経済成長のための科学技術

どうして先進国は、途上国のインフラ建設を支援していったのだろうか？

第5期（1800年頃～1950年頃）のヨーロッパ諸国は、みずからの文明の進歩と、国の強さや豊かさを示すために、しばしば巨大な建造物をそれぞれの首都に建設するようになる。
たとえば1851年にロンドンで開催された**万国博覧会**[42]は、それ以

年である1904年に完成）。どちらも貿易や軍事目的で利用されました。
40　——【グレート・ゲーム】19〜20世紀におけるイギリスとロシアの中央ユーラシアの覇権争いをチェスになぞらえた表現。
41　——【アフガニスタン王国】イラン高原北東部に位置する内陸国。1919年にイギリスとロシアに挟まれた緩衝国として独立。その後1979年にはソ連による侵攻、2001年にはアメリカによる侵攻を受け、人間開発指数の低い後発発展途上国となっています。大国の侵攻をともなう悲惨な戦乱を幾度も経験したアフガニスタンでは、「近代化」に反発する動きは根強いものがあり、しばしばイスラム教と結び付けられて説明されます。他方で、その複雑な背景をアフガニスタンで多数派を占めるパシュトゥーン人のフィールドワークを通して丹念に探った研究に、松井健2011『西南アジアの砂漠文化』人文書院があります。
42　——【万国博覧会】各国の工業化の現状を展示公開するため、1851年にロンドンで初めて開かれた国際博覧会。自由な競争を通じて人類の進歩を目指すとの理念にもとづき、その後ニューヨーク、パリ、ウィーンなど欧米諸国の大都市で競うように開催されました。**第6期（1950年頃～）**に入ると、日本

降現在にいたるまで数年おきに欧米諸国で開かれ、最新の科学技術を世界に披露する国威発揚(こくいはつよう)の舞台ともなった(→目標11)。

また20世紀に入ると、自動車の大量生産が実現し、舗装(ほそう)された自動車専用道路の整備が必要とされた。

たとえばドイツのヒトラーが1930年代に建設を推進した、**自動車道路**[43](アウトバーン)もその一つ。実際には1920年代からすすめられていた自動車道路建設を、失業者をなくすための公共事業として宣伝に利用したものだ。[44]

【図】アウトバーン(1936年頃)(左)と、TVAによって建設されたノリス・ダム(右)。[45]

また、世界恐慌後にアメリカ合衆国で実施されたニューディール政策(→目標8)でも、巨大な多目的ダム(→目標6)を建設することで雇用を生み出す農村開発プロジェクト(TVA)[46]が実施されている。

(1970、2005、2025(予定))、中国(2010)、ドバイ(2020〜21)など、アジアでも開催されるようになっています。

43 ──【自動車道路】最初期の自動車専用道路は1924年のイタリアで建設されたもの。同時期以降のアメリカでも自動車専用道路のネットワークが張り巡らされていきました。

44 ──石田勇治ほか編『ドイツ文化事典』丸善出版、2020年、62-63頁。

45 ──左図はhttps://commons.wikimedia.org/wiki/File:Deutsche_Autobahn_,_ca._1936._Photographer_unknown._From_Vier_Jahren_Arbeit_an_die_Strassen_Adolf_Hitlers,_1937.jpg、パブリックドメイン。右図はhttps://commons.wikimedia.org/wiki/File:Norris_dam.jpg、CC BY 2.0

46 ──【TVA】テネシー渓谷開発公社。硝酸塩の生産(→目標2)拠点を含む地域総合開発のためにつくられた公社。

目標9 産業と技術革新の基礎をつくろう(Industry, Innovation and Infrastructure)

──ドイツもアメリカも、やってることに変わりはなかったんですね。

アメリカの民主主義と、イタリアやドイツのファシズムは、まったく逆を向いているようにも思えるけれど、世界恐慌後のアメリカとイタリア、ドイツの体制には似通った点もあるんだ。いずれも強力なリーダーシップをとる政治指導者が、新しいメディアを用いて国民を動員し、資本主義の矛盾を科学技術によって乗り越えるための施策を展開していった[47]。

また、日本が満洲や朝鮮、台湾、中国で**巨大ダム**を建設したように、植民地は、本国ではなかなか認められないような科学技術を駆使したプロジェクトを実験する場としても活用された[48]。

──植民地の人たちにとっては、良いことでもあったんじゃないですか？

たしかに農業・工業生産高が増大し、戦後の工業化の基盤となった側面もある。その一方で、生産性の向上やインフラ建設のために、植民地の人々の生活が大きく制限された点にも目を向けるべきだろう。

その傾向は**第 6 期**（1950 年頃〜）になっても変わることはなかった。変わったのは、戦争ではなく経済成長のための動員に比重が移った点だ。

しかも大戦と冷戦を通して科学技術イコール国力という認識がいっそう強まり、民間で調達しきれない額を要する研究には、国の予算が注ぎ込まれることとなる。技術革新の中心を担ったのは、アメリカ合衆国とソ連だ。原子力発電（→目標 7）、ロケット、高速電

---

[47] ── シヴェルブシュ, W. 2015『三つの新体制──ファシズム、ナチズム、ニューディール』名古屋大学出版会.
[48] ── モーア, アーロン・S. 2019『「大東亜」を建設する──帝国日本の技術とイデオロギー』人文書院.

子計算機（トランジスタとコンピュータ）といった、軍事的な研究にルーツをもつ技術が、国から支給される巨額の資金の恩恵を受けて発達していった。

同時に両国は「敗戦国の復興支援を通して友好国を増やすべきだ」という考えから、競って開発援助の輪を広げていった。

——インフラ建設が開発援助と結びついていったわけですね。

そうそう。アメリカ合衆国のトルーマン大統領は、1949年に**ポイント・フォア計画**[49]という技術援助プロジェクトを打ち出したんだったよね（→**目標1**）。科学技術が、人々の生活をよりよくすることができる——大統領の演説をSDGsと見比べてみても、よく似た構造になっていることがわかるだろう。

> **トルーマン大統領の演説（1949年）**
> 技術的知識というわれわれの計り知れない資源は、常に成長し続け、尽きることを知りません。私は、平和を愛する諸国民がよりよい生活を求める願望を実現するために、われわれの蓄積した技術知識の恩恵が、利用可能となるべきだと考えます。そして生産をより増大させる上で大事なのは、現代の科学技術に関する知識を、より広く、より活発に応用していくことです。
>
> **2030アジェンダ（2015年）**
> …過去の世代において、数百万人の人が極度の貧困から脱した。教育へのアクセスは少年少女いずれに対しても大きく増加した。ICTと地球規模の持続性は人間の進歩を加速化させ、デジタルデバイドを埋め、知識社会を発展させる大きな潜在力があり、医学や

---

49 —【ポイント・フォア計画】トルーマン大統領が1949年1月の年頭教書における重要政策の第4項（ポイント・フォア）として発表した、途上国への開発援助計画。ソ連陣営の拡大に対抗する目的がありました。計画は6月の特別教書で具体化され、50年に国際援助法が制定されましたが、目立った成果をあげることはできませんでした。

目標9　産業と技術革新の基礎をつくろう（Industry, Innovation and Infrastructure）　463

> エネルギーのように多様な幅広い分野において科学技術イノベーションが持つ潜在力もまた同様である。

　　　——たしかに似てなくもない！

　　　——どちらも技術によって世界を良くしていこうという思いが根底にあるようです。

　　インフラの輸出には投資としての側面もあるってことは、見逃しちゃいけないよ。アメリカ合衆国の陣営に入った日本も、世界銀行の融資によって灌漑用水や、新幹線、首都高速道路といったインフラを建設し、高度経済成長の基盤づくりを進めていった。
　　その後、先進国のインフラの支援先は、旧植民地にまで広がっていく（→目標1）。1960年の「**アフリカの年**[50]」に代表される独立ラッシュを契機に、イギリスとフランスを中心とする植民地だらけの世界は急速に解体に向かったけれど、独立したての旧植民地は、産業のための設備やインフラ整備が乏しい状態のまま。まずは農産物・鉱産資源などの一次産品の先進工業国による貸付によって生産設備とインフラを整備せざるをえない「お財布事情」があった。

> **関連ターゲット 9-2** 包摂的かつ持続可能な産業化を促進し、2030年までに各国の状況に応じて雇用及びGDPに占める産業セクターの割合を大幅に増加させる。後発開発途上国については同割合を倍増させる。

---

50 ——【アフリカの年】第二次世界大戦後、アフリカの独立のピークとなった1960年を指す呼び名。オートボルタ（現ブルキナファソ）、ガボン、カメルーン、コートジボアール、コンゴ（首都キンシャサ、現コンゴ民主共和国）、コンゴ（首都ブラザヴィル、現コンゴ共和国）、セネガル、ソマリア、ダホメ（現ベナン）、チャド、中央アフリカ、トーゴ、ナイジェリア、ニジェール、マダガスカル、マリ、モーリタニアの17か国が独立し、同年12月に国連総会でアジア・アフリカ43か国の共同提案による植民地解放宣言が採択されました。

——つまり旧宗主国が、影響力の温存と継続を図っているわけですね。

　そういうこと。植民地で稀少資源が見つかれば、先進国は途上国に採掘技術やインフラを供与する。で、途上国は先進国に資源を提供する。さらに関係を盤石なものとするため、さらに先進国は近代化のために必要な電気、道路、港湾といったインフラを開発してあげるわけだ。途上国にとって巨大インフラは国づくりのために必要なものであると同時に、近代化のシンボルとしての意味合いも大きい。貧困の撲滅や経済開発の名のもとに、しばしば政府の権限が強められることにもつながった。

　——先進国には投資先という以外にどんなメリットがあったんでしょう？

　安全保障が隠れた目的だったりもする。
　たとえば1961年に対外援助のための機関（**米国国際開発庁**、USAID）を立ち上げたアメリカは、ベトナムを近代化させて味方につけようと、ニューディール政策のときにおこなわれた水力発電を基盤とする開発を、メコン川でおこなおうとしている。アメリカで国防長官を務めたロバート・マクナマラ（**→目標1**）も、開発なしには安全保障はありえないと断言している。[51]
　こういった様々な思惑から、**第6期**（**1950年頃～**）には巨大インフラが途上国でも次々に建設されていくことになったわけだけれど。
「このダムをつくれば大勢の人のためになる」という大義名分のも

---

51 ——「安全保障は開発である。開発なしに安全保障は有りえない。実際に発展しない発展途上国は"安全な"状態に留まることはできない。…開発が進展するにつれ、安全保障も前進する。…合衆国の役割はこれらの発展途上国に安全保障を提供することである」（1966年5月18日、カナダ・モントリオールでおこなわれた米国新聞編集者協会での講演より）（佐々木豊 2020「開発援助における「近代化」と「開発」をめぐる言説の変遷—冷戦期から現代まで」、『研究論叢』95、39-60頁、43-44頁）。

目標9　産業と技術革新の基礎をつくろう（Industry, Innovation and Infrastructure）　465

と、住民の暮らしが脅かされる事態も生み出された。[52]

　　　——それじゃあ本末転倒ですねえ。

　　　現在でも、国民の大多数が近代的なインフラの恩恵を受けられない国は少なくないけれど、それは途上国だけの問題じゃない。1970年代以降、国境を超える経済活動が劇的に進むと、途上国のみならず先進国の中でもインフラ格差が目立つようになっているよ。
　　　たとえばパイプラインや交通・通信網は、消費者のたくさん暮らす大都市間を結びつける一方、収益の上がらない国内の過疎地域や辺境は、しばしば切り捨てられがちだ。インフラをどこに置くかを決める力関係が、生活基盤の失われる地域や、災害の被害を受けやすい地域を生み出してしまうということだ。
　　　特にひとたび大規模な災害が起きると、ふだんは目立たなかったインフラの格差が姿をあらわしてくるものだ。被害の程度は、被災地の住民がどのような境遇に置かれているかによっても大きく変わってくる。[53]

　　　——復興の程度にも格差はありそうですよね。

　　　そうそう。でも長いスパンで考えてみると、これまで人間はさまざまな危機にうまく対応し、「完全な破局」は迎えずにきたわけだよね。
　　　特に日本を含む太平洋をぐるっと囲む一帯は、地震や火山の多発地帯。歴史的に何度も社会の崩壊を経験し、立ち直ってきた過去が

---

52 ── 難波美芸 2017「Infrastructure as Conceptual Analytical and Empirical Ethnographic Tool」、『マテリアリティの政治と「インフラ論的展開」』53-63頁。
53 ── 1995年の阪神・淡路大震災の際、神戸市長田区で木造家屋の倒壊や大火が発生し、多数の住民が犠牲となりました。戦前から港湾都市であった神戸は、朝鮮半島から大量の移住者を受け入れた歴史を持ち、長田区は戦後も在日コリアンが多数暮らす地区として知られます（井出明 2018『ダークツーリズム拡張─近代の再構築』美術出版社、16-17頁）。また、2005年にアメリカ合衆国南部を襲ったハリケーン・カトリーナも、所得の低いアフリカ系住民が居住する地区に甚大な影響をもたらしました。

ある。この回復力を最近では「**レジリエンス**」とも言うよ。

　　　──壊れにくい丈夫な建物のおかげでしょうか？

　伝統的な木造建造物のおかげで、人々の被害は最小限にとどめられてきた面もある。もちろん木造が万能というわけではないけれど、揺れのショック吸収に優れるし、壊れても建て直すのは比較的容易だ。ところが近代化が進み、家屋がコンクリートやレンガで建てられるようになると、どうだろう？　建物は丈夫に思えるけれど、地震によって破壊されてしまえば被害は深刻だ。むしろ壊れることを前提に、立ち直るために必要な要素をそろえておく。そこが大切だと考えられているんだ。

　都市の人口増加にともない、貧困層は海岸や河川近くに家を構えることが多い。こうしたエリアは、災害に対して脆弱だ。
　また、気候変動を引き金とする災害のリスクもある。海水面が上昇することによる水没の危機が叫ばれている、太平洋の島嶼国**ツバル**では、狭いサンゴ礁島で人口が増えすぎたため、沿岸部に新たに

54　──【レジリエンス】脅威となる事態がもたらした心理的な傷つきや落ち込みから立ち直る回復力や弾力性、あるいはその心的過程や結果。物理学の用語が心理学に転用されたものですが、SDGsでは、レジリエンスを「ハザードにさらされているシステム、コミュニティ、社会が、…適切なタイミングかつ効率的な方法で、ハザードの影響に抵抗し、吸収し、対応し、適応し、転換し、回復する能力」と定義する国連国際防災戦略事務局（UNISDR、2019年から「国連防災機関」に名称変更）や国連防災世界会議の議論を踏まえ、目標の中に取り入れられています。レジリエンスを持ち出し、危機をもたらす構造にメスを入れることなく個々人の治癒力に期待する言説に対しては批判もありますが、レジリエンスをより広く「**危機を生きぬく知**」と定義し、危機とレジリエンスの螺旋状発展として人類史を読み直した稲村哲也ほか編 2022『レジリエンス人類史』（京都大学学術出版会）は世界史的な文脈を考える上でも興味深い論考です。
55　──メキシコ高原のティオティワカンが、ポポカテペトル火山大噴火の被災民たちによって建設されたように、災害は人々を移住させ、新たな文明を生み出してきました（寺田匡宏 2021『人文地球環境学──「ひと、もの、いきもの」と世界／出来』あいり出版、228-229頁。嘉幡茂編 2019『テオティワカン』雄山閣、59-74頁）。
56　──河川工学者の大熊孝さんは、防災機能を備えたインフラづくりについて、自らをどう守るか、自分たちの地域をどう守るか、為政者として河川をどう扱うか、の3段階に分け、これらをうまく組み合わせることで最適な技術展開ができるとしています（大熊孝 2020『洪水と水害をとらえなおす』農山漁村文化協会、70-72頁）。

目標9　産業と技術革新の基礎をつくろう（Industry, Innovation and Infrastructure）　　　467

住居が建設されるようになった。このことが、高潮の被害を拡大させている面もある（→ 14-4 分断されていく海）。

> **関連ターゲット 1-5** 2030年までに、貧困層や脆弱な状況にある人々の強靱性（レジリエンス）を構築し、気候変動に関連する極端な気象現象やその他の経済、社会、環境的ショックや災害に暴露や脆弱性を軽減する。

　　　──インフラそのものが、大きな事故を起こすこともありますよね。

　　　原子力発電所の事故（チェルノブイリ原発事故（1986年）や福島第一原発事故（2011年））のように、自然災害を上回る甚大な被害を及ぼすこともあるよね。もちろんインフラの老朽化も深刻な問題だ。

9-5 「誰一人取り残さない」技術は可能か：エコロジーの視点

しわよせはどこからやってくるのだろうか？

　　　──結局、技術革新って、経済成長と関係があるんですか？

　　　ソ連の経済学者コンドラチェフ（1892〜1938）によれば、経済成長は周期的にひきおこされる技術革新の結果もたらされるという。
　たとえば、これまでの産業革命をざっとふりかえってみよう。
　18世紀末から19世紀前半にかけて起きた石炭を燃料とする蒸気機関による綿工業を中心とする技術革新を**第1次産業革命**という。
　イギリスのあとを追った国々は、イギリスに追いつくために国民単位の国づくりを進め、19世紀後半にかけて鉄鋼や鉄道分野における新技術を導入していった。絶対的貧困に苦しむ人が激減したのも、この時期のことだ（→**目標1**）。
　1873〜90年にかけてヨーロッパで深刻な大不況が起きると、経済成長にブレーキがかかった。その後、19世紀末から20世紀前半

にかけては、石油を燃料とする内燃機関による電気関連工業や石油化学工業を中心とする**第2次産業革命**が起きた。これらの新興産業には莫大な投資と市場が必要だったため、従来の国民単位の市場では間に合わなくなった欧米諸国は、植民地に市場と原料供給地を求めて拡大していった。アフリカ分割が進んだのは、まさにこの時期のことだよ（→**目標3**）。こうして再び経済は成長に転じたわけだ。

　——イノベーションと植民地支配がリンクしていたわけですね。

　しかし植民地の取り合いは、やがて2度の世界大戦へと発展。その後**第6期**（**1950年頃〜**）には、欧米諸国を中心に、大学における基礎科学研究に国が大規模な予算を投入することで技術革新を誘発し、その技術をつかって企業が実用化した製品を、軍と大衆社会が消費することで、一国の経済を成長させていこうとする試みが生まれた。

　——国が前のめりになってお金を投入し、技術革新を起こそうとするのかあ。

　——どの国でも、おなじことができるのかな？

　日本やNIEsのようにうまくいく国もあれば、そうでない国もあった。成功したのは特に東アジアの国・地域だ。どうしてなのか分析してみると、むしろ欧米諸国よりも大学と企業の距離が近く、「産学連携」の関係が築かれていたことがわかってきた。
　つまり、技術革新は、役に立ちそうな研究を選んで、重点的に資金を注ぎ込めば起きるものじゃない。
　むしろ、さまざまな目的を持つ多様性ある人や企業が集まり、国内外の組織の出入りが活発で、大学と企業や起業家がゴチャゴチャしているような都市環境のなかでこそ、技術革新は起きるんじゃないか？　1970年代以降、ITやバイオ、ナノテクノロジー技術が注

目される中、そうした価値観の転換が生まれたんだ（→目標11）[57]。

> **関連ターゲット 8-3** 生産活動や適切な雇用創出、起業、創造性及びイノベーションを支援する開発重視型の政策を促進するとともに、金融サービスへのアクセス改善などを通じて中小零細企業の設立や成長を奨励する。

——なるほど。今につながる流れですね。

そして原子力エネルギー、コンピュータの発達などによる「第3次産業革命」を経て、現在、「第4次産業革命」がすでに進行しているといわれている。その主な技術は、バイオテクノロジー、ロボットや人工知能（AI）[58]、さらにあらゆるモノをつなぐインターネット（IoT）、量子コンピュータなど、現実空間とサイバー空間の境目や、動物や人間と機械の境目をなくしていくような方向性を持つのが特徴だ[59]。

---

[57] —— 隠岐さや香 2018『文系と理系はなぜ分かれたのか』星海社、134-151頁。

[58] ——【人工知能】人工知能研究の歴史は一般に3期に分けられます。まず、アメリカのダートマス大学で開催された研究集会（ダートマス会議）以降、1960年代までの第1期。次は、知能そのものや自然言語処理などに関する研究の進んだ1970～1980年代。最後は、インターネットの普及後、大量のデータがスマートフォンやSNSなどを通じて蓄積されるようになった2000年代後半以降です。特に2010年以降は、画像や音声分野での深層ニューラルネットの学習（ディープラーニング）が発達し、AIスピーカーや自動運転技術の商品化も始まりました。テクノロジーの進歩に期待がかかる一方、情報の真実性や人々の心理的健康、雇用をはじめとする人間社会への影響には不安も投げかけられています（→目標8）。なお、2024年の「未来サミット」では成果文書に付属する「グローバル・デジタル・コンパクト」において、AIのリスクに関する理解や適切な対応を促す専門家パネルの設置が合意されています。

[59] —— 今日的な意味での「第4次産業革命」は、2016年の世界経済フォーラム（ダボス会議）で提唱され広まりました。それに先立ち、ドイツ政府が2011年に技術政策としてインダストリー4.0を提唱。この影響を受けて日本政府も2016年に、未来社会のコンセプトとして「**Society5.0**」（サイバー空間とフィジカル空間を高度に融合させたシステムにより、経済発展と社会的課題の解決を両立する人間中心の社会）という未来社会像を提唱し、SDGsの推進と合わせる形で推進しています。他方でデジタル化の追求が、温室効果ガス排出を加速させうる点も懸念されています（Nicola Jones. "How to stop data centres from gobbling up the world's electricity". *nature briefing*. 12 September 2018. https://www.nature.com/articles/d41586-018-06610-y）（→目標13）。

——たしかにいろんなところでデジタル化が進んでいますよね。

　——ずばり、SDGsはテクノロジーに対してどんな立場をとっているの？

　ターゲット 8-4 が掲げているように、「経済成長と環境悪化の分断」（**デカップリング**）ができるかどうかも、自然環境の持続性を確保する上で、避けては通れない問題となっているけれど、環境に配慮した新技術（グリーン・テクノロジー）を導入すれば、自然環境を守りつつ、経済を成長させることは可能だというわけだ（→**目標9**、**目標12**）。

> **関連ターゲット 8-4** 2030年までに、世界の消費と生産における資源効率を漸進的に改善させ、先進国主導の下、**持続可能な消費と生産に関する10年計画枠組み**[60]に従い、経済成長と環境悪化の分断を図る。

　これまで人間は文明を発展させ、近代化を達成してきた。これからも技術革新によって、環境問題を克服することは可能だ。
　このような考え方の一つに、1980年代の西ドイツで提唱された**エコロジー的近代化論**[61]がある（→**目標15**）。

---

60 ── 2012年6月に開催されたリオ+20で採択された枠組み。各国の拠出金で基金を設け、大量消費・生産型の経済を、消費者情報教育、公共調達、建設、観光、フードシステムの面から変えていこうとするものです。10YFPとも。
61 ── 生方史数 2017「「緑」と「茶色」のエコロジー的近代化論―資源産業における争点と変革プロセス」、井上真編『東南アジア地域研究入門1 環境』慶應義塾大学出版会、215-236頁。

目標9　産業と技術革新の基礎をつくろう（Industry, Innovation and Infrastructure）

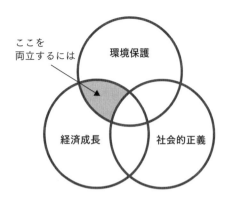

【図】エコロジー的近代化論のイメージ[62]

　1960年代～1970年代、環境問題が地球規模で問題となっていることが認識されるようになるとともに、これまで普遍的に正しいとされてきた「近代」の思想や科学技術に疑いの目が突きつけられるようになった。1970年代には、文明そのものを見直そうという急進的な環境思想（ポスト開発思想）が唱えられた一方で、この危機は科学技術のアップデートによって乗り越え可能とする思想（いわゆる未来学）も、コンピュータの発達とともに支持された。このうち、後者を政策としてパッケージ化したものが、このエコロジー的近代化論だった。

　——経済成長と環境保護。本当に両立することなんてできるのかなあ。

　たしかに環境への負荷を減らす技術が進歩しているのはたしかだよ。
　でも世界全体で見たら、どうだろう？
　たとえば東アジアの経済成長は、中東の産油国からの原油や、途上国からの安価な一次産品の輸入がなくては不可能だっただろう。

---

[62] ── 参考：加藤里紗 2020「環境・経済・福祉の統合に向けて──エコロジー的近代化からエネルギー貧困まで」、『経済科学』67(3)、29-39頁、30頁。

産油国に落ちた資金は一部の権力者に落ち、地域情勢の不安定化や格差の拡大に広まり、かえって化石燃料エネルギーへの依存は高まってしまった。[63]

　　——化石燃料なしの経済成長は不可能なんでしょうか？

　　デカップリング[64]を達成する技術を先進国や新興国に普及させることができたとしても、途上国を含めた世界全体で見れば、まだ実現からはほど遠い。資源集約型・汚染排出型の産業を、単に途上国に移転している限り、しわよせはなくならず、その影響は世界全体に跳ね返る。[65]

> **関連ターゲット 9-4** 2030年までに、資源利用効率の向上とクリーン技術及び環境に配慮した技術・産業プロセスの導入拡大を通じたインフラ改良や産業改善により、持続可能性を向上させる。全ての国々は各国の能力に応じた取組を行う。
>
> **関連ターゲット 12-a** 開発途上国に対し、より持続可能な消費・生産形態の促進のための科学的・技術的能力の強化を支援する。
>
> **関連ターゲット 14-a** 海洋の健全性の改善と、開発途上国、特に小島嶼開発途上国および後発開発途上国の開発における海洋生物多様性の寄与向上のために、海洋技術の移転に関するユネスコ政府間海洋学委員会の基準・ガイドラインを勘案（かんあん）しつつ、科学的知識の増進、研究能力の向上、及び海洋技術の移転を行う。

---

63 ── 杉原薫 2020『世界史のなかの東アジアの奇跡』名古屋大学出版会、179頁。
64 ──【デカップリング】一般に、特定の国との政治的・経済的関係を切り離すこと（例えばサプライチェーンの工程など（→**目標12**））。環境分野においては、経済成長と環境負荷の増加を切り離し、後者の伸び率が経済成長率を下回っている状態を指します。
65 ── 経済学者の加藤里紗さんの述べるように、1984年にインドのボパールの化学工場で発生した事故が、その典型でしょう（加藤里紗 2020「環境・経済・福祉の統合に向けて──エコロジー的近代化からエネルギー貧困まで」、『経済科学』67（3）、29-39頁、33頁）。

目標9　産業と技術革新の基礎をつくろう（Industry, Innovation and Infrastructure）　　473

もちろん危機を乗り越えるために資金と叡智を結集させ、新しいグリーンな産業分野を生み出し、さらなる経済成長につなげ、それを通じて貧困や環境問題をなくしていこうという野心的なビジョンは魅力的だ。[66]

　それと同時に**世界全体に視野を広げ、しわよせを生む原因に目を凝らす。そして、それを覆い隠しているものがあるとすれば、それはいったい何なのかを可視化する。**このプロセスが必要不可欠じゃないかな。[67]

【図】ラッダイト運動の架空の指導者ネッド・ラッドを描いた絵（1812年）[68]

　——でもそういえば、「AIによって奪われる仕事がある」という話をよく聞きます。そうしたら、新たに取り残されてしまう人が増えてしまうのかも…。

　今後はAIによる労働者の代替も起きるとされているけれど、それがどのくらいの規模となるかは、いまだ未知数だ。

　歴史をふりかえると、それまであった仕事がなくなるということは、かつての産業革命でも起きている。たとえば「第1次産業革

---

66 ── エコロジー的近代化とSDGsの違いについては、**目標15**を参照。「地球の限界」理論を発表したヨハン・ロックストロームは、2012年のリオ+20と同月に持続可能性を可能にするイノベーションの必要性とSDGsのプロセスに期待を寄せる論文を発表しています。この動きは「エコロジー的近代化」を地球大に推し進めようとするものと見ることもできるでしょう。。

67 ── 経済思想家の斎藤幸平さんの指摘するように、先進国で実現した「見かけ上」のデカップリングは、一次産品や製品の製造・輸出が新興国や途上国に転嫁されている事情も合わせて理解する必要があります（斎藤幸平 2020『人新世の「資本論」』集英社、73頁）。

68 ── https://en.wikipedia.org/wiki/Ned_Ludd#/media/File:Luddite.jpg、パブリック・ドメイン

474　第2章　繁栄（Prosperity）──繁栄の生んだ「しわよせ」の世界史

命」のときには、布を織る職人たちによる抵抗運動が起こった（**ラッダイト運動**[69]）。それ以降の産業革命においても、新しい技術が普及するにつれて、主に肉体労働者を中心に仕事が奪われていった（→**目標 11**）。

——でも、そのたびに新しい仕事も生み出されてきたんですよね？

まあね。
でも今回の「第 4 次産業革命」においては、弁護士、会計士、医師といった専門職までもがなくなるという予測もあり、新しく生み出される仕事は、これまで以上に複雑な学びを要するものになるかもしれない。

モノづくりを中心とした第 1 次・2 次産業革命に比べると、情報を扱う第 3 次・4 次産業革命は、新しく必要とされる働き手の数はずっと少ない。それに頭脳労働に従事しているひとにぎりの人にしか利益を及ぼさない可能性もある（→ **10-4 東アジアの奇跡**）。

——先進国や新興国では、どんどん新しい技術が導入されているのに、途上国で導入が遅れたら、それはそれでまた新しい格差が生まれてしまいそうですよね。

たしかに。でも、そこは今や発想の転換も必要かもしれない。
情報通信技術の発達によって、先進国がたどってきた道のりを、カエルがぴょんと飛び跳ねるように一気に追い抜いてしまうような発展（**カエル跳び型の発展**_{リープ・フロッグ}）が起こりうる状況も進んでいるからね。

---

69 ― ラッダイト運動は、しばしば狂信的な「機械打ちこわし運動」として持ち出されますが、深夜操業や長時間労働によって労働環境が一変したことに対する、異議申し立ての手段でもありました。農村や都市の農民や働き手が、食料価格の高騰などの際に、商人や支配者による介入を求め「正義」を求めて団結して立ち上がる現象は「モラル・エコノミー」と呼ばれ、世界各地でみられるものです（近藤和彦 1990「モラル・エコノミーとシャリヴァリ」、板垣雄三ほか編『民衆文化』（シリーズ世界史への問い6）、岩波書店、17-44頁）。なお、現在進行している産業の変革に対する抵抗を「ネオ・ラッダイト運動」と呼ぶ向きもあります。

目標9　産業と技術革新の基礎をつくろう（Industry, Innovation and Infrastructure）

> **関連ターゲット 17-8** 2017年までに、後発開発途上国のための技術バンク及び科学技術イノベーション能力構築メカニズムを完全運用させ、情報通信技術（ICT）をはじめとする実現技術の利用を強化する。

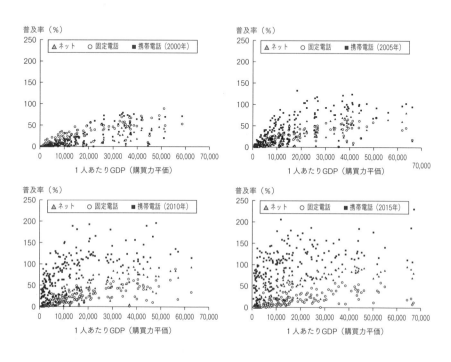

【図】1人あたりGDPとICT普及との関係[70]

今後、遺伝子組み換え技術や生体認証、量子コンピュータなどの先端分野のみならず、まったく新しい分野における技術革新が、途上国や新興国で起こることも十分考えられている。[71]

---

[70] ── 総務省『情報通信白書　令和元年版』2019年、https://www.soumu.go.jp/johotsusintokei/whitepaper/ja/r01/image/n1103060.png
[71] ── たとえば2000年代以降のインドは、ITサービス分野を中心に、インターネットを通じた途上国・新興国への業務委託（オフショアリング）によって経済成長を果たしています（ゴビンダラジャン，ビ

> **関連ターゲット 9-b** 産業の多様化や商品への付加価値創造などに資する政策環境の確保などを通じて、開発途上国の国内における技術開発、研究及びイノベーションを支援する。
>
> **関連ターゲット 9-c** 後発開発途上国において情報通信技術へのアクセスを大幅に向上させ、2020年までに普遍的かつ安価なインターネットアクセスを提供できるよう図る。

　——へえ、これまで先進国が歩んできた経済成長とは、違った形になるかもしれないってことか。

　そう。たとえば中国は、アメリカのGoogleやFacebookを遮断し、SNSや検索エンジンといったITプラットフォームを自国で開発することで、技術力を世界水準にまで高めた。デジタル時代の輸入代替化ともいえるだろう。[72]

> **関連ターゲット 8-2** 高付加価値セクターや労働集約型セクターに重点を置くことなどにより、多様化、技術向上及びイノベーションを通じた高いレベルの経済生産性を達成する。

　さらに現在注目されているのは、環境負荷を減らすグリーン経済を可能にする技術だ。再生可能エネルギーや石炭の代わりに水素を利用する製鉄技術など、**脱炭素**を可能にするグリーン技術を開発[73]

ジャイほか 2012『リバース・イノベーション——新興国の名もない企業が世界市場を支配するとき』ダイヤモンド社)。**目標17**が途上国におけるインターネットの普及に注目しているのは、そのためです（**ターゲット17-6**、**ターゲット17-8**のグローバル指標を参照）。

[72] ——途上国がデジタル経済の領域で国内産業を保護する政策を、伊藤亜聖さんは「輸入代替デジタル化」と呼んでいます。サービスの利用に障壁がもうけられていたとはいえ、北欧など先進国で作成された「オープンソース」のプログラムの恩恵を受けることができたことが、短期間でデジタル化を果たせた要因でした（伊藤亜聖 2020『デジタル化する新興国』中央公論新社、106,112頁）。

[73] ——【脱炭素】CO_2排出量を実質的にゼロにする（＝排出量と吸収量を均衡させる）こと。パリ協定（2015年採択）では、21世紀後半までの達成が目標とされ、推進の主導権をにぎる欧州連合（EU）は、ロシアのウクライナ侵攻以降、再エネ比率の上昇、脱原発政策の見直しも加速していますが、目標値をめぐって

目標9　産業と技術革新の基礎をつくろう（Industry, Innovation and Infrastructure）　　477

すれば、「社会」と「経済」が「環境」に与える負荷を減らしつつ、新しい需要を喚起することで「経済」成長にも資することができると期待されている[74]。中国は、脱炭素に積極的な欧州諸国に近づいて、「**生態文明**」[75]の建設を国家的な政策にしている。これは**第5期**（1800年頃〜1950年頃）以降に欧米諸国がはじめた化石燃料依存型の開発をのりこえ、21世紀の「緑色文明」をうちたてようというビジョンにもとづいている。

—— ターゲット 9-a ではインフラの支援を強化することが掲げられていますね。これってつまり、中国のような新興国が、新技術をアフリカに支援するってことも、考えられるわけですよね。

そうそう。次世代の「グリーン経済」を可能にする科学技術の開発や途上国への導入をめぐって、先進国に対して新興国が挑む形で、早くも火花を散らしている状況もあるわけだ（→**目標13**）。

> 関連ターゲット 7-b 2030年までに、各々の支援プログラムに沿って開発途上国、特に後発開発途上国及び小島嶼開発途上国、内陸開発途上国の全ての人々に現代的で持続可能なエネルギーサービスを供給できるよう、インフラ拡大と技術向上を行う。

は加盟国間に温度差もあります。カーボン・ニュートラルとも。
74 ── 1929年の世界恐慌後の「ニューディール政策」になぞらえ、2008年のリーマン・ショック後に、環境関連技術に対する大型投資による雇用創出をねらった「グリーン・ニューディール」が民間団体やオバマ大統領によって提唱されました。
75 ──【生態文明】生態とは「エコロジー」の意。この語句が初めて用いられたのは、森林伐採、大気汚染、水質汚濁が全国的に深刻化していた胡錦濤政権（在任2002〜2012）のとき。習近平政権（在任2012〜）では「青山緑水」の回復とともに、クリーン・エネルギーや新エネルギー車、CO_2貯留といった環境技術を国際的にリードしようとする政策にシフトし、グリーン投資の標準づくりや排出権取引を積極化させました。なお、2018年の憲法改正では、序文に「物質文明、政治文明、精神文明、社会文明、生態文明の協調発展を推進し、我が国に富強・民主・文明・和諧・美麗な社会主義現代化強国を建設し、中華民族の偉大な復興を実現する」という文章を追記しています。ただ、現状ではCO_2排出量は世界有数であり、途上国に対する排出量制限にも後ろ向きです。

> **関連ターゲット 9-a** アフリカ諸国、後発開発途上国、内陸開発途上国及び小島嶼開発途上国への金融・テクノロジー・技術の支援強化を通じて、開発途上国における持続可能かつ強靱（レジリエント）なインフラ開発を促進する。

　——なんだか世界の見え方がずいぶん変わりますね。

　——でも、途上国のなかには、技術を使いこなすのが大変という国も多いんじゃないでしょうか。

　たしかに、途上国ではエンジニア、特にプログラマーが圧倒的に不足している。[76] サハラ以南のアフリカでは、学校教育が普及していないことが、科学技術を自分たちの生活や生産過程に取り入れるにあたり大きなネックとなっている（→目標5）。[77]

> **関連ターゲット 9-5** 2030年までにイノベーションを促進させることや100万人当たりの研究開発従事者数を大幅に増加させ、また官民研究開発の支出を拡大させるなど、開発途上国をはじめとするすべての国々の産業セクターにおける科学研究を促進し、技術能力を向上させる。

> **関連ターゲット 9-b** 産業の多様化や商品への付加価値創造などに資する政策環境の確保などを通じて、開発途上国の国内における技術開発、研究及びイノベーションを支援する。

　だからこそ技術者を育てる援助も大切だ。技術を有する民間企業

---

[76] ── 伊藤亜聖 2020『デジタル化する新興国』中央公論新社、138-141頁。
[77] ── 他方、アフリカの人たちには何もできないと決めつけるのも考えものです。科学技術の助けを借りずに、変動の激しい厳しい環境を生き抜く知恵や、助け合いの技術を長い間発展させてきたことが、人類学を中心に評価されるようになっています（舩田クラーセンさやか編 2010『アフリカ学入門──ポップカルチャーから政治経済まで』明石書店、100-101頁）。

の果たす役割も大きい（→ ターゲット 17-16 ターゲット 17-17 ）。それと両輪の関係にあるのは、途上国への技術移転やインフラ建設の促進だ。

　21世紀に入り新興国が台頭する中、世界各地でインフラ不足、技術者不足も問題となっている。MDGsは貧困撲滅を掲げるばかりで、インフラ整備や技術移転のニーズに応えてくれないという途上国側の不満も高まっていた。SDGsに**目標9**[78]が設けられたのも、途上国・新興国からの切実な要望が背景にあるんだ。

　でも、先進国企業のもつ特許の保護を弱めて、有利な条件で技術を移転してほしいという要望に対し、アメリカを筆頭とする進国側は簡単にOKとは言わない。もちろん知的所有権は民間部門が保有するべきものだ。けれど「**人類の危機**」を解決しうるような技術があるとして、**それはどのように共有されるべきか**。これは「グローバル共有財」の運用をめぐる難問でもあって、SDGsの策定過程でも大きな争点となったんだ[79]（→ ターゲット 17-6 ターゲット 17-7 ターゲット 17-8 ）。そんな中アフリカ諸国には、従来の欧米諸国に代わって中国が盛んにインフラを建設するようになっている。

　　　——どうして中国が？

　　　国営企業がインフラの工事を請け負うだけでなく、現地には労働者も派遣している。中国にとっても好機といえるだろう。欧米諸国は援助の受け入れ国が「民主主義」や「自由」を重んじる「良い政府」かどうか厳しくチェックするけれど、中国は政治体制に口出しすることがない[80]。そのため中国のインフラ開発に好感を持つアフ

---

78 ── 小川裕子 2018「国際開発規範」、国際開発学会編『国際開発学事典』丸善出版、480-481頁。
79 ── 南博・稲葉雅紀 2020『SDGs』岩波書店、45頁。
80 ── 貿易自由化、民営化、市場競争を重視するIMF・世界銀行中心の**ワシントン・コンセンサス**に対し、国家が主導し各国の事情に柔軟に配慮する中国の姿勢は**北京コンセンサス**と呼ばれることがあります。ここには「民主主義」が開発にあたって世界の国々が守るべき普遍的価値観であるとする欧米先進国や日本に対し、これに難色を示す途上国・新興国という構図が現れています（→**第1章 まとめ**、**下巻16-6**「**暴力と不公正のルーツ**」の項）。

480　　第2章　繁栄（Prosperity）——繁栄の生んだ「しわよせ」の世界史

リカ諸国の政権は少なくないんだ。

・・・

　中国に限らずインフラ開発が自然環境に与える影響も考えなくちゃならない。

　たとえば西アフリカでは、1980年代以降、援助によって舗装道路のネットワーク建設が急ピッチで進んでいった。農村と都市部のアクセスは良くなった。このこと事態は良いことだ。けれども農村部からの農産物・畜産物や薪炭が大量に都市にながれこみ、100万人以上の大都市が急増（→目標11）。それと引き替えに、森林地帯で野生動物の大量捕獲（→目標15）[81]や農村の土壌の劣化も進んでいる（→目標15）。ごみ処理施設や水道インフラ（→目標6）が未整備であるため、大量の廃棄物が行き場を失い、コレラや腸チフスの感染源（→目標3）となっている（→目標12）。また、土壌の劣化は、耕地や放牧地を荒廃させ、農耕民と牧畜民の紛争の原因ともなる（→目標6）。

　──まさに開発の負の側面ですね。[82]

　そうなんだよね。だから開発をしたことに派生する問題にもセットで取り組む必要が出てくる。これは世界史の教訓でもあるね。

　イノベーションやインフラという言葉は、**第6期**（1950年頃～）以降、経済成長を目指し、国ごとに新たな産業を生み出そうとする文脈で使われてきたけれど、SDGsでは「誰一人取り残さない」社会

---

81 ── 西原智昭 2016「森の先住民、マルミミゾウ、そして経済発展と生物多様性保全の是非の現状」、山越言ほか編『自然は誰のものか──住民参加型保全の逆説を乗り越える』京都大学学術出版会、39-71頁。
82 ── この問題を「農村地域から一方的に有機物が農畜産物というかたちで流出しつづけ、都市から農村へ土壌養分の源である有機物が還流しないこと」ととらえる農学者大山修一さんは、ニジェールの農村に都市ごみを活用した緑化技術を取り入れることで、都市ゴミ問題と土壌劣化の両方を解決する方策を研究しています（大山修一 2015『西アフリカ・サヘルの砂漠化に挑む──ごみ活用による緑化と飢餓克服、紛争予防』昭和堂、273-281頁）。なお、地産地消やゴミの肥料としての活用は、田園都市計画を提案したハワードも主張していたことです（ハワード，E. 1968『明日の田園都市』鹿島出版会、94頁）。

目標9　産業と技術革新の基礎をつくろう（Industry, Innovation and Infrastructure）　　481

(→目標10)と豊かな自然環境(→第3章)を守っていくため、国を超えて社会全体のシステムを変えていくという、かなり広くて重大な意味合いが含まれることになった。

イノベーションやインフラという言葉には、人間を進歩に導いてくれる「魔法の杖」のようなイメージが依然としてつきまとう。けれど、それらが世界のあちこちにある不平等な関係と無縁であるという保障もない。

——途上国にもチャンスはあるんじゃないでしょうか?

たしかに。
デジタル化によって、新興国がどれだけ先進国に追いつくことができるのかいまだ不透明な点もあるけれど、常識にとらわれない革新的なイノベーションも、途上国からは出てきている。

たとえば、銀行口座がなくても携帯電話・スマートフォン経由でかんたんに送金できるサービス(アフリカのエムペサ)や**マイクロ・クレジット**のように、これまでお金を借りることのできなかった人が金融サービスを受けること(金融包摂)ができれば、就労や起業を促し、貧困や不平等の解決にもつながる。

> **関連ターゲット 8-10** 国内の金融機関の能力を強化し、全ての人々の銀行取引、保険及び金融サービスへのアクセスを促進・拡大する。
>
> **関連ターゲット 9-3** 特に開発途上国における小規模の製造業その他の企業の、安価な資金貸付などの金融サービスやバリューチェーン及び市場への統合へのアクセスを拡大する。

その一方で、雇用をたくさん生み出し経済成長のエンジン役を果たすという従来型の工業化に比べ、デジタル化は逆に雇用が打撃を受けるおそれもある。また、教育機会が不十分でメディアによるチェックの行き届かない途上国では、フェイクニュースの蔓延によ

る社会の分断も懸念されている[83]。

　——デジタル時代の科学技術が、これからどんなしわよせを生むことになるか、注意するのは大事ですけど、期待するのは悪くないとも思います。使えるものはどんどん使っていかないと。

　もちろんそういう発想も大切だと思う。かつては研究開発は先進国が主導し、途上国はそれを見習うという上下関係が当たり前だったけれど、これからは新興国・途上国の問題に対して現地発のイノベーションを通した解決法も数多く出てくるだろう。SDGsは途上国に対する環境技術の移転に加え、途上国も含めたグローバルな技術革新に向けた共創を生み出すことも視野に入れている[84]。

　——みんなで考えたほうが、より良いアイディアも出そうできますもんね。

　そう。教えた人に、いつか教えられる。それがめぐりめぐってグ

---

83 ── 高須正和・高口康太編著 2020『プロトタイプシティ―深圳（しんせん）と世界的イノベーション』KADOKAWA、176-178頁。すでにアメリカの巨大プラットフォーム企業（ビッグ・テック）が、世界中の人々のデータを収集し、そこから莫大な富を生み出している現状もあります（→**目標10**）。これに対し巨大企業と政府が結びつくことによる人権侵害から個人を守るため、EUは2008年にGDPR（EU一般データ保護規則）を施行している。あらゆる情報を蓄積して得られたビッグデータは、複雑な問題解決に資することもあるでしょう。しかし、自分に関するさまざまな情報が知らず識らず参照されることは、私たちの自由を奪うことになるかもしれません。GDPRにはヨーロッパの歩んできた人権侵害の歴史（たとえばナチス・ドイツや東ドイツ時代の政府機関による監視）に対する反省の意識も含まれています。なお、2024年9月に開催された国連未来サミットでは、AIに関する国際的なガバナンスの方針を定めた「グローバル・デジタル・コンパクト」が採択されています。

関連ターゲット16-10　国内法規及び国際協定に従い、情報への公共アクセスを確保し、基本的自由を保障する。

84 ── 国際的な技術協力は人と人とが出会う場所でもあります。与える側と与えられる側の関係性が、時間の経過とともにどのように水平的な関係へと育っていくのかをオーラル・ヒストリーの手法によって分析した峯陽一 2023『開発協力のオーラル・ヒストリー』（東京大学出版会）は、国際協力の意義を考える上でもたいへん示唆的です。

ローバルな危機を救うことにつながるかもしれない。途上国に必要な技術を援助するだけでなく、途上国が自立できる経済を育てることには、世界全体にとっても意味がある。**目標9**が描くのは、そんな未来なんだ。

　　　さて、次は…**目標10**…●＃Å＠＄…

（スマホの画面に軽く乱れるようなノイズが走ると、地球先生の映像が途切れてしまいました…）

　　　――あれ？　地球先生、映像おかしくない？

　　　――うん、ほんとだ。再起動してみたら？

（再起動すると、画面にはメッセージが…）

> 「通信が乱れているのは、システムの自己修復プロセスが開始されたためです。予期しないエラーに対処している最中ですので、少しお待ちください。修復が完了し次第、再開します。」

　　　――なんかさ、このメッセージ、ちょっと…人工的じゃない？　それこそAIみたいな感じがするけど。

　　　――うん、確かに。こんな説明、普通の人間だったら言わないよね。システムの修復って…。もしかして、地球先生って、実はAIとかなのかな？

　　　――うーん、どうだろう。まあ、様子を見てみようか。

　　　――いやあ、SDGsに対する見方がかなり変わった気がしない？

――やっぱり歴史的な背景がわかると違うね。またもし地球先生から通知が来たら連絡するけど…。

――もう課題のレポートは終わっちゃったけど…。
気になるから、またどうなったか教えて！

・・・

上巻のおわりに

さて、**上巻**はこの**目標**9を取り上げたところでいったんおしまいとなります。

下巻では、2つ目の問い「「しわよせ」を受けたのは、誰?」を解き明かすために、**目標**10・**目標**11 にスポットライトを当て、引き続き「持続可能な開発」のルーツはどこにあるのか? 繁栄の陰でどのような「しわよせ」が生み出されてきたのか?「人間ゾーン」の繁栄を支える条件は、どのように移り変わっていったのかに着目し、世界史を読み直していきます。

その上で**第 2 部**「からみ合う『3 つのゾーン』の歴史」編に進み、世界史を「人間ゾーン」のみならず「地球ゾーン」「生物ゾーン」との関わりを視野にいれて読み直すことで、SDGsをその中に位置付けていくことになります。

長い授業になりますが、ぜひ下巻でもお会いできることを楽しみにしています。

●参考文献について
　この本を手に取っていただいた皆さんは、すでに「世界史(歴史)」や「国際関係」「SDGs」にご関心のある方も多いと思います。内容をご自身でも確かめることのできるよう、参考文献の注釈をできるだけたくさん設けさせていただきました。その他の参考文献はページ数の都合から割愛しましたが、別途下記のnoteに掲載させていただきますのでご参照ください。本書の記述はこれら多くの方々による研究の成果によっています。https://note.com/sekaishi

【コラム】「誰一人として取り残さない」とは何か？

　2015年1月に始まったSDGsの政府間交渉で、「誰一人として取り残さない」という考え方に、加盟国、特に途上国の支持が集まりました。次期開発目標において、先進国の援助が減ってしまうのではないかとの懸念があったことに加え、このフレーズが、「取り残さない／取り残されない」という序列を想起させるとして難色を示すG77（途上国グループ）のメンバー国もいたからです。

　とはいえ、具体的にどのようなグループが「取り残されない」対象となるのかをめぐっては、意見の相違がありました。

　開発の著しく遅れたLDCs（後発開発途上国）──とくにサハラ以南のアフリカや南アジアに多い──なのか、LDCsのなかでも開発の困難な内陸国（LLDCs）なのか。アフリカばかりに目が向きがちですが、太平洋やカリブ海の小さな島国（SIDS、小島嶼開発途上国）は含まれているのか。国だけでなく、移民や先住民、外国の占領下にある人々は射程に入っているのか、等々です。

　結果的に同年6月1日に採択された「ゼロ草案（ゼロドラフト）」に「誰一人として取り残さない」が盛り込まれ、国連総会で採択された「2030アジェンダ」22項にも、これらのグループが列挙されるとともに、こうした極度の貧困に苦しむ国々だけでなく、そこから脱した「中所得国」にも特別な課題があるという言及に落ち着きました。被援助国の立場から外れたくない新興国が押し切った形での決着です。

　ところが先進国に位置付けられる日本では、このスローガンが持つ含意はあまり理解されていないのが現状です。どちらかといえば国内の課題を持つ人々に注目が集まることが多く、SDGsの策定過程で本来話題にのぼっていた上記のような特別なニーズを抱える世界の人々は念頭に置かれないことも少なくないようです。

　先進国とは一見関係がないように思えるこれらの国々が、実はめぐりめぐって先進国を含むグローバルな課題とも結びついている──なかなか実感しにくいものではありますが、これがSDGsが前提とする発想です。

　この見えない「つながり」とは、一体どのようなものなのか？

　巻をあらためて、引き続き考えていくことにしましょう。

著者について

藤森数正（ふじもり・かずまさ）

公立高校教諭。世界史ほか地歴公民科を担当。2018年から
メディアプラットフォーム「note」において、教材研究を兼
ねた世界史や歴史教育に関する情報発信を全文無料で行う。
700万年前から現代に至るまでの世界史をさまざまな切り口
から再構成し、おもしろくわかりやすく伝える記事が幅広い
層に人気を博している（閲覧累計335万PV）。本書はこれま
で掲載した記事を見直し、新たに書きおろした初の著書。趣
味は国内外の旅行、カレー屋めぐり。全国通訳案内士（英語）
資格保有。
https://note.com/sekaishi

SDGsで読む世界史　上

2025 年 2 月 25 日　初版

著　者　　藤森数正

発行者　　株式会社晶文社
　　　　　東京都千代田区神田神保町 1-11　〒 101-0051
　　　　　電話　03-3518-4940（代表）・4942（編集）
　　　　　URL https://www.shobunsha.co.jp

印刷・製本　ベクトル印刷株式会社

©Kazumasa FUJIMORI 2025

ISBN978-4-7949-7448-8 Printed in Japan

JCOPY〈（社）出版者著作権管理機構 委託出版物〉
本書の無断複写は著作権法上での例外を除き禁じられています。複写
される場合は、そのつど事前に、（社）出版者著作権管理機構（TEL：03-
5244-5088 FAX：03-5244-5089 e-mail: info@jcopy.or.jp）の許諾を
得てください。

〈検印廃止〉落丁・乱丁本はお取替えいたします。

 好評発売中

遺伝子が語る免疫学夜話　橋本求

リウマチ・膠原病、クローン病、さらに花粉症、アトピー性皮膚炎などの疾患は、なぜ起きるようになったのか？　その背景に隠されていた、人類が何万年もかけて積み重ねてきた進化の物語。数々の驚くべきトピックとともに語る、読み出すとやめられない「遺伝子と免疫」の秘密。帯文・養老孟司。

宗教対立がわかると「世界史」がかわる　島田裕巳

ロシアによるウクライナ侵攻の背景／ラテンアメリカ、中国で福音派が増えている理由／急激にイスラム化が進む欧州で起きていること…。グローバル化がすすんだ今、世界史と日本は切り離せない。「宗教対立」を入口に、新たな世界史の見方を提示するテキスト。世界の歩みも、国際情勢の背景を読むカギは「宗教対立」にある。

地球で暮らすきみたちに知ってほしい50のこと　ヘンリク・ヴェス／枇谷訳

宇宙にちらばる星の数、地球の海や山はどうやってできたのか、絶滅したり、今も生きているいろんな動物のこと、人間の発明や社会の問題、お金持ちや有名人になりたいと思っているきみ自身の人生についてまで、50の疑問に答える。子どもも大人も身につけたいSDGs先進国デンマークの〈科学教養〉。

地球の冷やし方　藤村靖之

いま地球レベルで問題となっているさまざまな課題のなかでも、地球温暖化による世界的な酷暑は、待ったなしの案件。「地球を冷やす！」ための草の根レベルの対処法を、食料、エネルギー、廃棄物、ライフスタイルから娯楽など9つの分野で写真とともに紹介。非電化工房の長年の成果をもとにした、全世界で実践できる77のアイディア。

コレラの世界史（新装版）　見市雅俊

どの時代にも、その時代を象徴する伝染病がある。中世においてはペスト、大航海時代においては梅毒、そして進歩と帝国主義の時代と言われる19世紀のそれはコレラであった。インドの風土病だったコレラの襲来は、ヨーロッパの大都市に何をもたらしたか？　人間中心の歴史観を排し、細菌の側から歴史をみつめなおした画期的な名著。

5歳からの哲学　ベリーズ＆モラグ・ゴート／高月訳

現役の小学校教諭と大学哲学教授が書いた、5歳から上の子どもたちに哲学の手ほどきをする本。哲学を学んだ経験がなくても心配は無用。作業の第一歩は、まず子どもたちに哲学的な議論をするチャンスを与え、その議論に集中させること。本書のプランに従って、親と子、先生と子どもたち、いっしょに哲学を楽しもう。

人類のやっかいな遺産　ニコラス・ウェイド／山形・守岡訳

なぜオリンピック100m走の決勝進出者はアフリカに祖先をもつ人が多く、ノーベル賞はユダヤ人の受賞が多いのか？　なぜ貧困国と富裕国の格差は縮まらないままなのか？　ヒトはすべて遺伝的に同じとするこれまでの社会科学に対する、精鋭科学ジャーナリストからの挑戦。最新ゲノムデータを基にした、進化の歴史をめぐる大胆不敵な仮説。